도덕적 인간과 비도덕적 사회

도덕적 인간과 비도덕적 사회

Moral Man and Immoral Society

라인홀드 니버 지음

이한우 옮김

문예출판사

차 례

일러두기

1. 증보판에는 코넬 웨스트와 랭던 B. 길키의 서문을 추가했다. 두 서문은 Westminster John
   Knox Press에서 《도덕적 인간과 비도덕적 사회》를 윤리신학총서(Library of Theological Ethics)
   로 새롭게 간행하면서 추가한 것이다.

2. 증보판에 추가된 웨스트와 길키의 서문은 김명신이 번역했다.

3. 원주는 미주로, 옮긴이 주는 각주로 처리했다.

● 코넬 웨스트* 서문

라인홀드 니버(Reinhold Niebuhr)는 20세기 중반 미국에서 가장 위대한 종교적 지식인이었다. 화산 같은 열정과 재능, 지식 면에서 니버의 천재성은 비할 데가 없을 정도다. 그의 동료이자 맨해튼 이웃이었던 거장 라이어널 트릴링(Lionel Trilling)과 함께 니버의 사상은 미국 학계에서 보기 드문 복잡함과 부조화를 구현했다. 한마디로, 니버는 변증법적 분석과 역설적 결론은 물론 편협한 도그마와 근시안적 오만을 피할 수 있을 만큼의 건전한 신비를 소중히 여겼던, 사유의 훌륭한 극작가요 시적 산문의 대가였다.

《도덕적 인간과 비도덕적 사회(Moral Man and Immoral Society)》(1932)는 기독교 사상의 고전일 뿐 아니라 우리의 가장 영향력 있는 기독교 사상가가 쓴 가장 영향력 있는 책이다. 파국의 감지, 제국의 몰락, 노동조합의 발흥, 조직화된 종교의 자족감 증가, 미국 짐 크로 법

---

* 저명한 교육학자이자 철학자. 권위 있는 진보적 지식인으로서, 그의 저서 《인종문제(Race Matters)》는 인종과 정의에 관한 국가적 논의의 흐름을 바꿔놓았다는 평을 받고 있다. 프린스턴 대학교에서 교수로 재직했으며, 2012년 7월부터는 뉴욕에 있는 유니언 신학대학에서 철학과 실천신학을 강의하고 있다.

(Jim Crow Law)의 점진적 균열, 부의 불평등 심화, 자유주의적 감상 붕괴 등 당대의 정신을 매우 웅변적으로 담아내고 있다는 점에서 이 책은 시의적절했다. 한편 이 책은 부인할 수 없는 인간의 어두운 면 — 질서의 표면 아래에 감춰진 권력과 탐욕·갈등·강제 등의 지속, 독선적 분노, 절망적 무관심, 진짜 희망의 필요 — 을 낙관주의나 비관주의 없이 아주 용감하게 직면한다는 점에서 시대를 뛰어넘는 것이다. 이 놀랍고도 숭고한 텍스트에서 니버는 20세기 미국의 종교적 사유를 대량학살과 전면전, 파시즘, 전체주의, 세계적 규모의 조직적 증오로 점철된 야만적 세기인 20세기로 이끌었다. 일단 니버와 함께 이 루비콘 강을 건너면 돌아올 수 없다. 그는 우리로 하여금 우리가 역사라고 부르는 (새뮤얼 베케트의 용어를 빌리면) '혼란(mess)' 속에서 우리의 오만과 탐욕, 편견, 자만심, 위선, 이웃 사랑의 최대치 등과 분투하게 한다.

20세기 초 미국의 가장 영향력 있고 진보적인 사회비평가 월터 라우선부시(Walter Rauschenbusch, 1861~1918), 존 듀이(John Dewey)와는 대조적으로, 니버의 어조는 침울하고 거의 희비극적이었다. 그리고 그의 사회구조 분석은 확실히 마르크스주의적이었다. 사실 니버의 민주적 사회주의에 대한 기독교적 옹호에는 비폭력적 힘의 사용과 혁명적 폭력이 포함되었다. 이런 의미에서 니버의 고전은 혁명적 기독교인의 작품이다. 니버는 필연적 진보와 완벽 가능성, 지상에서 천국을 이룰 수 있다는 자유주의적 환상 등과 같은 세속적 신화에 대단히 회의적이었으면서도 근본적인 사회 변화를 위한 '사회적 무기력(social inertia)'을 극복하려는 열의를 가지고 있었다.

혁명적 변화와 사회주의 정치를 기피하는 나라에서 이 혁명적 작품 — 애초의 제목은《사회 변화의 윤리(The Ethics of Social Change)》였다 — 이 20세기 기독교 윤리학에서 가장 중요한 책이 되었다는 것이 아이러니하지 않은가? 정말 이상하고 기묘한 일이다. 니버는 미국 남부의 흑인 학교들을 돌며 순회강연을 하고 돌아온 직후, 급진적인 유니언 신학교 동료들과 학생들—해리 워드(Harry Ward) 교수, 마일스 호턴(Myles Horton), 제임스 돔브로스키(James Dombrowski), 앨런 키디(Allen Keedy), 아널드 존슨(Arnold Johnson) — 과 이야기를 나눈 직후, 노먼 토머스(Norman Thomas)의 사회주의 정당의 국회의원 후보 지명을 받아들인 직후에 이 책을 썼다는 사실을 잊지 말도록 하자! (니버는 이 책이 출간되기 한 달 전에 국회의원 선거에서 4퍼센트의 표를 얻었다.)

전문성과 특수성을 중시하는 이 현학적인 시대에, 영명하고 용감한 40세의 혁명적 기독교인이 — 공인된 문학사 학위도 박사학위도 없고, 디트로이트에서 13년간 독일어로 목회 활동을 하고 유니언 신학교에서 교편을 잡은 지 겨우 4년 된 — 미국 현대 기독교 사상의 토대가 된 이 글을 썼다는 것은 상상하기 어렵다. 1929년에 출간된 그의 위트 넘치는 책《길들여진 냉소주의자의 노트(Leaves from the Notebook of a Tamed Cynic)》를 보면 1932년에 일어날 그의 지적 폭발을 예견할 수 있다. 그리고 1934년에 출간된 그의 신랄한 책《시대의 종언에 대한 성찰(Reflections on the End of an Era)》은 그의 모든 저작 중 가장 급진적인 작품이 되었다.

하지만 다양한 단계를 거치면서도 니버는 심오한 예언자적 면모를 잃지 않았다. 누구나 부러워하는 시사주간지 《타임》의 25주년 기념 특집호(1948년 3월 8일) 표지에 사진이 실린 뒤 세속의 자유주의적 현 상태에서 총애를 받는 종교인이 되고, 배타적인 미국외교협회(Council on Foreign Relations)에서 회원자격을 받고, 타임지의 편집주간 휘터커 체임버스(Whittaker Chambers)에 의해 "공식적 특권을 가진 신학자"라 명시되기도 했던 말년(1948~1971년)에도 그는 예언자적 면모를 잃지 않았다. 그의 권위 있는 기포드 강연 《인간의 본성과 운명(The Nature and Destiny of Man)》1권과 2권(1941, 1943)에서든, 모방이 불가능한 저서 《미국 역사의 아이러니(The Irony of American History)》(1952)에서 든 니버의 비판적 감각과 반골 기질은 살아 있다. 개리 도리언(Gary Dorrien, 유니언 신학교 기독교윤리학 라인홀드 니버 교수), 로빈 로빈(Robin Lovin), 프레스턴 윌리엄스(Preston Williams), 존 베넷(John Bennett), 랍 비 에이브러햄 조슈아 헤셸(Abraham Joshua Heschel)처럼 그의 진가를 가장 잘 알아보는 비평가에서부터 베벌리 해리슨(Beverly Harrison), 스 탠리 하우어워스(Stanley Hauerwas), 돌로레스 윌리엄스(Dolores Williams), 제프리 스타우트(Jeffrey Stout), 제임스 콘(James Cone)처럼 그를 가장 혹독하게 비판하는 비평가에 이르기까지 모든 비평가들은 니버의 맹점이 니버 저작의 예언자적 힘을 능가하지 못한다는 데 동 의한다.

니버의 저작에는 이 예언자적 힘이 면면히 이어진다. 그는 신념과 열정을 가지고 당대의 고통과 행태와 싸우면서도 그 시대에 완전히 속하지 않는 인물로 남았기 때문이다. 그는 당대의 활동가이자 논객이었고 문화비평가, 사회사상가로도 활약했지만 무엇보다 그 시대에 완전히 속하지 않은 기독교인이었다. 이렇듯 '에서(in)'와 '의(of)'의 중대한 차이가 니버의 진보적이면서도 아우구스티누스주의에 입각한 기독교적 증언의 핵심인 변증법적 긴장과 패러독스, 신비를 빚어냈다. 니버는 친동생 헬무트 리처드 니버(Helmut Richard Niebuhr, 20세기 미국의 가장 뛰어난 신학자)와는 달리 종교를 사회 변화의 원동력으로 생각한다는 점에서 진보적이며, 역사는 언제나 신의 왕국의 장소가될 수 있다는 생각을 거부한다는 점에서 아우구스티누스주의자이다.

우리는 니버의 탁월함이 서구의 파시즘과 전체주의의 어둠을 배경으로 하기 때문에, 또한 자유주의적 개신교의 황금기를 인도하는 불빛이었기에 가장 찬란히 빛날 수 있었다는 데 주목해야 한다. 이 황금기는 오래전에 사라져버렸지만 여전히 그 진가를 면밀히 살펴볼 가치가 있다. 니버는 이 책에서 이렇게 말한다.

자유주의적 개신교는 대체로 서구 문명의 특권계급이 향유하는 종교인 까닭에, 사회적 불의에 의해 부패한 문명에서 사랑의 이상을 옹호하는 것이, 쓰라린 사회 경험들로 인하여 안락한 생활에 대한 감상과 환상을 잃어버린 사람들에 의해 냉소적으로 비판을 받고 위선이라는 심판을 받는다 해도 그리 놀랍지 않다.

자유주의적 개신교의 상대적 쇠퇴는 안락한 사람들에게 고통을 주고 고통받는 사람들에게 위안을 주는 예언적 해방신학에 의해 처음으로 그늘에 가려졌다. 이어서 기독교 우파와 결합된 거대한 비종파주의 운동이 미국 종교계의 중심이 되었다. 오늘날 우리에게는 과거의 유산과 현재의 조각만 있을 뿐 중심이 없다.

마틴 루서 킹 주니어(Martin Luther King Jr.)와 도러시 데이(Dorothy Day)의 전통을 이어받은 혁명적 기독교인으로서, 나는 이 위대한 라인홀드 니버를 내 영혼의 동지로 생각한다. 니버는 아브라함과 이삭, 야곱의 신과의 조우를 나사렛 예수라는 1세기 팔레스타인 유대인의 형태를 빌려 극적이고 역사적으로 설명함으로써 우리가 복종하여 구원받은 죄인으로서 겸손한 마음이 들게 하는 동시에 정의를 위해, 특히 '가장 불쌍한 사람들을 위해' 급진적으로 투쟁할 급진적 자유를 누릴 수 있도록 용기를 불어넣기 때문이다. 그는 거의 1세기 전에 이렇게 썼다.

> 대영제국의 인도인들이건, 미국 사회의 흑인들이건, 모든 국가의 산업노동자들이건, 일체의 피억압자들은 그들의 압제자들에게 도전하기 위해 압제자들이 무력으로 지배권을 유지하기 위해 갖는 권리보다 더 고차원적인 도덕적 권리를 갖는다.

하지만 너희 이웃을 사랑하라는 기독교적 명령은 정의를 향한 집단적 추구로 축소될 수 없다. 정의는 민중에 대한 사랑처럼 보이지만 정의와 사랑은 결코 같지 않다. 개인의 도덕과 집단의 도덕에는 근본적인 차이가 있다.

　개인의 도덕적 상상력이 동료 인간의 요구와 이익을 이해하지 못한다면 진정한 정의는 달성될 수 없다. (…) 정의 그 자체만으로는 정의보다 못한 어떤 것으로 전락하기 쉽다. 따라서 정의는 보다 높은 어떤 것에 의해 인도되어야 한다.
　정치인의 현실감각은 도덕적 선지자의 어리석음의 도움을 빌리지 않는다면 정말로 어리석게 되고 말 것이다.

마틴 루서 킹 주니어가 이끄는 비폭력 흑인 해방운동이 나타나기 거의 20년 전 니버는 이렇게 썼다.

　미국의 흑인 해방은 이런 종류의 (비폭력적) 사회적·정치적 전략이 충분히 계발되었을 때 나타날 것이다. (…) 우리는 더 많은 이성과 희망을 품고 이 운동을 기다린다. 왜냐하면 흑인들의 특별한 정신적 재능은 그들에게 이 운동을 성공적으로 수행할 능력을 부여하기 때문이다. 그들은 신세대 젊은 흑인들의 공격성과 늙은 흑인들의 인내와 관용을 융합하여 전자에게서는 복수심을, 후자에게서는 무기력을 제거하기만 하면 된다.

버락 오바마(Barack Obama)의 시대에도 더 광범위한 사회에서 사회적 평등을 이루고, 경제적 측면에서 근본적인 공정성을 이루기 위한 니버의 혁명적 기독교 프로젝트는 유효하다. 모든 위대한 선지자적 인물들의 경우처럼, 이 세상은, 심지어 오늘날에도, 그가 한 모든 말을 아직 실현하지 못했다.

코넬 웨스트(Cornel West)

14

● 랭던 B. 길키* 서문

동시대의 저작에는 서문이 필요 없다. 적절한 독자는 작품의 정치적·사회적·지적 맥락을 파악할 것이다. 결국 그 독자는 그 맥락에 살고 작품이 다루는 문제를 느끼므로 작품이 제시하고자 하는 해결책을 깊이 이해할 것이다. 이렇듯 동시대의 저작은 독자에게 직접 말을 건넨다. 그러나 인정받은 고전이라 하더라도 과거의 작품을 재출간하는 경우는 분명 그럴 수 없을 것이다. 특히 그 작품이 60여 년 전에 집필된 것이라면 더더욱 그럴 수 없을 것이다. 주요 역사적 국면이 동일하지 않고, 주요 정치·사회적 문제가 엄청나게 달라졌기 때문에 사상가들과 지식인들에게 당면한 문제도 다르고, 당연히 이들의 해법도 다르다. 그러므로 다른 시대에 고전의 메시지를 제대로 인식하기 위해서는 동시대적 맥락에서 이 작품과 저자의 역할을 명확하게 밝히고 작품 자체의 개요를 제시하는 서문이 필요할 것이다.

---

* 20세기 미국의 대표적인 신학자 중 한 명으로 꼽히며, 라인홀드 니버의 지도 아래 1954년 컬럼비아 대학교에서 종교학 박사학위를 받았다. 1989년 은퇴할 때까지 시카고 대학교에서 신학과 교수로 재직했다.

윤리신학 총서로 출간된 니버의 또 다른 저서 《인간의 본성과 운명》이 20세기 신학 고전을 대표한다는 것은 이 책이 1940년대 초 처음으로 출간된 이래 의심의 여지가 없었다. 그러나 니버의 저작은 전체적으로 20세기의 떠들썩한 역사적 사건에 대한 미국에서 가장 의미 있는 신학적 대응이었다. 따라서 니버의 저작은 그 위기의 시대에 성인이 된 젊은 세대와 그 후 수십 년간 미국의 신학적·도덕적 사상과 정치 이론, 윤리적·사회적·역사적 성찰에 참여한 세대에게 지대한 영향을 미쳤다. 후자가 만들어낸 고전이 거의 없더라도 적어도 그들은 후대에 전해줄 뛰어난 유산을 가지고 있다. 여러분 앞에 놓인 책 《도덕적 인간과 비도덕적 사회》를 20세기의 격동적 분위기와 니버 사상의 변화 속에서 이해하는 데 도움이 되기를 바라는 마음에서 이 글을 쓴다.

1930년대, 40년대, 50년대에 누군가 미국에서 가장 유명하고 존경받는 신학자가 누구냐고 물었다면 뉴욕의 유니언 신학교 교수 라인홀드 니버라는 대답을 들었으리란 건 거의 확실하다. 1950년대 중반에 니버는 심한 뇌졸중에 걸렸고 불가피하게 그의 영향력은 줄어들었다. 그 후 그의 친구이자 동료 폴 틸리히(Paul Tillich)가 신학적 발언을 주도했다. 두 사람은 미국 문화의 대단히 넓은 영역에 영향을 미쳤다. 사실 20년 동안 그들은 깊은 사유를 주도한 선구적인 인물이었다. 당시 철학은 문화적 영역에서 벗어난 상태였다. 예술과 심리요법, 철학 분야에서는 틸리히가, 정치이론과 윤리학, 사회적 사건에 관해서는 니버가 주도했다. 두 사람은 제각기, 특히 니버의 경우는 속세에 열정적인 추종자들을 거느리고 있었다. 추종자들 대부분은 꼭 필요한 자신의 종교적 관점 없이 이 신학자들의 명료한 지혜를 도용하려 했다. 니버가 세속에서 명성을 얻은 이유는 사회와 정치를 분석하는 데 탁월했을 뿐 아니라 정치활동가로서 매우 영향력이 있었기 때문이다. 그는 진보적 계간지《기독교와 사회(Christianity and Society)》를 창간하고 편집했다. 그리고 1946년에는 그 후 25년간 정치적으로 매우 중요했던, 진보적이면서도 비공산주의적인 조직 '민주 행동을 위한 미국인들(the Americans for Democratic Action, ADA)'의 창설을 도왔다. 1945년에 나는 우리의 신학계와 문화계의 이 탁월한 두 인물의 학생으로서 내 자신의 신학적 연구를 시작했다. 우리 대부분은 훌륭한 신학자라면 예술이나 정치학 분야에서도 이런 광범위하고 중요한 문화적 역할을 충분히 해낼 수 있을 거라 기대했다. 훗날 우리가 직접 시도해 본 뒤에야 그렇게 하기가 얼마나 어렵고 희귀한 일인지 알게 되었다.

니버는 1932년에 출간된《도덕적 인간과 비도덕적 사회》— 현재 윤리신학 총서로 출간되고 있다 — 와 1934년에 출간된《시대의 종언에 대한 성찰》로 1930년대 초에 유명해졌다. 이 책들은 주로 사회 및 정치 분석이었고 신학적 내용은 거의 없었다. 내 나이 열세 살이던 1932년에 아버지가《도덕적 인간과 비도덕적 사회》를 흔들어대며 사무실에서 나와 "라인홀드는 미쳤어!"라고 말하던 모습이 떠오른다. 당시 내 아버지처럼 가장 진보적이고 사회적 복음을 설파한 목사들은 그렇게 생각했다. 1930년대 말에는 니버의 생각에 동의하게 되었지만 말이다. 왜 이 책은 그렇게 큰 당혹감을 불러일으켰을까?

1930년대 미국에서 대부분의 진보적 문화는 세속에서든, 학계에서든, 종교계에서든 공통적으로 아직 사회와 역사에 대해 매우 낙관적이었다. 1차 세계대전이 발발하기 전 유럽에서 그랬듯 사람들은 역사적 진보를 철저히 믿었다. 과학기술과 산업이 발달함에 따라 법과 정치, 사회제도 또한 진보했다. 전제적이고 독재적인 정부에서 민주주의 정부로, 종교적·인종적 편협이 관용으로, 권위적이고 독단적인 종교에서 자유주의적이고 회중적인 종교로 바뀌었다. 인류가 더 고등한 형태로 진화한 것처럼 사회 관습과 법률, 가치관도 확실히 점점 더 좋아지고 있었다. 그에 맞춰 사람들은 더 도덕적으로 되었고, 사회는 거의 기독교화되었고, 교회의 과제는 지상에 하느님의 왕국을 세우는 것이었다. 이 책들에서 니버는 특히 이런 근본적인 믿음에 이의를 제기했다. 카를 바르트(Karl Barth)가 1차 세계대전 후 유럽에서 그랬듯 니버는 1930년대 초 미국과 영국에서 낙관주의에 도전했던 것이다.

그러나 그의 도전은 성서에 호소하는 방식이 아닌—나중에는 그렇게 되었지만—경험적이고 실증적인 논거로 당시의 자본주의적·인종적·국제적 삶의 실제적 특성을 지적하는 방식이었다.《도덕적 인간과 비도덕적 사회》를 읽는다면 그가 자신의 논거를 증명한 것을 볼 수 있을 것이다. 물론 1930년대 말 역사의 전체적 흐름 또한 그의 논거를 증명했다.

니버의 초기 저작의 중요성을 이해하기 위해서는 당대의 역사적 맥락을 기억해야만 할 것이다. 앞에서 설명한 낙관주의에도 불구하고, 1930년대는 유럽과 마찬가지로 미국에서도 극심한 혼란과 고통, 불안이 증가하는 시기였다. 무엇보다 인구의 대부분이 실직하고 수입이 어마어마하게 줄어들고 경제활동이 거의 멈춰버린 대공황의 시기였던 것이다. 1989년에 러시아의 공산주의가 붕괴하자 대부분의 평자들이 사회주의가 그 약점을 드러냈다고 평했던 것처럼 1929년의 대공황 이후 대부분의 평자들은 자본주의가 역사의 뒤안길로 사라지지 않는다면 적어도 심각한 오류를 가지고 있다고 입을 모았다. 어쨌든 상당히 무제한적이고 통제되지 않는 자본주의는 많은 사람들에게 무지막지한 고통을 야기한다는 게 분명해지고 있었다. 그러므로 많은 사람들에게 자본주의는 자기파멸로 가는 길이었다. 이것은 니버가 자신의 초기 정치적 저서들―놀라울 만큼 명징하게 현대 경제사회의 무자비한 성격을 폭로한 책들―을 집필할 때의 역사적 상황의 한 측면이었다.

주지하다시피 1930년대에 이런 경제적 격변이 부분적인 원인이 되어 세계의 여러 힘 있는 나라에서―가장 먼저 일본에서, 뒤이어 이탈리아에서, 마지막으로 독일에서―급진적인 정치 변화가 일어났다. 군대가 정부를 장악한 일본은 1931년에는 만주를, 1936년에는 중국 북부를 침공했다. 같은 시기에 무솔리니는 로마제국을 다시 세우겠다는 결심을 공표하고 무력한 에티오피아를 침입하기 시작했다. 1933~1934년, 보복적인 베르사유 조약에 의해 분할되고 축소된 독일에서는 철저히 국수주의적이고 군국주의적인 나치 정권이 권력을 잡고 유대인에 대한 대대적인 박해를 시작하는 한편, 1930년대 말에 이르러서는 제2차 세계대전을 낳은 군사적·정치적 확장을 시작했다. 각 나라에서 시민의 자유는 박탈되었고, 소수자들에 대한 탄압과 박해가 증대되었고, 반체제 인사가 투옥되었다. 1930년대 말은 역사 자체가 악마에게 잡아먹힌 것처럼 보였다. 과학·기술·산업 역량은 꾸준히 향상되었으나 사회는 그와는 대조적으로 진보에서 멀어져, 낙관적이었던 19세기와 20세기 초에는 상상할 수 없을 정도의 악몽 같은 상태로 추락했다.

두 권으로 구성된 《인간의 본성과 운명》이 집필되고, 강연되고, 출간된 때는 이 격동의 1930년대 말이었다. 이런 역사적 맥락을 고려하면 니버가 이 작품에서 현대적 방식으로—현대적인 과학 및 역사 이해의 견지에서—죄의, 심지어 원죄의 오래되고 다소 케케묵은 상징을 재해석하고자 했다(제2권)는 것은 별로 놀라운 일이 아니다. 1970년 이래로 우리는 자연이 인간의 확장에 몹시 취약하다는 것을 감지해왔기 때문에 우리 시대가 환경 문제를 통렬하게 인식하고 있는 것처럼, 타당한 이유로 당대는 주위의 세계가 드러내는 혼란과 고통의 역사적 상황 때문에 당황스럽고 무기력한 시기였다.

이제 1930년대 초 니버가 자신의 초기 정치학 저작에서 실제로 뭐라 말했는지 살펴보자. 《도덕적 인간과 비도덕적 사회》에서 그 전형을 볼 수 있다. 그는 사회제도는 물론 심지어 도덕 관습과 규칙 또한 진보했다는 것을 부인하지 않았다. 훗날 그는 이것을 더 명확히 진술하게 된다. 하지만 그는 이 새로운 양식의 사회적 관계 속에서—현대적 국가, 민주주의 정치, 특히 자본주의사회의 상업적 관계에서 권력과 부, 지위, 안전을 추구하고 자기중심적이고 이기적인 특성이 유례없이 맹위를 떨치고 있다고 말했다. 그리고 그가 표현한 대로 이런 자연적 충동(natural impulse)은 지금도 과거에서처럼 희생자들에게 엄청난 고통을 야기하고 있다. 사회적 투쟁에서 각 계층은 자신들이 보편적 가치를 위해 행동하고 있다고 주장한다. 사업주들은 질서와 안정을 위해, 노동자들과 혜택받지 못한 사람들은 정의를 위해 행동한다고 주장한다. 하지만 사실 각 계급은 자신의 힘과 부를 위해 행동하고 있는 것이다. 하나는 그것을 지키기 위해, 다른 하나는 그것을 얻기 위해. 국가는 언제나 정의와 평화를 위해 싸우고 있다고 주장하지만, 실은 "평화를 사랑하는 국가들"(제2차 세계대전 중 우리가 우리 스스로를 칭했듯이)조차 부와 안전 면에서 자국의 이익을 위해 싸우는 것이다.

이런 이유로 아무리 논증이 학문적으로나 법률적으로 훌륭할지라도 설득이나 논증만으로는 어떤 집단도 권좌에서 물러나게 할 수 없다고 니버는 주장했다. "이성은 충동의 주인이 되기 전까지 충동의 하수인이다." 그러므로 통치 집단에 맞서고, 도전하고, 강제하는 힘─정치적 또는 경제적, 최후의 수단으로는 군사적 힘─만이 통치 집단을 몰아내고 보다 정의로운 상황을 만들 수 있을 것이다. 정의가 부와 권력을 덜 가진 사람들 편임은 분명하다. 하지만 힘없는 피해자 단체의 정의가 피해자의 더 훌륭한 덕성을 의미하는 것은 아니라고 니버는 말했다. 프롤레타리아가 최고 권력을 획득할 때 귀족계급과 부르주아들이 그랬던 것처럼 지배하려 하는 게 당연하다는 것이다. 러시아 공산주의는 그의 주장이 옳음을 보여주었다.

《도덕적 인간과 비도덕적 사회》의 두 번째 논지는 제목에서 드러난다. 개인의 도덕적 행위(드물긴 하지만 개인은 실제로 다른 사람들을 위해 자신을 희생할 수 있다)와 집단(가족, 씨족, 계급, 인종, 젠더, 국가, 민족 등)의 행동 사이에는 주목할 만한 차이가 있다는 것이다. 공동체에서는 집단의 이익이 불가피하게 지배적인 요소가 된다는 것이다. 그리고 개인이 모여 집단이 되면, 그 구성원들은 재산을 불리기 위해, 개인이 자신의 재산을 늘리기 위해서라면 하지 않았을 수많은 일들을 함께 할 것이다. 그러므로 자신이 속한 사회의 가치와 관습에 따라 상당히 도덕적으로 훌륭하게 행동하는 사람이 다른 집단의 사람들과 관계를 맺을 때, 특히 다른 집단과의 직접적인 관계에서 대단히 비윤리적으로 행동할 수 있다. 노예의 소유주이면서도 경건할 수 있고, 다른 나라를 침공한 국가의 국민이면서도 존경스러운 개인일 수 있고, 지배계급의 일원이면서도 점잖은 인격을 갖춘 인물일 수 있고, 탄압을 일삼는 인종에 속하면서도 '도덕적'일 수 있다는 것이다. 이 모든 경우, 개인으로서는 도덕적으로 보이는 사람들이 자신이 속한 집단의 다른 사람들과 뭉치면 굉장히 자기중심적으로 행동하고 무자비한 탄압과 충격적인 파괴를 일삼을 수 있다는 것이다.

애국심은 특히 이 논지를 잘 이해하게 한다고 니버는 말한다. 애국적인 개인은 집단을 위해 스스로를 희생하고, 그러므로 최고의 도덕성을 상징하는 인물이 된다. 집단을 위한 개인의 이런 희생을 대부분의 사회학자들은 이타주의라고 부른다. 하지만 애국지사의 이타적 충성을 이용하여 집단이 하는 행위는―부당한 사회적 상황이나 공격적인 전쟁에서는―정말이지 아주 비도덕적이고, 사실 악행일 수 있다. 이런 기이한 이유로 도덕성의 가장 높은 단계는, 즉 진짜 이타주의는 집단의 행위에 도전하는 것, 즉 개인의 자기희생으로 집단의 도덕에 반대하는 것이 된다. 드물지만 분명한 예를 소크라테스와 예수의 행위에서 볼 수 있다. 여하튼 니버는 비교적 안정적인 현대의 역사적 상황(1939년 이전)에서 개인들이 도덕적으로 보이는 행동을 한다는 것이 사회집단의 일원으로서 그들이 계급·인종·경제적·정치적 문제에 대해 어떻게든 부당한 행동을 피하거나 지지하지 않는다는 것을 의미하지는 않는다고 주장한다. 20세기의 집단적 관계는 과거의 덜 '도덕적'인 시절에서처럼 이기적이었고, 잔혹한 일도 빈번하게 일어났다. 말할 필요도 없이 이런 견해는 1930년대 초에는 대단히 충격적이었으나 후속 사건들에 의해 그 유효성이 완전히 입증되었다.

니버의 초기 저작의 마지막 논지는 세속적이고 종교적인 낙관주의자들에게 훨씬 더 급진적으로 비쳤을 것이다. 이성(과학적·경제적·정치적 지성)과 종교, 심지어 자유주의적 종교조차도 문화의 다른 영역이 그러하듯 분명히 규정할 수 없다는 것이었다. 세속적이고 학문적인 공동체에게 이성은, 특히 과학적이고 실증적인 이성은 인간사의 객관성과 불편부당성을 신뢰할 수 있는 원칙이었다. 여기에는 원칙적으로 편견과 사리사욕이 없으므로, 존 듀이가 말했던 대로 교양 있는 지성이 사회적 삶을 개선하는 주요 수단이 된다. 따라서 종교적 자유주의자들은 과거에 독단적이고 전제적인 종교는 많은 해를 끼쳤지만, 독단적이지 않은 종교는 다른 견해를 관대하게 받아들이고 사회 정의를 이루는 데 헌신함으로써 사회적 역사에서 구원의 기반을 제공할 수 있다고 입을 모았다. 니버는 이 두 주장 중 어떤 것도 부인하지 않았다. 하지만 그는 사회적 위기 상황에서 이런 객관성은, 연구실이나 주일학교에서와는 대조적으로, 아주 보기 드문 도덕적 성취라고 말했다. 최고의 이성과 가장 진보적인 종교는 집단 이기주의에 저항했던 것보다 집단 이기주의를 훨씬 더 자주 정당화할 수 있으며, 또 그렇게 해왔다. 현대 역사에서, 제2차 세계대전과 현재의 인도-파키스탄 관계에서 보듯이 과학과 군대의 연합은 첫 번째 주장(최고의 이성이 집단 이기주의에 도전했던 것보다 그것을 정당화한 적이 더 많았다는 것)을 입증한다. 그리고 20세기 종교 집단들이 자신의 국가를 지지하는 게 거의 일반적인 현상이었다는 것은 두 번째 주장이 타당함을 보여준다. 나는 니버의 주장을 부인하지 않지만, 그럼에도 이 시기의 일본과 독일, 영국, 미국의 교회들은 같은 공동체 내의 학계나 과학 실험실, 교육 당국보다 국가의 악행에 이의를 제기했던 기록을 더 많이 가지고 있다.

이런 주장은 니버의 초기 정치학 저서의 주요 논점을 대표한다. 이 작은 고전《도덕적 인간과 비도덕적 사회》에서 이러한 논점을 분명히 볼 수 있다. 명백히 드러나듯이, 이 책은 신학적 내용이 거의 없고 성서적 견해에 대한 언급도 훨씬 적다. 사실 이런 통찰에 대한 그의 해석은 더 오래전의 자유주의적인 전제를 견지한다. 이런 통찰이 아무리 매혹적이더라도 그 안에 어떤 신학적 관점이 내포되어 있을지 궁금해하지 않을 수 없다. 이 신학적 관점은 1930년대 후반에 나타나기 시작했다. 신학적 관점은 앞서의 통찰을 성서의 이른바 '신정통주의(neo-orthodox)' 해석으로 바꾼 일련의 설교로 구성된 1936년의 《비극을 넘어서(Beyond Tragedy)》라는 책에서 맨 처음 나타났다. 니버는 사회적 사건에 대한 자신의 경험적이고 실증적인 분석의 근거를 성서와 신학에서 발견하기 시작했다. 물론 그 신학적 관점은 뒤이어 그의 사상이 무르익은 때에 집필된 고전들―1941년에 출간된 1권 《인간의 본성》과 1943년에 출간된 2권 《인간의 운명》―에도 나타났다. 이 책들에서 그의 정치적 통찰에 걸맞은 발전된 신학이 충분히 설명되었다. 니버는 이 신학을 '성서적 신앙' 또는 '성서적 견해'라고 칭했다. 《도덕적 인간과 비도덕적 사회》의 영향력과 중요성을 인정하는 바이지만, 남은 지면은 이 후기 저작에 제시된 신학적 견해를 설명하는 데 할애하고자 한다. 그래야만 니버의 도덕적·정치적 사상이 아우르고 있는 전체 범위를 이해할 수 있을 뿐 아니라 그의 저작에서 지속되는 주장과 중단된 주장을 보여줄 수 있기 때문이다.

니버가 현실과 죄의 보편성에 역점을 두었다는 것은 잘 알려진 사실이다. 그럼에도 그는 인간 정신의 도덕적 가능성과 창조성, 예술적이고 지적인 능력―인간 개개인을 고유하고 가치 있는 존재로 만들어주는 것―을 철저히 믿었다. 역사는 진기한 창조물로 가득하고, 공동체는 정의와 사랑의 장소라고 믿었다. 물론 니버는 현대적 낙관주의를 신랄하게 비판한 것으로 가장 유명하다. 왜냐하면 그는 현대의 낙관주의를 사회적·도덕적 진보에 대한 '순진한' 믿음이라 여겼기 때문이다. 이 주장은 《도덕적 인간과 비도덕적 사회》에서 이미 제시되었다. 그럼에도 그는 아마 잘 몰랐던 탓에 현대의 인간에 대한 이해를 대부분 받아들였다. 새로운 것을 창조하고, 역사에서 진기한 것을 실현하고, 지식과 이해 면에서, 도덕 원칙에서조차 독창적인 진보를 이루는 인간의 능력을 믿었던 것이다. 이런 인간의 능력 덕분에 역사는 계속 변화하고 무한한 발전 가능성으로 충만하다고 그는 말했다. 니버는 이런 창조적인 정신적 능력을 인간 안에 있는 하느님의 형상, 즉 이마고 데이(imago Dei)로 인정했다. 그는 그것을 자기초월(self-transcendence) 능력이라고 설명했다. 자기초월성은 자기 자신을 보고, 과거를 떠올리고, 미래를 예견하고, 저 우주 밖을 내다보고, 심지어 무한한 영역까지 볼 수 있는 인간 개개인의 본질적인 능력이다. 인간은 이렇게 자기 자신을, 즉 자신의 시간과 공간, 자연적 구조와 주위 세계를 초월할 수 있다. 이 자기초월은 상상력과 이성, 판단력, 도덕적 가능성이 존재하는 장소이므로 자유의 장소이다. 인간은 정신적으로 자신만의 특정한 시공간적 장소(spatio-temporal locus)에서 자유롭기 때문에 새로운 것을 창조할 수 있다. 그럼으로써 다음 순간에 자신의 길을 결정하게 되는 것이다.

이렇듯 인간의 정신은 지상의 모든 것 위로 높이 솟아올라, 하느님을 향해 뻗어나가며, 아우구스티누스가 말했듯 하느님 안에서만 진정으로 그 자신을 인식한다. 이런 이유로 '인간'은 사회가 할 수 없는 방식으로 도덕적일 수 있는 것이다. 그럼에도 불구하고, 이런 인간의 자기초월성은 생물적인 것이지 신적인 것이 아니라고 니버는 말한다.

즉 특정한 자기 자신과 공동체, 문화, 국적, 인종, 젠더에 있어서 그것의 제한된 자리를 잃지 않는다는 것이다. 자기초월성의 상상력과 사상, 계획이 아무리 고귀해도 이런 것들은 절대적이지 않고 상대적이다. 그것들은 변함없이 그들의 특정한 장소를 반영한다. 인간의 정신은 시간과 장소와 문화를 초월하는 보편적 능력을 가지고 있지만, 언제나 그 기원의 특정하고 유한한 관점을 공유한다. 나의 신학은 미국인, 남성, 백인, 20세기 중반에 근거한다는 것을 간과할 수 없다.

각 인간과 전체 인류의 이런 근절할 수 없는 유한성과 특수성을 표현하기 위해 니버는 또 다른 성서적 범주를 사용하는데, 그것은 인간의 생명을 포함하는 모든 생명의 피조물성(creatureliness)이다. 그리하여 각 피조물은 태어나고 죽으며, 특정한 시간적·공간적 맥락에서 등장하며, 주위의 다른 모든 것(가족과 공동체, 자연, 세계 등)에 영향을 받는다. 이렇듯 각 인간은 얼마나 높은 정치적·예술적·지적·도덕적 성취에 도달하건 간에 일생 동안 주위 환경에 의존할 수밖에 없고 언젠가는 죽어야 하는 생명체로 살아가는 것이다. 이 죽음과 유한성을 니버는 신이 부여한 여성과 남성의 피조물의 자연스러운 부분일 뿐 죄의 결과는 아니라고 생각했다. 동시대 신학자들 대부분이 이렇게 생각했다. 그것은 '좋은' 피조물의 한 측면이요, 자연적 생물체의 이로운 점이다. 이 자연적 생물체의 창조성은 물론 의존성을 우리는 공유한다. 따라서 다른 모든 생물처럼 인간 존재는 연약하고 일시적이요, 끊임없는 고통의 가능성을 가지고 있다. 하지만 하느님의 섭리 안에서 신앙과 미래에 대한 희망을 가진다면 이런 불확실성을 용기와 창조적 행위로 극복할 수 있다고 니버는 말한다.

우리는 피조물이고, 그렇게 살아간다. 상대성과 유한성은 수많은 관점 중 단 하나의 관점을 구현하여 예술과 사상, 상상력, 도덕, 종교 등 모든 인간의 창조물에 영향을 미친다. 각 인간은 피조물 상태로 유지될 뿐 신이 될 수 없다. 그러므로 이성이 보편성—이성은 보편성을 추구하며 보편성을 가지고 있다고 흔히 주장하지만—이나 도덕적 의지, 객관적 판단—이성은 객관적 판단을 할 수 있다고 으스대지만—에 도달할 수 있는 길은 없다. 오히려 개인은 자신이 대표하는 모든 인간의 부분적 특성을 인정하려 할 때에만 보편성에 가까워질 수 있다. 인간 정신의 무한한 창의성에도 불구하고 세속적으로나 종교적으로나 궁극적인 역사는 없다. 창의성과 발전을 강조하는 것이 현대적이었던 것처럼 상대성과 유한성을 강조하는 것 또한 지극히 현대적이다. 니버는 이런 특성들을 강조하는 현대적 입장을 취했고, 언제나 공정하게, 근본적으로 이 두 특성은 성서적이며 결국 성서적 신앙에 좌우된다고 주장했다. 이런 점에서 초기작 《도덕적 인간과 비도덕적 사회》와 《인간의 본성과 운명》은 연속선상에 있으면서 불연속적인 점도 있다.

이어서 니버는 창조주가 우리에게 부여한 상황, 즉 한편으로는 유한성과 피조물성, 다른 한편으로는 (니버가 자주 표현한 대로) '필연성과 자유(necessity and freedom)'의 상황에서 인간의 창조성과 죄가 생겨난다고 주장한다. 지금까지 우리는 니버가 창조성과 자기초월성을 어떻게 이해했는지 검토했다. 이제 가장 유명한, 니버의 죄의 분석에 대해 살펴보자.

피조물로서의 인간은 모든 생명체와 다름없이 의존적이고 연약하다. 인간은 자신이 살아가는 자연환경과 역사적 사건, 다른 사람들과 집단에 영향을 받을 수밖에 없는 의존성을 지닌다. 인간은 자신의 창의적 독창성을 통해 번영할 수 있지만, 모든 생물들이 그렇듯 죽을 수 있고, 결국 죽게 된다. 하지만 인간은 자기 초월적이고, 과거를 기억하고, 미래를 예견하므로 이 모든 것을 알고 있다. 피조물 중에서 인간만이 자신이 유한한 존재라는 것을, 다음 언덕에서 적이 나타날지 모른다는 것을, 집안이나 동네, 직장에 경쟁 상대가 있으리라는 것을, 다음 겨울에 땔감이 부족할 수도 있다는 것을 알고 있다. 인간은 이기심 (self-interest) ─《도덕적 인간과 비도덕적 사회》에서 자주 사용된 표현 ─에 의해 추동될 뿐 아니라, 더 근본적으로, 인간은 불안해하는 존재다. 인간에게는 자유가 주어지지만 자유 자체가 교란되고 정신적으로 고통스러워한다.《인간의 본성과 운명》은 불안의 언어가 우세하다. 불안에 자극을 받은 사람들은 위협에 맞서서 스스로를 안전하게 보호하고자 한다. 그들은 마치 자신이 세상의 중심인 양 생각하고 행동한다. 불안은 이기심의 토양이다. 성서적 언어로 말하면, 사람들은 '우상숭배'를 한다. 즉 사람들은 하느님을 자기 자신으로 대체한다. 스스로 하느님을 대신하는 것이다. 니버의 표현대로 사람들은 '교만'을 드러내는 것이다. 그리고 그 과정에서 그들은 다른 사람들에게 폭력적이고, 잔혹하고, 파괴적이다. 교만은 자기중심적인 행위를 낳고 자기중심성은 불의를 낳는다. 죄와 폭력과 파괴가 순환하기 시작한다. 여기에는 어떤 필연도 없다. 원칙적으로 이 피조물적인 불안은 정신에 의해 증식된 것이어서 신의 섭리를 믿는 신앙과 영성에 의해 해소될 수 있다. 그러므로 책임은 우리 각자에게 있으며, 우리는 우리에게 책임이 있다는 것을 안다. 각자에게 일어나는 불가피한 결과, 즉 자기중심성과 불의에 뒤따르는 불편한 양심과 죄의식으로 인해 우리는 모든 행동의 중심 역할을 하는 것은 우리의 자유라는 것, 그러므로 우리의 모든 죄는 우리 자신의 책임이라는 것을 알게 된다. 가장 이른 형태인 종교와 가장 최근의 통속소설, 그리고 말할 것도 없이 모든 법정은 이런 인식이 보편적으로 존재한다는 것을 증언한다. 그렇다. 우리가 다른 사람을 대하는 모든 행동에 우리의 자유가 개입된다는 것과 우리의 책임과 우리의 죄에 대한 지식 말이다.

그러나 우리는 안전과 권력에 대해 불안해하는 존재일 뿐 아니라 예술적이고 지적이고 도덕적이고 종교적인 존재이기도 하다. 우리는 진리를 추구하지만 우리의 진리는 부분적이고 피조물적이다. 불안하게도 우리는 이런 사실 또한 알고 있다. 아울러 우리의 견해와 원칙의 상대성이 우리에게 근본적인 공허감을 야기한다는 것도 안다. 그 결과 우리는 우리의 진리를 궁극적인 것이라고 주장한다. 우리는 도덕적인 결정을 한다. 그리고 그럴 의무가 있다. 하지만 그 결정들 또한 우리 자신의 불완전한 관습과 전통이 반영된 상대적인 것이다. 그래서 또다시 우리는 우리의 도덕적 지위에 대해 불안해하며 우리의 가치와 우리의 도덕적 결정은 절대적인 것이라고, 사실상 신의 결정이나 마찬가지라고 주장한다. 그런데 이런 결정은 늘 우리는 옳고 우리의 적은 틀렸다고 단언한다. 마지막으로 무엇보다 가장 심각한 죄는, 우리의 정신이 신을 대변하며, 우리의 종교가 신의 종교라고 주장하는 것이다. 그러므로 최대의 죄는 자신이 신이거나 신을 직접 대변한다고 주장하는 것이다. 이것은 역사를 통틀어 지금껏 종교가 제시해온 주장이다.

결과적으로 신의 초월성을 받아들이는 진실한 종교는 무엇보다 종교 자체의 불완전함을, 따라서 정신적 교만의 허위를 알고 있다. 앞서 언급했듯 니버는 이 모든 지고의 진리, 도덕, 종교에 대한 이 모든 주장을 교만이라고 칭한다. 창조주를 대신하려는 피조물의 교만이라는 것이다. 이런 교만이나 우상숭배는 신의 뜻을 거스르는 것이고 결과적으로 불의를 낳는다. 니버는 이것이 역사의 비극과 고통, 절망을 낳는 진짜 원천이라고 주장한다. 그래서 역사상 제도와 법률, 도덕 규준의 분명한 발전에도 불구하고 온갖 형태의 권력과 지식, 도덕, 종교에 있어서의 죄가 역사에서 가장 중요한 동력이자 불의의 주요 원인이 되는 것이다.

니버가 말했듯이, 자신이 세상의 중심이라고 주장할 수 있을 정도로 자신의 힘이나 지혜가 대단하다는 것을 느낄 수 있는 사람은 비범한 개인뿐이다. 그래서 우리 대부분은 우리가 속한 공동체(부족, 가족, 종교, 국가, 인종, 젠더, 직업, 교회 등)를 통해 다른 사람들과 더불어 이런 주장을 한다. 심각한 죄는 대부분 공동체가 저지른다.《도덕적 인간과 비도덕적 사회》에 나타난 사회의 자기초월적 능력의 도덕적 한계에 대한 통찰은 심오하다. 우리는 생각하고 행동할 때 우리가 속한 집단의 이익을 가장 중시한다. 그러므로 우리는 우리가 속한 집단의 안전과 성공, 경쟁 집단의 정복과 지배를 위해 우리의 모든 힘과 충성을 바친다. 그 결과 역사적 삶에서 사회적이고 집단적인 죄―계급과 인종, 종교, 국가, 젠더의 죄―를 저지르게 된다. 공동체는 거기에 속한 구성원을 지지하고 옹호하고 보호한다. 여성들에 대한 남성들의 사회적 권력은 각 남성이 여성을 지배할 수 있도록 돕는다. 그러므로 공동체의 오만은 그들 자신을 우상화하고 각 구성원을 우상으로 만들어 숭배함으로써 단지 부도덕에 그치는 것이 아니라 역사적으로 주요한 죄를 저지르게 되는 것이다. 그리하여 개인적으로는 '선량'한 사람들이 무의식적으로, 동시에 집단의 오만과 잔인함을 통해 의식적으로 죄를 저지를 수 있다. 거대한 집단에서는 물론 각각의 소규모 공동체와 가정에서도 이와 똑같은 오만의 결과로 똑같은 불의가 나타난다.

마지막 요지는, 어떤 개인이나 공동체도 스스로를 우주의 중심으로 여긴다는 사실을 직시할 수 없다는 것이다. 이런 우상화는 너무 충격적이어서 우리 누구도 선뜻 받아들일 수 없다. 이런 이유로 우리는 우리의 행동이 옳을 뿐 아니라, 사실 우리의 도덕적이고 종교적인 의무라고 스스로를 기만하는 것이라고 니버는 말한다. 국가와 국민은 주로 이기심에서 전쟁을 한다. 즉 그것이 근본적인 이유이면서도 그들은 진정으로 신과 그들의 신성한 전통을 수호하고 있는 것이라고, 세속적인 시기에는 평화와 질서, 민주주의를 수호하고 있는 것이라고 주장한다. 자기 자신을 위해 하는 행동을 진정한 '가치'를 위한 것이라고 하는 이런 주장은 개인과 공동체로 하여금 자신의 행동을 추동하는 강력한 이기심을 인정하는 것을 아주 어렵게 만든다. 만일 그들이 이기심을 인정하면 그들의 공동체나 전통, 종교에 담긴 모든 가치를 부인하는 것처럼 보일 것이다. 그러므로 자신의 이기심을 고백하는 것은 영적인 자기 초월의 최고 단계, 즉 자신의 이기심과 죄의식을 훨씬 넘어서는 초월에 이르는 것이다. 니버가 말한 대로, 결정적 패러독스는 우리가 우리의 부자유와 죄를 인정하고 마음속으로 회개할 때 가장 자유롭다는 것이다.

니버에게, 에덴동산에서의 추방(Fall) 신화는 우리 자신과 인간 전체에 대한 상황을 나타내고 폭로하는 것이었다. 프리드리히 슐라이어마허(Friedrich Schleiermacher)의 표현대로 각자에게 모두의 책임을, 모두에게 각자의 책임을 지운 것이다. 따라서 이 신화—니버는 이와 관련해 '신화'라는 말을 가장 먼저 사용한 사람이었다—는 참된 것이었지만, 글자 그대로 참은 아니다. 우리의 모든 삶 가운데 참된 차원이나 측면을 가리키는 것이지, 실제 역사적 사건을 가리키는 것은 아니라는 뜻이다. 그것은 우리의 상황을 드러낼 뿐 설명하지는 못한다. 좋은 피조물이라는 상징이나 신의 형상이라는 상징처럼 '원죄(original sin)'라는 상징은 우리 자신을 이해하는 가장 기본적인 틀을 제공한다. 신과 관련된 상징을 글자 그대로 받아들일 수 없는 것처럼 이런 종교적 상징은 어떤 것도 글자 그대로 받아들일 수 없다. 하지만 이런 상징들은 우리에게 우리 자신을 신의 형상으로 만들어졌으나 보편적인 죄로 괴로워하는 피조물로 이해하는 근거를 제공한다. 그것은 확실히 우리의 실제 모습이다.

이쯤에서 니버가《인간의 본성과 운명》2권에서 인간의 운명에 대해 어떻게 이해했는지 언급하는 게 적절할 것 같다. 니버의 도덕적·정치적 사유에 대해 자세히 설명하면《도덕적 인간과 비도덕적 사회》의 논지를 어떤 맥락에 놓고 생각할 수 있을지 잘 알 수 있을 것이다. 니버가 코스모스의 어마어마한 과거와 더딘 과정을 거쳐 진화하는 생물, 오랜 인류의 발달 등에 관한 현대의 과학적·역사적 관점을 조건 없이 받아들였음은 분명하다. 특히 에덴동산에서의 추방에 대한 니버의 해석을 설명한 글을 보면 그렇다. 그러므로 니버는 5000년에서 1만 년 전에 천지창조가 없었다는 것, 에덴의 정원에서 저지른 일로 숙명적 결과를 초래한 아담과 이브라는 역사적인 인물은 없었다는 것을 당연하게 받아들인다. 죽음은 좋은 창조물의 속성이고, 죄는 보편적인 것이지만 아담의 자유로운 행동이었으므로 우리 각자에게도 책임이 있다고 생각했다. 따라서 아담(과 이브)은 신에 대한 우리 자신의 믿음이 부족하다는 것과 우리 자신의 교만을 상징하는 것이지, 우리 모두가 가진 이런 특성의 원인이거나 원천은 아니다. 니버가 현대적 역사 이해의 역사적 상대주의도 받아들였음은 확실하다. 우리가 행하거나 참여하는 그 어떤 것도 심지어 우리의 종교조차 절대적이지 않으며 우리의 죄는 엄밀히 말해 그저 주장일 뿐이다. 따라서 니버는 현대의 도덕적 진보에 대한 낙관주의와 '안이한 양심'을 지적하며 현대적 사유를 끊임없이 비판했음에도 불구하고, 그 현대적 사유의 기본

구조를 상당 부분 공유하고 그것에 비추어 이 고전적인 상징들을 재해석한다.

우리는 니버가 (2권에서) 르네상스와 종교개혁을 아우르는 신학의 새로운 통합체를 요구할 때 그가 뜻하는 바가 무엇인지 이해할 수 있다. 르네상스라는 말로써 우리는 그가 인간의 역사를 새로운 것으로 가득한 것, 따라서 역동적이고 변화하는 것으로 이해한다는 걸 알 수 있다. 그는 우리가 여기에 광대무변한 우주적·진화적·선사적인 배경 이후의 역사를 더할 것이라고 보았다. 종교개혁이라는 말은 니버가 인간의 생애는 보편적이고 지속적으로 죄에 의해 특징지어지므로 오로지 신의 은총에 의해서만 구원받을 수 있다고 이해했다는 것을 알려준다. 그러므로 죄와 신앙, 은총의 '정통적' 또는 전통적인 강조는 상대성과 지속적인 변화, 과정 같은 현대적 의미와 결합한다. 이런 이유로 니버는 흔히 '신정통주의자'로 분류되었으나 '신자유주의자(neo-liberalist)'라 불렸어도 무방했을 것이다. 그의 초기 저작과 후기 저작의 다른 점은 물론 연속성 또한 완전히 이해할 때 이를 확실히 알 수 있다.

이제 그가 역사를 어떻게 이해했는지 간단히 살펴보자. 이는 2권의 주제이기도 하다. "역사가 있는 곳에 자유가 있고, 자유가 있는 곳에 죄가 있다." 앞서 보았듯이 이것은 니버의 인간 이해와 역사 이해의 기본 원리다. 그러므로 역사는 그에게 문화적·정치적·도덕적·지성적 삶의 형태로 역동적이고 창조적이고 무한하게 진보적인 것이다. 하지만, 매일매일의 뉴스 보도가 보여주듯이 이런 발전 과정에는 자기중심성과 자기기만이 계속 도사리고 있다. 그러나 니버는 역사의 의미에 대해 한 번도 절망한 적이 없었다. 그 의미는 현대 서구의 낙관주의 문화가 주장해왔던 것처럼 인간의 도덕적 진보나 악에 대한 선의 점진적 승리 때문이 아니었다. (이 점에서 니버는 '자유주의'와 단호히 결별했는데, 이 절연은 여러분 앞에 놓인 책에서 이미 예견된 것이었다.) 오히려 역사의 의미는 최종적으로 신과 신의 능력, 신의 의로움, 무엇보다 신의 은총에 달려 있다. 니버는 분명히 현실주의자였지만, 역사에는 의미가 있다는 것을 의심하지 않았을 뿐 아니라 신의 실재와 목적, 신의 통치 등이 그 의미의 유일한 근거라는 것 또한 결코 의심하지 않았다. 《인간의 본성과 운명》1권에서 우리가 방금 살펴본 인간의 속성에 관한 견해를 설명했던 것처럼, 2권에서는 역사와 계시, 예수 그리스도, 은총 등에 관한 니버의 이해가 제시된다.

서문에서 니버 사상의 이 측면―은총―을 완전히 설명하는 것은 불가능하지만, 그것은 그의 전작을 이해하는 데 중요하다. 니버는 여기서도―특히 종말신학과 관련해 최후의 심판과 최후의 구원에 대해서도―이전의 다른 모든 것에서처럼 경험에 호소할 수 없었기 때문에, 믿음의 관점에서, 그가 '성서적 신앙'이라 칭한 것의 관점에서 말한다. 역사는 오직 신을 통해서만 그 궁극적 의미를 유지하고 마지막에 그 의미를 드러낼 것이며, 이전에 이스라엘과 특히 예수 그리스도에서 그 의미의 징후가 나타났다고 니버는 주장했다.

인간은 설령 죄의 정도가 균등하지 않을지라도 모두 죄인이므로 역사의 이 최종적 의미가 악에 대한 선의 승리일 수는 없다. 세상에 의로운 사람은 없기 때문이다. 그와는 반대로 그 의미는 비록 죄를 지었더라도 죄악에서 벗어나 회개하는 죄인을 받아들이는 신의 최후의 은총에 근거한다. 그리스도를 통해 특히 십자가로 보여준 대속적 사랑을 드러낸 사건은 니버가 우리 각자의 역사적 삶과 역사 자체(역사 자체는 본질적으로 끝까지 불분명한 상태로 유지된다)의 궁극적인 구원의 의미를 이해하는 데 결정적인 근거가 되었다. 성서에도 나와 있듯이, 이 사건을 통해 우리는 우리 한 명 한 명에게 임하는 신의 은총을 확실히 알게 된다. 이렇게 우리는 신께서 권능과 사랑으로 우리의 불안정한 존재를 용서하고, 우리 생명의 역사가 가진 파편적 특성을 보완하여 역사를 충만하고 완전한 것으로 만들고, 최후에는 우리를 신의 영원한 사랑 속으로 인도한다는 것을 확신한다. 우리는 예언자들과 예수 그리스도를 통해 이 영원한 은총과 사랑을 알고 있다. 그리고 이것은 모든 피조물과 우리 자신의 존재에 분명한 신적인 능력과 결합하여 우리에게 영생의 약속을 확신하게 한다. 니버는 어떤 신학자도 지옥이 얼마나 뜨거운지, 천국이 어떤 가구로 꾸며져 있는지 아주 잘 알 수 있을 만큼 지혜롭지 않다고 말했다. 그래서 또 대부분의 전통과 달리 니버는 이런 약속의 하느님을 섬기는 최종적 의미의 특성에 대해 자세히 설명하지 않았다. 그럼에도 불구하고 니버는 천지창조에서부터 마지막 구원에 이르기까지 성서적 전통의 전체 범위를 긍정하고 현대의 어떤 독자도 이해할 수 있는 용어로 놀랍도록 설득력 있게 제시한다.《도덕적 인간과 비도덕적 사회》는 기독교 정치사상의 고전이다. 니버 사상과 격동의 세기에 일어난 사건의 흐름 속에서 읽는다면 신학자와 윤리학자, 정치사상가 들의 관심을 다시 모으기에 충분한 책이다. 윤리신학 총서로 출간된 이 책이 다시 한 번 생각을 불러일으키고 풍부하게 할 수 있을 거라 기대한다.

랭던 B. 길키(Langdon B. Gilkey)

● 1960년판 서문

　《도덕적 인간과 비도덕적 사회》는 사반세기 전인 1932년에 출간
되었다. 그래서 많은 자료들은 시대에 뒤떨어진 것이 되고 말았다. 가
장 대표적인 것은 전후의 미국 정치와 맥도널드[*] 노동당, 국제연맹,
그리고 영국과 인도의 미해결 문제들에 대한 자료들이다. 그러나 자
료들이 이처럼 낡았음에도 불구하고 나는 재판(再版)에 동의했다. 그
이유는 아직도 이 책의 중심 주제가 여전히 중요하며, 나는 지금도 그
주제와 관련되어 있기 때문이다. 중심 주제란 종교적 자유주의 운동
과 세속적 자유주의 운동 둘 다 개인의 도덕성과 집단—인종이나 계
급 혹은 민족—의 도덕성 간의 기본적인 차이를 모르고 있다는 것이
었고, 그것은 지금도 마찬가지이다. 집단은 그 자신의 이해를 따라야
한다고 믿는 도덕적 냉소주의자들(moral cynics)은 이 차이를 무시한
다. 그러나 내가 생각하듯이 그 차이가 분명히 존재한다면, 오늘날 횡

---

[*]　제임스 램지 맥도널드(James Ramsay MacDonald, 1866~1937): 영국의 정치가. 1924년
　1월, 영국 역사상 최초의 노동당 내각을 조직했다. 실업보험 및 교육을 개선하고,
　농업 임금법 및 주택법을 제정했다. 소련의 승인 아래 루르(Ruhr) 지방 문제 해결
　등에 크게 기여했다.

행하고 있는 정치적 질서에 대한 도덕주의적 접근 방법들은 모두 비판받아야 한다. 나는 지금까지 《도덕적 인간과 비도덕적 사회》에서 최초로 언급했던 주제를 여러 책을 통해 다양한 측면에서 연구하고 가다듬어왔다. 나는 많은 문제들에 대해 생각을 바꿨다. 그러나 지금도 나는 오늘날 우리가 겪고 있는 모든 경험은 이 책의 주제를 반박하기보다는 더욱더 입증해준다고 믿는다.

1960년 5월
라인홀드 니버

● 서론

여기에서 다루게 될 주제는 다음과 같다. 첫째, 개인의 도덕적-사회적 행위는 사회집단—민족 집단이건 인종 집단이건 경제 집단이건 간에—의 도덕적-사회적 행위와 엄격하게 구별되어야 한다. 둘째, 이 구별은 순전히 개인적인 윤리로는 제대로 파악할 수 없는 정치 영역들을 정당화해준다. '도덕적 인간과 비도덕적 사회'라는 제목은 조야하게나마 의도적인 구별을 보여주고 있으며, 그 구별은 앞으로 다루게 될 문제에 대한 훌륭한 지침을 제공해준다.

개개의 인간은 자신들의 이해관계뿐만 아니라 다른 사람들의 이해관계도 고려하며, 또한 때에 따라서는 행위의 문제를 결정함에 있어 다른 사람들의 이익을 더욱 존중할 수도 있다는 의미에서 도덕적 (moral)이다. 그들은 본성상 자신들과 비슷한 사람들에 대한 공감과 이해심을 갖고 있다. 이 경우 동류의식을 느끼는 범위는 사회교육에 의해 얼마든지 확장된다. 그들은 이성적 능력을 통해 정의감을 키워간다. 이 정의감은 교육적 훈련에 의해 연마되고, 그 결과 자신의 이해관계가 얽혀 있는 사회적 상황을 공정한 객관성의 척도로 바라볼 수 있을 정도로 이기주의적인 요소들을 정화한다. 그러나 이 모든 성과들은 인간 사회와 사회집단에서는—전혀 불가능한 것은 아니지만—개인들에 비해 훨씬 획득되기 어렵다.

모든 인간의 집단은 개인과 비교할 때 충동을 올바르게 인도하고 때에 따라 억제할 수 있는 이성과 자기극복 능력, 그리고 다른 사람들의 욕구를 수용하는 능력이 훨씬 결여되어 있다. 게다가 집단을 구성하는 개인들이 개인적 관계에서 보여주는 것에 비해 훨씬 심한 이기주의가 모든 집단에서 나타난다.

집단의 도덕이 이처럼 개인의 도덕에 비해 열등한 이유는, 부분적으로는 자연적 충동들—사회는 이 자연적 충동들에 의해 응집력을 갖는다—에 버금갈 만한 합리적인 사회 세력을 형성하기가 힘들기 때문이며, 이는 오직 개인들의 이기적인 충동으로 이루어진 집단이기주의(group egoism)의 표출이기도 하다. 왜냐하면 개인들의 이기적 충동은 개별적으로 나타날 때보다는 하나의 공통된 충동으로 결합되어 나타날 때 더욱 생생하게, 그리고 더욱 누적되어 표출되기 때문이다.

이 책이 논쟁적 의도를 갖고 있다고 할 때, 그것은 종교적이건 세속적이건 도덕주의자들을 향한 것이다. 그들은 개인의 이기심이 합리성의 발전이나 종교적 선의지의 성장에 의해 점진적으로 견제되고 있으며, 또한 이러한 과정이 계속 진행되어야만 모든 인간 사회와 집단은 사회적 조화를 이룰 것이라고 생각한다.

이러한 가정들에 바탕을 둔 도덕가, 사회학자, 교육가들의 사회 분석과 예측은 결국 우리 시대에 매우 심각한 도덕적·정치적 혼란을 가져왔다. 이들은 인간의 집단적 행동 중에서 자연의 질서에 속하면서도 이성이나 양심의 지배하에 완전히 들어오게 할 수 없는 요소들을 파악하지 못함으로써 인간 사회의 정의를 획득하기 위한 싸움에는 정치가 꼭 필요하다는 것을 완전히 간과했다. 또한 그들은 제국주의 형태건 계급 지배 형태건 집단적 힘이 약자를 착취할 때, 그것에 대항할 세력이 형성되지 않는 한 그 힘은 결코 사라지지 않는다는 사실을 간파하지 못하고 있다. 이렇게 되면 양심과 이성이 그 투쟁에 끼어든다 하더라도 집단적 힘을 부분적으로 억제는 할지언정 완전히 파멸시키지는 못한다.

현대의 교육가와 도덕가들이 저지른 가장 큰 잘못은, 우리가 겪는 사회적 어려움들은 오늘날의 기술 문명을 창조해낸 자연과학에 사회과학이 보조를 맞추지 못한 데서 비롯되었다고 생각한 점이다. 이러한 생각이 분명히 함축하고 있는 바는, 오늘날의 사회문제는 좀 더 많은 시간과 보다 적절한 도덕 교육과 사회 교육, 그리고 인간 지성의 개발에 의해 해결될 수 있다는 것이다. 존 듀이 교수는 다음과 같이 선언한다. "문제는 우리 인간의 지성과 용기뿐이다. 과학적 발견과 발명, 그리고 사용 기술을 최고로 끌어올린 우리 인간이 보다 중요한 인간의 문제에 당면하여 좌절하리라고 생각해서는 안 된다. (계획경제의) 길을 가로막는 것은 낡아빠진 전통들, 이끼 낀 슬로건과 구호들이다. 이 구호들은 사상을 밀쳐내고 그 자리에 의무감을 집어넣는다. 그리고 이 길을 가로막는 또 하나의 방해물은 약탈적인 이기심이다.

우리는 허풍 떨기를 중단해야만 진정한 사상에서 출발할 수 있을 것이다. (…) 우리가 가진 지식과 기술들을 총동원해 협동적이고 풍요하고 안정된 생활을 위해 사회적 성과들을 제어하게 되면, 우리가 갖고 있는 사회적 지식의 낙후성에 대해서 더 이상 불평하는 일이 없을 것이다. (…) 이렇게 되면 우리는 물리 실험에 기술과 도구, 그리고 수학을 적극적으로 사용해서 자연과학을 발전시켰던 것과 꼭 마찬가지로 사회과학을 건설할 수 있는 길로 들어서게 될 것이다.”[1]

현대의 사회문제에 대한 듀이 교수의 각별한 관심과 탁월한 통찰에도 불구하고 이 진술에는 명료성이 결여되어 있다. 사회적 침체의 진정한 원인인 ‘우리의 약탈적인 이기심’에 대해서는 단지 스쳐 지나가면서 살짝 언급했을 뿐이고, 사회의 보수주의가 지배계급의 경제적 이해에 기인한다는 것을 제대로 이해하지 못하고 있다. 대체적으로 사회적 보수주의는 무지의 소치이며, 진리의 한 단면만을 진술하고 교육가의 자연적 편견을 드러내는 관점이다. 우리가 허풍 떨기를 멈출 때 비로소 지성적 사고가 시작된다는 주장도 그 자체가 너무나 진부해 사회적 침체를 극복하는 방법을 명확하게 갖고 있지 못한 저자의 혼란스러움을 보여줄 뿐이다. 자연과학자들의 실험을 모방해서 사회문제에도 실험을 해야만 사회과학이 성립될 수 있다는 생각은 자연과학과 사회과학의 근본적인 차이점을 간과한 데서 비롯된 것이다. 자연과학은 무지에 바탕을 둔 전통주의(traditionalism)를 극복했을 때 자유를 얻었다. 그런데 사회과학이 직면하고 있는 전통주의는 사회에서 특권을 유지하려는 지배계급의 경제적 이해에 바탕을 두고 있다. 사회과학과 자연과학의 성격 차이도 간과해서는 안 된다. 사회적 상황에서 완전히 합리적인 객관성이란 절대로 불가능하다. 우리 세대에게 구원의 수단을 주려 하지만 무지하고 우둔한 민중이 그들의 지혜를 너무나 늦게 수용하는 데 대해 실망한 사회과학자들은 자신들이 쓰는 모든 글에서 암암리에 중산층의 편견들을 드러낸다.

인간의 이성은 항상 어느 정도는 사회적 상황 내에서 이해관계의 노예이기 때문에, 사회 불의는 교육가와 사회과학자들이 일반적으로 믿고 있는 바와 같이 도덕적이고 합리적인 권고만으로는 해결될 수 없다. 갈등은 불가피하다. 이러한 갈등 상황에서는 힘에 대해 힘으로 맞서는 수밖에 없다. 이러한 엄연한 사실을 대부분의 교육가들은 간과하고 있으며, 사회과학자들조차도 마지못해 인정할 뿐이다.

만일 사회적 갈등이 사회정의를 획득하는 과정의 한 부분이라면, 우리의 구원은 사회생활에서의 '실험적 절차들'[2]의 발달에 의존하며, 이는 자연과학의 실험주의와 일맥상통한다고 보는 듀이 학파의 생각은 그들이 생각하는 것처럼 그렇게 수긍할 만한 견해가 아니다. 사회적 갈등에서 서로 경쟁하는 당파들은 사기(士氣)를 필요로 한다. 그리고 이러한 사기는 올바른 교의 체계와 상징들, 그리고 정서에 강력히 호소할 수 있는 과감한 단순화에 의해 생겨난다. 이것들은 자연과학에서의 잠정성의 정신*과 마찬가지로 꼭 필요하다. 만일 산업노동자계급이 현대 교육가들의 이른바 '실험 기법들'에 자신들을 완전히 내맡겨버리면, 절대로 지배계급으로부터 자유를 획득하지 못할 것이다.

• 잠정성(tentativity)의 정신: 과학의 성격 규정과 관련하여 과학적 방법의 가설적 성격 혹은 바이힝거가 표현한 것처럼 '마치…인 듯한(Alsob)'의 철학을 뜻한다.

만일 그들이 강자의 힘에 맞설 만큼 충분한 힘을 가졌다면, 그들은 어떤 공정한 과학이 그들에게 믿게 하는 것보다도 더 확고하게 정의를 믿고 자신들의 운동의 승리를 믿을 것이다. 그들은 자신들의 사회적 목표를 설정하고, 또 이를 달성하기 위한 가장 효과적인 수단들을 선택함에 있어 매우 과학적일 수도 있다. 그러나 이를 위해서는 원동력이 있어야 하는데, 이 원동력은 과학의 냉정한 객관성에서는 쉽게 얻어낼 수 없다.

오늘날의 교육가들은 모든 시대의 합리주의자들처럼 삶에 있어서 이성의 기능을 지나치게 신뢰한다. 그러나 인간의 집단적 행동에 의해 형성되는 역사 세계는 이성이 도구를 사용하지 않으면 이성에 의해 결코 정복되지 않을 것이며, 사실 역사 세계 자체는 이성적이지 않은 세력들에 의해 추진되고 있다.

하나의 계급으로서 사회학자들은 현대의 문제를 교육가들만큼도 이해하지 못하고 있다. 그들은 흔히 사회적 갈등을 서로 상이한 '행동 유형들' 간의 충돌 결과로 해석한다. 그래서 경쟁하는 당파들이 사회 과학자들에게 이 당파들에 공평하게 작용하는 또 하나의 새롭고 완전한 행동 유형을 제공하기만 한다면, 이 갈등은 제거될 것이라고 믿는다. 그들도 교육가들처럼 갈등의 원인은 이기심이 아니라 무지라고 본다. 킴벌 영(Kimball Young)은 이렇게 말했다.

"개인 간의 갈등뿐만 아니라 집단 간의 갈등이 성공적이고 건전하게 해결될 수 있는 유일한 길은 다름 아닌 우리의 행동을 좀 더 적절한 환경의 목표에 맞춰 재정립하는 것이다. 이는 비교적 높은 신경-

정신적, 혹은 지성적 상징의 수준에서 서로 선전을 절제하고 자유로운 토론을 확대함으로써 과학의 사실들에 맞도록 태도들을 합리적으로 재조정하여 가장 성공적으로 달성될 수 있다. 이것은 정신과 사회의 건전성에 이르는 쉬운 길은 아니지만 그 목표에 이를 수 있는 유일한 길일 것이다."[3]

여기에서 개인적인 모든 관계 혹은 문화의 상위점(相違點)들에 바탕을 둔 사회적 갈등의 유형들에서 작용하는 기술은 어디에나 통용되는 일반적인 방안이 된다. 영국과 인도 간의 문제는 어떻게 해결될 것인가? 원탁의 협상을 통해서일까? 그러나 만일 갈등의 한 유형인 비협조 캠페인이 이 문제에 압력을 가하지 않았다면, 과연 그 협상에서 영국이 인도에 얼마나 양보했겠는가?

사회과학자들이 좋아하는 방법은 조정이다. 두 당파가 갈등하고 있을 경우, 그들로 하여금 협상을 통해 서로의 요구를 완화하고 잠정협정(modus vivendi)에 도달하도록 하는 것이다. 이는 무엇보다도 호넬 하트(Hornell Hart)[4] 교수의 조언이다. 물론 수많은 갈등은 이런 식으로 해서 얼마든지 해결될 수 있다. 그러나 흑인들과 같은 천대받는 집단이 이런 조정을 통해 사회 안에서 과연 충분한 정의를 얻을 수 있겠는가? 그들의 최소한의 요구조차 지배계급인 백인들에게는 어림없는 요구로 보일 것이 아닌가? 아마도 객관적 정의의 차원에서 인종 문제를 이해하는 백인은 극소수일 것이다. 또 기업주들이 노동자들과의 협상에서—설사 기업주들의 주장이 설득력이 없을지라도—얼마든지 이길 만큼 큰 힘을 갖고 있을 때, 노동자들은 기업주들과 대결할 때 하트 교수의 충고를 어떻게 따라야 하는가?

사회의 권력 불균형에 의해 생겨난 사회적 갈등의 해소는 그 불균형이 지속되는 한 결코 이루어질 수 없다는 사실을 인정하는 사회학자는 별로 없다. 종종 사회학자들은 산업 문명의 엄연한 현실을 완전히 망각한 채 다음과 같이 말하기도 한다. 플로이드 올포트(Floyd Allport)는 산업노동자들의 불안 심리는 경제적 불평등에 의한 것이 아니라 열등감에 의한 것이며, 이러한 열등감은 자애로운 사회심리학자가 노동자들에게 "당신들 이외에 어느 누구도 당신들이 열등하다고 비난하지 않는다"⁵고 가르쳐주기만 하면 곧바로 치유될 수 있다고 말했다. 이처럼 전지전능한 사회과학자들은 기업가들에 대해서도 '이익과 이윤은 노동자들을 고려해서 완화되어야 한다'고 권고할 것이다. 이리하여 산업에 있어서 '개인적 통제의 사회화'는 '사회주의적 통제'의 필요성을 제거해줄 것이다. 대부분의 사회과학자들은 이처럼 소박하기 그지없는 합리주의자들이어서, 그들은 권력을 가진 자들이 사회과학자들에 의해 반사회적이라는 지탄을 받자마자 그들의 무리한 주장과 요구를 자제할 것이라고 상상하는 듯하다.

클래런스 마시 케이스(Clarence Marsh Case) 교수는 사회문제에 대한 자신의 탁월한 분석에서 '가치관의 재정립'을 확고히 주장한다. 이 가치관의 재정립에 따르면 산업 지도자들, 즉 기업가들은 다른 무엇보다도 "민주주의를 하나의 신조로 표방하는 사회에서 전제적으로 통제되는 산업이란 더이상 지속될 수 없는 시대 착오"⁶라는 것을 깨닫게 될 것이라고 한다. 물론 전제주의적 산업은 오래 버티지 못할지도 모른다. 그러나 기업가들이 그것을 시대 착오적인 것으로 인정한다고 해서 그대로 물러날 것이라고 생각하는 것은 너무나도 순진한 발상이다.

사회과학자들 중에서 뛰어난 경제학자를 한 사람 꼽는다면 아서 솔터 경(Sir Arthur Salter)을 꼽을 수 있는데, 그는 미래의 정부들이 보다 높은 지성이나 진실된 도덕성을 지니게 된다면 과거의 잘못들을 되풀이하지 않을 것이라는 희망을 피력하면서 우리 문명의 불안에 대한 자신의 예리한 분석을 끝맺는다. 그의 분석은 결론적으로 정부들의 실패는 "인간 지혜의 제한된 능력" 때문이 아니라 그들에게 가해진 경제적 이해관계의 압력 때문이라는 사실을 입증해준다. "정부는 무엇보다도 경쟁적인 산업에 무조건적이고 편파적인 특혜를 주는 일에 몰두해왔기 때문에 실패하고 있다."[7]

이러한 분석에도 불구하고 아서 경은 정부가 사회에 좀 더 많은 관심을 가지면 우리의 문명을 구원할 수 있을 것으로 기대한다. 또한 그는 정부가 이렇게 하도록 하는 한 가지 방법은 "국가의 조직적 활동과 상공회의소들, 그리고 금융기관들과 기업가 연합체들 및 노동조합들과 같은 커다란 사적 기관들을 공공을 위한 봉사로 유도하는 것"이라고 생각한다. 문명의 회복을 위한 그의 모든 희망은 권력을 가진 사람들 사이에서 경제적인 무사무욕을 어느 정도까지 끌어올리느냐에 달려 있다. 그러나 인류의 전 역사는 이런 일이 전혀 불가능한 것임을 명백하게 입증해 보이고 있다. 오히려 집단적인 인간 행동을 연구하는 사람들(사회과학자들) 사이에 인간 집단의 도덕 능력에 대한 그처럼 소박한 신념이 만연해 있다는 사실에 대해 실망을 금할 수 없다.

하워드 W. 오덤(Howard W. Odum) 교수처럼 "노동 대가의 분배에서 공정성이 결여되어 있는 한 갈등은 필연적"이라는 점을 인정하는 사람들조차 미래에 희망을 건다. 그들은 사회적 갈등을 "교육과 협동이라는 보다 넓은 원리들이 확립될 수 있을 때까지만의"[8] 임시방편으로 간주한다. 전혀 강제성이 없고 자발적인 정의에 입각한 무정부주의(Anarchism)는 노골적으로건 암묵적으로건 모든 이류 사회과학자의 사회적 목표인 듯하다.

현대의 종교적 이상주의자들은 사회과학자들에게 고무되어 타협과 조정을 사회정의에 이르는 유일한 길인 양 떠들어댄다. 수많은 교회의 지도자들은 노동자나 자본가 중 어느 한쪽을 편들기보다는 양편에 다 공정과 조정의 정신을 권고하는 것이 자신들의 임무라고 주장한다. "오웬 영*의 환상적인 자본주의와 맥도널드의 치밀한 사회주의 사이에는 결코 완전한 단절이 존재하지 않는다. 인류의 진보는 (…) 맥도널드와 영 양자의 방안을 함께 따름으로써 이룩될 것이다."[9]

저스틴 로 닉슨(Justin Wroe Nixon) 박사는 위와 같이 천명한다. 그러나 불행하게도 닉슨의 이 글이 씌어진 이래, 맥도널드의 사회주의는 특별히 그렇게 치밀한 것이 아님이 밝혀졌고, 경제 불황은 영의 '신자본주의와 이전의 덜 산뜻한 자본주의 사이에 사실상 별 차이가 없

• 영(Owen D. Young, 1874~1962): 미국의 법률가이자 재정가. 도스(C. G. Dawes)와 함께 런던 배상회의 제1회 전문가위원회 위원, 파리 배상회의 제2회 전문가위원회 위원장이 되어 배상 총액과 연금 총액에 관한 '영 안(案)'을 작성하여 독일 배상 문제 해결과 연합국의 채무 상각에 노력했다.

다는 것을 보여주었다.

종교적이건 합리주의적이건 모든 도덕가들에게 결여되어 있는 것은 인간의 집단 행동의 야수적 성격과 모든 집단적 관계들에서 이기심과 집단적 이기주의의 힘에 대한 이해이다. 그들이 필연적으로 비현실적이고 혼란된 정치사상에 빠지게 되는 이유는 모든 도덕적인 사회 목표들에 대해서 집단의 이기주의가 얼마나 완강하게 저항하는지를 제대로 인식하지 못하기 때문이다. 그들은 사회적 갈등을, 도덕적으로 인정된 목적들을 획득할 수 없는 방법으로 간주하든지 아니면 보다 완전한 교육과 보다 순수한 종교가 완성되면 자연스럽게 사라질 임시방편 정도로 간주한다. 그들은 인간의 상상력의 한계성, 이성이 편견과 격정에 쉽게 굴복하는 일, 그리고 특히 집단적 행동에 있어서 비합리적 이기주의의 끈질김 등에 비추어 볼 때 사회적 갈등이 인간의 역사에서 영원히 불가피한 것이라는 것을 제대로 알지 못한다.

오늘날 중산층 문화에 횡행하고 있는, 인간 덕성과 도덕 능력에 대한 낭만주의적 과대평가가 언제나 현재의 사회적 사실들에 대해 비현실적인 찬양을 낳는 것은 아니다. 오히려 현재의 사회적 상황에 대한 평가는 지극히 현실주의적인 시각에서 행해진다. 그러나 새로운 교육이나 종교 부흥에 의해 미래에는 갈등이 불필요해질 것이라는 소망이 나타난다. 그럼에도 불구하고 중산층 문화의 상당 부분은 현대 상황에 대한 분석에 있어 비현실적인 것으로 남아 있다. 중산층 문화의 가정에 따르면, 계급과 계급 그리고 국가와 국가 사이에는 현재 형제애가 점증하고 있다는 증거가 명백하다. 그들은 국제연맹 같은 협정, 켈로그-브리앙 협정* 같은 모험, 기업 연합 같은 조직이 도덕적·사회적 노력의 성과라고 생각하지만, 전체적인 상황은 사태가 전혀 그렇지 못함을 보여준다. 사회심리학자 조지 M. 스트래턴(George M. Stratton) 교수는 다음과 같이 확언한다. "지속적이고 광범위한 진보는 앞으로도 진행될 것이 틀림없다. 그러나 우리의 시대는 분명 세계 관계에 있어서 낡은 시대의 종말을 고하고 새로운 시대의 개막을 약속하는 듯하다. (…) 제1차 세계대전의 냉엄한 교훈으로 인하여 대다수 나라들은 국제 간의 규율과 보다 더 효율적인 정부 활동을 위한 정치적 결단을 내렸다."[10]

국제연맹을 국제 관계의 신기원을 이룩한 상징이라고 보는 이러한 찬양은 매우 일반화되었고, 특히 기독교 교회에서는 거의 무조건적으로 수용되었다. 그리고 기독교 교회 내에서 자유주의적인 기독교는 모든 사회관계가 점차 '그리스도의 법' 아래 들어오고 있다는 환상에 젖었다. 윌리엄 애덤스 브라운(William Adams Brown)은 전체 자유주의적 기독교를 대변하듯이 이렇게 말했다. "수많은 서로 다른 단체들에 의해 각양각색의 형태로 통일적이고 형제적인 사회를 위한 개혁 운동이 진행되고 있다. 모든 문명화된 인민들이 참여해 전쟁이나 질병과 같은 공동의 적과 싸우기 위하여 협력하게 될 국제연맹의 이상은 지금까지 이상주의를 별로 의심한 적이 없던 단체들에서 점점 인정을 받아가고 있다. (…) 인종들 간의 관계에서, 자본가와 노동자의 투쟁

• 켈로그-브리앙 협정(Kellogg-Briand Pact): 1928년 전쟁 불법화와 국제 분쟁의 평화적 해결을 다짐한 조약. 미국, 영국, 프랑스, 독일 등 49개국이 조인했다.

에서, 그리고 보다 약하고 의지할 데 없는 사회 성원들에 대한 우리의 태도에서, 우리는 하나의 사회적 양심을 키워가고 있다. 그리고 한 세대 전만 하더라도 당연시되던 상황들이 지금은 참을 수 없는 수치로 느껴지게 되었다."[11]

또 한 사람의 신학자이자 목사인 저스틴 로 닉슨은 "경제 지도자들 사이에 사회적 책임감이 증대되어가고 있다는 또 다른 증거는 그들이 여러 가지 박애적인 사업과 교육 사업 등에서 이사직을 맡고 있다는 사실"[12]이라고 생각한다. 이러한 판단은 자유주의적 기독교가 겪고 있는 도덕적 혼란을 아주 극명하게 드러내 보이고 있다. 기존 사회 체계의 한계들 내에서 베푸는 자선의 문제와 현대 산업사회 내에서 불균등한 경제적 집단들 간의 정의의 문제의 차이점을 파악하지 못한 도덕 교사들은 집단의 도덕과 개인의 도덕 사이의 명백한 차이를 제대로 보지 못했다. 질병에 대한 투쟁이 전쟁에 대한 투쟁과 동일한 범주에 속한다는 주장도 마찬가지의 혼란을 드러낸다.

오늘날의 문화는 인간관계에 있어서 집단이기주의가 갖는 힘과 범위, 그리고 지속성을 깨닫지 못하고 있다. 한 집단에 속하는 개인들 간의 관계를 순전히 도덕적이고 합리적인 조정과 설득에 의해 확립하는 일은, 비록 쉽지는 않을지라도 전혀 불가능한 일은 아닐 것이다. 그러나 집단과 집단 사이에서는 이런 일이 결코 이루어질 수 없다. 따라서 집단들 간의 관계는 항상 윤리적이기보다는 지극히 정치적이다. 즉 그 관계는 각 집단의 요구와 필요성을 비교·검토하여 도덕적이고 합리적인 판단에 의해서 수립되는 것이 아니라 각 집단이 갖고 있는 힘의 비율에 따라 수립된다. 정치적 관계에 있어서 강제적인 요인들을 순수하게 도덕적이고 합리적인 요인들과 명확하게 분리하여 구분 짓거나 정의할 수 없다. 사회적 갈등에 개입된 한 당파가 합리적 논증이나 힘의 위협에 의해 얼마나 크게 영향을 받고 있는지를 정확하게 평가하는 일은 거의 불가능하다.

예를 들면 특권계급 중에서 몇 퍼센트 정도가 고율의 상속세를 바람직한 사회정책이라고 믿고 납부하는지, 그리고 몇 퍼센트 정도가 국가의 어쩔 수 없는 힘 때문에 납부하는지를 아는 것은 불가능하다. 적어도 논쟁이 위기점까지 도달하지 않은 상황에서 정치적 갈등은 현실적인 힘의 사용보다는 암묵적인 힘의 위협에 의해 이루어지기 때문에, 평범한 혹은 피상적인 관찰자로서는 도덕적이고 합리적인 요인들을 과대평가하고 그 갈등에서 사용되기는 했지만 분명하게 드러나지는 않는 강제력과 힘의 유형에 대해서는 망각하게 마련이다.

인간 역사에서 사회적 각성과 도덕적 선의지의 증가가 사회적 갈등의 야만성을 완화하는 데 도움이 된다 할지라도, 그것들로는 갈등 자체를 제거할 수 없다. 이러한 갈등은 인종이건 국가건 경제 집단이건 인간 집단들이 어느 정도의 이성과 동정심—이 두 가지 덕목은 이 집단들이 자신들의 이익을 이해하는 만큼 다른 집단들의 이익을 생생하게 느끼고 이해할 수 있게 할 것이다—을 발휘할 수 있고, 또한 도덕적 선의지—이것은 그들이 자신들의 권리를 긍정하는 것과 마찬가지로 다른 집단의 권리를 확고하게 긍정하도록 할 것이다—를 가질 수 있게 될 때에만 제거될 것이다.

그러나 이는 인간 본성의 불가피한 한계 및 인간의 상상력과 지성의 한계를 고려해볼 때, 개인들은 접근할 수 있을지 모르지만 인간 사회의 능력은 넘어서 있는 이상이다. 인간 본성의 유연성을 강조하는 교육가들, 인간을 '사회화'하길 꿈꾸는 사회과학자들과 심리학자들, 그리고 도덕적 책임 의식을 높이려고 애쓰는 종교적 이상주의자들은 사회 내에서 기존의 사회 체계에 속해 있는 개인들을 인간화하는 일과 개인들 간의 관계에서 가능한 한 이기심을 억제하는 일에 매우 유익한 기여를 할 수 있다. 급진적인 사회변혁의 문제와 필요성을 다루는 데 있어 그들은 모두 자신들의 충고에 혼란을 겪었다. 왜냐하면 그들은 인간 본성 안에 그들의 노력을 헛수고로 만드는 한계들이 있다는 점을 깨닫지 못했기 때문이다.

다음 지면에서는 인간 본성의 도덕적 원천과 한계들을 분석하는 일, 인간 집단의 생활에 인간 본성의 한계가 미치는 결과와 누적적인 효과를 추적하는 일, 그리고 이미 확인된 사실들에 비추어 정치 전략의 경중을 다루는 일에 전념할 것이다. 이러한 작업의 궁극적 목적은 윤리적인 사회적 목표를 달성할 수 있는 전망을 주는 정치적 방법들을 찾아내는 것이다.

이러한 방법들은 항상 다음 두 가지 기준에 의해 평가된다. (1)그 방법들은 인간 본성의 도덕적 원천과 가능성을 정당하게 평가하는가? 그리고 인간에 잠재되어 있는 모든 도덕적 능력을 개발하는 데 도움을 주는가? (2)그 방법들은 인간 본성의 한계들, 특히 인간의 집단적 행동에서 노출되는 한계들을 설명해주는가? 중산층 세계에서는 정치에 대한 도덕주의적 환상이 너무나 집요하기 때문에 두 번째 문제에 대한 강조는 아마도 일반 독자들에게는 너무나 냉소적이라는 인상을 주게 될 것이다. 제반 사회적 관점과 분석은 그것을 낳게 한 시대의 기질(temper of age)과 밀접한 관련이 있다.

현재 미국 문화는 '이성의 시대(Age of Reason)'의 환상과 감상에 푹 젖어 있다. 환상에서 깨어난 세대의 전망에서 부분적으로나마 이루어진 사회적 분석은 19세기의 신조를 아직도 금과옥조처럼 생각하는 사람들의 전망에서 볼 때 너무나도 가소로운 것으로 생각될 것이다.

1. 인간과 사회: 함께 살아가는 법

　인간 사회는 인간 생활의 시작보다 역사에 더 깊게 뿌리를 두고 있지만, 인간들은 집단적 생활의 문제를 해결함에 있어서 별다른 진전을 보지 못하였다. 매 세기마다 새로운 복잡한 문제들을 낳고, 또 새로운 세대마다 새로운 고통에 직면한다. 지금까지 겪어온 모든 세기 동안 사람들은 악에 물들지 않거나 서로 '이전투구' 하는 일 없이 잘 어울려 사는 법을 익히지 못했다.

　각각의 사람들이 살고 있는 사회는 곧 그들이 추구하는 삶의 완성을 위한 토대이자 결과이다. 인간의 재주가 인간적 욕구를 충족시키기 위해 자연이 제공해주는 재화들을 아무리 증가시켜준다고 하더라도, 그런 재화는 결코 모든 인간의 욕망을 충족시켜줄 수는 없다. 왜냐하면 인간은 다른 동물과 달리 생존의 필요성을 넘어 욕구를 확대시키는 상상력을 갖고 태어나기 때문이다. 인간 사회는 인간 생활의 보존과 실현을 보장해주는 자연적 혹은 문화적 산물들을 공정하게 분배해야 하는 문제로부터 절대 벗어날 수 없다.

　불행히도 자연의 정복과 그에 따라 인간이 누릴 수 있는 혜택의 증가는 정의의 문제를 쉽게 하기는커녕 더욱 어렵게 만들었다. 또한 인간에게 해를 끼쳐온 자연의 독니〔毒牙〕를 뽑아버린 과학기술은 사회적 강제력을 크게 강화한 사회를, 그리고 힘의 불균등한 분배로 말미암아 정의의 실현이 더욱 어려운 사회를 새로이 만들어냈다. 자연의 부적합성을 제거하는 도구가 인간의 부적합성을 증가시키는 수단이 된다는 사실은 아마도 자연과 인간 사회 양자의 부적합성에 근원을 둔 병폐에서 오는 인간의 불행한 운명일 것이다. 이러한 사실은 적어도 지금까지는 인간의 운명이었다. 인간의 역사에 내재된 불길한 경향이 완전한 비극으로 끝나야만 비로소 인간의 정신은 점점 더 견디기 어려운 사회적 불의의 질곡에서 벗어날 수 있을지 모른다.

인간의 본성은 사회의 문제를 해결할 수 있는 자질 면에서 부족하지 않다. 인간은 원래 다른 인간들과의 유기적 관계 속에 주어졌다. 그리고 자연적 충동으로 말미암아 인간은 타인들의 욕구가 자신의 그것과 상충될 때조차 그들의 욕구를 고려한다. 고등 포유동물들과 마찬가지로 인간도 자손에 대해 깊은 관심을 기울인다. 그래서 어린아이의 장기간의 유아기는 인류 역사의 초창기에 있어 유기적인 사회집단의 구성을 위한 기초가 되었다.

지성과 상상력, 그리고 사회적 갈등의 필요성들은 점차 이러한 집단의 규모를 확대했다. 직접적인 가족 관계보다는 느슨한 혈연관계가 사회적 연대의 바탕이 되면서 자연적 충동은 세련되고 확장되었다. 이때부터 인간 협동의 단위들은 그 규모가 계속 커지고, 단위들 간의 중요한 관계들의 영역도 마찬가지로 확대되었다. 그럼에도 불구하고 민족적 단위의 갈등은 일시적인 성격의 관계이기보다는 영구적인 것으로 남아 있다. 그리고 각각의 민족적 단위는 그 내부의 공동 생활에서 평화나 정의를 유지하는 것이 점점 더 어려워지고 있음을 알아가고 있다.

지성은 자애로운 충동을 증대할 수 있고, 그 결과 인간으로 하여금 자신과 유기적이고 자연적인 관계에 의해 얽혀 있는 사람들 이외에 다른 사람들의 욕구와 권리를 고려할 수 있도록 해주는 반면, 평범한 사람들의 능력에는 한계가 있기 때문에 그들이 스스로에게 요구하는 것을 다른 사람들에게 부과한다는 것은 전혀 불가능한 일이다. 18세기 이후의 교육가들이 설사 자발적인 협력에 의한 정의가 좀 더 보편적이고 적절한 교육 사업에 의해 이루어진다는 환상에 빠지기를 좋아했다손 치더라도, 자비심과 사회적 선의지는 결코 순수하거나 강력하지 않다는 것, 그리고 우리 자신의 권리나 욕망에 비추어 다른 사람들의 권리와 욕망을 고려할 수 있는 합리적인 능력이 그렇게 충분히 발달되어 있지 못하기 때문에 지성적 혹은 종교적 도덕주의자들의—명백하건 혹은 암묵적이건—사회적 유토피아인 무정부주의적 천년왕국을 실현하지 못할 것이라는 사실을 믿을 만한 충분한 이유가 있다.

가장 친밀한 사회집단보다 규모가 큰 사회적 협력은 모두 일정한 강제성을 요구한다. 어떠한 국가도 순전히 강제성에 의해서만 통일성을 유지하는 것은 불가능하지만, 강제성 없이 국가를 보존하는 것은 더욱 불가능하다. 상호 간의 합의의 요인이 강하게 발휘된 곳에서, 그리고 한 조직 행위 내에서 서로 상충하는 이해관계를 조정하고 해결하는 표준적이고 아주 공정한 방법들이 확립되어 있는 곳에서, 강제적 요인은 잠재되어 있다가 위기의 순간이나 반항적 개인들에 대하여 집단이 제제를 가할 필요가 있을 때에만 표면화된다.

그러나 강제적 요인이 없는 것은 결코 아니다. 한 사회 내에서 지역적 혹은 기능적 차이에서 생겨나는 이해관계의 대립은 서로 다른 사회철학과 정치적 태도들을 산출하게 되는데, 이 사회철학과 정치적 태도들의 차이는 선의지와 지성에 의해 부분적으로는 조화될 수 있겠지만 완전한 조화에는 결코 이를 수 없다. 한 사회집단 내에서나 그러한 집단들의 연합체 내에서의 통일은 궁극적으로 지배 집단이 자기들의 의지를 강제적으로 뒤집어씌울 수 있기 때문에 가능하다. 역사가 종말되는 순간까지 정치는 양심과 권력이 만나는 영역이며, 또한 인간 생활의 윤리적인 요인과 강제적인 요인이 상호 침투하여 잠정적이고 불안정한 타협을 이루는 영역이다.

일부 낭만주의자들이 강제적 요인에 대한 윤리적 요인의 승리라며 찬양하는, 사회적 갈등을 해소하는 민주적 방법은 사실상 겉으로 보기보다 훨씬 더 강제적이다. 다수는 자신이 원하는 대로 할 수 있다. 그 까닭은 소수가 다수를 옳다고 믿기 때문이 아니라 (소수파가 다수파에게 그 같은 것을 인정해주고 도덕적 위신을 세워주려고 하는 경우는 거의 없다) 다수의 득표는 다수가 갖는 사회적 힘의 상징이기 때문이다. 소수파가 자신들은 수의 힘을 능가하는 어떤 전략적 장점을 갖고 있다고 믿고 있을 경우, 그리고 소수파가 자신들의 목적에 깊이 몰두해 있거나 사회 내에서의 자신의 위치에 대해 절망할 경우 소수파는 항상 다수파의 지배를 받아들이려 하지 않는다. 군부 엘리트와 경제 엘리트, 그리고 열성적 혁명가들은 전통적으로 다수파의 의지를 경멸해왔다.

트로츠키*는 최근 독일의 공산주의자들에게 파시스트들의 엄청난 득표율에 낙심하지 말라고 충고했다. 왜냐하면 필연적인 혁명의 진행 과정에 있어 국가의 산업을 담당하고 있는 산업노동자들의 힘은 파시즘 운동과 타협했던 관료들과 그 밖의 프티부르주아(소시민)의 사회적 힘을 능가할 것이기 때문이라는 것이었다.

민주주의의 과정에 합리적이고 윤리적인 요인들이 포함되어 있음은 의심할 바 없다. 경쟁하는 사회 세력들은 서로의 차이점을 민주적 방법으로 조정하기 위하여 전쟁터보다는 토론의 마당을 사용할 것이며, 따라서 그 차이는 도덕적 설득과 합리적 조정에 의해 해결될 수 있을 것이다. 만약에 정치적 문제들이 공정한 시민들이 관여해야 할 추상적인 사회정책의 문제들이라면, 투표 행위나 선거에 앞서 진행되는 논쟁이나 토론은 실제로 한 사회집단이 공통의 정신(common mind)을 찾아내는 교육적 프로그램으로 간주될 수 있을지 모른다. 그러나 사실상 정치적 견해는 불가피하게 경제적 이해관계에 뿌리를 두고 있기 때문에, 자신의 이해관계를 떠나서 사회정책의 문제를 바라볼 수 있는 시민은 비교적 소수에 불과할 수밖에 없다. 따라서 서로 갈등하는

• 소련의 정치가이자 혁명가. 1917년 2월혁명 이후 귀국하여 볼셰비키와 멘셰비키의 중간파 지도자가 되었다. 레닌 사후 일국 사회주의론을 내세운 스탈린에 대항하여 영구 혁명론을 주창하면서 권력투쟁에 나섰으나 1927년 당에서 추방되어 망명길에 올랐다. 해외에서 반소, 반코민테른 활동을 펼치다가 멕시코에서 암살당했다.

이해관계들은 결코 완전하게 해결될 수 없다.

소수파가 복종하는 이유는 오직 다수파가 국가의 경찰력을 통제할 수 있고, 또 필요에 따라 군사력으로 경찰력을 보완할 능력을 갖고 있기 때문이다. 소수파가 자신의 힘이—그 힘이 경제력이건 군사력이건—다수파의 힘에 맞설 만큼 강력하다고 생각하게 되면, 소수파는 이탈리아 파시즘 운동의 경우처럼 국가권력을 탈취하려 할 것이다. 가끔은 미국의 남북전쟁처럼, 승산이 희박한 경우에도 무력 충돌에 호소할 수 있을 것이다.

남북전쟁의 경우, 남부의 조립업자들은 투표에서 동부의 산업가들과 서부의 토지균분론자들의 연합에 패배했음에도 불구하고, 무리하게 국가의 단합을 파괴하면서까지 자신들의 특수한 이익과 특권을 보호하기로 결단을 내렸다. 바꾸어 말하면 정치에는 항상 강제력이 존재한다. 경제적 이해관계가 첨예하게 상충되어 있지 않다든가, 조정의 정신이 부분적으로라도 이를 해소하든가, 민주적 과정이 도덕적 위신과 역사적 존엄성을 획득했을 경우에는, 정치에서의 강제적 요인은 은폐되어 평범한 관찰자들에게는 쉽게 파악되지 않을 수 있다. 그럼에도 불구하고 순진한 낭만주의자들만은, 한 국가 집단이 무력의 사용이나 위협이 없이도 '공동 정신'에 도달하거나 일반 의지*를 깨달

• 루소(1712~78)의 《사회계약론》에 나오는 'volonté générale'를 번역한 말로, 일반 의사 혹은 보편 의사라고도 한다. 이는 국민주권론 혹은 주권재민론에 따라 사회계약(social contract)에 의해 생기는 국가 주권자인 국민의 의사인 일반 의지가 보편적인 가치를 가지며, 현실적인 의사 결정에 있어서 국가의 특권적인 성원의 특수 의지를 배제하려는 것이다.

게 될 수 있다고 주장할 것이다. 국가의 경우에는 특히 그러하고, 정도의 차이는 있지만 여타의 다른 사회집단들의 경우에도 마찬가지이다. 심지어 종교 단체들조차 규모가 충분히 커지거나 혹은 일반 신도들이 중요시하는 문제들을 다루게 될 경우, 자신들의 통일성을 유지하기 위하여 강제력에 의존한다. 종교적 조직들은 일반적으로 은밀한 형태의 강제력(파문과 자격 정지)을 사용하지만, 가끔은 국가의 경찰력에 호소하기도 한다.

인간의 정신과 상상력은 많은 한계와 제약을 받고 있다는 사실, 그리고 인간은 개인적인 이해관계를 초월하여 동료 인간들의 이익을 충분히 자신의 것처럼 생각하는 것이 불가능하다는 사실들로 인하여, 우리는 사회 통합을 유지하기 위해서 불가피하게 강제력을 사용하게 된다. 그러나 평화를 보장해주는 바로 그 힘은 동시에 불의를 위해 사용되기도 한다. 헨리 애덤스(Henry Adams)는 "무력은 독이다"라고 했다. 왜냐하면 무력은 도덕적 통찰의 눈을 멀게 하고, 또한 도덕적 목적의 의지를 절름발이로 만들기 때문이다. 어떠한 사회를 구성하는 개인이나 집단은, 그것의 내면적 의도나 외양이 아무리 사회적이라 하더라도, 사실상 엄청난 양의 사회적 특권을 자기 것으로 삼는다.

미개 사회에서 사제의 권력은 지대했다. 그것은 부분적으로 사제가 초자연적 혜택을 좌우했기 때문이고, 또 군인들이 사용하는 방법보다는 훨씬 손쉽게 공공질서를 수립하면서도 군인과 영주들의 권력에 맞설 만큼의 권력을 갖고 있었기 때문이다. 그러나 가장 명백한 형태의 힘은 군사력과 경제력이다. 고대 바빌로니아 문명과 이집트 문명의 융성으로부터 유럽 봉건제의 몰락에 이르기까지 지속된 농업 문명과 오늘날의 상공업 문명 간의 주요한 차이점은, 전자의 경우 군사력이 일차적이었던 데 반해 후자의 경우에는 군사력이 경제력에 비해 이차적인 것이 되었다는 사실이다. 농업 문명에서는 군인이 곧 영주(지주)였다. 보다 초기의 원시시대에는 군인들이 군사적 용맹을 내세워 토지를 요구하였을 것이다. 그 후에는 군주가 영토를 방위하고 자신의 지배력을 보장해주는 군인들에게 감사의 뜻으로 토지를 하사했다. 이리하여 군인들은 군주에게 더 열심히 군사력 봉사를 했고, 그 대가로 얻어진 경제적 안정과 사회적 특권을 누렸다. 사업가와 산업 지도자는 점차 과거의 사제와 군인이 누렸던 지위와 특권을 빼앗아가고 있다. 대다수 유럽 국가에서는 군사적 전통을 가진 귀족 지주들에 대한 그들의 우위가 봉건적 전통이 없는 미국에서만큼 완벽하지 않다. 그리고 현대의 일본에서는 무사 계층이 여전히 강력하기 때문에 상인 집단의 신흥 세력을 파괴할 위험이 있다. 산업 문명에 있어서의 경제력의 우위 및 군사력을 수단으로 삼을 만한 능력에 관해서는 뒤에 가서 좀 더 상세하게 말할 것이다.

지금 우리의 관심은 어떤 종류의 중요한 사회 세력이든 사회적 불평등을 심화한다는 사실을 기록하는 것이다. 비록 역사가 평등주의적 전망 이외의 다른 관점에서 고찰될지라도, 그리고 경제적 수입의 차이가 도덕적으로 정당화되고 사회적으로 유익한 것이라 하더라도 문명이 복잡해짐에 따라 힘의 집중화가 증가하는데, 이러한 사회에서 생겨난 불평등을 정당화한다는 것은 불가능하다.

모든 시대의 문학은 이러한 불평등에 대한 합리적·도덕적 정당화로 가득 차 있지만, 그 대부분은 가식적이다. 만일 탁월한 능력과 사회에 대한 봉사가 특별한 보상을 받을 만한 것이라면, 보상이 봉사보다 더 크다는 것은 분명한 진리일 것이다. 공평한 사회는 결코 보상을 결정하지 않는다. 사회를 지배하는 권력층은 여기에서 생기는 부수입을 차지해버린다. 현대의 전문인들의 경우에서처럼 특별한 능력이 권력과 결탁되어 있지 않은 경우에는, 평균 수입보다 높은 여분의 수입이 있다고 하더라도 경제적 대군주들(대자본가들)의 잉여 수입과 비교하면 형편없이 낮은 것이다. 이 경제적 대군주들은 산업사회에서 진정한 권력의 중심이다. 불평등한 특권들에 대한 대부분의 합리적이고 사회적인 정당화들은 분명히 뒤에 생각해낸 착상이다.

이런 정당화들은 기존의 사회 체계 내에 존재하는 힘의 불균형에 의해 생겨난다. 정당화란 일반적으로 권력을 가진 사람들이 자신들의 탐욕의 적나라함을 숨기기 위하여 조작하는 것이고, 또 사회가 인간 생활의 야만적인 사실을 은폐하려는 데서 생겨난다. 이것은 일종의 병리적인 경향이기는 하지만, 이해할 만하다. 왜냐하면 인간이 집단 생활을 한다는 사실은 평균적인 개인들로부터 인간의 기도(企圖)에 대한 신뢰를 쉽게 빼앗아버리기 때문이다. 인류의 모든 집단적 행동과 연결된 불가피한 위선은 주로 다음과 같은 원천에서 생겨난다.

즉 개인들에게는 인간의 집단 행위를 양심에 대한 폭행으로 만드는 도덕률이 있다. 따라서 그들은 참된 사실들에 대한 낭만적이고 도덕적인 해석을 창안해내고, 또 집단적 행동의 참된 성격을 드러내기

보다는 오히려 불명확하게 만들고 싶어한다. 종종 그들은 자신들이 범한 잔인성에 대해서와 마찬가지로 그들이 고통받는 잔인성에 대해서도 도덕적 정당성을 부여하고자 한다. 인간의 집단적 행동의 위선—이에 대해서는 앞으로 더 상세하게 다룰 것이다— 이 자기정당화로서뿐만 아니라 인간 행위 일반에 대한 도덕적 정당화로서도 그 위선적 성격을 드러낸다는 사실은 인간 정신의 비극이며, 인간의 집단적 생활을 개인적인 이상에 일치시킬 수 없음을 상징한다.

개인으로서 사람들은 그들이 서로 사랑하고 봉사해야 할 것과 서로 간의 정의를 확립해야 한다는 사실을 믿고 있다. 그런데 인종적·경제적·국가적 집단으로서의 개인들은 스스로 그들의 힘이 명하는 것이면 무엇이든지 한다.

유목 경제가 농업 경제로 전환되면서 시작된, 그리고 수렵을 하는 목가적인 사회 조직의 단순한 평등주의와 공산주의를 파괴시킨 복잡한 사회의 힘의 불균등은 전 시대를 통하여 갖가지 형태로 사회적 불의를 영속화해왔다. 힘의 유형들은 달라졌고, 사회적 불평등의 정도는 변화되었지만, 본질적인 사태는 그대로 남아 있다. 이집트의 경우 토지는 왕과 군인, 그리고 사제가 소유했다. 평민은 토지를 갖지 못했다. 상당히 전제적인 공산주의가 발전되었던 페루에서는 왕이 전 국토의 소유권을 갖고, 그중에서 3분의 1을 평민에게, 다른 3분의 1을 사제들에게 주어 사용토록 하고 나머지 3분의 1은 왕 자신과 귀족들을 위해 사용되도록 했다. 두말할 나위도 없이 평민들은 자신들의 몫뿐만 아니라 나머지 3분의 2의 토지도 경작해야 했다. 수세기 동안 황제가 토지 소유권을 갖고 있었고, 3세기에는 봉건주의적 시도를 패퇴시켰으며, 각 가족에게는 명목상 자신에게 소유권이 있는 토지에 대한 경작권을 부여했던 중국은 다른 어떤 고대 제국들보다 불평등이 적은 편이었다. 일본에서는 천황이 토지를 봉건 영주들에게 주었고, 봉건 영주들은 다시 그것을 하급 귀족들에게 전대하였다. 비록 19세기 후반경에 천황의 권력이 회복되었고, 계속 발전하는 산업으로 말미암아 부분적으로 토지 귀족이 산업 엘리트 계급이 되었지만, 군사적 용맹에 바탕을 두고 토지를 소유하는 동안에 지속되었던 봉건 영주들의 권력은 사실상 지금까지도 거의 그대로 온존되고 있다.

로마에서는 귀족계급의 '가부장'의 절대적 소유권이 가부장에게 사회 서열상 그 정상에 위치할 수 있는 권력을 부여해주었다. 부녀자들과 어린아이들을 위시한 평민과 노예에 이르기까지 모든 다른 계급들은 사회계층의 다양한 하층에서 자신들의 지위를 점하였다. 권력이 보다 큰 권력을 배태함으로써 생겨나는 불평등의 심화를 타파하려 했던 그라쿠스의 갖은 노력들은 그리스의 솔론*과 리쿠르구스**의 토지 개혁과 마찬가지로 실패로 돌아갔다. 군사적 정복은 로마의 '라티푼디아'의 소유주들에게 수백 명의 노예들을 가져다주었다. 이 노예들

• 솔론(Solon, B.C. 638?~B.C. 559?): 그리스 7현인의 한 사람. 재산의 정도에 따라 시민을 네 계급으로 구분하고 이에 따른 참정권과 병역의무를 규정하여 입헌민주제의 기초를 확립하였다.

•• 리쿠르구스(Lycurgus): 고대 스파르타의 시민 생활과 국제 관계에 대한 규정을 확립했다고 추정되는 입법가. 스파르타의 제반 규정이 확립된 시기가 B.C. 6세기 전반경이므로 이 시대에 살았던 것으로 보는 것이 타당하다.

의 노동력에 의해 소경영 농민들은 더욱 비참한 지경에 이르게 되었다. 따라서 로마제국의 멸망은 이미 준비되어 있었다. 왜냐하면 귀족과 노예만으로 이루어진 국가는 그것을 내부적인 붕괴로부터 막아줄 사회적 유대와 외부의 공격으로부터 보호해줄 군사력을 제대로 갖추지 못하기 때문이다.

우리는 전 역사를 통해 자신의 '존재 이유'를 파괴하는 권력의 경향을 관찰할 수 있다. 권력은 내적 통일성을 획득하고 국가를 위해 외적 방어를 해내느라고 힘쓴다. 그러나 그것은 가혹한 세금 징수로 인하여 생겨나는 강한 증오심에 의해 국가의 사회적 안녕을 파괴하고, 또 평민들에게서 그들의 마음을 국가에 붙들어매는 기본적인 특권조차 빼앗음으로써 그들의 애국심을 약화하는 결과를 초래한다.

플루타르코스*가 전해주는 티베리우스 그라쿠스의 말을 잘 살펴보면, 권력 계급이 자신의 영토를 지키기 위해서 노예를 군대에 징집하는 구실의 허구성이 잘 드러나 있다. "이탈리아의 야생 짐승들도 최소한 자신들이 쉴 수 있는 잠자리와 굴이 있는데, 국가를 위해 전사한 사람들에게는 공기와 햇빛 이외에는 아무것도 없고, 쉴 만한 장소나 거처할 집 한 칸도 없이 처자들을 이끌고 이리저리 떠돌아다닐 수밖에 없다. (…) 가난한 민중들은 다른 사람들의 즐거움과 부, 그리고 사치품을 위해서 전쟁터에 나가 싸우고 죽을 뿐이다."[1]

결국 이러한 허구성은 폭로되고, 천대받는 사람들의 가슴속에 있

---

* 플루타르코스(Plutarchos, 46?~120?): 그리스 말, 로마 제정기의 시인. 그의 작품《윤리론집》과《영웅전》은 부분적으로 현존하고 있다.

는 애국심은 질식되고 만다. 오늘날의 프롤레타리아들 사이에 애국심이 사라짐으로써 고통을 받고 있는 특권적인 부르주아계급은 역사를 조금만 연구해보면 프롤레타리아의 국제주의의 원인을 알게 될 것이다. 디오도루스 시켈로스**는 이집트에 관하여 언급하면서 다음과 같이 이야기했다. "한 국가 내에서 가진 것이 아무것도 없는 민중들에게 국가의 방위를 맡긴다는 것은 불합리하고 어리석은 짓이다."²

이 말은 그의 시대와 나라 이외의 다른 시대와 나라에도 적용될 수 있는 깊은 성찰의 산물이다. 러시아의 순수한 공산주의자들은 제1차 세계대전 당시, 계급에 대한 충성보다도 애국심을 중시했던 유럽의 사회주의자들에 대해 경멸을 퍼부었다. 그러나 유럽의 사회주의자들이 보여준 민족주의에 대해서는 매우 단순한 설명으로도 충분하다. 그들은 자신들의 소련 동지들만큼 완전히, 혹은 적어도 명시적으로는 전통과 단절되어 있지 못했다.

모든 고대 문명에서의 노예제도의 역사는 사회 단위의 규모와 복합성이 증대해감에 따라 사회적 불의도 증대했다는 흥미 있는 사례를 보여준다. 원시 부족사회에서 제반 권리는 그 집단 내에서는 본질적으로 동등하였으나 집단 밖에서는 아무런 권리도 인정되지 않거나 최소한의 권리만이 인정되었다. 전쟁 포로들은 살해되었다. 그러나 농업의 성장과 더불어 포로들의 노동력이 필요했기 때문에, 그들을 죽이기보다는 노예로 삼았다. 아무런 권리도 없는 개인들(노예들)이 집

●● 디오도루스 시켈로스(Diodorus Sikelos): B.C. 1세기 말 시칠리아 출신의 역사가.《세계사(Bibliotheca historica)》라는 방대한 저작을 남겼다.

단생활 속에 편입됨으로써 권리의 평등은 사라졌다. 이러한 불평등은 노예들이 더 이상 적이 아니고 그 집단의 생활에 완전히 유기적으로 편입된 뒤에도 여전히 남았다. 일단 확립된 노예제도의 원리는 성장해가던 사유재산 제도의 희생물인 채무 노예들까지 생산할 정도로 확대되었다.

원시 공동체에서 채무 노예는 원래 포로 노예가 누릴 수 없는 권리를 가졌다. 그러나 세월이 흐름에 따라 이러한 차이는 사라지고 포로 노예는 궁극적으로 채무 노예의 지위를 얻어냈다. 이리하여 사람들이 자신의 사회집단 내에서 취하게 되는 보다 인도적인 태도는 다른 집단의 개인에 대해서 취하는 보다 야수적인 태도에 대해 조금씩 승리를 거두게 된다. 그러나 이러한 승리는 노예제도의 확립에 의해서 집단 간의 관계의 도덕이 이전에 집단의 친밀한 생활 속에 도입된 것에 비하면 아무것도 아니다.

야만주의는 계급 구별에 대해 거의 혹은 전혀 알지 못한다. 이러한 계급 구별은 문명에 의해 생겨나고 고도로 세련된 것이다. 인간이 선천적으로 타고나는 사회적 충동들은, 설사 그것이 성장하는 지능에 의해 확대될 때조차도, 거대한 공동체의 모든 성원들에게 똑같이 적용될 만큼 충분히 강력한 것은 아니다. 노예와 자유인의 구별은 고등사회가 발전시킨 수많은 사회적 차별들 중의 하나에 지나지 않는다. 이 차별들은 항상 보다 복잡한 문명들과 보다 큰 사회 단위들에서 발전된, 경제적이고 군사적인 힘의 불균등에 의해 규정된다. 성장하는 사회적 지성은 이것들에 의해 모욕을 당할 수도 또 이것들에 맞설 수

70

도 있지만, 그것은 사회적 차별에 별다른 영향을 주지 못한다.

사회의 불의에 항거했던 이스라엘의 예언자들과 이집트 및 바빌로니아의 사회적 이상주의자들은 공평한 사회에 대한 그들의 이상을 실현할 수 없었다. 권력층은, 설사 그들이 인도주의적인 충동에 눈을 뜨는 일이 있더라도 결국은 항상 먹이를 노리는 야수로서 남아 있게 마련이다. 그는 자신의 가정에서는 관대할 수도 있고 또한 권력과 특권을 함께 누리고 있는 집단 내에서는 관용적일 수도 있다. 아주 드문 예외가 없는 것은 아니지만, 다른 집단의 구성원에 대한 그의 최상의 도덕적 태도는 자신과 맞먹는 힘을 갖고서 자신에게 도전하는 집단에 대한 호전적인 적대심에서 나타나거나 혹은 권력이나 특권을 자기보다 훨씬 덜 갖고 있는 집단에 대한 박애적인 관용에서 드러난다.

권력층의 이 같은 박애주의는 우리가 인간의 행동에서 발견하는 야수성과 도덕성의 기묘한 결합의 완벽한 본보기이다. 왜냐하면 그의 관용은 자신의 권력의 과시임과 동시에 동정심의 표현에 지나지 않기 때문이다.

만일 그의 권력이 도전받거나 그의 관용이 겸손으로 받아들여지지 않으면 관용의 충동은 그 안에서 얼어붙는다. 만일 권력을 가진 사람들이 개인적으로 위에서 말한 것 이상의 윤리적 태도를 취한다 해도 한 계급으로서 그들에게 그것은 흔히 있는 일이며, 그들이 개인으로서가 아니라 하나의 집단으로서 스스로를 나타낼 때에는 실제적으로 변하지 않는 태도인 것이다.

18세기에 시작된 근대 민주주의의 성립은 종종 국가 사회의 응집력으로서 왕족이나 귀족 계급의 권력 대신에 피통치자의 동의를 내세운 데서 비롯되었다고 생각된다. 이러한 판단은 부분적으로는 사실일지 모르지만, 현대의 민주주의에 대한 무비판적인 신봉자들이 생각하듯이 완전한 진실은 아니다. 정부는 피통치자에 의해서 존재한다는 교리, 그리고 피통치자의 투표에 의해 국가정책을 결정하는 민주주의적 방법은 실제로 국민 생활에 있어서 강제적 요인을 축소하고, 상충하는 사회적 이해관계를 해결하고 정치적 제도들을 변화시키는 평화적이고 점진적인 방법을 제공해줄 수 있을 것이다. 그러나 민주주의의 신조와 제도들은 결코 이것들을 배태하고 발전시켰던 상인 계급의 특수한 이해관계로부터 완전히 분리된 적이 한 번도 없다. 경제적 활동에 대한 정치적 제약을 파괴하는 것이 상인 계급의 관심사였기 때문에 그들은 국가의 권위를 약화시켰고 또 이 권위가 자신들의 요구에 훨씬 더 쉽게 응할 수 있도록 하였다.

현대 산업 시대에 경제력이 점차 집중됨에 따라 민주주의의 발전은 단지 사회가 사회복지가 요구하는 만큼 경제력을 통제하지 못한다는 사실을 의미할 뿐이다. 또한 그 발전은 정치력이나 군사력보다 경제력이 현대 사회의 가장 중요한 강제력이 되었음을 의미한다. 경제력은 때로는 국가의 권위를 완전히 무시하거나 국가의 제도들을 자신의 목적에 복종시킨다. 정치권력은 사회에 대해 책임을 지게 되었지만 오히려 경제력은 보다 무책임하게 되었다. 그에 따른 필연적 결과로서 정치력은 경제력에 대해 보다 많은 책임을 지게 되었다. 바꾸어 말해서 사회를 결합할 수 있는 힘을 가진 권력층은 경제적 과정을 규제하여 항상 자신에게는 그 노동에 대해 부당하게 많은 보수를 지불하도록 한다. 차이점은 토지 소유자가 아닌 공장 소유자가 권력을 행사하며, 그 권력은 토지를 소유한 귀족이 행사했던 권력보다는 보다 순수하게 경제적이고 덜 군사적이라는 사실뿐이다. 물론 그것이 군사력과 완전히 분리되어 있는 것은 결코 아니다.

경제력은 때에 따라서 내부적인 적과 외부적인 적에 맞서서 자신의 이익을 보호하기 위하여 국가의 경찰과 군대를 마음대로 사용할 수 있다. 군사력은 고용된 노예가 되었으며 이제는 더 이상 경제적 소유권을 지켜주는 파수꾼이 아니다. 사회 내에서 권력의 성장과 사용이 근대적으로 발전되는 이러한 사실들에 대해서는 앞으로 다른 장에서 보다 상세하게 토의할 기회가 있을 것이다. 동시에 상공업 계급의 이해관계를 넘어서서 사회생활의 역사에 항구적인 기여를 한 민주주의적 신조의 그 같은 측면들에 대해서도 정당하게 다루어볼 수 있을 것이다. 여기에서는 민주화 운동이 사회에 대해 권력과 정의라는 복잡한 문제를 항구적으로 해결할 수 있는 방안을 제공한, 아직까지도 널리 유포되어 있는 신념을 평가하는 것으로 만족해야 한다.

사회는 사회생활에서의 강제적 요인들(이는 인간의 지성과 상상력의 한계들 때문에 불가피하다)의 평화를 이룩하는 과정에서 불의를 만들어 낸다는 사실뿐만 아니라, 한 사회집단 내에서 불안정한 평화를 유지시키는 데 기여하는 요인들이 동시에 집단들 상호 간의 갈등을 격화시키는 경향이 있다는 사실에 의해서 영속적으로 고통을 받고 있다.

권력은 공동체 내부의 평화를 위해서 정의를 희생시키고, 또한 공동체들 간의 평화를 파괴하기도 한다. 왕들만이 전쟁을 일으키는 것이 아니다. 민족 공동체의 평범한 구성원들도 감정적으로는 평화를 갈망하지만, 공동체들 간의 갈등을 유발시키는 근본적 요인인 질투와 시기 그리고 교만과 탐욕의 충동에 흠뻑 빠져 있다. 현대의 전쟁이 경제적 힘과 특권의 불균형을 수반하고 있는 현대 자본주의 체제에 의해서만 야기된다는 것도 진실이 아니다. 인간의 지성이 거의 기적적으로 진보하지 않고서는, 오늘날의 국제적인 분쟁들을 격화시키고 있는 특권과 불균등한 권력이 제거된 뒤에라도 여러 민족 공동체들 사이에서 생겨나는 이해의 대립을 해결하기란 결코 쉽지 않을 것이다. 그럼에도 불구하고 인류의 전 역사는 집단 내부의 무정부적 상태를 저지하는 권력이 집단들 간의 관계에서는 무정부적 상태를 조장한다는 사실을 입증해준다. 고대의 왕들은 다른 전제자들과의 투쟁에서는 자신의 백성의 충성심과 희생을 요구했다.

이러한 투쟁에서 국가의 이익과 민중의 복지는 군주의 변덕스러운 목적에 완전히 종속되었다. 한 인간이 탐닉했던 개인적인 변덕은, 군주들이 죄없는 백성들의 피를 흘리게 한 동기들에서 결코 제외되지 않는다. 자만심, 질투, 사랑의 좌절감, 손상된 허영심, 더 많은 보물들에 대한 탐욕, 더 넓은 영토에 대한 권력욕, 왕족들 간의 사소한 불화, 부자지간의 원한, 순간적인 격정, 유치한 변덕, 이 모든 것들은 국제 분쟁에 있어 우연적 원인이 아니라 늘상 반복되는 원인이었다.

인류의 성장된 지성과 민중에 대한 군주의 증대된 책임감은 권력층의 변덕을 억제하기는 하였지만 권력층의 자기 이익은 견제하지 못했다. 그들은 자신의 개인적인 야망을 자신이 속해 있는 집단의 야망과 결합할 수 있다면, 자만심과 허영심을 만족시키기 위해 지금도 여전히 사회적 갈등에 관여할 것이다.

또한 그들은 집단을 구성하고 있는 개인들의 하찮은 허영심과 격정을 만족시키기 위해서도 기꺼이 사회적 갈등을 유발할 것이다. 나폴레옹의 이야기는 고대사가 아니라 근대사에 속한다. 그는 스스로 프랑스의 애국심의 도구이자 혁명적인 열정의 수단이라고 자처하면서, 권력에 대한 자신의 허황된 욕구를 충족시키기 위해 전 유럽을 피로 물들였다. 유럽의 전통적인 절대주의에 반대하는 민주주의적 정서가 그것이 타파하고자 하는 것보다도 더 살벌하고 무서운 폭정의 창출에 사용될 수 있었다는 사실, 그리고 프랑스혁명의 3대 이념인 자유, 평등, 박애의 희망이 그렇게도 빨리 나폴레옹적 제국주의의 악몽으로 바뀔 수 있었다는 사실은 사회생활의 문제를 해결하기 위해 사용되는 인간적 방법들의 부적절성을 비극적으로 보여준다. 영국의 해군 기동함대에 버금가는 거대한 해군을 원했던 독일 황제의 유치한 허영심은 제1차 세계대전의 발발에 일조하였다.[3]

그러나 만일 그의 이러한 허영심이 백성의 편견 및 융성하는 제국의 경제적 필요성과 양립될 수 없을 듯했더라면, 그는 이러한 허영심에 빠지지 않았을 것이다. 루스벨트*는 미국과 에스파냐의 전

---

* 루스벨트(Theodore Roosevelt, 1858~1919): 미국의 26대 대통령. 외교적인 면에 국한해서 살펴보면, 적극적인 중남미 진출, 극동에 대한 문호 개방, 그리고 베네수엘

쟁*을 미국민에게 전가한 작은 음모에 가담했다. 그를 자극했던 야심과 허영심은 가려질 수도 있고 찬양될 수도 있다. 왜냐하면 발전 일로에 있는 한 국가의 권력의지(will-to-power)와 보잘것없는 '거리의 평범한 사람들'의 호전성과 군사적 열망의 좌절된 충동들은 루스벨트라는 한 개인에게서 상징적 표현과 대리 만족을 발견할 수 있었기 때문이다.

현대 산업자본가들이 필요로 하는 원료와 시장, 그리고 미개발 지역의 통치권을 둘러싼 경쟁이 바로 현대 전쟁의 계기이다. 그러나 각국의 지배적인 경제 집단들의 야심과 탐욕만이 국제분쟁의 유일한 원인은 아니다. 모든 사회집단은 제국주의적 야심을 발전시키는 경향이 있다. 이 야심은 그 집단의 지도자들과 특권계급의 탐욕에 의해 가중되기는 하지만, 그렇다고 그것이 유일한 원인은 아니다. 모든 집단은 개인과 마찬가지로, 생존의 본능에 뿌리를 두면서 동시에 그것을 넘어서려고 하는 팽창적인 욕망을 갖고 있다. 삶에 대한 의지 (will-to-live)는 권력의지로 전환된다. 자연은 아주 가끔 공격의 도구가 될 수 없는 방어용 무기들을 제공해준다. 상상력이 자신의 이상으로 세운 권력과 영예를 결코 실현할 수 없는 일반 사람들의 좌절감은 그들로 하여금 자발적으로 자신들의 집단의 제국주의적 야심을

라 문제, 카리브해 문제, 파나마 운하 문제에 '곤봉 정책(Big Stick Policy)'이라는 강경책을 추진한 것 등으로 유명하다.

• 미국-에스파냐 전쟁: 1898년에 일어난 전쟁으로 에스파냐가 패배하는 바람에 필리핀과 쿠바를 미국에게 양도함. 그 여파로 에스파냐 식민제국은 소멸하고, 모로코와 일부 아프리카 지역만이 식민지로 남게 되었다.

위한 도구나 희생물이 되게끔 한다. 좌절된 개인적 야심이 그들이 속한 국가의 권력과 강대함에서 일정한 만족을 얻는 것이다. 경쟁하는 국가 집단들의 '권력의지'는 바로 국제적 무정부 상태를 야기한 원인이다.

이러한 무정부 상태를 인류의 도덕심으로 극복해보려고 대단히 애를 썼지만, 결국에는 헛된 일이었다. 다른 나라에 비해 훨씬 강력한 일부 국가는 종종 효과적인 제국주의를 통해 무정부 상태를 막을 수 있을 것이다. 그런데 현대의 산업 시대에서 이 같은 제국주의는 노골적이기보다는 은밀한 것이 되어버렸다.

평화는 힘에 의해 획득되기 때문에 항상 불안정하고 정의롭지 못하다. 힘을 가진 계급이 한 나라를 조직하는 것과 마찬가지로, 국제사회를 조직하는 것도 바로 힘을 가진 나라들이다. 어느 경우이건 간에 평화는 정의롭지 못한 것이기 때문에 일시적이고 잠정적이다. 평화는 상충하는 이해관계의 조정에 의해서 부분적으로 달성되기도 하지만, 그것도 서로의 권리에 대한 도덕적이고 합리적인 조정에 의해서는 결코 이루어지지 않는다. 따라서 이러한 평화는 너무 약하다고 느껴지기 때문에 강대국에 도전할 수 없다고 생각한 나라가 강대국에 도전할 만큼 강해졌다고 생각하게 되면 더 이상 유지될 수 없다.

국제연맹의 도덕적 영향력을 완전히 평가절하하거나 또는 그것이 합리적이고 도덕적인 사회조직에 있어서의 일정한 성과물이라는 사실을 여기에서 부인할 필요는 없다. 또한 오늘날 유럽의 평화가 프랑스의 무력에 의해 유지되고 있으며, 따라서 프랑스 정치가의 노련한 술수가 베르사유 조약*에 의해 기만당했다고 느끼는 사람들을 견제할 수 있는 정치력과 군사력의 결합을 유지시킬 수 있는 한에서만 유럽의 평화가 지속될 수 있다고 생각할 필요도 없다. 더 중요한 것은 패배자에게 공포심을 불어넣어 직접적인 행동을 억제하고 있는 바로 그 힘이 결국에는 반란으로 귀착될 점증하는 증오심을 유발한다는 사실이다.

그렇기 때문에 사회는 영구적인 전쟁 상태에 처해 있다. 지극히 친밀하고 직접적인 사회집단들의 경우를 제외하고는 강제력에 의존하지 않고 사회생활을 조직할 수 있는 도덕적이고 합리적인 자원은 없기 때문에, 사람들은 여전히 그런 힘에 의해 일시적인 강제적 통일은 달성하지만 시간이 지나면 보다 큰 갈등을 야기하게 될 개인들, 계급들, 그리고 국가들의 희생물로 남게 된다. 사회에서 강제적 요인은 필요하면서도 위험하다는 엄연한 사실은 평화와 정의를 보장해야 할 전체적인 과정을 아주 어렵게 만든다. 역사란 사회 통합과 정의라는 바람직한 목적에 도달하기 위한 부질없는 노력들을 기록하고 있는 긴 이야기이다. 그런데 그 목적에 도달하지 못하는 실패의 원인은 대체적으로 강제성의 요인을 완전히 제거하려는 데에도 있고, 또한 강제성의 요인에 지나치게 의존하려는 데에 있기도 하다. 강제력에 완전히 의존한다는 것은 새로운 독재자가 보다 전통적인 군주들을 끌어내

- 베르사유 조약: 제1차 세계대전의 휴전 이후, 파리 강화회의의 결과 독일은 해외 식민지를 잃고, 알자스 로렌 지방을 프랑스에 반환한 외에도 유럽 영토를 빼앗겼으며, 전쟁 도발의 책임을 물어 연합국 손해에 대한 배상금 지불이 부과되었고, 군비에 대해서도 육군 병력은 10만 이내, 해군의 군함 보유량은 10만 톤 이내로 제한되었다.

린 그 높은 지위를 차지하는 것을 의미한다.

톨스토이적인 평화론자들과 그 밖의 다른 무정부주의자들은 강제력이 사회 속에 도입한 악들에 주목하면서, 강제력은 완전히 제거될 수 있고 사회는 무정부주의적 원리에 기초하여 조직될 수 있다는 허황된 공상에 사로잡혀 있다. 그들의 신념은 분명 환상이다. 왜냐하면 친밀한 사회 속의 개인들이 무엇을 할 수 있든지 간에, 가장 생동하는 종교와 가장 예리한 교육 프로그램이라도 한 사회를, 그것을 넘어서서 이끌고 갈 수 없는 도덕적 선의지와 사회적 지성의 일정한 한계들이 있기 때문이다.

사회가 직면하고 있는 문제는 분명 삶과 도덕적·합리적 조정에 도움을 주는 요인들을 확대함으로써 강제력을 축소하는 문제와 아직까지는 필요한 강제력을 사회 전체의 책임 아래 두는 문제, 사회적으로 책임질 수 없는 강제력을 파괴하는 문제(예를 들면 경제적 소유권의 힘), 그리고 사회적 통제하에 결코 완전히 둘 수 없는 유형의 강제력을 도덕적으로 자제할 수 있는 힘을 키우는 문제 등이다. 이 모든 방법들은 각각 일정한 한계들을 갖고 있다. 아마도 사회는 모든 권력을 자신의 통제하에 둘 만큼 충분히 현명할 수 없을 것이다. 일반 사람들의 우둔함은 경제적 혹은 정치적 과두 체제가 자신의 진정한 목적을 쉽게 은폐하고, 더 나아가서 어떤 통제도 받지 않고 활동할 수 있게 할 것이다.

전체의 이익을 위해 도덕적 선의지를 희생시킬 만큼 무책임한 권력을 갖고 있는 권력자들 사이에서 도덕적 선의지를 논의한다는 것

자체가 불가능하기 때문에, 그 힘은 강제적 방법에 의해 파괴되어야 하는데, 이 방법들은 항상 그것이 파괴한 불의의 자리에 새로운 형태의 불의를 가져올 위험이 있다.

예를 들어 경제적 지배자들의 힘이 공산주의가 사용한 것보다 덜 엄격한 방법으로 파괴될 수 있다는 증거는 없다. 또한 혁명의 이상주의적 열정이 일단 사라지고 난 후에는 공산주의의 과두집정자들이 자본주의의 집정자들보다 나을 것이라는 증거도 전혀 없다. 사회의 점증하는 복잡성으로 인하여 복잡한 기술과 과정들을 책임지고 있는 사람들, 따라서 사회적 힘을 갖고 있는 사람들을 완전한 통제 아래 두기란 불가능하기 때문에, 사회적 견제를 받지 않는 사람들의 정직함과 자제심에 부분적으로나마 의지하지 않을 수 없다.

그러나 이렇게 되면 다시 사회 구성원들에 대한 권력의 독소를 제거할 만큼 강한 도덕적 해독제를 보장받는 것이 불가능해진다. 따라서 사회정의와 미래의 평화는 단 하나의 사회 전략이 아니라 여러 수준에서 도덕적 요인들과 강제적 요인들이 결합되어 있는 많은 사회 전략들에 의존한다. 전제정치와 무정부주의의 위험을 피하는 것은 거의 불가능하기 때문에, 인간 사회에 대한 항구적인 평화와 동포애의 환상은 결코 실현될 수 없다고 단언할 수 있다. 그것은 개인의 양심과 통찰력에 의해서 생겨난 환상일 뿐 인간의 집단에 의해서는 실현될 수 없는 꿈에 지나지 않는다. 이는 마치 모든 종교적 환상들과 비슷하기 때문에 현실적인 역사에서는 어느 정도의 근사치는 가능할지 몰라도 실현은 결코 있을 수 없다. 그러한 환상의 생동성은 인간의 영혼이 솟아나는 원천인 자연 세계와 인간의 집단적 삶을 결합시키는 운명에 맞서는 인간의 저항의 척도이다. 환상은 끊임없이 뻗어 나가는 한에서만 지속될 수 있다. 그러나 그러는 사이에 역사적이고 세속적인 무대에서 활동하는 집단적 인간은 좀 더 낮아진 목표에 적응해가야만 한다.

앞으로 다가올 세기에 대한 인간 집단의 근본 관심은 강제가 없이 완전한 평화와 정의로 충만된 이상적 사회의 건설에 있는 것이 아니라, 충분한 정의는 있되 그의 공동 작업이 전적으로 재앙에 빠지지 않도록 강제력이 충분히 비폭력적인 그런 사회의 건설에 있다. 그러한 목표에 대해 낭만주의자들은 불만을 터뜨릴 것이다. 그러나 낭만주의자들은 오늘날의 사회가 직면해 있는 위험들을 거의 이해하지 못하고 있다. 또한 집단적인 인간의 사업이 마음대로 사용할 수 있는 도덕적 자원들을 지나치게 과대평가하기 때문에, 그들이 달성하고자 하는 목표는 필연적으로 도달될 수 없다.

2. 사회생활을 위한 개인의 합리적 원천들

사회적 갈등과 불의의 궁극적 원천은 인간의 무지와 이기심에 있기 때문에. 인간의 지성과 자애심을 증대시켜 정의를 세우려는 바람이 영원히 지속되어야 한다는 것은 당연하다. 종교적 이상주의자들은 보통 사회 불의의 뿌리로서 무지보다는 이기심을 강조했기 때문에, 보다 순수한 종교는 자애심을 증대시키고 인간의 이기주의를 억제해야 한다고 희망해왔다. 이에 비해 합리주의자들은 인간의 지성을 확대함으로써 불의는 극복될 수 있다고 믿는 경향이 있었다. 그들에 따르면, 사람들은 너무나 무지하기 때문에 다른 사람들의 욕구를 알지 못하여 이기적이 되고, 이기주의의 희생자들은 너무 무지해서 자기들을 착취하지 않도록 스스로를 방어하지 못한다. 그리고 사회 불의는 낡고 관습적인 악습이 지속되기 때문이라고 믿는다. 이 악습은 비합리적인 미신에 의해서 인정되었으므로 이성에 의해 폐지되어야 한다.

인간의 지성이 성장하면 자동적으로 사회 불의가 제거될 것이라는 믿음은 사실상 18세기 계몽주의에서 비롯된 것이다. '이성의 시대'에는 사회 불의와 중세적 전통 및 미신들이 서로 밀접하게 관련되어 있

82

었기 때문에, 이것들 중 어느 하나만 제거하면 나머지도 사라지게 될 것이라고 당연한 듯이 결론지었다. 이성의 시대를 열렬하게 옹호했던 사상가들 중 한 사람인 콩도르세*는 자기 세대의 신앙을 이렇게 표현했다. "교육의 일반화와 인쇄술의 발달로 인해 필연적으로 이상 사회가 실현될 것이므로, 태양은 '이성 이외의 어떠한 지배도 받지 않는 자유인들의 세상'을 비추게 될 것이다. '왜냐하면 독재자와 노예, 사제와 교회의 위선적인 도구들은 모두 사라지게 될 것이기 때문'이다."

계몽주의 시대에 만연했던 이러한 신앙은 지금까지도 교육가들의 신조로 남아 있으며, 심지어는 일부 철학자와 심리학자, 그리고 사회 과학자들한테까지 퍼져 있다. 그러나 그 같은 신앙은 현대 문명의 참담한 상황에 비추어 볼 때 지극히 일부만이 타당성을 가질 수 있다. 18세기경 불의의 진정한 원천이라고 생각되었던 전통과 미신들이 제거되었지만, 사회 불의는 계속적으로 증가하고 있다. 그럼에도 이른바 교양인들은 지식의 확대가 사회문제를 해결하리라는 희망을 고수한다. 그들은 지금의 현실을 지극히 현실주의적으로 보고 있는지도 모른다. 하지만 그들은 적절한 교육 기술의 개발이 끝내는 '사회에 잘 적응하는 인간'을 만들어내게 될 것이며, 그리하여 사회문제는 해결될 수 있을 것이라는 희망을 버리지 않고 있다.

설사 이러한 희망이 잠재력의 개발을 고무하지 않더라도 인간 생

• 마르키스 드 콩도르세(Marquis de Condorcet, 1743~94): 프랑스의 수학자. 대혁명 시대에는 공화파의 정치가로 활약하면서 입법의회 공립교육위원회 위원장 및 국민공회 헌법의원으로 활동했다. 달랑베르의 주선으로《백과전서》제작에 참여한 적이 있다.

활에는 항상 미개발 상태의 잠재력들이 있게 마련이므로 합리주의자와 교육가들이 품고 있는 낙관주의가 무가치한 것은 아니다. 그들의 낙관주의가 지나치게 절대화되지 않는 한, 개인 생활의 문제들을 다룰 때에는 심각한 오류가 발생하지 않을 것이다. 물론 교육은 수많은 사회문제들을 해결할 수 있으며, 한 개인이 타인의 요구에 대해 공감을 느끼고 조화롭고 평등한 관계 속에서 함께 살아가도록 하는 데 큰 도움을 줄 수 있다. 인간의 정신에는 개발되지 않은 잠재력이 있다는 믿음은, 개인적 관계들에서는, 그 잠재력을 개발하는 수단이 될 수 있을 것이다.

우리는 희망이 완전한 파멸에서 시작하여 그 희망하는 바를 실현할 수 있을 때까지 결코 희망을 포기하지 않는다.

따라서 인간의 잠재력에 대한 낙관주의적 찬양은 스스로를 검증하고 있는 듯이 보인다. 그러나 개인의 한계는 인간 사회에 누적 효과를 주기 때문에, 이 한계를 극복하고자 하는 도덕적 태도의 방향을 개인이 아닌 인간의 집단에 둔다면 현실성을 상실하게 된다. 개인의 도덕적 자원을 높이 평가하는 입장에 내재된 잘못은 그것이 정치 이론과 실천의 기초를 담당하게 되면 더욱 심화된다. 그러므로 정치학과 윤리학이 만나는 삶의 영역에 항상 존재하는 혼란을 해소하기 위해서는 사실들(facts)을 주도면밀하게 다루는 자세가 반드시 필요하다.

인간은 본성상 이기적 충동과 이타적 충동을 함께 갖고 태어난다.

개인은 에너지의 핵(核)이다. 이 에너지는 출발부터 다른 에너지와 유기적으로 연관되어 있지만, 그럼에도 불구하고 그 자신의 독자적인 존재를 유지한다. 자연에 있는 모든 유형의 에너지는 자기 보존과 유지를 위해 노력하며, 자신의 유(類) 내에서 실현된다. 이런 점에서는 인간의 에너지와 전체 자연 세계가 구별되지 않는다. 그것은 오직 에너지를 지배하는 이성의 차원에서만 구별된다. 인간은 충분한 자기의식을 가진 유일한 피조물이다. 인간은 이성에 의해 자기초월 능력을 갖게 된다. 인간은 타인과 자신의 환경에 비추어 자신을 바라본다. 인간은, 일정한 한계 내에서이긴 하지만, 이성을 통해 자신의 에너지를 지배하고 통제하기 때문에 인간의 에너지는 다른 사람과 갈등 없이 조화롭게 실현될 수 있다.

인간에게 있어서 이성이 도덕의 유일한 기초는 아니다. 왜냐하면 인간의 사회적 충동은 이성에 비해 훨씬 깊은 뿌리를 갖고 있기 때문이다. 이성은 이기심 이외에 이타심도 수용할 수 있는 인간의 능력을 확대하고 안정시킬 수는 있지만, 그러한 능력을 새롭게 창조해낼 수는 없다. 자연은 인간에게 종족 보존을 위한 성욕을 주었다. 이 욕구는 자기보존의 충동에 버금가는 것이다. 이러한 성적 충동은 매우 기본적인 것이기 때문에, 프로이트*의 심리학에서는 '리비도(libido)'를 근

---

* 지그문트 프로이트(Sigmund Freud, 1856~1939): 오스트리아의 정신의학자. 정신분석학의 창시자. 그는 인간의 인격 구조를 '이드(id)' '자아(ego)' '초자아(superego)' 이렇게 셋으로 나누어 생각하고 사회적 양심, 부모의 금지 등에 의하여 형성되는 초자아에 의해 생명, 특히 성적 에너지인 리비도가 발산되지 못하고 '억압(repression)'됨으로써 잠재의식이 형성된다고 주장했다.

본 범주로 해석한다. 설령 우리가 리비도는 주로 '힘에 대한 의지'에 의해 표현된다는 아들러*의 보다 그럴듯한 이론이나, 리비도를 무차별적 에너지—이 에너지로부터 성욕,[1] 힘에 대한 의지 및 그 밖의 여러 파생태들이 생겨난다—로 간주하는 융**의 이론을 채택하더라도, 인간이 자신을 순수한 자기 주장만으로 표현하지 못한다는 것은 분명하다. 이는 인간이 의식적인 목적하에 이기주의적인 충동을 억제하기 전에는 더욱 그러하다.

인간은 자연적 충동들에 의하여 자기를 넘어선 종족 보존뿐만 아니라 다른 사람과의 조화로운 삶을 꾀하게 된다. 우리가 어떤 본능 이론을 선택하건 간에, 혹은 우리가 본능을 독립적이고 근원적인 것으로 간주하건 그렇지 않건 간에, 혹은 우리가 그 본능은 사회적으로 제약된 후에야 명확하게 인식할 수 있다고 생각하건 그렇지 않건 간에, 인간이 하층 동물들과 마찬가지로 군집 충동을 갖고 있을 뿐만 아니라 연민이라는 충동에 기초하여 공동체의 낙오자들에게 도움을 준다

- 알프레트 아들러(Alfred Adler, 1870~1937): 오스트리아의 정신병리학자. 그는 프로이트학파로서 정신분석학의 일파를 세워 개인심리학(individual psychology)을 주창했는데, 리비도보다 에고를 강조하여, 자아를 우월감과 열등감의 투쟁으로 파악하는 이론을 제시했다. 이를 위한 이론적인 기초로서 그는 리비도를 프로이트처럼 성적 에너지로만 생각지 않고, 니체의 개념인 '권력의지'로 파악한 것이 주목을 끈다.
- •• 칼 구스타브 융(Carl Gustav Jung, 1875~1961): 스위스의 심리학자. 프로이트의 정신분석학에서 출발, 리비도의 개념을 확충하여 이를 일종의 심적 에너지로 보았다. 사람의 성격을 외향성과 내향성으로 이분하고, 신경질의 본질을 환자와 환경과의 부적응에서 찾았다. 그는 프로이트와 아들러가 양극에 치우쳐 있다고 비판하면서 무의식의 세계를 리비도뿐만 아니라 종교적 심성과도 관련지어 설명하려 했다.

는 사실은 너무나 분명하다. 이리하여, 예를 들면 스토아주의자와 칸트주의자처럼, 인간의 도덕적 능력을 오직 인간 이성에서만 도출하여 정신으로 하여금 충동과 대립시키는 합리주의적 도덕가들은 사회적 충동들의 도덕적 자질을 평가 절하하는 불합리를 저지르게 된다. 앞에서 살펴본 바와 같이, 인간의 사회적 충동은 본능과 자연에 뿌리를 두고 있으며 선한 것이다. 연민에 대한 스토아주의자들의 혐오, 동정심에 대한 칸트의 비난은 그것이 의무감에서 나오지 않은 것이기 때문인데, 이러한 견해는 사회적 충동을 간과한 데서 비롯된 것이다.

이성은 삶의 전 분야를 대상으로 삼을 수 있으며, 다양한 세력들을 그 상호 관계에 비추어 분석하고, 분석 결과를 전체 복지 차원에서 측정·평가한다. 이런 의미의 이성은 가장 포괄적인 의미에서 삶을 긍정하는 충동들을 어쩔 수 없이 인정한다. 실제로 모든 도덕 이론은 그것이 공리주의적이건 직관론(intuitionalism)적이건 관계없이 자애, 정의, 친절, 그리고 이타심은 선하다고 주장한다. 심지어 애덤 스미스(Adam Smith)의 정치적 도덕성의 경우처럼 경제적 자기추구(이기심)가 인정될 경우에도 판단의 기준은 항상 전체의 선(the good of whole)이다. 아마도 공리주의자들은 이타주의의 선이 사회적 유용성에 의해 얻어진다고 주장할 것이다. 그래서 사회적 유용성과 도덕적 가치의 원천을 이기주의에서 찾는다는 점에 기초하여 스스로를 다른 엄격한 도덕주의자와 구별할 것이다. 그러나 공리주의자와 엄격한 도덕주의자의 이같은 차이점에도 불구하고, 모든 도덕론자에게 있어서 이성의 본질적 기능은 삶의 자기초월을 인도하는 충동을 지지하고, 그 충동의 사회성의 정도를 확대하는 것이다. 따라서 점증하는 합리성이 인간의 점증하는 도덕성을 보장해주리라는 가정은 정당한 것이다.

우리가 다른 사람의 욕구를 생생하게 이해하는 정도, 우리가 자신의 동기와 충동의 성격을 의식하는 범위, 우리 자신의 생활과 사회 속에서 서로 갈등하는 충동을 조화시킬 수 있는 능력, 그리고 사회로부터 인정받는 목표를 달성하기 위한 수단을 선택하는 방법, 이 모든 것을 규정하는 것은 다름 아닌 우리의 합리성의 정도이다. 이들 각 경우에서 이성의 발전은 도덕적 능력을 증대할 것이다.

동료들의 욕구와 바람을 제대로 알기 위해서 자신이 이용할 수 있는 모든 자원을 사용하는 지성적인 사람은 자기에 비해 덜 지성적인 사람들보다는 그들의 욕구에 자신의 행동을 적응시키려는 경향이 강하다. 이런 사람은 비참한 상황이 직접 자기 눈에 비칠 때뿐만 아니라 그 상황이 거리상으로 멀리 떨어져 있을 경우에도 그것에 대해 동정을 느낄 것이다. 중국에서의 기근, 유럽의 재앙, 지구 끝에서 들려오는 구원의 요청 등은 그의 동정심을 자극하여 대책을 강구하게 할 것이다.

다른 사람의 욕구를 자신의 욕구만큼이나 생생하게 받아들이고, 또한 먼 곳에 있는 사람의 필요성도 직접 눈앞에 드러난 필요성처럼 신속하게 도움을 줄 수 있는 사람이야말로 가장 지성적인 사람이다. 그럼에도 불구하고 치밀한 사회교육이 인간의 동정심의 영역을 확대하는 것은 거의 불가능하다. 개인의 요구가 대중 속에서 쉽게 흐려지는 거대한 도시 사회의 사회활동가들은 일반적인 사회적 조건들 중에서 중요하고 생생한 표본들만을 골라냄으로써 욕구를 개인화하여버리는 상투적인 방법만을 개발해왔다. 이렇게 해서 그들은 거대도시의 간접적인 관계들 속에서 사라질 위기에 처해 있는 사회적 동정심을 그나마 유지시켜왔다.

가장 현명한 형태의 사회교육조차도 보다 직접적이고 (인간적으로) 친밀한 공동체가 자연스럽게 발전시킨 자애심만큼 관대한 자애심을 개발하지 못했다는 사실은, 윤리적 태도가 사회 전문가들이 일반적으로 가정하는 것보다 더욱 인격적이고 친밀하고 유기적인 접촉에 의존하고 있음을 보여주는 것이다. 윤리적 태도가 인격적 접촉과 직접적 관계에 의존해 있다는 사실은 한 문명의 도덕적 혼란을 야기한 원인이다. 왜냐하면 이 문명 — 서구 문명을 말한다 — 에서는 삶과 삶이 유기적이지 못하고 기계적인 관계에 빠져 있을 뿐만 아니라 상호 간의 책임은 많아졌으나 인격적 접촉은 사라져버렸기 때문이다.

다른 사람들의 이해관계를 잘 생각하거나, 심지어는 자신의 이해관계보다 더욱 중요하게 생각하는 능력은 결코 동정심의 능력에 의존하는 것이 아니다. 사회관계들의 조화는 자애심에 의존하는 만큼, 혹은 더욱 많이 정의감에 의존한다. 이러한 정의감은 지성의 산물이지 감성의 산물은 아니다.

즉 정의감은 일관성을 최고의 덕목으로 생각하는 이성이 낳은 결과이다. 칸트의 두 가지 도덕 원칙 중의 하나인 '네 의지의 준칙이 항상 보편적 입법에 타당하도록 행위하라'는 격률은 이성의 일관성이라는 요구를 행위의 문제에 적용한 것에 지나지 않는다. 진리가 기존 진리 체계와의 조화된 관계에 의해 판단되듯이, 한 행위의 도덕성도 그것이 수미일관된 도덕 행위들의 보편적 체계에 타당할 수 있는지 여부에 따라 판단된다. 행위의 견지에서 보면, 이것은 한 충동의 만족은 오직 그것이 충동의 전체적인 조화와 내적 일관성의 관계에 있을 때에만 선하다고 불릴 수 있음을 의미한다. 비이성은 자기 내에서의 충동의 만족을 인정하면서도 동일한 충동이 다른 사람에게서 만족을 얻는 것은 인정하지 않는다. 그러나 이성적인 사람은 어느 정도 사회적 상황의 전체적인 필요성에 의해 판단한다. 따라서 이성은 이기적 충동들을 억제하고 다른 사람에게 있는 정당한 충동들은 만족시키는 경향이 있다.[2]

여기에서 중요한 것은, 이성이 자아에게 요구된 것과 타자에게 인정해주는 것 사이에서 완벽한 조화와 일치에 도달하거나, 그렇지 않으면 근접이라도 할 수 있는 능력이 충분하게 있는가 없는가이다. 물론 이성은 그러한 목적을 향해 나아가고 있다. 이성의 최우선 과제는 자아의 다양한 충동들을 조화시켜, 자연이 인간에게 부여한 충동들의 혼란에 질서를 잡는 일이다. 왜냐하면 자연은 하등동물에게는 질서를 주었지만 인간에게는 그 정도의 질서를 부여하지 않았기 때문이다. 동물이 가진 충동들은 예정된 조화 속에서 서로 관계를 맺고 있다.

그러나 인간 생활에서 본능들은 충분히 제자리를 못 잡고 있다. 그리고 자연적 충동들은 크게 확장되어 한 충동의 만족은 다른 충동의 만족과 상충하게 마련이다. 산타야나*는 다음과 같이 말한다. "본래

---

* 조지 산타야나(George Santayana, 1863~1952): 미국의 철학자이자 시인. 자연주의적 입장을 발전시켜 비판적 실재론의 대표적인 인물이 되었다.

모든 정신은 종합적이다. (…) 지각을 갖춘 사람에게 있어서 정념들(passions)은 자발적으로 서로에 대해 책임을 진다. 설사 지금에 와서 그것이 각기 스스로를 즐기는 것을 허용하더라도—부분에서의 생동성은 그것 없이는 전체가 생명을 잃게 되는 하나의 선(a good)이다—전체는 무의식적으로나마 모든 부분이 협력하는 방향으로의 통일성을 획득하거나 획득하고 싶어한다."[3]

자신의 생활과 다른 사람의 생활을 통일하기보다는 개인 생활 내에서 질서를 세우기가 당연히 쉽다. 이성의 힘은 대부분 자신의 이 같은 최우선 과제를 달성하느라 쇠진되어, 제2의 과제에는 덤벼들 엄두도 못 낸다. 하지만 이성적인 인간은 다른 사람의 요구를 인정하고 또 인간의 전체 충동을 위하여 현실적인 조화를 이룩할 필요성을 수긍해야 한다. 궁극적으로 이성은 개인의 내면적 질서뿐만 아니라 사회적 질서에 대해서도 기여할 수 있다.

이성의 힘이 정의에 기여하는 것은 다음 두 가지 사실 때문이다. 첫째는 이성이 사회적 조화를 위해 개인의 욕망에 내적 제한을 가하는 것이고, 둘째는 이성이 전체 공동체의 지성적 전망에서 개인의 요구와 주장을 심판하는 것이다. 비합리적인 사회가 불의를 용인하는 이유는, 그 사회가 권력층과 특권층에 의해 만들어진 가식과 겉치레를 분석의 대상으로 삼지 않기 때문이다. 불의로 인해 가장 고통받고 있는 사회계층조차도 그 불의에 책임을 져야 할 권력층을 존경한다. 만일 사회에서 합리성이 증대된다면, 불의를 무비판적으로 받아들이는 일은 없을 것이다. 이러한 합리성은 권력층들로 하여금 자신들의 가식과 겉치레의 공허함을 의식하게 함으로써 그들의 자만심을 꺾어, 자기기만의 정도만큼 자신들의 이익을 주장하거나 특권을 옹호할 수 없도록 만들 것이다. 이성은 더 나아가서 권력층의 특권과 권력이 없는 층의 비참함 사이의 관계를 폭로함으로써 공동체 내에서의 특권층의 사회적 위신을 타파한다.[4]

또한 이성은 불의로 고통받는 사람들이 사회 내에서의 자신의 권리를 더욱 뚜렷이 의식하게 하며, 더욱 강력하게 권리를 주장할 수 있도록 해준다. 그 결과 발생하는 사회적 갈등은 합리적 정의보다는 정치적 정의에 기여한다. 그러나 덜 친밀한 인간관계에서의 모든 정의는 합리적인 동시에 정치적이다. 다시 말해서 그것은 갈등하는 권리들에 대한 합리적인 이해 및 조정에 의해서, 그리고 동시에 힘에 대한 힘의 주장에 의해서 확립된다. 이러한 과정에서 얻어지는 정의는, 만일 도덕이 오직 개인의 입장으로부터만 규정된다면, 도덕적으로 창조된 사회 가치의 범주에 속하지 않는다. 이것은 사회의 관점에서는 도덕적 성취를 나타낸다. 이는 곧 전체 사회 및 개개의 구성 집단이 습관과 전통이 아니라 합리적인 정의의 이상에 따라서 사회적 관계들을 심판한다는 뜻이다.

각각의 집단들이 취하는 부분적인 입장에서는 별다른 충돌 없이 사회 조화를 이룩할 수 없다. 하지만 합리적인 정의의 이상은 갈등이 시작될 때와 해결될 때, 모두에 작용한다.

이성의 개발과 정신의 성장은 점차 공정하고 정의로운 관계들을 형성하는 데 큰 기여를 한다. 왜냐하면 그것은 사회의 모든 충동들을 포괄적인 사회적 이상과 관련지어 그 통제 아래 두기 때문이며, 또한 사회적 상황 내의 모든 요인들을 분석할 수 있는 통찰력을 키워주기 때문이다. 심리학은 모든 인간 행위의 기초에 놓여 있는 복잡한 동기들의 망을 밝혀내고 분석한다. 사회과학은 인간 행위의 결과들을 사회생활의 가장 넓은 영역까지 추적한다. 사회과학은 세분화되어 있으며, 인간 행위와 관련된 제반 사실들을 알고자 성장하는 인간 지성의 전형적인 노력이다.

만일 심리학자가 사람들이 진정한 동기를 분석할 수 있게 하고 그 동기가 불가피하게 취하는 가식과 그것이 은폐하고자 하는 참된 욕망을 분리시킬 수 있게 한다면, 그 심리학자는 사회 도덕의 순수성을 증대할 수 있을 것이다. 그리고 만일 사회과학자가 전통적이고 관습적인 사회정책은 이를 옹호하는 사람들에 의해 조직되고 가장된 결과들을 갖지 못한다는 사실을 지적할 수 있다면, 정직한 사회적 의도들은 그 목적을 성취하기 위한 좀 더 적절한 수단들을 찾게 될 것이며, 정직하지 못한 가식과 겉치레들은 적나라하게 폭로될 것이다.

예를 들면 '자유방임주의(laissez faire)'가 산업 시대에 유지되는 까닭은 사람들이 전체의 복지는 경제활동에 가능한 한 최소의 정치적 제약을 가해야만 더욱 개선될 수 있다는 무지한 신념을 맹목적으로 받아들이기 때문이다. 지난 백 년간의 역사는 바로 이 이론이 반박되는 역사이다. 하지만 특히 미국처럼 정치적으로 무능한 나라들에서는 이런 이론과 신념이 계속 유지되고 있거나 사멸해가고 있다. 이런 가식적인 이론이 계속 지탱되는 이유는, 그 이론을 현대 산업 생활에 적용함으로써 생겨나는 불의에 시달리고 있는 사람들의 무지 때문이다. 그들은 자신들의 비참한 생활이 사회적 무정부 상태 및 이 이론이 옹호하는 정치적 무책임 때문이라는 것을 알지 못한다. 그들의 무지는 현대의 무정부적 산업 체제의 수익자들이 기울어져가는 자유방임주의의 명성을 파렴치하게 이용하도록 해준다.

물론 현대 산업사회에서 권력을 가진 사람들은 자신들의 정책을 정당화해주는 사회철학이 공신력을 잃게 된다고 해서 순순히 항복하지 않을 것이다. 권력은 정치적·도덕적·철학적 이론의 화려한 갑옷을 빼앗기더라도 여전히 갑옷 없이 싸움을 계속할 것이다. 하지만 이렇게 되면 권력층의 세력은 한결 약해지고, 반대로 상대편의 힘은 증가한다.

경제적 권력이 독립하기를 원할 경우, 자유방임주의 사회철학을 이용하여 경제적 자유에 대한 정치적 제약을 패퇴시킨다. 경제적 권력이 노예 계층의 반란과 불만을 무마하기 위하여 국가의 경찰력을 사용해야 할 경우, 평화가 자유보다 더 귀중하고, 자신의 유일한 희망은 사회 평화라고 주장하며 정치적 강제력의 사용과 그에 따른 자유의 억압을 정당화한다.

사회적 사실들에 대한 합리적 분석은 이러한 가식을 쉽게 벗겨낸다. 그리고 국가의 경찰력이 불만의 원인을 제거하려는 노력도 없이 너무나 쉽게 이용되고 있음을 밝혀준다. 또한 그 분석은 불의와 그에 따른 사회적 불만을 영속화하는 경향이 있다는 사실도 밝혀준다. 궁극적으로 사회적 지성은, 사회적으로 공인된 목적들에 대한 수많은 졸속한 방법들이 정직하게 제안되었건 부정직하게 제안되었건 그 방법들을 제거할 수 있고, 따라서 보다 높은 수준의 사회적 도덕성을 획득하는 데 기여할 수 있을 것이다. 만약에 심리학자와 사회과학자들이 지성의 개발에 의해 사회적 관계를 개선할 수 있는 가능성을 지나치게 과대평가하게 되면, 이런 태도는 이성의 힘을 너무 신뢰하여 이성의 한계를 인정하지 않으려는 합리주의자들의 당연한 '소박성'으로 간주될 것이다.

사람들은 자신들의 기만이 폭로되거나 스스로 그 기만성을 의식했다는 이유만으로 정직해지지는 않을 것이다. 사회 내의 불평등한 권력이 존재하는 한, 사람들은 그것을 유지하려고 노력한다. 사람들은 어떠한 수단이 자신의 목적에 편하다고 생각하면 그 수단을 사용할 것이고, 또한 그러한 수단들을 정당화하기 위하여 자신들이 고안해낼 수 있는 가장 그럴듯한 이론들을 동원할 것이다. 그럼에도 불구하고 지성과 이성의 개발을 통해 사회정의가 증진될 수 있는 가능성들은 여전히 남아 있게 마련이다.

이러한 개발은 사회적 충동들을 자연이 자극하는 직접적인 대상들 너머로 확대한다. 왜냐하면 이성이나 지성은 생동적인 충동의 전 분야와 조화를 이루려고 하기 때문이다. 또한 그것은 인간의 행위를 자극하는 모든 동기들과 이로부터 생겨나서 정직한 과오와 부정직한 가식을 감소시키는 제반 결과들을 밝혀준다. 사회정의가 발전하려면 어느 정도 이성의 개발이 있어야 하는 것이 사실이다. 그러나 이성의 한계들로 인하여 순수한 도덕적 행위, 특히 복잡하고 집단적인 관계들

속에서의 행위는 어쩔 수 없이 불가능한 목표가 되고 만다.

인간은 결코 완전히 이성적일 수는 없다. 우리가 개인 생활에서 집단 생활로 진행해갈 경우, 충동에 대한 이성의 비중은 점점 더 부정적이 된다. 왜냐하면 집단 간의 공동의 지성과 목적은 항상 불완전하고 일시적이고, 또한 집단은 그것을 맹목적이게 만드는 공동의 충동에 의지하기 때문이다.

만일 이성이 자연적 충동에 의한 목표보다 더 포괄적이고 용인될 수 있는 목표들을 달성하려고 시도한다면, 보다 포괄적인 목표를 향한 적절한 동력을 어떻게 획득할 것인가 하는 문제가 생겨난다. 존 듀이 교수가 대표적인 예가 될 수 있는 사회철학자들의 이론에 있어서, 그 동력은 다름 아닌 생 자체의 총체적인 충동적 성격이다. 이 학파에 따르면 생명은 곧 에너지다. 그리고 생명의 역동적 성격은 생이 앞을 향해 전진해갈 것임을 약속해준다. 만일 이성이 생명의 흐름을 향한 곧고 넓은 통로를 열어준다면, 생명은 이 통로를 따라 흘러갈 것이다. 이성이 없다면, 생명은 그 에너지를 위한 직접적인 출구를 탐색하면서 이성 이전의 충동의 시대에 파헤쳐진 좁고 고달픈 웅덩이 속을 헤맬 것이다. 이런 이론은 인간 행위의 복잡성을 제대로 설명하지 못하며, 또한 이성에 의해 규정된 목적과 충동의 총체에 의해 규정된 목적 간의 불가피한 갈등도 올바르게 파악하지 못한다. 왜냐하면 충동의 총체는 합리적으로 결합되어 있긴 하지만, 인간의 최상의 이성이 보여주는 목표들에 비해 훨씬 직접적인 목표들에 기울어지기 때문이다. 사람들은 소유욕이나 권력의지 같은 조직화의 중심 주변에 충동의 합리적 결합은 이룩할 수 있지만, 자신들의 권력의지를 초월하거나 그것과 상충하는 사회적 목표를 달성해야 한다는 의무감은 별로 갖고 있지 않다.

스펜서*나 웨스터마크**와 같은 사회학적 자연주의자들(sociological naturalists)의 이론에 따르면, 보다 포괄적인 이성의 목적들을 지지하는 양심의 소리는 사실상 집단에 대한 공포에서 비롯된 것이며, 도덕적 의무감은 사회가 개인에게 가하는 내적·외적 압력의 표현일 뿐이다.

이 같은 이론은 개인이 집단에 도전하는 것과 같은 인간 행동을 설명할 수 없다. 이러한 도전적 태도는 반항적 개인이 가장 직접적이고 분명하게 속해 있는 공동체와는 다른 공동체에 대한 충성심에서 비롯된 것으로 해석되어야 한다는 주장도 있다. 그런데 이러한 해석은 결과적으로 그 해석이 옹호하려는 입장을 손상시켰다. 왜냐하면 개인의 도덕적 상상 속에서만 존재하고 개인에게 구체적으로 압력을 가할 만한 아무런 수단도 없는 공동체(예를 들면 인류 공동체와 같은 것)의 이름 아래 경찰력뿐 아니라 공적인 승인과 거부의 힘에 의해 통제되는 공동체에 도전한다는 사실은 분명 사회적 양심 이상의 개인적인 양심이 존재함을 보여주는 것이다. 양심의 개인적 성격은 대부분의 도덕적

- 허버트 스펜서(Herbert Spencer, 1820~1903): 영국의 철학자이자 사회학자. 영국 경험론의 전통에 입각하여 생물학적 진화 사상을 원리로 하는 《종합 철학 체계(A System of Synthetic Philosophy)》(전10권)를 편찬했다. 사회학에서는 사회유기체설, 심리학에서는 의식의 진화론, 윤리학에서는 공리주의를 주창했다.
- 웨스터마크(E. A. Westermarck, 1862~1939): 영국의 인류학자이자 철학자. 혼인사의 실증적 토대를 기초로 모건의 원시난혼설, 모계사회 선행설 등에 반론을 제기했다.

판단들이 집단의 의견에 의해 결정된다는 사실을 배제하지 않는다. 대부분의 개인은 자신 있게 도덕적 판단을 내릴 수 있는 지성적 통찰력을 결여하고 있기 때문에 자신이 속해 있는 사회의 도덕적 의견을 수용한다. 비록 그들이 스스로 도덕적 판단을 행할 경우에도, 자신이 판단한 도덕적 가치에 대한 의무감이 사회적 비난에 대한 두려움을 극복할 만큼 강력한 것인지는 자신할 수 없다. 대부분의 도덕적 판단이 갖는 사회적 성격과 개인에 대한 사회의 압력은 둘 다 충분하게 숙고되어야 할 사실들이다. 하지만 둘 중 그 어느 것도 흔히 양심이라고 불리는 도덕 생활의 독특한 현상을 제대로 설명해주지는 못한다.

이 연구가 목적으로 하는 범위 내에서 도덕적 의무감의 본성을 충분하게 검토하는 것은 불가능하다. 하지만 사람들이 여러 도덕적 자원들 중에서도 선에 대한 도덕적 의무감을 갖고 있다는 사실을 지적하는 것은 대단히 중요하다. 이러한 도덕의식(moral sense)은 도덕적 판단에 내용을 부여하지는 않는다. 도덕의식은 개인이 어떠한 선악의 판단을 내리든지 간에 그 판단에 따라 행위할 것을 요구하는 행위의 원리(principle of action)이다. 그것은 생의 총체적이고 생동적인 성격과 동일시될 수 없으며, 또한 개인이 그 집단의 거부나 처벌을 두려워하는 것과도 구별된다. 이성은 직접적인 충동과 이성의 포괄적인 목적들이 서로 상충할 수 있는 가능성을 만들어냄으로써 자신을 표현할 기회를 마련한다. 하지만 의무감은 생의 역동적 성격과 동일시될 수 없듯이 생의 합리적 성격과도 동일시될 수 없다. 만일 칸트가 주장했듯이 도덕법칙에 대한 경외심이 이 도덕의식의 본질이라면. 이성은 법칙을 제공할 수는 있지만 저절로 경외심을 불러일으킬 수는 없다.

브로드(C. D. Broad)는 의무감의 역동적 성격을 올바르게 파악하기 위하여 그것을 충동의 범주에 포함시켰지만, 그것에 '독특한' 성격을 부여하였다. 그에 따르면 인간의 수많은 욕망들 중에는 '올바르게 행위하려는 욕망'[5]과 같은 특이한 욕망이 있다. 의무감을 욕망으로, 그것도 특이한 욕망으로 정의하는 것은 너무나 일반적이어서 그것을 제대로 다루기는 어렵지만, 어쨌든 도덕의식에 대해 상당히 설득력 있는 설명이다.

그 독특한 성격이 무엇이든지 간에 우리의 연구 목적상 중요한 사실은 사람들이 여러 가지 도덕적 자원들 중에서도—우리가 그것을 어떻게 정의하든지—선에 대한 의무감을 갖고 있다는 점이다. 그것은 합리적 전망에서 보면 잘못이라고 간주될 것이 분명한 도덕적 판단에 정당성을 부여해주기는 하지만, 일반적인 경향은 충동에 맞서서 이성을 지지한다. 역사적으로 볼 때 그것은 인간 본성 내에 있는 합리적 요소와 충동적 요소 모두에 관계한다. 그것이 비록 순수한 것은 아니지만, 적어도 인간에게는 개념적 지식의 능력만큼이나 독특한 것이다. 그러므로 선에 대한 의무감은 개념적 지식처럼 훈련에 의해 강화되고 확장될 수 있으며, 사용하지 않으면 나빠진다.

길버트 머리(Gilbert Murray) 교수는 《그리스 서사시의 융성(Rise of the Greek Epic)》에서 인간 행동에 깃든 양심의 이러한 요소가 갖는 위력을 보여주는 중요한 사례를 그리스 역사에서 들었다.

만일 여러분이 자기들의 낡은 법규를 파기시킨 사람들을 선발하여, 그들 중에서 어느 누구도 두려워하지 않는 힘세고 난폭한 추장을 뽑으려 할 경우, 여러분은 그러한 사람은 자기가 하고 싶은 것은 무엇이든지 할 수 있을 만큼 자유로운 사람이라고 생각할 것이다. 그런데 여러분은 그의 무법자 같은 행위 속에서 어느 정도 그를 불안하게 하는 행위가 생겨나는 것을 보게 될 것이다. 만약에 그가 그런 행위를 했다면, 그는 자신의 행위를 '규탄한다.' 그리고 그 행위에서 벗어나지 못한다. 만일 그가 그 행위를 하지 않았다면, 그런 행위를 하는 것을 억제한다. 이는 어느 누가 그에게 강제했기 때문도 아니고 어떤 특별한 결과가 뒤에 따라오기 때문도 아니다. 그것은 오직 그가 '경외감(Aidos)'을 느끼기 때문이다. 어느 누구도 꼭 해야 할 일이 어디서 생겨날 것인지를 정확하게 알 수 없다. 아킬레우스가 에에티온의 도시와 맞서 싸웠을 때. '그는 킬리키아 사람들의 행복한 도시인 성문이 높은 테베를 완전히 정복하였고 에에티온을 참수에 처했으나 그의 갑옷을 빼앗지는 않았다. 그는 마음속에 갑옷에 대한 경외심을 갖고 있었지만, 에에티온을 화려하게 장식된 갑옷을 입힌 채 화장한 후 그 위에 봉분을 쌓았다.' 이것은 순수하고 맑은 경외심이다. 아킬레우스는 잃은 것도 얻은 것도 없다. 물론 그가 에에티온의 화려한 갑옷을 빼앗았다고 하더라도 이에 대해 말할 사람은 아무도 없을 것이다. 어쩌면 그렇게 하는 것이 지극히 당연한 일일지 모른다. 하지만 그는 그것에 대하여 경외심을 느꼈던 것이다.[6]

냉소주의자는 양심이 적의 전멸을 막지 못했고, 단지 그의 시체에 대한 지속적인 모욕만을 막았을 뿐이라고 말할 것이다. 양심은 인간 생활의 도덕적 자원이다. 하지만 그것은 의무감의 개발을 통해 인류를 구원하려는 도덕가들이 생각하는 만큼 그렇게 강하지 않다. 양심은 그 자체를 개인 욕망의 전체적인 힘과 대립할 때보다는 한 충동이 다른 충동에 맞설 때에 더욱더 큰 힘을 발휘한다. 그리고 양심은 자연의 여러 힘들에 의해 규정된 목표를 넘어서서 충동을 이끌 때보다는, 예를 들어 가정 생활과 관련된 충동들같이, 사회적으로 가치 있는 충동들을 공고히 하고 안정시킬 때 더욱 효과적으로 작용한다.

레슬리 스티븐스(Leslie Stephens)는 다음과 같이 천명한다. "회개에서 순수하게 도덕적이지 않은 모든 요소를 제거해보라. 그러면 우리는 양심이 법률만큼 강하지 않은 것임을 인정하지 않을 수 없을 것이다. 참으로 나는, 어떤 직접적으로 해가 되는 결과나 이웃에 대한 혐오와 멸시가 지속적으로 독을 주입하지 않는 한, 대부분의 사람들은 그 독침을 제거하는 것이 가장 용이한 일임을 알게 될 것이라고 말하지 않을 수 없다. 이것은 양심의 강화된 힘이 그렇게 바람직하지 않다든가 현재 상황에서 그 영향이 가장 중요한 것은 아니라는 사실을 증명하는 것이 아니다. (…) 대부분의 사람들에게서 의무감은 희미하고 불투명하지만 그래도 사회질서가 파괴되지 않도록 하기에는 충분하다."[7]

이성의 발달은 양심이 작용할 수 있는 기회를 증가시킨다. 그러나 양심 자체의 힘을 강화해주는지는 의심스럽다. 오히려 이런 점에서는 종교가 이성보다 더 유력하다. 양심과 종교의 관계는 뒤에 가서 다시 다루게 될 것이다.

개인의 합리적 자질과 보다 독특한 도덕적 자질을 함께 증가시킬 수 있다는 생각은 매우 현실적이기 때문에, 그 가능성을 연구하는 사람들이 흔히 이런 방법으로 문제 해결을 하고자 희망하는 것은 전혀 놀랄 일이 아니다. 그러므로 그들은 당연하게도 인간 생활에 있어서 도덕의 한계를 깨닫지 못한다. 이성을 확대할 수 있는 가능성이 대다수의 개인들에게 그들이 속해 있는 전체적 사회 상황을 이해할 만큼 충분하게 이성을 확대할 수 있다고 보장해주지는 못한다. 충동을 억제할 수 있는 이성의 능력은 충동 간의 갈등, 특히 사회의 집합적 충동 간의 갈등을 막을 만큼 충분한 억제력을 반드시 제공해주지는 않는다.

도덕에 있어서 이성의 한계를 분석할 때에는 이기적인 충동의 힘이 가장 신랄한 심리분석가들과 가장 엄밀한 심리학자들이 생각하는 것보다 훨씬 더 강력하다는 사실을 인정하는 데에서부터 시작하는 것이 중요하다. 만일 이기적 충동이 더욱 저급한 혹은 더욱 명백한 수준에서 꺾이게 되면, 스스로를 보다 은밀하고 정교한 형태로 표현할 것이다. 이기적 충동이 사회적 충동에 의해 꺾이게 되면, 그것은 사회적 충동 속으로 흡수되어 한 인간이 자신의 공동체에 바치는 헌신성은 이타주의의 표현임과 동시에 변형된 이기주의의 표현이 된다. 이성은 이기심을 사회적 충동 전체와 조화시키기 위하여 그것을 억제할지 모른다. 하지만 바로 그 같은 이성의 힘은 동시에 개인의 이기주의를 생동적인 능력들의 전체 속에 있는 한 정당한 요소로서 인정할 수밖에 없게 된다. 왜냐하면 사회는 그같이 생생한 능력들을 서로 조화시키려고 노력하기 때문이다. 이기적 요구의 이 같은 정당화가 너무 성급하지 않도록 저지하고 또 이성이 그 내적 전망에서 확립한 이기적 충동에 대한 견제력을 파괴하지 못하게 하는 것은 지극히 어려운 일이다.

도덕에서의 합리주의는 어떤 경우에는 사람들의 개별적 이기심이 사회에 위험을 초래한다고 주장하고, 어떤 경우에는 그들의 이기심이 전체 사회의 조화에 필수적인 것이라고 주장한다. 이기적 충동은 매우 강력하고 집요하기 때문에, 그것은 앞에서와 같은 정당화를 즉각 이용하려 한다. 19세기의 공리주의 운동은 이기적 충동을 가장 포괄적인 사회적 목적들로 전환함으로써 이기적 충동과 사회적 충동 간의 훌륭한 조화를 이루어내도록 사람들을 설득하려는, 칭찬할 만한 이상을 갖고 있었다. 그런데 이것이 신흥 중산층에게 그들의 이해관계를 추구할 수 있는 훌륭한 도덕적 정당화를 제공했을 뿐이라는 사실은 대단히 중요하다.

이성은 이기주의를 섣부르게 정당화할 뿐만 아니라 실제적으로도 비이성적인 자연에서는 그것이 가질 수 없는 힘을 이성에게 준다. 인간의 자기의식은 이성의 산물이다. 사람들은 스스로를 다른 사람들 및 환경과 관련시켜 바라봄으로써 자기를 의식하게 된다. 이 자기의식은 생명을 보존하고 연장하려는 충동을 강화한다. 동물의 경우에 자기 보존 본능은 자연에 의해 제공되는 필요성 이상을 넘어서지 않는다. 동물은 배고프면 죽이고, 위험을 느끼면 싸우거나 달아난다. 반면에 사람의 경우, 자기 보존의 충동은 세력 강화에 대한 욕구로 쉽게 전환된다. 인간의 자기의식에는 이러한 경향을 가속화하는 병적인 특질이 들어 있다. 자기의식이란 무한성 내에서 유한성을 깨닫는 것을 의미한다. 정신은 '자아(ego)'를 광대한 세계 속에 있는 하나의 보잘것없는 점으로 인식한다. 모든 살아 있는 자기의식에는 이러한 유한성에 대항하려는 표지가 있다. 자기의식은 종교적 차원에서는 무한성에 흡수되려는 욕구로 나타나고, 세속적 차원에서는 인간 자신을 보편화하여 자신의 삶에 자기초월적인 의미를 부여하려는 인간의 노력으로 표현된다. 따라서 제국주의의 근원은 모든 자기의식에서 찾아져야 한다.

일단 자기 자신을 넘어서는 의미를 획득하려는 노력이 성공을 거두게 되면, 인간은 자신의 생명을 위해 싸우던 열정과 정당성을 갖고서 자신의 사회적 명성과 지위를 위해 싸운다. 자연의 법칙은 방어 수단이 쉽게 공격 수단으로 바뀔 수 있음을 보여준다. 따라서 삶에 대한 의지와 힘에 대한 의지를 명확하게 구분하기란 불가능하다. 심지어는 감정의 경우에 있어서조차 방어 태세와 공격 태세가 서로 혼합되어 있기 때문에 공포가 금방 용기로 바뀌기도 하고, 또 용기에 의해 획득한 승리를 지켜야 하기 때문에 새로운 공포가 생겨나는 것은 다반사이다.

유럽의 헤게모니를 잡으려고 애쓰는 프랑스는 안전보장의 필요성을 주기적으로 언급한다. 프랑스는 멸망에 대한 공포와 권력에 대한 사랑이 묘하게 뒤섞여 있는 인간의 정신을 모범적으로 보여준다. 개인이건 집단이건 일단 권력을 획득하게 되면 위험한 명예를 갖게 되기 때문에, 계속 권력을 강화함으로써만 자신의 안전을 유지할 수 있다. 그래서 생명의 보존을 위해 자연이 제공했던 무해하고 정당한 전략들이 인간의 정신에서는 제국주의적 목적과 정책들로 전환된다. 이 두 가지는 서로 뗄 수 없을 정도로 얽혀 있기 때문에, 자연의 전략들은 항상 제국주의적 목적과 정책들을 정당화하는 수단으로 사용되고 있다.

아마도 현대 세계에서 백인종들의 제국주의적 지상권(至上勸)은 발전된 전쟁 기술이나 통치술 혹은 경제력에 의존한다기보다는 높은 수준의 '파우스트적' 영혼의 자기 의식에 의존하고 있다.

프랭크*는 페루의 거대한 문명에 대한 에스파냐의 승리를 설명하면서, 그 승리는 개인의 영혼에 대한 찬양 때문이라고 했다. "에스파냐 사람들은 개인의 인격을 믿었다. 그 개인의 세계에서 가장 진정한 현실은 개인적 영혼과 신체였다. 물론 신체는 죽을 수밖에 없지만 최후에는 다시 살아날 것이라고 믿었다. (…) 그의 종교가 어떤 것이든지 간에, 모든 경험은 의지와 관련되고, 모든 생명은 의지의 지배를 받고, 모든 인간은 의지를 위해 있는 것이다. (…) 에스파냐와 달리 페루에는 '인격'이 없었다. 있는 것이라곤 오직 아일루(ayllu, 신의 이름)뿐이었다. 그리고 아일루의 의지는 끈질겼지만 호전적이지는 않았다. (…) 아일루는 독수리가 나는 높이 이상을 바라지 않았고, 옥수수의 얕은

• 월도 프랭크(Waldo Frank, 1889~1967): 미국의 소설가이자 수필가. 그의 소설은 형태적 통일을 중시하는 점에 뛰어났고, 라틴아메리카 운동에 관심이 깊었다.

뿌리 이하를 바라지도 않았다. (⋯) 아일루는 자연의 외부 표면에 의해 한정된 의지였다. (⋯) 인디언은 자신이 본 것을 파악할 수도, 믿을 수도 없었다. 반드시 죽게 마련인 인간이 광대한 바다를 건너 항해할 수 있다는 생각은 전혀 할 수 없었다. (⋯) 더욱이 에스파냐 사람들의 탐욕과 의지에 대해서는 상상조차 못 했다. 그들의 과감하고 야수적이며 헌신적인 모든 행위는 인디언의 상상을 넘어서 있는 것이었다."[8]

백인과 자연인 인디언 간의 차이에 대한 이 예리한 분석은 넓게는 인간과 자연의 관계에도 적용된다. 인간으로 하여금 자연을 넘어서게 해주는 바로 그 힘들은 자연적 충동들에 인간 세계의 새롭고 가공할 만한 능력을 부여해준다. 인간은 정신이 자연으로부터 만들어낸 도구를 갖고서 싸운다. 그래서 인간의 잔인성은 순간적인 기분과 욕구에 의해 생겨나는 자연의 잔인성에 비해 더욱 지속적이다. 동물은 배가 고프면 먹이를 잡아먹음으로써 잔인성을 멈추지만, 인간의 탐욕은 고유한 상상력으로 인해 더욱 커지며, 상상력이 품고 있는 보편적인 목적들을 달성할 때까지는 결코 만족을 모른다. 인간의 유한성에 대한 저항은 제국주의적 희망들의 보편적 성격을 불가피한 것으로 만든다. 인간의 정신이 온전할 때에는 자신의 생명을 조화로운 전체의 유기적인 한 부분으로 간주한다. 하지만 인간이 제정신을 차리고 있는 경우는 별로 없다. 왜냐하면 인간이란 이성보다는 상상력에 의해 지배되는데, 이 상상력은 정신과 충동의 결합물이기 때문이다.

이 에너지를 가지려 하는 합리적 세력들, 자기의식이 모든 생명의 근원적인 역동성을 한 특정한 점에 집중시키는 그 합리적 세력들은 그에 대항하는 세력들과 비교해볼 때 그 힘이 아주 미약해 보인다. 특히 그들은 관찰자의 공정한 입장도 인간의 행위에 영향을 줄 수 있는 어떠한 초월적 지점도 없기 때문에 더욱 부적절하다. 그 세력들은 항상 그들이 길들이려고 노력하는 바로 그 힘에 사로잡혀 있다. 마치 군주가 자신의 일을 축복하기 위해 신하들과 궁정 목사를 이용하듯이, 권력의지는 이성을 사용한다. 가장 이성적이고 합리적인 사람도 자신의 이해관계가 걸려 있으면 더 이상 이성적이지 않다. 이와 관련해서 엘베티우스* 말을 하나 인용해보자.

　만일 우리가 영혼의 깊은 곳을 주의 깊게 살피기만 한다면 (…) 자신의 미덕과 악덕이 전적으로 개인적인 이해관계의 서로 다른 변형 때문이라는 사실을 어느 누가 깨닫지 못하겠는가? (…) 왜냐하면 우리는 결국 이해관계에 굴복하고. 그 결과 우리의 모든 판단은 불의의 편에 서게 되기 때문이다.[9]

이처럼 개인의 이해관계는 최고의 합리성으로 생각되는 가장 이상적인 계획과 가장 보편적인 목적들에까지 파고들기 때문에, 위선은 모든 덕스러운 노력들의 불가피한 부산물이 된다. 어떤 의미에서 그

• 　엘베티우스(Helvetius, 1715~71): 프랑스 계몽주의 시대의 유물론 철학자. 로크의 경험론과 콩디야크의 감각론의 영향을 받았다. 세리로 근무하면서 민중의 고난을 알게 되어 전투적인 무신론적 유물론을 주장하였다.

것은 인간의 도덕성에 대한 칭찬임과 동시에 인간의 도덕적 한계에 대한 증거이기도 하다. 인간은 자신의 특정한 목적에 보편적 가치를 부여하지 않을 경우에는 최선의 노력을 다하여 목적을 성취하려 하지 않을 것이기 때문이다.

하지만 우리는 이기심을 은폐하지 않고서는, 그리고 정직한 노력이나 부정직한 보편성의 가장과 섞이지 않고서는 자신의 이기심을 충분히 표출할 수 없듯이, 고상한 목적에서 이기심을 제거할 수도 없다.

심지어 부정직하고 모호한 동기들을 제거하려는 의식적인 노력조차도 위선에 맞서는 완전한 안전판은 될 수 없다. 왜냐하면 사람들은 절대로 일반의 이익에 대한 이해를 자신의 이익에 대한 이해만큼 생생하게 느낄 수 있을 정도의 수준 높은 합리성을 획득할 수 없기 때문이다.

만약에 인간이 보다 넓은 사회적 이해관계는 현명한 이기주의와 상충되는 것이라기보다는 서로 조화된다는 사실을 깨달을 수만 있다면, 직접적인 욕망에서 벗어날 수 있을 것이라고 굳게 믿었던 벤담*은 분별력 있는 이기심이란 이타성만큼이나 드물다는 것을 자각하고 크게 실망했다. 충동이 직접적인 목표를 향하게 될 때에는, 이성이 그 진정한 목적을 좀 더 궁극적이고 포괄적인 의미에서 획득할 수 있다고

• 제러미 벤담(Jeremy Bentham, 1748~1832): 영국의 법학자이자 윤리학자. 엘베티우스의 영향을 받았으며 공리주의 철학을 창시했다. 그 후 밀에 의해 질적 공리주의로 발전되었다.

설득해도, 그것을 중지시킬 수 없다. 자신의 개혁 운동의 대부분이 그가 기대했던 대중적 지지를 얻는 데 실패하고 난 후인 1822년에 쓴 한 글에서 벤담은 다음과 같이 고백한다.

지난 수년간 모든 부조화와 놀라움은 사라졌다. (…) 이제 미로의 내부를 알아낼 실마리를 찾았다. 그것은 다름 아닌 자기편애(selfpreference)의 원리다. 인간의 본성은 다른 인간들의 행복의 총합보다도 자신의 행복을 더 좋아한다.[10]

이런 판단은 너무나 낭만적이었던 희망으로부터 나온 반동이기 때문에 좀 지나치게 비관주의적이긴 하다. 그렇지만 이성이 자기 이익과 사회의 이익 간의 충돌을 해결할 수 있다고 믿었던 공리주의자들의 초기의 희망에 비해서는 훨씬 더 진실에 근접한 견해라 할 수 있다.

개인이 하나의 명분이나 공동체를 위해 기꺼이 자신을 헌신하는 경우에도 권력의지(혹은 힘에 대한 의지)는 여전히 남아 있게 된다. 예를 들면 가족의 경우, 그 가족은 부분적으로 가족의 범위 내에서, 그리고 부분적으로 가족을 통해서 스스로를 표현한다. 가족에 대한 헌신이 가족에 대한 독재적인 관계가 생겨날 수 있는 가능성을 배제하지는 않는다.

가족 내에서 남편과 아버지의 독재는 매우 느리게 상호성의 원리에 종속되었다. 여성이 현대 사회생활에서 남성의 독재에 맞서 순수하게 이성적인 무기를 사용함으로써 남성 지배의 잔재를 극복할 수 있었다는 것은 대단히 의미심장한 사실이다. 여성들은 경제권과 자립권이라는 무기를 이용할 수 있게 되고 나서야 완전한 승리를 획득할 수 있었다. 그리고 국가의 정치권력을 확보하게 됨으로써 경제적 무력을 제거할 수 있었다. 참정권 개혁 이전의 오랜 선전 기간 동안 남성은 여성의 권리를 확대하는 데 반대하며 기존의 특권계급들이 항상 사용하는 동일한 논법을 똑같이 사용하였다. 그들은 여성은 자신이 갈망하는 권리를 행사할 능력이 없다고 주장했다. 이는 마치 지배계급이 천대받는 계급에게 이성적 능력을 발휘할 기회는 주지 않고서, 사용해야만 발달되는 그 능력이 없다고 비난한 것과 똑같은 논법이다.

가족의 범위 내에서 완전한 상호성이 획득된다 하더라도 그 가족은 여전히 자기확대의 수단으로 남을 수 있다. 가족을 위해 애쓰는 아버지는 아내와 아이들에게 가능한 혜택을 모두 주고자 한다. 이 사람이 다른 사람들보다 가족에 대해서 더 걱정하고 애쓰는 이유는 직접적인 관계에서 자연스럽게 유발되는 동정심 때문이다. 하지만 그 자신의 '자아'의 투사이기도 하다. 가정은 사실상 아버지와 남편의 성공과 출세를 그럴듯하게 선전하는 데 사용된다. 가족을 비판적인 시각에서 바라보는 금욕주의자나 집단주의자들은 둘 다 전통적인 도덕적 관점에 서 있는 사람들만큼 왜곡되어 있지 않다. 금욕주의자는 가족에 대한 헌신을 신에 대한 완벽한 충성의 한 파생물로 간주했고, 현대의 공산주의자는 그것을 공동체에 대한 충성을 위협하는 것으로 보는 경향이 있다. 그들의 생각에는 일말의 진실이 있다. 사실 모든 직접적인 충성은 보다 숭고하고 포괄적인 목적에 대한 잠재적인 위험이며, 승화된 이기주의를 표현할 수 있는 기회이다.

가족의 범위를 넘어서는 큰 사회집단들, 즉 공동체, 계급, 인종, 민족 등은 사람들에게 자기부정과 자기확대의 이중적인 기회를 제공한다. 그리고 이 두 가지 가능성은 충분히 진행된다. 애국심이란 보다 저급한 충성심이나 지역적 충성과 비교해볼 때, 높은 형태의 이타주의이다. 하지만 그것은 절대적 전망에서 보면 한갓 이기주의의 또 다른 형태에 지나지 않는다.

집단이 크면 클수록 그 집단은 전체적인 인간 집단에서 스스로를 이기적으로 표현한다. 이런 집단은 더욱 효율적이고 강력해지며, 어떠한 사회적 제재도 물리칠 수 있게 된다. 집단이 크면 클수록 공동의 지성과 목적에 도달하기 어려워지며, 불가피하게 순간적인 충동 및 직접적이고 무반성적인 목적과 연계를 맺게 된다. 한 집단이 다른 집단과 갈등 상태에 있거나 전쟁의 위험 및 열정으로 인하여 하나로 통일되는 경우를 제외하면, 집단이 커질수록 집단적 자기의식의 달성은 그만큼 어려워진다. 갈등이 집단의 유대를 위한 불가피한 전제 조건이라는 사실은 인간 사회의 병적인 측면이다. 게다가 공동체의 힘이 클수록, 그리고 지배 범위가 넓을수록, 개인적 전망에서 볼 때 그것이 보편적 가치를 대표하는 듯이 보일 것이다. 국가보다 작은 단위의 집단은 너무 작아서 충성의 대상이 될 수 없고 그보다 큰 단위의 집단은 너무 막연하고 일시적이어서 인간의 충성을 이끌어낼 수 없기 때문에, 국가는 가장 중요한 충성의 대상이 되는 궁극적인 공동체라고 주장한 트라이치케*의 논리에 대해 할 말이 있다. 트라이치케는 이러한 도덕적 난점을 과대평가하는 잘못을 범했다.

인간은 집단적 이기주의에 대해 사회적 제약을 가할 수 있을 만큼 충분한 권력과 위신을 가진 국제적인 공동체를 만들려고 노력하지만, 사실상 그만한 능력이 있어 보이지는 않는다. 인간은 국가 내부의 반사회적인 집단적 이기주의를 규제하는 데조차도 성공을 거두지 못했다. 인간의 동정심은 투쟁 자체를 없애는 것은 고사하고 보다 큰 범위의 투쟁을 야기했다. 그 결과 문명은 개인의 악덕을 더 큰 공동체로 내보내는 장치가 되고 말았다.

이 장치는 사람들에게 자신들은 도덕적이라는 환상을 가져다주었다. 하지만 이런 환상은 오래 지속되지 못했다. 기술 문명은, 비록 궁극적인 사회 조화를 이룰 만큼 강력하거나 기만하지는 못하지만, 그런 조화를 요구할 수 있는 상호 의존적인 국제 공동체를 창출했다.

이러한 사회 상황에 대처하기 위한 국제적 지성과 양심을 창조하려는 노력이 미진하게나마 있었지만, 스스로가 그 조직체의 구성원인 현대인은 사회적 동정심을 자아낼 만큼 충분히 생생한 상징들을 가진 집단을 초월하여 자신의 윤리적 태도를 확대하는 일에서는 선대의 사람들보다 나아진 것이 별로 없다. 현대인의 집단은 그의 조상들이 속해 있던 집단보다 훨씬 크다. 하지만 그러한 발달을 통해 얻은 도덕적

---

* 하인리히 트라이치케(Heinrich Treitschke, 1834~96): 독일의 역사학자. 권력 국가 사상을 고취하고 식민지 획득을 주장하여 비스마르크 정책에 공헌하였으며, 독일의 발전에 있어 정신적 지도자 역할을 했다.

성과는 더 큰 이질적 성격과 더 큰 집단의 축소된 상호성으로 인하여 부분적으로 상실된다. 현대 국가는 여러 계급으로 나뉘어 있고, 이 계급들은 원시사회보다 더 큰 권력과 특권의 불균형을 보여준다.

　이러한 사회적 불평등은 보다 많은 특권을 누리는 강력한 계급이 다른 나라를 희생시키면서까지 자기 이익을 추구하게 함으로써 국가 내부의 갈등뿐만 아니라 국가 공동체들 사이의 분쟁을 야기한다. 지배계급은 이런 방식에 의해서만 자신의 국민을 희생시키면서 획득한 특권들을 공고히 할 수 있다. 그래서 현대 생활은 계급 갈등과 국제분쟁에 동시에 휘말려들게 된다. 왜냐하면 계급적 특권은 현대사회 전체가 국제적 무질서와 국내적 혼란으로 전락하기 전에는 결코 폐기되거나 줄어들지 않기 때문이다. 인류의 지성이 발전되고 있는 것은 사실이지만, 그 발전의 정도가 기술의 진보가 야기한 사회문제들을 모두 해결할 만큼 빠른 속도로 이루어지는 것 같지는 않다.

3. 사회생활을 위한 개인의 종교적 원천들

    각 개인의 도덕적 능력을 개발함으로써 이상적인 사회를 건설하려는 희망과 기대는 합리적 이상주의자와 종교적 이상주의자에 의해 주창되고 고무되어왔다. 종교를 다시 부흥시키면 사람들은 사회적 혼란에서 벗어날 수 있는 방도를 갖게 될 것이라는 믿음은 언제나 있어왔다. 이런 믿음은 심지어 종교의 힘이 수많은 적대자와 비난자들에 대해 수세적인 위치에 놓여 있던 시대에도 표출되어 왔다. 이는 도덕적 생활과 종교의 관계를 철저하게 고찰하는 것을 정당화해준다. 왜냐하면 사회문제에 관심을 갖고 있는 많은 탁월한 사람들이 종교가 사회를 병폐로부터 구출해내는 데 도움이 되기보다는 오히려 방해가 된다고 생각하기 때문이다.

    만일 이기심에 대한 인식이 그 힘을 완화하거나 사회에서 이기심의 반사회적 영향을 감소시키는 것이 전제 조건이라면, 종교는 인간의 사회화에 중요한 영향을 줄 것이다. 왜냐하면 종교는 회개하는 정신을 높이 평가하고 전파하기 때문이다. 종교인들은 스스로를 전지전능한 하느님의 눈길 아래 있다고 생각하기 때문에, 또 자신의 작은 의지를 거룩하고 전능한 의지와 병립시키기 때문에 자기 중심적인 생활에 대해 수치심을 느낀다.

회개의 감정은 모든 고전적인 종교문학을 통하여 끊임없는 겸허함의 동기가 되어왔다. 그리고 그 같은 감정은 모든 종교 생활에서 드러난다. 그것이 너무 정형화되고 형식화되어 내적 활력을 상실했지만, 그럼에도 불구하고 종교 생활의 내적 필요성에 대해 높이 평가한다.

본질적으로 종교란 절대자와의 만남이다. 일반적으로 이야기되듯이 절대자를 인간의 지고한 윤리적 감정 정도로 생각하게 되면, 모든 도덕적 성취들을 부적절하다고 보는 하나의 전망이 생겨난다. 역사적 국면의 여러 상대적인 전망들에서 보면, 인간의 모든 행위는 일정한 역사적 목적에 의해 정당화되고 덜 바람직한 행위와 비교해서도 인정된다. 종교의 절대적 준거들은 이러한 부분적인 전망과 미숙한 정당화들을 제거한다. 잘못된 도덕적 통찰에 입각한 절대자의 해석을 반대할 만한 아무런 보장도 없다. 이리하여 인간의 악과 오류는 신적인 장엄함으로 장식되고 절대자의 특권이 부여된 종교에 의해 포장될 수도 있다.

그런데 대부분의 고등 종교들에서는 신을 자애로운 의지로 해석하는 경향이 높아져가고 있다. 그 결과 이기적인 행위와 욕구를 죄악시하는 경향도 강해진다. 우주의 중심을 윤리적 의지로 포장함에 있어 종교적 상상력은 자연적 세계의 무한성과 광활함 앞에서 느끼는 외경심과 내면적 삶의 윤리적 원칙에 대한 외경심을 결합시킨다. 외부의 자연 세계와 지속적인 갈등 상태 아래 있는 내면의 양심 세계는 종교의 승인을 얻어 자연 세계 위에 군림한다.

그래서 베추아나는 천둥 소리를 신의 심문이라고 생각하고 소리쳤다. "나는 도둑질한 적이 없습니다. 나는 절대로 도둑질하지 않았습니다. 우리 중에 누가 다른 사람의 물건을 훔쳤습니까?"[1]

그리고 예수는 아주 숭고한 종교적 상상력의 '순수성'에 바탕을 두고서 선과 악에 대한 자연의 불편부당성을 신의 공정한 사랑이 계시된 것으로 해석한다. 물론 세속적인 이성은 이러한 자연의 불편부당성을 자연의 불공정성으로 간주할지 모른다. 인생의 도덕적인 충동들을 위한 궁극적 목표나 준거점을 찾고자 노력하는 종교적 상상력은 자연 세계의 무한성과 광대함에서 절대자를 본뜨고자 하는 열망의 근거를 찾는다. 자연 세계에서 보여지는 신의 전능함에 도덕적 성격을 부여해서 절대자를 신성화한다. 지고의 전능함과 완전무결한 신성함은 양립할 수 없는 속성이기 때문에, 모든 종교에는 보다 합리적인 형태의 신학들이 제거하려고 노력하는 합리적인 부조리의 징후가 있게 마련이다. 하지만 그 신학들은 종교의 활력을 어느 정도 희생시키지 않고서는 결코 성공할 수 없다.

종교적 양심이 대단히 민감한 이유는 그것의 불완전성이 절대자에 비추어 판단될 뿐만 아니라 의무감도 한 인격을 향하고 있기 때문이다. 신의 성스러운 의지는 곧 인격적 의지이다. 철학자들은 인간의 인격의 한계로부터 생겨난 의미들을 함축하고 있는 인격성이란 개념을 절대자에게 적용하는 데 어려움을 겪게 된다. 하지만 이러한 어려움은 종교의 시적 상상력에 있어서는 아무것도 아니다.

종교적 상상력은 절대자를 묘사하기 위하여 인간의 인격성에서 도출된 상징들을 사용하며, 그 상징들에 도덕적 힘을 제공해준다. 도덕적 태도는 항상 인격 대 인격의 관계에서 아주 민감하게 발달한다. 이것이 바로 더욱 폭넓은 충성, 직접적인 충성보다 추상적인 충성이 인간의 마음을 지배하는 힘이 약한 이유이다. 또한 그것은 현명한 사회가 한 개인의 인격을 공동체의 상징으로 삼아 잃었던 힘을 회복하려고 시도하는 이유이기도 하다. 예를 들면 영국의 정치에서처럼, 군주정치가 그 본질적인 힘을 잃고 나서 군주정치의 상징적 의미를 사용하는 것이 바로 그런 경우이다. 왕은 국가에 있어 유용한 상징물이다. 왜냐하면 단순한 상상력을 가진 일반 대중은 국가에 대한 충성보다는 왕에 대한 충성을 생각하기가 더 쉽기 때문이다. 적절한 상징물이 없는 국가는 일반 대중에게는 전혀 파악할 수 없는 추상물에 불과하다. 왕과 같이 살아 있는 인격체는 이런 목적을 위해서 가장 효과적이고 유용한 상징물이다. 종교에서는 모든 고차적인 도덕적 의무들 — 이것들은 역사의 수준에서는 추상물로 전락해버린다 — 이 최고의 인격인 신에 대한 의무로 간주된다. 이렇기 때문에 신의 인격성과 신격성은 종교인의 도덕적 의지를 강화해주고 권력의지를 억제해준다.

　종교의 역사는 사람들로 하여금 자아에 몰두하는 것이 죄악이라는 점을 깨닫게 해주는 종교적 통찰력의 효과를 입증해준다. 현대 심리학자들이 인간 내부에 있는 자기 중심주의의 집요함에 대해 발견한 모든 사실들은 이미 고전적인 종교 시대의 위대한 신비가들이 자신들의 통찰력으로 예측했던 것들이다. 종교의 큰 폐해이자 동시에 미덕이라 할 수 있는 금욕주의는 자기 의지의 폐해가 적나라하게 드러난 증거이다.

쇼펜하우어*는 종교적 금욕주의를 '생의 의지에 대한 부정'이라고 아주 올바르게 해석했다. "그의 의지는 변화한다. 그래서 더 이상 그 자체의 본성을 주장하지 않고 오히려 부정한다. (⋯) 금욕주의 혹은 삶의 의지에 대한 부정의 첫걸음은 자발적이고 완전한 순결이다. 따라서 그것은 개인의 삶을 초월하려는 의지의 요구를 거부한다. (⋯) 그다음에 금욕주의는 자발적이고 의식적인 청빈에서 더욱 잘 드러난다. 청빈은 의지의 부단한 절멸을 의미하며, 따라서 바람의 충족이나 삶의 달콤함이 다시는 그 의지—자각은 이러한 의지에 대해 두려움을 갖는다—를 일으키지 않을 것이다."[2]

엄격한 신비주의자들이 종종 인간 행위의 이기심에 대하여 자연주의적 행복론자들이 행한 인간의 동기 분석과 매우 비슷한 평가에 도달한다는 사실을 주목해 보면 아주 흥미롭다.

페늘롱은 맹트농 부인에게 보낸 편지에서 이렇게 선언했다. "모든 관대함, 즉 모든 자연적인 애정은 특별히 세련되고 기만적이며 악마적인 자기애에 지나지 않는다. 우리는 모든 우정을 완전히 잊어야 한다."[3]

• 쇼펜하우어(Arthur Schopenhauer, 1788~1860): 독일 생철학의 창시자이며 주의설의 대표자. 그는 생(Leben)을 '맹목적인 삶의 의지(Blinder Wille zum Leben)'로 보았다. 당시에는 이성주의 철학이 최고조에 달했던 시기라 제대로 이해되지 못했지만, 만년의 수상록인《여록과 보유(Parerga und Paralipomena)》(1851)가 발표된 뒤 대중의 환영을 받기 시작하여, 학(學)으로서의 철학이 아닌 인생의 근원적 고뇌를 해소하려는 그의 태도에 많은 공명자가 속출하였다.

이러한 판단을 맨더빌**의 말과 비교해보면 재미있다. "가장 겸허한 사람조차도 덕행에 따르는 만족이라는 보상은 그가 자신의 가치를 사색함으로써 획득하는 어떤 쾌락에 놓여 있음을 인정하지 않으면 안된다. 이러한 쾌락은 쾌락의 순간과 더불어 자만심의 표현이다. 이는 마치 위급한 상태에 처했을 때의 창백함과 전율이 공포의 징후인 것과 비슷하다."[4]

신비주의와 금욕주의는 모두 자신들의 신비적 명상을 통해 의식한 이기심을 뿌리째 뽑아버리려고 어리석게 노력하고 있다는 사실을 부정할 수 없다. 신비주의자는 자아를 제거하려고 열심히 노력하지만 결국은 자아에 몰두하는 불합리에 빠질 뿐만 아니라 이기적이지 않은 욕망도 그것은 욕망이므로 이기적이라고 판단하는 이성의 부조리를 범한다. 귀옹 부인은 "우리는 우리의 욕망, 심지어는 낙원의 즐거움에 대한 욕망까지도 억제하지 않으면 안된다"[5]고 말한다.

절대적이고 지속적인 평정심에 도달하기 위한 신비주의자들의 눈물겨운 노력을 추적한 부세***는 그들의 지배적인 감정을 다음과 같이 옮겨놓았다. "신에 대한 욕망은 신 자체와는 다르다. 따라서 우리는 그것에 대해서도 마찬가지로 문을 닫는다."[6]

** 버나드 맨더빌(Bernard De Mandeville, 1670~1733): 영국의 의사이자 풍자 작가. 그의 대표작《투덜대는 벌집(The Grumbling Hive)》(1705)은 당시의 정치, 경제 사상을 풍자하고 자유로운 인간의 이기적인 활동이 공공의 복지를 증진한다는 자유주의적 경제 사상을 서술한 것으로서 스미스의 선구가 되었다.

*** 빌헬름 부세(Wilhelm Bousset, 1865~1920): 독일의 신학자. 종교사학파의 대표적인 학자로 유대교 및 원시 기독교가 그리스와 동양 종교의 영향을 받았다고 주장했다.

금욕적인 실천을 통해서 절대적 완전성에 대한 자신들의 갈망을 충족시키려 했던 신비주의자들은 훨씬 더 난해하고 비합리적인 절차 속으로 말려들었다. 그들은 이 절차를 다듬는 과정에서 생명을 잃고 사회를 파괴하였다. 이기적 욕망을 생의 의지에서 분리해내지 못한 기독교와 불교의 금욕주의자들은 욕망을 절멸시키려 하다가 단지 완전한 육체적 절멸만을 중단했을 뿐이다. "누구든지 생명을 얻고자 하는 자는 잃을 것이요, 나를 위하여 목숨을 잃는 자는 얻으리라"[7]라고 말한 예수의 역설(paradox)에서, 금욕주의를 지향해 나아가던 종교적 긴장은 삶의 목표로서 자기를 추구하는 것은 단죄하지만 자기 부정의 부산물로서 자아를 실현하는 것은 용인함으로써 해소된다. 힌두교와 불교, 이 중에서도 특히 불교를 특징짓는 비관적인 생의 부정으로부터 기독교를 구출해낸 것은 다름 아닌 이 역설이다.

하지만 서양 종교와 동양 종교의 차이는 단지 정도의 차이에 불과하다. 금욕주의는 모든 종교 생활의 영속적인 특징이다. 물론 이러한 금욕주의가 여러 가지 건전하지 못한 도덕으로 타락할 가능성이 있긴 하지만, 그것이 전혀 없다면 종교에 있어서 생명력이 결여되어 있다는 증거가 된다. 정원의 과실을 익히기에 적합한 태양의 온도가 다른 과실을 지나치게 익히는 경우가 있을 수 있다. 따라서 종교에서의 금욕주의를 혹처럼 생각하고 절대자에 대한 종교적 갈망의 불가피한 부산물로 보려 하지 않는 종교의 금욕주의적 특성에 대한 비판은 종교의 진정한 본질을 이해하지 못한 데서 비롯된 것이다.[8]

금욕적 감성의 사회적 한계들에 관해서는 앞으로 좀 더 상세하게 다룰 기회가 있을 것이다. 여기서는 우선 종교가 가진 또 하나의 도덕적 자원에 대해 논의하는 것이 좋을 것이다. 이 도덕적 자원은 신비주의와 금욕주의가 쉽게 빠지는 주관주의를 억제하고 파괴하는 경향이 있다. 이것은 다름 아닌 지고의 덕인 사랑에 대한 종교적인 강조이다.

이성적 윤리가 정의를 목표로 하는 데 반해, 종교적 윤리는 사랑을 그 이상으로 한다. 이성적 윤리는 다른 사람들의 요구를 자신의 요구와 동등하게 보려 한다. 이에 반해 종교적 윤리, 특히 기독교 윤리는 상대적인 요구에 대한 치밀한 검토 없이 이웃의 요구가 충족되어야 한다고 주장한다. 사랑에 대한 이러한 강조는 절대자에 대한 종교적 감정의 결실이다. 종교는 한편으로는 자애심을 절대화하여 그것을 도덕 생활의 규범과 이상으로 삼으면서, 다른 한편으로는 이웃의 생명에 초월적이고 절대적인 가치를 부여해 이웃에 대한 동정심(혹은 공감, sympathy) 을 고무한다. 사랑은 이웃의 요구와 자기의 요구를 재거나 비교하지 않고 이웃의 요구에 응하는 것이다. 따라서 사랑은 이성이 목표로 하는 정의에 비해서 윤리적으로 더욱 순수하다(복잡한 사회에 적응하는 일은 매우 힘들지만 이런 이유 때문에 사랑이 이성적인 정의의 원칙보다 사회적으로 더 가치 있어야 할 필요는 없다).

부분적으로 사랑의 종교적 이상은 사람들의 영혼을 절대적이고 초월적인 입장에서 파악함으로써 더욱 강화되고 지지를 받는다. 여러분의 이웃은 신의 자녀이므로, 그를 섬기는 것이 곧 신을 섬기는 것이다. 바로 이런 맥락에서 예수는 "내 형제 중 가장 보잘것없는 사람에게 행한 것이 바로 내게 행한 것이다"라고 말했던 것이다. 또한 인도의 성현 라마크리슈나*는 "나는 깨달음의 경지에 도달하였다. 이 경지에서 나는 신이 완전히 인간의 형태로 걷고 있으며, 스스로를 성인뿐만 아니라 죄인 안에서도 드러내시는 것을 깨닫는다"[9]고 말함으로써 같은 취지를 표현하고 있다.

이러한 종교적 통찰은 직접적이고 불완전한 것을 절대적이고 초월적인 입장에서 볼 수 있는 인간의 상상력에서 흘러나온 것이다. 성 프란체스코**로 하여금 나병 환자에게 입을 맞추게 하고 도둑을 믿게 한 것, 바울로 하여금 "그리스도 안에서는 유대인도 그리스인도 없고, 얽매인 자도 자유로운 자도 없다"고 말하게 한 것이 바로 종교적 통찰이다. 또한 이는 인도의 한 늙은 성현에게 감명을 주어, 인도 반란 때 차가운 강철 총검으로 그를 찌르려 하는 병사에게 "그대도 역시 신이다"[10]라고 인사할 수 있게 했다.

인간의 인격에 대한 종교적 찬사는 고도의 신비적 성질들에 의해서만 이루어지는 것이 아니다. 이러한 찬사는 금욕주의 정신과는 달리, 보다 합리적이고 이성적인 형태의 종교로 드러날 수도 있다. 스토아 학파***의 세계동포주의는 스토아적인 범신론에 뿌리를 둔 것이었

• 라마크리슈나(Ramakrishna, 1834~86): 근대 인도의 철학자, 종교가. 진정한 힌두교의 확립을 염원했다. 회교와 기독교를 함께 연구한 뒤 모든 종교는 유일신에 이르는 길이 전부 같다고 주장했다. 무차별 사상을 통해 많은 신도를 거느렸다.

•• 성 프란체스코(St. Francesco, 1182~1226): 이탈리아의 기독교 종교가. 1210년 열 명의 동지와 함께 암실을 만들고 청빈, 정결, 복종 등을 규칙으로 한 공동 생활에 들어가 예수의 교훈을 실현하기 위해 전력을 다했다. 모든 생물을 형제라 부르고 산천초목을 자매라 부르면서 전도에 몰두했다. 프란체스코 교단을 창시했다.

••• 스토아 학파: 이 학파의 교의에 따르면 우주는 전체로서 유기체를 이루고 필연

다. 인간은 항상 목적으로 취급되어야지 수단으로 취급되어서는 안 된다는 칸트의 격률은 그 자신이 생각한 만큼 그렇게 합리적인 윤리의 출발점이 아니다. 오히려 그 격률은 칸트 자신의 경건주의[**]에 입각한 종교적 세계관에서 나온 종교적 이상이다.

인간의 생명에 대한 종교적 경외심은 윌리엄 엘러리 채닝(William Ellery Channing)과 같은 합리주의적 기독교인이 갖는 이상주의의 원천이다. 그는 다음과 같이 말한다. "나는 인간에 대한 새로운 경외심이 사회 개혁의 본질적인 힘이라고 느껴 왔고, 또 지속적으로 그렇게 주장해왔다. 사람들이 신과의 친화성 및 관계, 그리고 신이 이를 위하여 우리 인간에게 생명을 부여한 무한한 목적들을 이해하는 것이야말로 가장 참된 세계동포주의이며 진정한 평화를 이룰 수 있는 바탕이다. (…) 우리 중의 어느 누구도 예절의 변화, 새로운 공손함과 유순함, 서로 간의 친절, 존경심과 동정심, 사회 개선을 위한 생활과 노력들을 정확히 인지할 수 없다. 왜냐하면 이 모든 것들은 인간이 육체의 배후에 놓여 있는 정신의 영역에 도달하는 정도에 따라 생겨나기 때문이다."[11]

적·결정적으로 지배된다. 그러므로 운명적이지만 동시에 섭리이기도 하다. 인간은 소우주이고, 그 본질인 로고스는 우주의 본질인 로고스와 동일한 것이므로 이성에 따르는 생활은 우주에 따르는 생활이자 자연에 따르는 생활이며 이를 현자의 생활, 즉 아파테이아(Aphatheia, 不動心)라고 한다. 사해동포주의는 이런 사상의 바탕에서 나온 것이다.

[**] 경건주의(pietism): 루터 등이 체험한 내면적인 계시를 각자의 마음속에서 직접 체험하고 경건한 생활(praxis pietatis)를 구하려는 운동으로서 칸트와 슐라이어마허를 비롯해 19세기의 많은 사상가들이 이 영향을 받았다.

이러한 논리로 인하여 채닝은 노예제 폐지 운동에 찬성하지 않을 수 없었다. 이는 신비주의적 기독교도이자 퀘이커교* 교도였던 존 울먼이 노예 제도는 신의 한 측면인 인간의 인격에 대한 종교적 평가와 양립할 수 없다며 노예제를 반대한 것을 연상시킨다. 에른스트 트뢸치**가 주장한 바와 같이 합리주의적 정치 사상의 도움 없이 종교적 이상주의가 평등주의적 정치 이상에 도달하는 것은 불가능하지만, 모든 인간의 인격이 초월적 가치를 갖고 있다는 교리는 모든 인격은 동등하다는 교리로 변화되고 있는 듯하다.

이러한 교리는 현실적인 윤리적·정치적 의의를 가질 수 있다. 물론 그것의 정치적 가능성들이 종교의 제안에 의해 대체로 변질되고 마는 것은 인정하지만, 신 앞에서의 그 같은 평등이 역사적·사회적 관계들에서의 평등을 의미하지는 않는다. 절대자에 대한 종교적 감정은 이 경우에서건 다른 경우에서건 너무나 크기 때문에 그 감정이 만들어낸 윤리적 가능성들을 파괴하게 된다

회개의 정신을 낳게 되는 종교의 내성적 성격은 사랑의 정신에도 기여한다. 이기주의적인 충돌들은 매우 심오한 종교적 내관(内觀, 내면

• 퀘이커교: 17세기경 영국에서 일어난 기독교의 한 종파. 개인의 인격과 묵도에 의하여 신비적으로 결합되는 프렌드(friend) 사회라는 공동체 사상이 본질적 요소를 이루고 있다. 그 특색으로는 교리 문제에 관한 관심 배제와 실천적 사랑 강조, 예배 의식이나 교파 헌법 배척, 승직제 폐지, 철저한 평화주의 등을 들 수 있다.

•• 에른스트 트뢸치(Ernst Troeltsch, 1865~1923): 독일의 프로테스탄트 신학자, 종교사가, 철학자. 처음에는 알브레히트 리츨과 헤르만 슐츠의 영향하에 출발하였으나, 리츨 학설에 결함이 있음을 발견하고 독자적인 입장에 서게 되었다. 그의 역사철학은 관념론과 사회학을 역사에 의해 통일하려는 것이었다.

적 성찰)을 통해 발견되고 분석된다. 그래서 이 충동들은 더욱 냉엄하게 단죄된다. 왜냐하면 신비한 종교적 경험에 있어서 자아의 비판적인 눈은 신의 고발하는 눈이 되기 때문이다. 이러한 경험은 사랑을 고무하기보다는 쉽게 이기심을 단죄한다. 그 경험은 자애의 이상보다는 초연함의 이상이 된다. 하지만 그것은 모든 이기주의에 대해 비판적인 태도를 취하기 때문에 사랑의 정신에 강력한 지지를 보낼 수 있을 것이다.

한 개인의 행위는 숨겨진 동기들을 알 수 없는 외면적인 입장에서 보게 되면 실제보다 더 신비스럽게 보일 것이다. 설사 그 숨겨진 동기들이 이기적인 것으로 밝혀지더라도 사회적 입장으로부터는 인정을 받을 수 있을 것이다. 물론 내면적인 입장에서는 그 같은 혼란이나 인정이 생겨날 수 없다.

모든 자애를 타락시키는 이기주의의 합성물은 엄격한 내적 분석에 의해 자애로부터 분리되고 가끔은 제거된다. 게다가 이기주의에 대한 사회적 정당화는 이 분석에서 아무런 비중도 갖지 못한다. 영혼의 행위와 태도들은 절대적인 도덕적 이상에 비추어 판단되고, 그 이상과 비교하여 부족함이 밝혀진다. 종교적인 내적 성찰은, 만일 사회적인 연관이 없이 자아로부터 도피하려 하면, 영혼을 자아에 대한 절망적인 강박관념 속으로 몰아넣는다. 하지만 그러한 성찰이 이기주의에 대해서 가하는 견제는 사랑의 정신을 위한 잠재적인 지원이 된다.

설사 종교란 것이 개인의 입장에서 절대자에게 귀의하는 것이라 하더라도, 종교는 사랑과 정의의 이상이 충분히 실현될 절대적 사회를 얼마든지 상정할 수 있다. 모든 활기찬 종교에는 천년왕국의 희망이 있다. 종교적 상상력은 개인적 삶의 불완전성에 대해서뿐만 아니라 역사적인 사회의 타협이나 상대성 및 불완전성을 용납하지 않는다.

예언자 이사야는 사자와 어린 양이 함께 어울리게 될 날, 다시 말해서 약육강식의 자연법칙이 폐기될 날을 꿈꾸었다. 이집트와 바빌로니아의 종교적 이상주의자들은 이상적인 통치에 대한 자신들의 견해를 갖고 있었다. 때때로 현실과 이상을 너무 날카롭게 대조시키는 바람에 종교적 심성을 가진 사람들은 세속의 역사에 이상을 실현할 가능성이 전혀 없다고 생각하고 절망했다. 그래서 이들은 자신들의 희망을 다른 세계로 옮겨서 실현시키고자 했다.

이는 특히 플라톤의 이상주의의 영향을 받은 종교에서는 더욱 그러하다. 왜냐하면 플라톤에게는 이상적 세계가 항상 인간 역사의 종말에 있지 않고 역사를 초월해 있기 때문이다. 종교가 천년왕국을 현세적인 용어로 생각할 수 있도록 해준 것은 다름 아닌 유대의 천재적인 종교 사상 덕택이다. 신의 왕국에 대한 복음서의 견해는 다분히 제2이사야의 환상에서 빌려온 유대교의 메시아 왕국에 대한 소망을 고도로 정신화한 것이다.

종교가 사회문제에 관심을 갖는 곳에서는 항상 천년왕국에 대한 희망이 생겨난다. 이리하여 천년왕국의 전망에서 기존의 사회 현실이 적합지 못함을 단죄하고, 정의가 없는 사회를 구원하려는 노력을 지속할 수 있는 용기가 생겨난다. 용기는 꼭 필요하다. 왜냐하면 당장의 현실과 눈앞의 미래만을 내다보게 될 때, 정의로운 사회를 건설하려는 과제는 항상 희망이 없는 듯 보일 것이기 때문이다.

완전히 평등한 사회를 건설하려는 현대 공산주의자들의 꿈은 고전적인 종교적 환상의 세속화된, 하지만 여전히 본질적으로 종교적인 꿈이다. 그 세속화는 부분적으로 종교적·사회적 바람이 중산계급의 종교적 공동체 안에서 변질됨으로써 생긴 비현실적인 감정에 대한 반작용이며, 또 현대 생활의 기계화와 종교적 상상력의 파괴에서 오는 불가피한 결과이다. 그것이 세속화된 형태의 종교적 희망이기는 하지만 종교적 특성은 종말에 대한 공산주의자의 강조에서 드러난다. 공산주의는 점진적이고 불가피하게 진화 과정 중에 출현하는 새로운 사회를 무시한다. 또한 공산주의자는 현재 사회의 흐름에 대해 비관주의적 태도를 취하며, 재앙을 향해 달리고 있다고 본다. 하지만 모든 종교에서와 마찬가지로 그러한 절망에서 희망이 생겨나며, 재앙으로부터 새로운 사회가 출현한다고 본다.

진화적인 천년왕국주의는 항상 안락한 특권계급의 바람이다. 왜냐하면 이 계급은 자신들이 역사에서 절대자가 갑자기 나타난다는 사상을 받아들이기에는 너무나 합리적이라고 생각한다. 이 계급의 이상은 역사 속에 있으며 최종적인 승리를 향해 그 길을 가고 있는 것이다. 이 계급은 신과 자연, 현실과 이상을 동일시하는데, 이는 그 계급이 보기에 고전적 종교의 이원론적 사상들이 너무 비합리적이기 때문이 아니라(설사 비합리적이라 하더라도), 현대사회의 야수성으로 고통받는 사람들만큼 고통을 받지 않아서 현대 역사를 재앙이나 파국으로 보지 않기 때문이다. 보다 많은 혜택을 누리는 프롤레타리아는 같은 이유로 파국적인 마르크스주의를 포기하고 점차 개량적인 진화적 사회주의로 돌아선다.

종교란 항상 절망의 끝에 세워진 희망의 성(城)이다. 사람들은 절대적인 입장에서 보게 되기 전까지는 개인적 사실들과 사회적이고 도덕적인 사실들 양자를 안이하게 보는 경향이 있다. 하지만 그들을 절망으로 몰아넣었던 바로 그 절대주의가 그들의 희망을 다시 소생시켜 준다. 진정으로 종교적인 사람의 상상력에서 역사를 심판하는 신은 동시에 역사를 구원할 것이다.

종교의 확고한 도덕적 자원은 종교적·도덕적 자원의 증가를 통해 사회를 구원하려는 종교적 도덕가들의 희망을 정당화한다. 가장 순수한 형태에 있어서 이러한 소망들은 헛된 것이다. 종교의 정신은 개인의 생활을 순화하고, 보다 밀접한 사회적 관계들에 건전함을 부여하는 데 있어서는 상당한 힘을 발휘하지만, 현대사회의 아주 복잡하고 정치적인 문제들에 대해서는 그렇지 못하다. 종교의 정신은 바로 이 점에서 내재적 한계를 갖는다. 현대의 종교가 윤리 의식이 높은 많은 사람들로부터 받고 있는 악평은 현대 문화의 정신에 스스로를 잘 적응시키지 못한 데서 비롯된다기보다는 이 복잡한 문제들을 제대로 다루지 못하는 난점들에서 비롯된다.

현대 세계가 직면하고 있는 급박한 정치적·경제적 문제들로 인하여 고통받고 있는 사회는 이 시급한 문제들에 직접적으로 도움이 되지 않는 삶의 표현(life-expression)을 모두 무시하는 경향이 있다. 이런 태도를 지닌 사람은, 인간이 물려받은 모든 질병을 치료할 수 있는 만

병통치약을 갖고 있다고 주장하는 종교적 감상주의자들이 그 정당성을 인정받지 못하는 것과 마찬가지로, 그 같은 삶의 표현의 정당성을 인정받지 못한다.

절대자에 대한 종교적 체험은 삶의 의지와 힘의 의지를 절대적인 의지에 복속시킴으로써, 그리고 초월적인 가치를 인간들—따라서 이들의 삶과 필요는 자아에 대해 보다 높은 요구를 한다—에게 나누어 줌으로써 삶의 의지와 힘의 의지에 중요성을 부여한다. 이것은 도덕적인 성과이다. 하지만 종교는 또한 자아를 절대화하는 결과를 초래한다. 설사 신이 거룩하고 초월적일지라도 신은 그 속성과 인간에 대한 관심으로 인하여 인간과 관련을 맺게 된다. 신의 속성들은 최고로 고양된 인간의 덕이다. 그리고 인간에 대한 신의 관심은, 현대의 바르트 신학*에서처럼 신이 '완전한 타자'로 묘사될 경우에도 지속된다.

인간은 종교를 통해 우주를 자신의 삶과 정신에 맞도록 해석한다. 종교란 절대자 앞에서의 겸허함이자 동시에 절대자를 빙자한 자아의 자기주장이다. 종교를 너무 교만하다거나 자아를 경시한다 하여 비판하는 자연주의자들은 종교 생활의 이 역설을 이해할 수 없다. 물론 이 두 요소가 항상 동등하게 강한 것은 아니다. 하일러(F. Heiler)는 종교를 '신비적인 종교'와 '예언자적 종교'로 나눈 다음, 전자는 신 앞에서

• 바르트 신학: 카를 바르트의 신학. 인간 생명의 영원한 기초는 우리 인간이 이것을 놓고자 하기 이전에 이미 각 사람의 발 아래 놓여져 있다. 절대자인 신이 자리를 남김없이 사람에게 맡기고, 그 대신 죄 많은 사람의 존재를 그대로 거룩한 신 자신의 것으로 한, 이 위대한 사실(성경에서의 예수 그리스도)에 있어서 인간의 구원·해방은 모든 인간을 위하여 이미 성취되어 있는 것이다.

의 겸허함을 강조하고, 후자는 '불가항력적인 삶의 의지, 즉 삶의 의미를 표현하고 이해하고 찬양하려는 억제할 수 없는 충동'을 표현한다고 했다.

이때 신비적인 기도는 '유일한 대상이고 단 하나의 실재'이며 최고의 가치인 신(神)을 지향하며, 반면에 예언자적 기도의 대상은 "인간 자신의 기쁨과 슬픔, 근심과 공포, 자신의 계획과 그에 대한 확신"이다.[12] 그러면서 하일러는 전자를 가톨릭교와, 후자를 개신교적 경건과 동일시하는 우를 범했다.

영혼 불멸에 대한 종교적 희망이라는 기본적 성격을 특별히 강조하면서 종교를 삶에 대한 의지의 승화라고 가장 철저하게 해석한 사람은 현대 가톨릭 철학자 우나무노*이다.[13]

이처럼 영혼 불멸과 삶에 대한 의지 모두에 대한 강조는 정도는 다르지만 종교 생활의 거의 모든 표현에 함께 나온다. 삶에 대한 의지의 종교적 승화가 삶의 에너지를 보다 높은 차원으로 고양시키고 영혼으로 하여금 초역사적이고 초현세적인 세계에서 만족을 찾도록 함으로써 역사적 차원에 서 있는 개인의 권력의지들 간의 충돌을 완화할 수

• 미겔 데 우나무노 이 후고(Miguel de Unamuno y Jugo, 1864~1936): 에스파냐의 사상가, 작가, 시인. 1924년 프리모 데 리베라의 독재 정권을 비판하여 카리아나 군도로 추방되자 파리로 건너가 망명 생활을 했다. 1930년 리베라가 실각하자 귀국하여 '에스파냐 혁명' 때 인민전선 정부에 가담했으나 그 잔학성에 혐오를 느끼고 교직에 복귀했다. 서로 대립되어 있는 신앙과 이성, 생물과 사상, 문화와 문명의 비극을 논하고 여기서 인격의 불멸성이라는 확신을 도출해내었으며, 남유럽의 키르케고르라 불린다. 에스파냐 국민문학의 확립에 중대한 역할을 하는 등, 에스파냐의 젊은 세대에 깊은 영향을 주었다.

있는지 여부는 대답하기 어려운 문제이다. 몇몇 측면에서는 이는 종교 생활의 효과이다.

종교를 아편으로 간주하는 현대의 급진주의자들은 종교의 바로 이 특성 때문에 자신들의 고발이 올바르다고 믿고 있다. 다른 한편으로 개인의 생활과 의지를 종교적으로 구별함으로써 그것은 역사적인 상황 속에서 보다 결정적인 힘을 가질 수 있다. 부르주아 상인계급이 지난 3세기 동안의 정치적·경제적 투쟁에서 영주 귀족계급을 타도할 수 있었던 힘은 부분적으로는 청교도적 의미에서의 인격의 종교적 가치와 세속적인 이익 추구의 정신적 성격에 대한 청교도적 생각에서 비롯된 것이었다.

월도 프랭크는 에스파냐의 정복자에 대해 이야기하면서 종교적 신앙에 입각한 그 정복자의 용기와 잔인성을 간파했다. "교회의 신성한 인도가 없었다면, 그는 바로 정글 속에 빠져 더 이상 전진할 수 없었을 것이다. 오직 신앙을 가진 사람만이 그가 행한 바와 같은 일을 할 수 있다. 그는 싸구려 포도주가 그리스도의 피로 변하는 것을 보았다. 이제 그는 자신의 야수성이 어떻게 로마 교회를 건설하는 행위로 변모되는지를 이해할 수 있다. 그의 야수성 안에는 신의 대행자로서의 자신의 운명에 대한 직관이 있다. 그의 신적인 임무는 불가능한 모험을 가능케 하였고, 극기할 수 있도록 하였다."[14]

사실 삶에 대한 의지의 종교적 승화도 역시 그 의지를 사회적으로 그리고 역사적으로 확대한 것일 것이다. 저 세상에서의 포상은, 약자에게는 체념을 가져다주지만, 강한 자에게는 초인적인 영웅적 행위를 하도록 자극할 것이다.

이처럼 절대적 가치를 인간 생활에 배분하는 것이 사회생활에 미치는 위험은 개인보다는 국가나 여타 집단의 생활에서 표현될 때 더 명백해진다. 종교는 자신의 국가에 요구되는 것과 동일한 중요성을 다른 국가의 생활에도 부여하는 도덕적이고 사회적인 상상력을 지니고 있다. 하지만 이런 상상력은 자신의 국가를 초월적이고 신적인 목적을 지닌 특별한 수단으로 삼는 상상력만큼 강력하지도. 빈번하게 표현되지도 않는다. 예언자 아모스는 "너희는 나에게 에티오피아의 자녀들과 무엇이 다르냐 하고 주님께서 말씀하셨다"고 외쳤다. 하지만 그의 외침은 이스라엘을 세상의 여러 나라들 중에서 특별히 하느님의 선택을 받은 나라로 생각하는 대다수의 사람들에게 있어서는 거친 광야에서의 외마디에 불과했다.

그런데 우리가 속해 있는 국가의 생존에 특별한 위엄과 가치를 부여하는 것은 종교만이 아니다. 애국심도 부분적으로 상상력의 제한을 통해서 존재하는 일종의 경건함(종교적 정신)이다. 그래서 이러한 제한은 성인에 의해서뿐만 아니라 대학자에 의해서도 이루어질 수 있다. 과거에 종교 지도자들은 자신들의 국가의 정책에서 신의 뜻이 실현될 수 있을 것이라고 주장했다. 이와 마찬가지로 오늘날에는 국가의 훌륭한 학자들이 제1차 세계대전 중에 자신들이 속해 있는 국가가 '문화'와 '문명'을 위한 특별한 사명을 갖고 있다는 것을 입증하기 위해 전력투구했다. 그런데 종교의 주장은 다른 어떤 세속적인 문화의 주장보다 절대적이기 때문에, 종교를 통해 국가의 자기 의지를 첨예화할 위험도 그에 비례하여 그만큼 더 크다.

절대자의 종교적 의미가 의지의 승화로 표현되지 않고 신의 의지에 대한 개인 의지의 순종으로, 그리고 신의 입장에서 인간 의지에 대한 심판으로 드러날 경우에조차, 그러한 의미는 약간의 도덕적 결실을 가져오더라도 최고의 사회적·도덕적 생활에는 여전히 위험물이 될 것이다. 신과 인간 사이의 대조에 비추어 볼 때 인간적이고 역사적인 차원에서의 선과 악의 대조 같은 낮은 차원의 대립은 모호해지고 만다는 사실은 절대자에 대한 종교적 갈망이 갖는 하나의 흥미 있는 측면이다. 궁극적으로는 신에 대한 반역, 그리고 신 앞에서의 오만방자함만이 죄로 간주된다. 우리는 조너선 에드워즈*의 사상에서 이러한 종교의 논리를 아주 명백하게 볼 수 있다. "하나의 범죄는 그와 대립된 것에 대해 의무를 지는 정도에 비례하여 더 악하게도 되고 덜 악하게도 된다. 사랑과 존경, 그리고 복종에 대한 우리의 의무는 그 대상의 사랑스러움과 존경스러움 그리고 권위에 비례한다. 그런데 신은 전능함과 무한한 아름다움을 지니고 있기 때문에 무한히 사랑스러운 존재이다. 따라서 신에 거역하는 죄는 무한의 의무를 부정한 것이므로 무한히 나쁜 범죄이며 무한한 처벌을 받아 마땅하다."[15]

종교인이 스스로 신을 거역하고 있다고 느끼는 죄는 자기 의지의 죄이다. 그러나 이러한 사실에 대한 인정이 특별한 사회적 의의를 가질지는 모르지만, 반드시 가져야 하는 것은 아니다. 죄에 대한 종교적

• 조너선 에드워즈(Jonathan Edwards, 1703~58): 미국의 신학자이자 철학자. 캘빈주의 신학에 몰두하여 1737년 신앙부흥 운동을 전개했다.

개념에서 신과 인간의 관계에 대한 강조는 아주 강하다. 그렇기 때문에 루돌프 오토는 그것을 전적으로 성스러운 것에 대한 모독감으로 해석할 수 있었다.[16]

이는 좀 지나친 과장이다. 왜냐하면 '거룩함'은 종교의 발달에 있어 도덕적 완전성을 의미하고, 따라서 죄는 도덕적 범위에 한정되기 때문이다. 그럼에도 불구하고 죄의 종교적 측면을 지나치게 강조하는 도덕적 측면을 무시하는 경향은 활기찬 종교 생활의 영속적인 특징으로 남게 된다.

루터적인 정통파의 현대판이라 할 수 있는 바르트 신학에서의 종교적 경험이 실상 회개의 의미로만 이해되고 있다. 신의 성스러움과 인간의 죄악 간의 차이점은 거의 절대적으로 강조되기 때문에 인간이 유죄판결을 받게 되는 것은 공동체 생활에서의 특별한 위법행위 때문이 아니라 단지 신적이지 않고 인간적이라는 이유 때문이다. 따라서 창조와 타락은 의도와 목적이 그러하듯이 동일시되며, 인간 역사의 모든 것은 악과 동일시되기 때문에 사회적 도덕성을 '좀 더 많이 쌓고 덜 쌓고' 하는 것은 전혀 문제가 되지 않는다.

흥미로운 점은 현대의 바르트 계열의 신학자들의 공격 목표인 슐라이어마허*가 바르트의 입장에 함축되어 있지만 자유롭게 허용되지

---

* 슐라이어마허(Schleiermacher, 1768~1834): 독일의 신학자이자 종교철학자. 당시에는 계몽사상에 의해 종교가 무시당하고 있었는데, 그는 종교를 형이상학 및 도덕과 구별하고 종교 독자의 입장을 명백히 하여 종교는 우주의 직관으로서 무한자에 대한 절대적 의존의 감정이라고 정의한 주관적 체험주의를 주창했다. 신학상의 업적으로 말미암아 '근대 신학의 아버지'라 불린다.

않는 바를 명시적으로 인정하는 용어들로 종교와 도덕의 관계를 해석하고 있다는 사실이다. 그는 다음과 같이 말한다. "신앙인이 깊이 명심해야 할 것은 모든 유한한 것들은 영원성 속에서, 그리고 영원성을 통해 보편적 존재를 갖는다는 직접적인 의식이다. (…) 이러한 의식이 있어야만 종교는 성립될 수 있다. (…) 이와 달리 윤리는 인간이 행하는 것과 만드는 것을 각기 구별한 다음, 그것들을 자연적 관계 전체로 결합시키려 한다. 하지만 신앙을 가진 경건한 사람은 자신은 경건하기 때문에 그것에 대해서는 아무것도 모른다는 사실을 인정한다. 물론 신앙인도 인간의 행위에 대해서 사색하지만, 그렇다고 해서 이 사색으로부터 윤리적 체계를 얻어내기 위해 사색하는 것은 결코 아니다."[17]

이처럼 슐라이어마허의 입장에 은폐되어 있는 범신론은 신의 초월성에 관한 바르트적 사상과 정면으로 배치된다. 그래서 그의 범신론은 회개보다는 경외심을 배타적인 종교적 감정으로 간주하는 결과를 가져왔다. 하지만 양자는 모두 종교와 도덕을 분리하는 결과를 초래했다.

아우구스티누스는 자신의 저서 《신국》에서 두 나라에 관해 이야기하면서, 비슷한 맥락에서 종교적인 것과 세속적인 것을 비교한다. 그래서 도덕적 차이점들은 흐려지거나 지워진다. "두 개의 사랑이 이 도시들을 생겨나게 했다. 신을 경멸하는 자기애는 지상의 나라를 생겨나게 했고, 자기를 경멸하는 신에 대한 사랑은 천상의 나라를 생겨나게 했다. 전자는 인간의 영광을 추구하고, 후자는 양심의 증거이자 최고의 영광으로서의 신만을 추구한다. 지상의 나라에서 지혜로운 사람들은 육체나 정신 혹은 양자의 쾌락을 육체에서 찾지만 (…) 천상의 도시에는 인간의 지혜는 없고 참된 신을 섬기고 거룩한 천사들과 사람들의 공동체에서 보람을 찾는 경건함만이 있는데, 이는 신이 모든 것 안에서 모든 것이 되게 하기 위함이다."[18]

종교적 경건함 중에는 종교적 감성이 죄의 도덕적 의미를 파괴하지 않고 죄의식을 높여주는 한 형태가 있다. 이런 형태의 종교적 경건함에서는 신에 대한 모독이 최종적이긴 하지만 유일한 이기심의 죄는 아니고, 또한 신을 숭배하는 것이 극기하는 생활의 최고의 표현이긴 하지만 유일한 표현은 아니다. 이와 같은 종교와 윤리의 관계는 예를 들어 토마스 아퀴나스(Thomas Aquinas)의 사상에서도 발견된다. 그럼에도 불구하고 신성한 거룩함의 밝은 빛과 세속의 어두움을 대조함으로써 도덕 생활의 명암을 흐리게 하는 종교적 경향은 종교 생활의 영속적인 특징으로 남게 된다.

이러한 경향은 하나의 의심스러운 결과 그 이상을 낳았다. 그 경향은 분명히 도덕적·사회적, 그리고 정치적 무관심주의로 쉽게 기울어진다. 개인, 특히 사회는 지상의 죄에 너무 깊이 연루되어 있기 때문에 어떠한 도덕적 의미에서도 구원될 수 없다. 통상 개인은 신의 은총에 의해 구원을 받을 수 있지만, 사회는 악마에게 내던져져 있다. 그래서 사회적 문제는 어떠한 윤리적 기초에 의해서도 해결될 수 없다고 선언된다. 아우구스티누스는 지상의 나라는 '불의로 가득 차 있고' 그 지배자는 악마이며 카인에 의해 세워졌고, 평화는 투쟁에 의해서 지탱

될 뿐이라고 결론지었다.

이는 사회생활의 본모습을 가장 현실주의적으로 해석한 것이다. 이러한 해석은 패배주의에 의해 손상되지만 않는다면 현대 종교에 만연되어 있는 감상주의나 피상적 분석과는 좋은 대조를 이룰 것이다. 패배주의는 모든 엄격한 종교에 쉽게 파고들어 이를 이원론으로 몰아간다.

사회적 불의는 개인적 양심의 절대적인 도덕적 이상과 첨예하게 대립되기 때문에 종교적 정서에 깊이 물들어 있는 사람은 사회에 직면하여 쉽게 절망하는 경향이 있다. 이렇게 되면 종교는 절대자에 대한 무사회적인 탐색으로 전락해 버린다. 영혼은 정숙주의적 명상이나 세속에서 벗어난 금욕적인 은둔에서 신의 완전성을 추구한다. 그리고 어느 경우건 간에 완전성은 순전히 개인주의적인 차원에서 규정되고 체험된다.

그 밖에 또 하나의 대안은 절대자나 완전성을 도달할 수 없는 것으로 간주하고, 신의 견지에서 의의를 가질 수 있는 덕의 달성을 포기하는 것이다. 이 경우 종교인은 은총의 경험, 즉 신의 자비와 용서를 포기에 대한 위안으로 받아들이는 경험에 의해, 그리고 달성될 수 없다고 간주된 것을 종교적 사상 속에서 얻는 기쁨을 누림으로써 패배를 승리로 바꾸는 경험에 의해 위로를 받는다.

이 모든 상이한 형태들에서 종교는 삶의 긴장을 높여주기도 하고 완화하기도 한다. 삶의 도덕적 긴장은 항상 이러한 종교적 이완 과정에 의해 위협받는다. 종교는 삶의 활을 너무 세게 당겨 활줄을 끊어놓

거나(패배주의), 아니면 표적을 지나쳐 쏘거나(열광주의와 금욕주의) 한
다. 종교의 도덕적 약점들은 종교적 생명력을 증가시킴으로써 쉽게
제거될 수 있다고 믿는 것은 너무나 소박한 태도이다. 종교의 생명력
이 크면 클수록 그것은 도덕을 옹호하거나 위태롭게 한다. 즉 종교의
생동성은 도덕적 감성을 만들기도 하고 도덕적 활력을 파괴하기도 하
는 것이다.

사회문제를 다룸에 있어 종교적 원천과 한계는 회개하는 마음보다
는 사랑의 정신에서 더욱 뚜렷하게 나타난다. 앞에서 이미 살펴본 바
와 같이, 종교는 절대적 무관심의 순수성에 도달할 때까지 도덕적 생
활 원리를 절대화함으로써, 그리고 초월적 가치를 다른 사람들의 생
활에 나누어줌으로써 사랑과 자애를 고취한다. 이런 점에서 종교는
도덕 생활에 지속적인 기여를 한다. 왜냐하면 보다 복잡한 사회관계
에서 나타나는 한계들에도 불구하고 이러한 기여는 일반적으로 좀 더
친밀한 관계들에서만 표현되는 도덕적 태도들의 연장 및 확대로 받아
들여져야 하기 때문이다.

예수는 다음과 같이 말했다. "만일 당신들이 당신들을 사랑하는 자
들만을 사랑한다면 무슨 보답이 있겠는가?" 기독교의 모든 사회적 함
축성은 바로 이 말의 논리에서 드러난다.

종교의 초월적 전망은 모든 사람들을 형제로 보도록 하고, 자연·기
후·지리·역사의 기복이 인간의 가족을 갈라놓는 구별들을 무시한다.
종교적 이상주의자들은 바로 이러한 통찰에 입각해서 국가적·민족적·
계급적 차별을 초월한다.

종교의 위대한 예언자와 성인들은 종교적 도덕성에 함축되어 있는 '사랑의 보편주의(love-universalism)'가 전체 인류 사회에서 효력을 발휘할 수 있다는 가능성에 기대며 사회 구원의 소망을 항상 갈구했다. 켈수스가 기독교도는 자신들의 도덕적 절대주의에 의하여 로마제국의 통일을 저해한다는 이유로 원시 기독교인들을 고소했을 때 오리게네스*는 다음과 같이 답변했다. "왕을 위해 우리만큼 잘 싸우는 사람은 없다. 우리가 왕과 함께 전쟁터에 나가지 않은 것은 사실이지만, 우리는 신에 대한 기도자들을 통하여 우리의 군대를 경건함의 군대로 만들어 그를 위하여 싸운다. 모든 사람이 기독교도가 되는 날이면 야만인일지라도 평화를 원하게 될 것이다."[19]

초기 기독교의 공동체에서 그 집단의 생활을 규율하는 사랑의 정신이 궁극적으로 전 인류의 도덕적 생활을 교화하리란 소망은 자연스럽고도 불가피한 것이었다. 이러한 소망은 서구 세계의 역사에서 반복적으로 생겨났다. 세계대전은 기독교 정신을 망각한 데서 비롯되었다고 생각하는 많은 기독교인들은 기독교 정신이 시험된 적이 없어서 실패한 것은 아니라고 생각함으로써 자위한다. 이러한 통찰이 지닌 함축적 의미는 그러한 시험이 앞으로 언젠가는 시도되리라는 것이다. 수많은 기독교사가들이 이미 암시한 바와 같이, 기독교를 너무 일찍 대중화한 콘스탄티누스 대제의 불행한 개종으로 인하여 원시 기독교

---

* 오리게네스(Origenes, 185~254): 기독교 신학자. 기독교의 그노시스설과 신학을 창시하여 커다란 영향을 끼쳤으나 성서 주해에 우의법(寓意法)을 남용하여 이단시되었다.

공동체의 사랑의 정신은 미래의 역사를 위하여 보존되지 않을 수 없었다.

이 모든 것은 인간의 마음과 상상력의 일정한 한계들을 설명하지 못한 채 그냥 내버려둔다. 이 한계로 인하여 종교적인 사랑의 정신은 불가피하게 그것을 공언하는 공동체의 규모에 따라, 그리고 그것이 영향을 미치는 사회적 관계의 비인격성과 간접성에 따라, 그리고 마지막으로 그것이 직면하는 상황의 복잡성에 비례하여 그 힘의 일부를 상실하게 된다. 퀘이커 교도 및 기타의 소규모 종파들은 규모가 큰 교파들에 비해서 더욱 순수하게 사랑의 정신을 보존해왔다. 사랑의 정신은 어떠한 종교적 공동체들의 생활, 심지어는 작고 친밀한 공동체의 생활보다는 개개의 성인들의 생활을 특징지어왔다.

이 모든 것은 종교가 그 힘을 확대하고 관대한 사회적 태도—이는 자연이 친밀한 집단에서 일으킨다—의 폭을 확장하는 것을 의미한다. 동시에 사랑의 힘과 그것의 확대에 일정한 한계들이 있음을 의미한다. 모든 사람이 이성적일 수 없는 것과 마찬가지로 영적일 수도 없다. 양자 중에서 어떠한 탁월함을 얻든지 간에 그 사람은 사회생활에서 누룩과 같은 영향력을 갖게 될 것이다. 그러나 정치적 사회구조는 그러한 성취 위에 세워질 수 없다.

종교는 자비의 감정을 공고히 하고 의지 안에 그 힘을 머물게 하고, 그래서 전체 인격에 온유의 감정 이상의 한결같은 자애심을 줄 수 있다. 하지만 그럼에도 불구하고 이러한 선의지는 그것의 고무를 위해 인격적 접촉에 의존하고, 또 욕구를 생생하게 드러내느냐 그렇지 않느냐에 달려 있다.

우리는 우리에게 자연적인 요구를 하는 사람들과 아무 요구도 하지 않는 사람들에게 우리의 사랑을 가장 관대히 표시한다. 전혀 의지할 곳이 없는 거지, 지구 반대편에 있는 빈민, 다미앵 신부가 찾아갔던 나병 환자들, 그리고 슈바이처 박사가 봉사했던 원시림의 어린아이들, 이들과 우리의 가족들이 사랑의 정신의 격려자요 고무자이다. 왜냐하면 사랑은 그 필요성이 절실하고 절박해서 상상력이 부족한 사람도 느낄 수 있을 때 활발해지고, 또 그 필요성이 절박하지 않더라도 상상력이 풍부하고 민감한 사람을 자극할 때 활발해지기 때문이다.

정서나 감정에 의존하는 사람은, 그것이 일시적인 기분으로 표현되든지 아니면 불변의 선의지로 표현되든지 간에, 최고의 윤리적 태도가 오직 신중한 이해타산에 의해서만 결정되는 더욱 복잡한 사회적 관계에 의해 좌절된다. 복잡한 상황이 요구하는 동일한 지적 분석은 사실상 자애로운 충동의 힘을 파괴할 것이다.

게다가 종교적 관용을 더욱 촉진하는 완벽주의는 이상적인 결과보다는 완벽한 동기에 더 많은 관심을 가질 가능성이 항상 존재하고 있다. 동기를 중요시하는 태도는 종교 생활의 불변적 특징이다. 이는 나름대로의 장점을 갖고 있기는 하지만, 사회의 이익을 위해서는 해로운 것이다. 종교적 박애주의라는 이름으로 저질러지는 많은 부조리는 이러한 동기주의에서 비롯된다. 왜냐하면 그 부조리들은 자비의 정신이 관대한 행위에서 생겨나는 사회적 결과들을 무시할 때 불가피하게 생겨나기 때문이다.

2세기경에 저술된 《디다케(Didache)》는 기독교인들에게 그들의 자선물을 받을 사람이 나타날 때까지는 안심하지 말라고 훈계했다. "그대가 누구에게 자선을 베풀어야 할 것인지를 알게 될 때까지는 자선물이 그대의 손안에서 땀에 젖도록 하라."[20]

우리가 개인 생활과 사회 집단 생활 간의 일상적인 관계에서 출발할 경우, 보다 크고 복잡한 문제들을 해결함에 있어 사랑의 정신은 점차 그 연약성을 드러낸다. 앞에서 지적한 바와 같이, 만일 국가와 여타의 사회집단이 정의의 원리에 접근하기가 어렵다면, 그러한 집단들이 정의 이상의 것을 요구하는 사람의 원리를 달성한다는 것은 더욱 어려울 수밖에 없다. 따라서 국가가 '그리스도의 법'에 복속할 것을 요구하는 종교적 도덕주의자들의 주장은 비현실적이며, 더욱이 국가가 그렇게 할 것이라고 기대하는 것은 지나치게 감상적인 희망에 지나지 않는다.

가장 높은 수준의 종교적 선의지를 지닌 개인들로 이루어진 국가도 다른 국가와의 관계에서는 사랑을 실천하지 못한다. 설사 다른 이유가 없더라도 사정은 마찬가지이다. 왜냐하면 한 국가에 속한 개인들은 순수한 자애심을 자아낼 수 있을 정도로 다른 국가의 개인의 입장에 자신을 놓고 생각할 수 없기 때문이다. 게다가 그들의 선의지는 조국에 대한 충성이라는 여과를 거쳐 국가의 이기주의를 확대하는 경향까지 생겨난다.

애국심의 이러한 윤리적 패러독스는 앞으로 좀 더 상세하게 언급될 것이다. 여기서는 역사상의 그 어떤 국가도 그 활동에 있어 순수하

142

게 이타적일 수 없다는 자명한 사실을 지적하는 것에 만족해야 할 것이다. 이러한 사실은 계급 집단들에 대해서도 똑같이 적용된다. 종교적 이상주의도 합리적 이상주의와 마찬가지로 국가의 여러 정책들에 대해 제한을 가할 수 있지만, 이러한 제한이 모든 집단들 간의 생활에서 필연적으로 생겨나는 이기적이고 야만적이며 반사회적인 요소들을 완전히 제거할 수는 없다.

자신의 이상을 실현하는 데 방해가 되는 이러한 완강한 장애물과 맞닥뜨린 종교적 이상주의자는 정치적·경제적 관계들의 세계를 자연적 충동에 내맡겨두든지, 아니면 자신의 원리가 실제보다 더 깊게 정치적 생활에 영향을 미치고 있다고 상정하든지, 둘 중의 하나를 택하는 경향이 있다. 다시 말해서 종교적 이상주의자는 패배주의나 감상주의에 빠질 위험이 있다는 것이다.

우리는 앞에서 죄에 대한 순수한 종교적 해석이 야기하는 사회적 무관심에 대해 고찰한 바 있다. 바로 이 무관심주의에 가장 가까운 것이 패배주의이다. 패배주의는 순수한 종교적 선악 개념에서 나오는 것이 아니라 보다 복잡한 정치적·경제적 관계들은 종교적·도덕적 이상을 넘어서 있다는 순수한 도덕적 용어(즉 절대적 사랑)로 이상을 정의하는 데서 나오는 것이다. 간단히 말해서 종교는 신과 인간이 명백하게 대조될 때뿐만 아니라 인간적이고 도덕적인 수준에 머물면서도 그 도덕적 이상을 진술할 경우에는, 엄격한 완벽주의를 채택할 때에도 정치적·도덕적 문제에 무관심하거나 절망한다.

초대 교회는 '세상'을 멸망할 것으로 보고 또 자신의 낙관주의를 천년왕국에 대한 소망으로 표현했기 때문에, 지상의 세계를 패배주의적 시각으로 보았다. 이러한 소망이 약해지기 시작하고, 교회가 정치적·경제적 생활에 대해 책임을 져야만 하는 상황이 닥쳐오자 기독교적 이상이란 이름 아래 기존의 사회 관습과 관계들에 대해 도전하는 경향이 줄어들었다. 그 결과 노예제도, 불의, 부의 불평등, 전쟁 등은 인간이 죄를 범한 상태를 위해서 하느님이 고안한 '자연법(natural law)'에 따라 제정된 것이라고 받아들여졌다.

예를 들면 노예제도와 같은 사회제도를 인간의 죄악의 결과로 볼 것인지 아니면 하느님이 죄를 억제하기 위해 사용하는 수단으로 볼 것인지에 관해 종종 상당한 혼란이 있었다. 하여튼 교회는 기존의 제도와 그 자신의 이상 사이에 간격과 충돌이 있음을 잘 알고 있으면서도 현재의 제도를 수용한다.

자연과 역사에 존재하는 그 어느 것도 하느님의 분명한 의지가 없이는 있을 수 없다는 자연적 결정론과 그 신앙은 이러한 경향을 더욱 부추겼다. 자연법은 복음의 법에 비하면 그 서열이 낮을지 모른다. 하지만 국가와 사유재산 제도, 전쟁과 불평등의 제도 또한 하느님이 만든 것이다. 보다 높은 법을 구현하는 일은 수도원의 임무가 되었으며, 개신교에서는 소규모의 종파가 담당하고 있다. 가톨릭과 개신교 양자는 사랑의 법을 사회적으로 해석하지 않고 종교적으로 해석했다. 이 법은 하느님 앞에서의 평등과 종교적 공동체 안에서의 평등을 보장했다. 하지만 그렇다고 해서 교회가 사회 내에서 사회정의의 이상을 실현하려고 했다는 뜻은 아니다. 당시의 농민들이 복음 원리의 사회적

의의를 강조하면서 영혼의 왕국을 지상의 왕국으로 개조하려 했을 때, 루터는 하느님의 분노를 두려워하여 농민들에게 등을 돌렸다.[21]

초대 교회에서는 노예도 평등권을 갖고 있었다는 사실은 그들의 시민적 자유를 향상하는 데 큰 도움이 되지 않았다. 교회는 경제적 힘을 가진 세력들이 노예를 중세의 농노로 만들 때까지 노예제도를 방해하지 않고 그대로 두었다. 개개의 기독교도들이 자신들의 노예들을 해방시켰다는 사실은 복음의 원리가 사회적·정치적 정책들을 고무하기보다는 개인을 감화하기가 더 쉽다는 것을 입증해준다. 오늘날 종교적 공동체들과 교회는 그 조직체 내에 경제적·사회적 불평등을 초월할 능력을 갖고 있다고 자부하고 있다. 그렇지만 그들 자신들의 종교적·도덕적 이상과 대립되는 보다 큰 사회의 불평등에 대해 격렬하게 맞서지 않는다.[22]

종교의 이 같은 패배주의는 지나치게 완고한 신과 세속, 영혼과 육체의 이원론에서 나온 것이다. 이러한 이원론에서는 경제적·정치적 생활에 있어서의 자연적 충동이 개인의 사적인 행위에서보다 이성과 양심의 제약을 덜 받는다는 사실로 인하여, 종교인들은 자연적 충동에 윤리적 가치를 부여하지 않는다. 신과 세속, 이상과 현실을 동일시하는 집요한 일원론에서 생겨난 감상주의와 비교해볼 때, 이러한 패배주의에는 일정한 현실주의가 놓여 있으며, 나름대로의 장점을 갖추고 있다. 만일 패배주의가 가톨릭 정통주의와 프로테스탄트 정통주의에 끊임없이 붙어 다니는 죄라고 한다면, 감상주의는 자유주의적 프로테스탄티즘의 고유한 악이라 할 것이다.

개신교는 그 신앙을 현대 문화의 정신에 적응시킴으로써 계몽주의와 낭만주의 운동의 사상적 특징인 인간적인 덕성에 대한 진화론적 낙관주의와 낭만적 과대평가를 받아들였다. 따라서 그 악들은 종교에만 고유한 악덕은 아니다. 하지만 종교는 아주 빈번하게 자연주의적 일원론자들이 빠져 있는 환상을 감상적으로 지나치게 강조한다.

헨리 비처(Henry Beecher)는 기독교적 에토스가 자연주의적 낭만주의에 얼마나 잘 적응되는가를 보여주면서, 청중에게 "당신들은 신입니다. 당신들은 수정과 같습니다. 당신들의 얼굴은 광채를 띠고 있습니다"[23]라고 외쳤다. 그와 동시대 사람인 월트 휘트먼(Walt Whitman)은 낭만주의적 전통에 입각하여 인간의 도덕적·정신적 가치에 대하여 동일하게 평가했다. "나는 존재하기 때문에 실존한다. 이것으로 충분하다. 나는 안이나 밖이나 신성하다. 그리고 내가 접촉한 것은 무엇이나 성스럽게 만든다."

18세기와 19세기의 진화론적 낙관주의와 낭만주의에서의 사회적·도덕적 문제의 감상주의화는 미국에서는 종교적 이상주의에 커다란 영향을 주었다. 왜냐하면 그 둘은 젊고 활기찬 사람들의 기질과 합치했기 때문이다. 젊은 사람들은 대체로 생동성과 공존하게 마련인 야수성을 모르는 경향이 있다. 게다가 팽창 일로에 있는 미국의 경제는 경제생활에서의 계급투쟁(class struggle)의 잔혹성을 흐려놓았다. 그리고 다른 대륙은 너무 멀리 떨어져 있었기 때문에 국제적 분쟁의 잔인성을 제대로 알지 못했다. 이런 이유 때문에 미국인들은 감상주의에 젖은 일종의 종교적 이상주의를 발전시켰다. 제1차 세계대전이 가져다준 환멸감에도 불구하고 일반의 자유주의적 개신교도들은 여전히 하느님의 나라가 가까이 왔고, 국제연맹은 그것의 부분적인 실현이며, 켈로그 부전조약은 그 계약이라고 믿고 있다. 또한 그들은 개인의 회개는 사회문제의 유일한 해결책이며, 종교에서 나타나는 윤리적 결함은 신학적 비교화주의(非敎化主義)에서 비롯된 것이므로 계몽주의가 확대됨에 따라 개선될 것이라고 확신하고 있다.

경제적·정치적 생활의 잔혹성들이 이렇게 불명료해지고, 또한 종교적이건 계몽적이건 관계없이 사회정의를 향한 모든 노력이 한 사회 내에서 부딪히며 생기는 타성이 제대로 인식되지 않을 때, 총체적인 관점에서는 감상주의뿐만 아니라 위선의 징후가 항상 나타난다는 것도 지적되어야 할 것이다.

사회적 불의로 인하여 득을 보는 사람들은 당연히 그것 때문에 피해를 보는 사람들보다 그 불의의 진정한 성격을 제대로 이해하지 못한다. 만일 아주 얄팍한 박애주의적 제스처가 사회적 불의를 은폐하기라도 한다면, 그들은 윤리적 특질들이 사회생활에서 온 것이라고 주장할 것이다. 만일 사회적 혜택에서 소외된 사람들이 이러한 제스처를 냉소적으로 받아들이면서 무의식적인 감상주의를 의식적인 위선으로 해석한다면, 특권계층은 자신들의 도움을 받는 사람들, 즉 비특권계층의 도덕적 사악함에 대해 비난하면서 노발대발할 것이다. 자유주의적 개신교는 대체적으로 서구 문명의 특권계급이 향유하는 종교인 까닭에, 사회적 불의에 의해 부패한 문명에서 사랑의 이상을 옹호하는 것이, 쓰라린 사회 경험들로 인하여 안락한 생활에 대한 감상과 환상을 잃어버린 사람들에 의해 냉소적으로 비판을 받고 위선자라는 심판을 받는다 해도 그리 놀랍지 않다.

간단히 말해서 종교는 지금 사회정의의 수단이 되고, 영감이 되기에는 너무 많은 위험에 둘러싸여 있다. 사회정의를 향한 모든 순수한 열정에는 항상 종교적 요소가 들어 있다. 종교는 사랑의 이상으로 정의의 이념을 부풀게 할 것이다. 그리고 정의의 이념은 종교로 인하여 윤리적 요소가 사라진, 순전히 정치적인 이념이 되지 못할 것이다. 왜냐하면 정의의 이상은 정치적·윤리적 이상이기 때문이다.

지나치게 정치적이 되어버릴 위험이 있는 윤리적 이상을 구해내야 하는 것은 다름 아닌 순수한 종교적인 윤리적 이상이다. 게다가 정의로운 사회에 대한 희망에는 항상 종교적 요소가 들어 있게 마련이다. 종교에 대한, 이성을 초월한 희망과 열정을 갖지 않고서는 어떠한 사회도 절망을 극복하고 불가능에 도전할 용기를 가질 수 없다. 왜냐하면 정의로운 사회에 대한 전망은 그것을 가능하다고 믿는 사람들에 의해서만 실현될 수 있기 때문이다. 가장 진정한 종교관은 결정적으로 신앙에 의해 부분적으로나마 실현될 수 있는 견해이다. 왜냐하면 종교가 참되다고 믿는 이유는 전적으로 참되기 때문이라기보다는 참되어야 할 것이기 때문이다. 그리고 그것은 그 진리가 의심스럽지 않아야만 참된 것이 될 것이기 때문이다.

하지만 종교적 신앙의 모든 힘이 정의로운 사회의 건설에 이용될 수는 없을 것이다. 왜냐하면 그 최고의 비전들은 개인적 양심의 통찰에서 나오는 환상이기 때문이다. 만일 종교적 신앙의 전망이 어떤 형태로든 실현된다면, 그것은 친밀한 종교적 공동체 내에 국한될 것이다. 왜냐하면 종교적 공동체에서 개인적 이상들은 사회적 실현을 성취할 수는 있지만 사회를 정복할 수는 없기 때문이다. 민감한 정신을 지닌 사람들에게 있어서 사회란 항상 맹수들이 우글거리는 정글과 같은 것이다. 하지만 동시에 그들이 자연의 힘을 사용하고 자연을 정복하는 방법을 아는 한, 그리고 정의를 세우는 데 그 힘을 사용하는 법을 아는 한, 그들은 신의 왕국에 좀 더 가까이 다가갈 수 있을 것이다. 이러한 전략에 내재되어 있는 타락의 위험을 알게 되면, 종교적 정신을 소유한 사람은 움츠러들 것이다. 만일 이 두려움이 극복될 수 있다면 종교적 이상들은 사회적·정치적 의미를 갖게 될 것이다.

하여튼 어떤 사회도 그렇게 정의로울 수 없다는 것, 그리고 사회의 잔인성과 불의를 벗어날 수 있는 방법이 순수한 정신을 가진 사람에 의해서는 찾아질 수 없다는 것을 인정해야만 한다. 십자가에 대한 기독교의 봉양은 개인의 도덕적 이상을 무의식적으로 찬양하는 것이다. 물론 십자가 그 자체는 승리한 사랑의 상징이지만 그렇다고 해서 사회와 지상에서 승리한 것은 아니다. 오히려 사회는 십자가를 기만했다. 국가와 교회는 모두 거기에 참여했고 앞으로도 끝까지 그러할 것이다. 십자가에 달린 사람은 패배를 승리로 바꾸었고, 사랑이 세상 안에서 승리할 날이 오리라고 예언했다. 하지만 궁극적인 승리는 하느님의 개입에 의해서만 이룩될 것이다.

인간의 도덕적 자질은 그 승리를 보장하기에 충분치 못하다. 감상적인 세대는 그리스도의 환상 속에 있는 이 묵시록적인 색채를 없애버렸다. 이들은 하느님의 은총에 의해서만 하느님의 나라가 실현될 수 있다고 생각했던 데 반해, 그 하느님의 나라가 한구석에 있다고 생각한다.

사회 재건이라는 급박한 문제에 직면한 시대는 종교적 삶의 이러한 측면, 즉 영혼이 역사의 가능성을 초월하는 측면을 거의 이해하지 못한다. 이를 이해할 수 있기 위해서는 새롭고 정의로운 사회가 건설되어야만 한다. 우리 인간은 자신의 공동체 생활에서 개인적인 이상들을 실현하도록 노력해야 한다. 하지만 그럼에도 불구하고 우리는 사회란 인간의 위대한 업적인 동시에 인간에게 있어 거대한 좌절의 표징임을 알게 될 것이다.

4. 여러 민족의 도덕성

　개인 사이의 관계와는 달리, 집단 간에는 윤리적 관계가 성립될 수 없다고 믿는 사람들은 수차에 걸쳐 개인의 태도와 집단의 태도에서 나타나는 차이를 지적해왔다. 특히 사회정의의 문제를 다룰 때에는 여러 국가들 사이에서 성립되는 관계보다는 한 국가 내부의 경제적 계급들 간의 관계가 더욱 중요시된다. 그러나 집단 행동의 윤리 문제를 분석하려는 입장에서는 국가의 윤리적 태도를 우선적으로 살펴보는 것도 큰 도움이 된다. 그 까닭은 근대 이후의 국가들은 사회적으로 강한 결집력과 강력한 국가적 권위를 갖고 있을뿐더러 그 구성원들의 성격도 각기 뚜렷한 특징을 지닌 집단이기 때문이다.

　중세 시대에는 교회가 국가의 권위를 능가했던 데 비해, 오늘날에는 경제적 특권을 누리고 있는 자본가계급이 국가의 권위에 도전하고 있는 실정이다. 그럼에도 불구하고 국가는 17세기 이래 늘 그러했듯이 인간이 만든 제반 결사체들 중에서 가장 강력한 권력을 유지하고 있다.

　민족이란 영토에 바탕을 둔 결사체이므로, 그 응집력의 원천은 민족 감정과 국가 권위이다. 국가(state)와 민족(nation)은 동의어가 아니며, 대부분의 국가는 여러 개의 민족들로 혼합되어 있다. 이 사실로부터 우리는 국가의 권위야말로 민족적 단결의 궁극적인 원천이라는 결론을 추출해낼 수 있다. 그러면서도 국가와 민족이 대개 일치하는 것으로 미루어볼 때, 공통된 언어와 전통으로 이루어진 민족 감정이 결여된 채 국가의 권위만으로 민족의 통일성을 유지하기란 정말로 어려운 일이다.

예를 들어 대영제국이라는 하나의 국가 안에 스코틀랜드와 잉글랜드는 통일되어 있는데, 잉글랜드와 아일랜드는 그렇지 못하다. 이 사실은 민족의 범주를 넘어서 국가를 세우는 일의 가능성과 한계를 동시에 잘 시사해주고 있다. 하지만 지금 이 글을 쓰고 있는 나의 목적에 비추어 볼 때, 국가와 민족을 서로 바꾸어 쓴다고 해도 크게 문제될 것은 없다. 우리의 관심사는 민족의 도덕적 태도이다. 민족은 자기실현을 위한 도구인 국가를 갖고서 사회적 역량을 축적하며 정치적 태도와 정책을 결정할 수 있다.

민족의 이기성에 대해서는 새삼 말할 나위도 없다. 조지 워싱턴(George Washington)은 이해관계의 범위를 초월하여 민족을 신뢰하는 것은 어리석은 짓이라는 적절한 경구를 남긴 바 있다. 이 문제와 관련해서 독일사가의 말을 인용해보자. "지금까지 그 어떤 국가도 자기의 이익과 무관한 이유 때문에 조약을 맺은 적이 없다. 만일 있다면 그 조약을 맺은 정치가는 분명 매국노일 것이므로 교수형에 처해야 할 것이다."[1]

에드워드 다이시(Edward Dicey) 교수도 다음과 같이 이야기한 바 있다. "영국의 이해관계와 연루되는 한, 세계 어느 지역에서건 전쟁을 치러서라도 영국의 국익을 관철해야 한다고 믿는다. 따라서 우리 영국에 이익을 가져다줄 것이 분명한 나라들에 대해서만 동맹을 제의하거나 그 나라들을 병탄해야 한다."[2]

물론 국가의 야심이, 나중에 보게 될 것처럼, 언제나 이와 같이 노골적으로 표출되는 것은 아니지만 다이시 교수의 말은 지금까지 인류의 역사가 확실하게 입증해 보인 바를 아주 공정하게 서술하고 있다.

그렇다면 과연 이 같은 국가의 이기성의 원천과 이유는 어디에서 비롯되는 것인가? 이 물음에 답하기 위해 국민의 태도 중에서 지극히 사소하거나 중요치 않은 것에서 실마리를 찾으려 할 경우, 우리는 국가가 다른 국가 공동체들—이 공동체들과 더불어 한 국가는 국제사회를 구성한다—과 직접적인 관계를 맺고 있지 않다는 점에 주목해야 한다. 다시 말해서 한 국가는 다른 국민들의 문제에 대해서는 간접적으로만 알 수 있다.

윤리적 관계를 확립함에 있어 개인에 비해 공동체가 훨씬 큰 곤란을 겪을 수밖에 없는 이유는 무엇보다도 동정심과 정의가 동정심을 불러일으키는 궁핍함에 대한 배려와 반드시 해결되어야 할 경쟁적인 이해관계에 대한 이해에 바탕을 두고 있기 때문이다.

신속한 통신수단이 속속 개발되어 각국의 시민들에게 세계정세에 관한 폭넓은 지식을 전해주고, 보통교육이 일반화되어 외관상으로는 국가 간 이해관계의 불가피한 갈등에 대해 합리적이고 공정하게 사고

할 수 있는 능력이 증진되어온 것은 사실이지만, 그럼에도 불구하고 이와 같은 통신수단과 지적 능력의 발전이 국가 간의 도덕성 확립에 기여할 조짐은 거의 보이지 않는다. 그래서 무역의 증가에 따른 경제 협력의 증진 및 기술 문명은 지적 능력이 감당할 수 없을 만큼 빠르게 새로운 문제와 이슈들을 증진하고 있는 실정이다.

예를 들어 미국과 일본의 생사(生絲) 교역은 미국의 '배척법안 (Exclusion Act)'에 대한 일본인들의 거부감을 미국인들이 제대로 이해하는 데 조금도 기여하지 못했다. 또한 전쟁 기간에 맺은 미국과 연합국의 협력 관계는 부채와 배상 문제에 대해 미국인들이 공감하는 데 별 도움이 되지 못했다. 게다가 연합국들은 배상 문제를 해결함에 있어 자국이나 적국(敵國) 모두에 대해 올바른 태도를 취하지 못했다. 연합국 국민들의 사회적 상황에 대한 무지로 인하여, 그들은 우방국이나 적국에 대해 공정한 입장을 취할 수 없었을 뿐만 아니라 자기 자신의 이익조차 지혜롭게 보존할 수 없었던 것이다.

그들의 진정한 이익은 이웃 국가나 사람들에 대한 공정한 태도에 의해 얻어지는 것이므로, 눈앞에 보이는 이기적인 것만을 얻으려는 욕망은 항상 진정한 이익을 위협할 수밖에 없다.[3]

설사 그들이 이 사실을 깨닫는다 하더라도, 그때는 이미 너무 늦은 상태인 것이 보통이다. 그래서 프랑스는 몇 년 동안 버틴 후에야 겨우 납득할 만한 배상안(案)을 수용했는데, 이와 동시에 불행하게도 독일에서는 극우 민족주의가 승리를 거두었다. 독일에서 이러한 국수주의가 승리를 거두게 된 것은 프랑스의 가혹한 대독(對獨) 정책이 자초한 결과였다.

미국이 국제사회에서 저지른 어리석은 짓들 중 하나인 이기적이고 무모했던 관세정책은 세계의 번영을 파탄의 궁지로 몰아넣는 데 한몫을 했다. 현대 국가 중에서 정치적으로 가장 각성된 국민을 가진 영국조차도 아일랜드에 대한 양보의 시기를 늦추는 바람에 영국-아일랜드 관계를 위협하는 잠재적 요인들을 더욱 가중했다.

또한 영국은 미국의 남북전쟁(American Civil War)에서 얻은 교훈을 자신의 식민지 제국 유지에 적용했지만, 영국 제국주의에 대한 인도의 투쟁이 격렬해져서 협력 관계가 성립될 여지가 사라지기 전에 영국이 먼저 인도를 협력자로 용인할 가능성은 거의 보이지 않는다. 각국의 사회적 무지에서 비롯되는 서글픈 이야기는 끝없이 계속되고 있다.

모든 나라에는 일반 시민들보다 뛰어난 소수의 지식 계층이 있게 마련이다. 그들은 다른 나라와의 사이에서 생겨나는 문제들을 맹목적인 애국자들에 비해 훨씬 명확하게 통찰하고, 또한 국제 관계를 통해 자신들만의 특수 이익을 추구하는 지배계급보다 객관적인 입장에서 거리를 두고 이를 바라본다. 이러한 지식 계층의 규모와 역할은 나라마다 각기 다른 양상을 보인다. 이 집단은 종종 국가적 이기심의 극단적 추구 양태들에 대해 견제 역할을 하지만, 위기 상황에서 국가의 태도에 영향을 줄 만큼의 힘은 갖고 있지 않다.

각국의 예를 구체적으로 살펴보자. 영국의 자유주의자들은 보어전쟁(Boer War)을 사전에 막지 못했다. 미국의 경제학자들은 최근 미국 정부가 채택한 자기 파괴적 관세정책에 대해 거센 비판을 가했지만 아무 소용도 없었다. 독일의 자유주의자들도 독일의 제국주의적 정책이 갖는 호전성을 견제하는 데 실패했다. 가끔 지식 계층 특유의 인도주의와 정의감이 정부의 정책과 그 실행에 영향을 주기도 한다. 대표적인 사례로, 벨기에령(領) 콩고에서 자행되는 학정에 대한 모렐 (E. D. Morel)의 격렬한 비난은 당시 다른 이유들로 인해 벨기에 국왕에게 정치적 압력을 가할 필요성을 느끼고 있던 영국 정부에 의해 일시적으로나마 지지를 받은 적이 있다. 하지만 영국 내각은 자신들의 목적이 달성되자마자, 지지했을 때만큼이나 신속하게 모렐의 반벨기에 운동을 차단하고 말았다.[4]

물론 국제 관계에 대한 이성적이고 합리적인 관심이 확산되고 심화되어 각국의 외교정책에 영향을 주는 일이 생겨날 수도 있다. 그러나 이런 일은 그리 흔하지 않다. 바꿔 말하면, 개인 생활에서의 충동을 억제하는 정신은 국가에서는 지극히 불완전한 형태로 존재할 뿐이다. 게다가 이런 정신이 국가의 의지에 영향을 미치기란 거의 불가능하다. 그 이유는 정부란 국가의 의지를 대변하는데, 이 의지는 일반 민중의 맹목적 정서와 경제적 지배계급의 교묘한 이기심 추구에 의해 좌우된다. 물론 이론상으로는 현명한 유권자들이 선거를 통하여 대중의 충동과 특권계급의 은밀한 이익 추구를 민족 정신의 통제하에 둘 수도 있다.

그러나 실제적으로 정치적 이슈들에 대한 합리적인 이해는 지극히 미미한 것이어서, 국민의 행동 통일은 기껏해야 정부를 장악하고 있는 지배 집단의 이기심에 의해 이루어지는 것이 대부분이고, 때때로 전국을 휘몰아치는 대중의 맹목적 감정과 열병에 의해 성취될 수 있을 뿐이다. 바꿔 말해서 국가는 합리적인 정신과 지성보다는 폭력과 감정에 의해 유지되는 결사체라 할 수 있다. 합리적인 자기극복의 정신 없이는 자기비판이 있을 수 없고, 또한 이러한 엄정한 자기비판 없이는 윤리적 행위가 있을 수 없음을 감안해볼 때, 국가의 태도가 윤리적 성격을 갖기 어렵다는 것은 지극히 당연한 사실이다.

심지어 국가 내부에서 나타나는 자기비판의 여러 경향들조차 지배계층과 사회 자체의 통일 지향적 본능에 의해 차단된다. 왜냐하면 자기비판도 일종의 내부 분열이지만, 일반 민중의 저급한 정신 수준에서는 이 건전한 내부 분열을 그 밖의 정말로 위험한 내부 분열이나 갈등과 동일시해버리기 때문이다. 그 결과 세계 각국에서는 진정한 도덕적 이상주의(moral idealism)와 저열한 도덕성 ─ 모든 사회는 이 수준에서 통일성의 기초를 얻고 있다 ─ 을 구별하지 못하고 도덕적 반역자와 형사범을 함께 골고다 언덕에서 십자가형에 처한다.

자신이 속한 공동체에 대해 비판적인 입장에서 충성을 하는 것은 불가능한 것은 아니지만 쉽게 달성되는 것도 아니다. 따라서 모든 사회가 비판을 곧 불충으로 간주하는 것은 어떤 면에서는 불가피할지도 모른다. 가톨릭교회의 근대화론자인 타이렐(Tyrell)은 이러한 비판 정신이 결여되면 개인의 의지보다는 사회의 의지가 훨씬 더 쉽게 이기주의적인 경향으로 흐르기 쉽다는 점을 간파했다. "사회가 자아를 갖고 있다면, 그 자아는 독선적이고 교만하며 자기만족적이고 이기주의적일 것이다."[5]

국가의 이기심 이외에 두 가지 중요한 문제가 있다. 하나는 국가 공동체의 통일성을 확립하기 위해서는 폭력의 사용이 필연적이란 점이고, 또 하나는 강제적 수단을 장악하고 있는 집단은 자신의 이기적 목적을 위해 그 목적을 사용하는 것이 불가피하다는 점이다. 그런데 국가 생활에서의 이 요인은 이미 앞에서 다루었으므로 여기서 더 이상 중언부언할 필요가 없다. 다만 한 가지 짚고 넘어가고 싶은 점은 국가의 이기심의 이와 같은 원천을 억제하는 일이 불가능하지만은 않다는 사실이다. 지배계급의 특권을 박탈해버리면, 그들의 이해는 전체 국가의 이해와 조화를 이룰 것이다.

오늘날 한 국가의 경제적 지배계급은 국제 교역에서의 이윤 추구, 노동자계급의 착취 및 원료와 시장의 획득에 전력을 기울이고 있다. 그런데 이런 일들은 전체 국민의 복지와는 사실상 무관한 것들이다. 그것들이 중요성을 갖는 이유는 단지 현재의 사회 조직하에서는 전체 국가의 경제생활이 사기업과 연관되어 있기 때문이다. 설상가상으로 현 경제체제 아래에서의 부(富)의 불평등한 분배는 그 나라에는 투자될 수 없을 정도의 부를 집중시키고, 또한 그 나라에서는 다 소비될 수 없을 정도의 부를 생산하게끔 만들고 있다. 그래서 국가는 전체 국민들에게 경제적 지배계급이 다른 나라에서 확보해놓은 시장과 투자를 보호하도록 강제적으로 요구한다.

만일 사회주의 국가가 권력과 경제적 특권을 분리하는 데 성공할 수 있다면, 그들의 주장처럼 국제분쟁의 기본적인 원인이 사라지게 될 것이라고 믿는 것은 좀 낭만적이긴 하겠지만, 국가의 이기심이 대폭 줄어들 것이란 점은 분명한 사실이다. 전쟁은 현대의 자본주의적 사회질서가 성립되기 전에도 있었고, 앞으로 자본주의가 사라지더라도 계속될 것이다. 자본가계급의 탐욕이 각국의 제국주의를 촉진한 것은 사실이지만, 그렇다고 제국주의 자체를 만든 장본인은 아니다.

버트런드 러셀(Bertrand Russell)의 예언[6]대로 정치와 경제의 복잡한 메커니즘을 전담하고 있는 전문가들에 대해 일반 대중이 사회적 제재를 가한다는 것은 사실상 불가능하므로, 오늘날과 같은 기술 문명 시대에는 자본주의적이건 공산주의적이건 관계없이 어떤 형태로든 과두정치(oligarch)가 불가피하다고 한다면, 결국은 공산주의적 과두정치가 자본주의의 그것에 비해 좀 더 나을 것이다. 왜냐하면 공산주의에서의 권력은 순수하게 정치적이므로 그 어떤 특수 계층도 국가 이익과 모순되는 경제정책을 추구할 수 없기 때문이다. 그럼에도 불구하고 공산당은 국가 이익을 희생시킬 만한 개인적 야심과 광대한 희망을 가질지도 모른다. 공산당은 자본가들처럼 선전 기관을 장악하고 있기 때문에 자신의 계획 수행을 위해 대중의 감정을 얼마든지 조작할 수 있다는 점에 유의해야 한다.

지금까지 우리는 국가의 개개 시민들의 사회적 무지에 대해서 살펴보았다. 일반적인 지식 수준은 앞으로 수십 년 혹은 수세기를 거쳐 크게 높아질 것이며, 이렇게 높아진 사회의식이 국가의 태도를 바꾸게 되리라고 바라는 것은 크게 잘못된 일이 아니다. 그러나 과연 대중의 지식 수준이 국제 관계에서 도덕적 난맥을 제거할 만큼 충분히 발전할 수 있을지에 대해서는 자못 의심스럽다. 신랄하고 예리한 분석을 거부하는 애국심에는 윤리적 역설(ethical paradox)이 내재되어 있다. 왜냐하면 애국심은 개인의 희생적인 이타심을 국가의 이기심으로 전환해버리기 때문이다.

국가에 대한 충성심을 저열한 충성심이나 지역에 한정된 충성심 (향토애)에 비교해보면, 그것은 고차적인 형태의 이타주의(altruism)임이 분명하다. 따라서 국가에 대한 충성심은 여타의 모든 이타적 충동의 원천임과 동시에 국가에 대한 개인의 비판적 태도를 완전히 말살해버리는 열정의 형태로 드러나는 일이 자주 있다. 이와 같은 헌신적인 충성의 맹목적인 성격이야말로 국가권력의 기초이며, 또한 도덕적 제한을 받지 않고 무한대로 권력을 사용할 수 있는 자유의 토대이다.

이리하여 개인의 비이기성은 국가의 이기성으로 전환된다. 바로 이 때문에 개인들의 사회적 동정심의 확산만으로 인류의 사회문제를 해결해보려는 희망은 결국 헛된 망상이 되는 것이다. 이타적 열정을 이처럼 민족주의, 좀 심하게는 국수주의로 바꾸기는 쉬워도, 인류 전체를 향한 열정으로 바꾸기는 정말로 어렵다. 왜냐하면 인류 공동체에 대한 충성심이라는 것은 너무 막연하기 때문이다. 국가보다 작은 공동체들, 즉 종교·문화·인종·경제 등의 단체들도 시민의 충성심을 얻기 위한 국가와의 경쟁에서 마찬가지의 어려움을 겪는다. 교회는 중세에 보편성이라는 특권을 갖고서 국가와 경쟁했다. 그러나 지금은 그러한 보편성을 더 이상 갖고 있지 않다. 앞으로는 국가보다는 계급이 일차적 충성심의 대상이 될 것이다. 하지만 현재로서는 국가가 여전히 최고의 권위를 누리고 있다.

국가는 다른 공동체들이 결여하고 있는 경찰력을 갖고 있을 뿐만 아니라 가장 강력하고 생생한 상징들을 사용하여 개개인의 의식 속에 국가의 요구 사항을 각인할 수 있다. 여기서 상징(symbol)의 문제는 대단히 중요하다. 왜냐하면 적절한 상징을 사용하지 않고 거대한 사회 집단을 인식시키기란 사실상 불가능하기 때문이다. 국가는 정부라는 기관(organ)을 통해, 국가의 무장과 의식(儀式)을 통해, 군사력의 과시를 통해, 그리고 왕궁의 장엄함을 통해 통일과 위대함의 상징들을 드러내며, 이런 상징들은 시민의 경외심을 불러일으킨다. 게다가 젊은 날의 추억을 이루는 시골 마을과 정든 풍경, 그리고 그때의 경험에 대한 애착과 경건한 마음은 그대로 애국심이라는 정서 속에 스며든다. 왜냐하면 자연에 의한 보편적인 혜택도 약간의 상상력만 동원하면 얼마든지 자애로운 국가가 시민들에게 베푼 특별한 축복의 상징으로 바꿀 수 있기 때문이다. 이렇게 해서 애국심이라는 감정은 현대인의 정신 속에서 무한한 힘을 얻게 되며, 국가는 어떤 목적을 위해서든지 개인들이 헌신적으로 바치는 애국심을 사용할 수 있는 '백지 위임(carte blanche)'을 받는다. 이러한 경우들은 수없이 많지만, 이해를 돕기 위해서 대표적인 사례를 한 가지 들어보자.

　유럽 전쟁이 임박했던 1911년에, 약탈적인 제국주의 국가들이 아프리카에서 그들의 기득권을 보장하기 위해 새로운 국가의 아프리카 진입을 차단하자 발생한 그 유명한 '아가디르 위기'• 때 조지

• 아가디르 위기(Agadir Crisis): 제1차 세계대전이 일어나기 직전에 프랑스령 모로코를 두고 독일과 프랑스의 제국주의 정책이 서로 충돌한 사건. 일명 모로코 사건

경*은 런던 시장의 관저에서 행한 연설에서 다음과 같은 선언을 할 수 있었다. "대영제국의 수세기에 걸친 영웅적 행위에 의해 얻어진 위대함과 자애로움을 포기할 때에만, 즉 대영제국의 이익을 포기하고 다른 나라의 내각에 의해 우리가 함부로 취급당하는 것을 용인할 때에만 평화가 유지될 수 있는 상황이 우리 영국인에게 강요된다면, 나는 그처럼 큰 희생을 치르는 평화는 우리 같은 위대한 국가가 참을 수 없는 굴욕이라고 단호히 주장한다."[7]

각국의 아주 민감한 '자존심'은 언제나 시민들의 피를 요구하며, 국가의 야망은 항상 대다수 애국자들의 열광적인 지지를 받게 마련이다.

애국적 이타주의에는 분명 자기 관심이 어느 정도 투사되어 있다. 자신의 한계 및 사회생활의 필요성에 의하여 권력과 위신에 대한 야심이 좌절된 일반 사람들은 자신의 자아(ego)를 국가에 투사하고 한없는 무정부적 탐욕에 빠져든다. 그래서 국가는 개인의 이기심이 표출되는 것을 억제하기도 하고 동시에 발산시키기도 한다. 개인의 애국심으로 표출되는 것은 종종 경제적 이해관계이기도 하고, 때로는 단순한 허영심의 산물이기도 하다. 윌프리드 스카웬 블런트(Wilfrid

---

이라고도 한다.

- 로이드 조지(Lloyd George, 1863~1945): 영국의 정치가. 강화회의에 영국 대표로 출석하고 미국의 윌슨 대통령, 프랑스의 클레망소 수상과 함께 회의를 지도해 베르사유 조약에 조인했다. 1921년 아일랜드 자유국 성립을 규정한 조약 체결에 성공했으나 근동 문제로 연립내각은 와해되었다(1922). 그 후 자유당의 당수가 되어 세력 회복에 노력했으나 노동당의 진출에 대항하지 못하고 1932년 정계에서 은퇴했다.

Scawen Blunt)는 자신의 친구 윈스턴 처칠(Winston Churchill)에 대하여 다음과 같은 기록을 남겼다. "일반 대중과 마찬가지로 그에게 큰 영향을 준 것은 앞으로의 이득이나 무역의 필요성이 아니라 제국에 대한 허영심이었다. 전자에 대해서는 처칠 자신도 거부했다."[8]

경제적 이득을 노골적으로 내세우지 않고, 자신의 민족 문화를 제국주의적 힘에 의해 장엄하게 전파하는 데서 자기만족을 얻는 문화제국주의(cultural imperialism)는 그나마 세련되고 관대한 정신을 소유한 민족과 국가에서 나타날 수 있다. 러스킨[**]이나 테니슨[***] 같은 인물도 이러한 문화 제국주의의 틀에서 벗어나지 못했고, 기독교의 선교사업도 문화 제국주의의 대표적인 상징이라 할 수 있다. 폴 페퍼(Paul Pfeffer)의 보고서에 따르면, 일부 러시아 사람들은 자신들의 정부 형태가 전 세계에 퍼져 나가야 하며, 더 나아가 러시아어가 세계 공용어가 되기를 바라고 있다.[9]

제국주의적 침략에 따른 경제적 이득은 전체 국민보다 경제적 특권층에 돌아간다는 것이 부정할 수 없는 사실이지만, 일반 시민들도

[**] 존 러스킨(John Ruskin, 1819~1900): 영국의 저술가, 비평가. 터너를 알고 그의 풍경화를 지지하는 동기에서《근대 화가론(Modern painter)》(5권)을 저술하여 논단의 주목을 끌었다. 그는 제반 문제에 관심을 가지면서 당대의 사람들에게 많은 영향을 주었는데, 처음에는 미술 방면에서 거의 최고의 권위를 차지하고, 뒤에는 경제 및 도덕 방면에서 칼라일 이후 최고의 예언자로서 존경을 한 몸에 받았다.

[***] 앨프리드 테니슨(Alfred Tennyson, 1809~92): 영국 빅토리아 시대의 대표적인 시인. 그의 시는 아름답고 기법이 정확하며 서정미가 있으나 사상 면에서는 바이런이나 셸리와 같이 격렬한 데가 없고 빅토리아시대의 주조인 중용주의를 지키고 있다. 착실히 전통을 수호했다는 점에서 환영받기도 하지만, 이는 자기 자신의 깊은 정신적 소산이 아니기 때문에 시대의 흐름에 따라 그 가치는 점점 감소하고 있다.

제국주의의 혜택을 어느 정도 입을 수 있다. 그리고 그들도 이러한 가능성을 충분히 고려하고 있다. 현대의 한 영국 작가가 인도에 대해 이야기한 글을 한 가지 인용해보자. "대영제국의 국민 중에서 다섯 명에 하나는 그들의 생계를 직접·간접적으로 인도와의 관계에 의존하고 있다. 이 때문에 대부분의 지각 있는 영국의 지성인들은 우리의 무역과 상업을 파괴하기 위하여 매일매일 인도에 집결되고 있는 위험한 군사력을 별로 중요시하지 않는 이유를 제대로 알지 못한다."[10]

이 솔직한 진술은 국가 이기주의(national egoism)적 동기를 인정하고 있다. 그런데 이러한 동기는 종종 여타의 제국주의자들과 마찬가지로 영국인들에 의해 모호해지는 경향이 있다. 이를 위해 영국의 제국주의자들은 인도의 평화와 질서에 대한 관심만이 이 지역에서 영국인들이 큰 부담을 감당하는 진정한 이유라고 강변한다.

이리하여 개인에 있어서 이타적 정신과 대리적 이기심의 결합은 국가 이기주의에 가공할 만한 힘을 주게 되는데, 이렇게 되면 종교적 이상주의(Idealism)건 합리적 이상주의건 할 것 없이 국가 이기주의를 완전히 견제하는 것이 불가능해진다. 보다 큰 보편적 충성심에 의해 자극되는 애국심을 가진 이상주의자들은 항상 소수파로 남을 것이 틀림없다.

과거 그들은 국가와 민족의 향방에 영향력을 행사할 만큼 강력했던 적이 없었으며, 국가의 야심이 그들의 도덕적 이상과 첨예하게 대립되는 위기 상황에서도 국가에 대해 비협조적이고 비판적인 태도를 취하는 정도로 자족해왔다. 아인슈타인 교수의 주장대로 전 국민의 2퍼센트 정도가 가지고 있는 양심적인 평화론(pacifism)이 미래에 있을지도 모를 전쟁의 위험을 막을 수 있는지는 확신을 가지고 긍정적으로 답할 수 있는 성질의 물음이 아니다. 현대 국가주의의 위력은 계급에 대한 충성심이 이 국가주의에 맞설 수 있을 만큼 성장하기 전에는 무소불위를 자랑할 것이 틀림없다.

국가의 가장 중요한 도덕적 특징은 아마도 위선(hypocrisy)일 것이다. 우리는 이미 앞에서 자기기만과 위선은 모든 인간의 도덕 생활에서 불변적 요소임을 살펴본 바 있다. 이 요소는 도덕성이 비도덕성에게 바치는 뇌물이다. 아니, 좀 더 구체적으로 말하면 그것은 소아가 충동과 모험에 빠져들기 위해 대아로부터 동의를 얻어내는 수단이다. 그리고 이때의 충동과 모험은 스스로 기만할 때에만 합리적 자아가 승인할 수 있다. 이러한 기만이 외부 관찰자의 눈만을 속이기 위한 것인지, 아니면 으레 그렇듯이 자기 자신까지 기만하는 것인지는 분명하게 알 수 없다.

개인에 있어서의 이 결함은 국가의 도덕 생활에서는 더욱 명백해진다. 하지만 별다른 주목을 받지 않는 국가는 행동에 있어 반드시 도덕적 체면을 유지할 필요가 없다고 생각할 수도 있다. 아마도 전혀 그럴 필요가 없던 때가 있었을 것이다. 그들의 위선은 인간의 점증하는 합리성을 무마하려는 뇌물임과 동시에 합리적 요구가 쉽게 굴복하는 안이함의 증거이기도 하다.

만일 국가가 특수하고 유일무이한 공동체이자 보편적인 가치와 기상을 구현할 수 있는 공동체로서 이중적으로 개인의 충성심과 헌신을 요구해 충분히 누리려 한다면, 국가의 부정직, 즉 위선은 정치적 차원에서 반드시 필요하다. 개인의 감정을 자극하는 것과 지성에 호소하는 것은 서로 양립될 수 없으므로, 부정직에 의해서만 해소될 수 있다. 이는 특히 전시(戰時)에 더욱 뚜렷해진다.

국가는 다른 나라들과 대립적인 관계에 설 때 비로소 스스로를 충분히 알게 된다. 국가의 존재에 의해 파악되는 사회적 현실은 너무나 방대하기 때문에 시민들은 이에 대해 상상조차 제대로 하지 못한다. 시민은 막연한 상태에서 국가를 작은 공동체나 자신의 가정과 동일시하는 경향이 있기 때문에 자신이 속한 민족적 집단인 국가에 인격성을 부여한다. 하지만 이때의 인상은 자신에게 어떤 특별한 헌신적 열정을 불러일으킬 만큼 생동적이지는 않다.

이 정도의 강한 열정은 조국이 외국과 전쟁을 하는 위급한 상황에서만 생겨난다. 다시 말해서 이 같은 헌신적인 열정은 국가의 명백한 존재와 통일성을 이해하게 해주는 새로운 생동성에서 생겨나는 것이다. 지금까지 시민이 국가의 존재를 느끼고 국가에 대해 가장 정열적이고 맹목적인 충성심을 보여준 때는 다른 나라와의 전쟁 때였다. 그러나 이렇게 되면 국가의 독자성을 주장하게 되는데, 이 주장은 국가를 보편적 가치의 실현태로 보는 일반적인 견해와 첨예한 대립을 이루게 된다. 이러한 모순을 해소하는 유일한 방안이 기만이다.

순진한 애국자의 입장에서 국가란 여러 사회들 중의 하나가 아니라 '하나밖에 없는 사회(Society)'이다. 설사 국가의 가치가 상대적일지라도, 그의 관점에서는 절대적인 것이다. 절대자를 향한 본능은 애국적인 종교에서 가장 강력하게 나타난다. 국가는 항상 성인의 후광을 부여받고 있다. 바로 이 점 때문에 보편성을 내세우는 종교가 국민 감정, 민족 종교 및 애국심 등과 같은 특수성에 의해 쉽게 사로잡혀 길들여진다. 국교를 인정하는 정신이나 전쟁 전의 독일에서 나타났던 '기독교 왕국과 독일 왕국'에 대한 찬양은 이를 입증해주는 흥미 있는 경우들이다. 보편성 요구와 위기 상황에서 나타나는 국가의 독자성 및 상대성을 조화시키는 가장 효과적인 수단은 국가의 보편타당한 목적을 명시적으로 제시하는 것이다.

국가는 문명과 문화의 수호를 위해 투쟁하고 있다고 주장한다. 그래서 인류의 제반 일들은 모두 이 투쟁과 관련되어 있다고 상정하는 것이다. 평범한 시민들의 생활 속에서 이러한 위선은 소박하고 자생적인 자기기만의 형태로 존재한다. 정치가들은 자신이 하는 일에 대해 시민들의 충성심을 가능한 한 많이 얻기 위하여 의식적으로 이러한 위선을 저지르고 있다(종종 정치가 스스로 자신의 위선의 희생물이 되기도 한다).

정치인에 비해 좀 덜하긴 하지만 교양을 갖춘 사람들도 어느 정도 의식적으로 위선을 저지른다. 왜냐하면 그들은 평범한 시민에 비해 좀 더 많은 기만을 필요로 하기 때문이다. 그들은 자신이 신봉하는 종교적 문화나 합리주의적 문화는 도덕적 가치들이 현실화되려면 보편성을 가져야 한다는 것을 깨닫게 된다. 그래서 그들은 보편성에 대한 가식 없이는 민족주의적 열정에 몰입할 수 없다. 극소수의 문화인들은 이 같은 절차, 즉 보편성을 통해 민족적 감정을 고무하는 일이 불가능하다는 사실을 인식한다. 대다수 사람들에게 있어 이성의 힘은 전쟁의 광란과 국수적인 우민 정치에 대해 일반 사람이 발명할 수 있는 것 이상의 그럴듯한 이유와 변명을 제시하는 데 도움을 줄 뿐이다. 그래서 그들은 전시에 가장 악랄한 거짓말쟁이 역할을 수행한다.

예를 들어, 전시 동안 독일에서 가장 탁월한 신학자였던 하르나크* 교수는 이렇게 말한 바 있다. "영국은 러시아와 범슬라브주의(Pan-Slavism)의 침략적인 폐허로부터 서유럽과 그 문명을 보호해왔던 제방을 끊어버렸다."[11]

위대한 철학자 오이켄**은 자국의 이익을 궁극적인 보편적 가치와 동일시함에 있어 더욱 단호한 어조를 보여주었다. "이런 의미에서 우리는 바로 우리 독일인이 인류의 정신을 만드는 창조자이며, 따라서 독일의 자연을 파괴하는 일은 세계사로부터 가장 깊은 의미를 탈취하는 것이나 다름없다는 주장을 할 수 있는 당연한 권리를 갖는다."[12]

폴 사바티에(Paul Sabatier)도 "의심할 나위 없이 우리는 우리 자신뿐만 아니라 전 세계 인민을 위해 투쟁하고 있는 것이다. 현재 우리 프랑스는 현대판 종교전쟁을 치르고 있는 것이다. 우리는 모두 지금 우리

- 아돌프 폰 하르나크(Adolf von Harnack, 1851~1930): 독일 프로테스탄트의 교회사가. 그리스의 영향으로 기독교 교리가 형성되었다고 주장하고 신앙의 대상은 예수의 인격보다는 그의 설교에 있다고 주장했다.

- 루돌프 오이켄(Rudolf Eucken, 1846~1926): 독일의 범신론적인 관념론 철학자. 19세기 후반에 자유주의적 유물론에 반대하여 신관념론을 주창하고 인식론을 주로 하는 신칸트 학파에 대하여 생철학적 형이상학을 수립했으며, 피히테적 실천철학과 헤겔적 역사 발전 사상을 근간으로 한 정신론적 방법을 강조했다.

가 겪는 슬픔이 갈보리의 순결한 희생을 계승하고 실천하고 있는 것이란 느낌을 갖고 있다."[13]

전시의 문학은 이와 유사한 지식인들의 자기기만의 예로 가득차 있다. 그중 일부는 대중의 심정에 아부하려는 부정직한 동기에서 저술되고 또 정부의 압력을 받아 저술될 가능성이 항상 놓여 있다. 그러나 대부분의 문학은 의도적으로 그렇게 기만하는 것은 아니다.

세계사에 나타난 전쟁들 중에서 미국-에스파냐 전쟁만큼이나 위선적이고 감정적이었던 전쟁도 드물 것이다. 하지만 이런 와중에서 월터 하인스 페이지(Walter Hines Page) 같은 지식인은 다음과 같은 경건한 도덕을 바로 이 전쟁에서 도출해낼 수 있었다. "멕시코에도 — 강도를 소탕하고, 황열병과 말라리아, 그리고 십이지장충을 제거하여 — 신체를 건강하게 하고 생명과 재산을 보호하며 질서 있는 자치를 하는 나라를 만들 수 있는 기회가 궁극적으로는 오지 않겠는가? 따라서 우리가 쿠바에서 했던 일은 피정복민의 유익만을 위한 정복이었다는 점에서 역사의 신기원을 열어 놓는 단초가 될 것이다. 이는 곧 위생상의 개혁이었다. 이제 모든 열대 지방에도 위생 시설이 갖추어질 것이다. 하지만 이 일은 일차적으로 — 아마도 외부에서 비롯된 것이겠지만 — 군사력에 의해 행해져야 한다. 이런 목적을 위해 기존의 유럽 군사력을 사용할 수는 없는가? (…) 열대 지방은 지금 애타게 위생을 요구하고 있다."[14]

여기에서 보편적 가치에 대한 미국의 이념이 위생(衛生)이라는 이름으로 표현되고 있는 것은 상당히 의미심장하다.

미국-에스파냐 전쟁은 지식인의 자기기만과 더불어 정부의 위선에 관한 뚜렷한 실례를 보여준다. 정부의 위선은 좀 지나치다. 이유는 정치적으로 미숙한 나라는 어리석게도 자신의 반제국주의적 순진함을 노련한 나라의 제국주의적 충동과 조화시키려 하기 때문이다. 그것은 강대국의 힘을 느끼고 시험하기 시작한 것이며, 또한 자신이 느낀 바를 자랑스러워함과 동시에 부끄러워했다.

매킨리* 대통령의 교서와 연설문은 냉소주의자들에게 한없는 비판의 소재를 제공해주는 원천이었다. 그는 전쟁이 일어나기에 앞서 의회에 보내는 한 메시지에서 다음과 같이 말했다. "앞으로 무력에 의한 개입이 우리 자신과 우리의 문명, 그리고 인류에 대한 우리의 책임을 다하는 의무일 경우, 우리에게는 아무런 잘못도 없으며, 그렇게 할 수밖에 없었던 필연성이 너무나 뚜렷하여 기꺼이 문명 세계의 지지와 승인을 받을 수 있으므로 마땅히 그 일을 수행해야 할 것이다." 그리고 그는 이렇게 덧붙였다. "그렇다고 해서 내가 강제적인 합병을 염두에 두고 하는 말은 아니다. 그런 것은 생각조차 할 수 없다. 만일 그렇게 되면 우리의 도덕률상으로도 범죄를 저지르는 것이 될 것이다."[15]

에스파냐가 미국의 요구 사항을 모두 수용했는데도 불구하고 이 마음씨 고운 대통령이 결국에 가서 맹목적이고 열정적인 애국자들의

• 윌리엄 매킨리(William McKinley, 1843~1901): 미국의 제25대 대통령. 1896년 공화당 후보로 출마하여 당선된 후. 쿠바의 반란 원조, 1898년 미국-에스파냐 전쟁으로 필리핀과 푸에르토리코 획득, 쿠바 독립 성취 등의 업적을 이룩했다. 1900년 하와이 병합, 금 본위제의 확립, 중국에 대한 문호 개방책 지지 등으로 재선되었으나 어느 무정부주의자에 의해 암살당했다.

강요에 의해 전쟁에 휘말리게 되었을 때, 그는 "더 이상 끌었다가는 처참한 결과를 가져오게 될 상황에 종지부를 찍어 인류에 대한 의무를 완수하려는 진지하고 희생적인 노력에 대해 모두가 감사를 표할 것"이라고 말함으로써, 화해를 통해 전쟁을 회피하려 했던 유럽 열강들의 "미국 대통령과 국민들에게 보내는 인류애와 관용의 간절한 호소"[16]를 무시해버렸다. 전쟁은 애국심이 넘쳐흐르는 분위기에서 개시되었다. 종교적 이상주의자들과 인도주의자들은 이 감상적인 애국심에 젖어, 반제국주의자 토머스 제퍼슨(Thomas Jefferson)의 전통을 계승하는 많은 미국 정치가들이 에스파냐가 쿠바를 점령했다는 사실을 궁극적으로 인정치 않으려 했단 사실을 망각한 채, 쿠바 인민에 대한 영웅적인 보호라는 구호에 도취되어버렸다. 쿠바 병합을 막으려 했던 것은 단 하나, 쿠바 병합에 반대하는 텔러 수정안(Teller Amendment)이 전쟁 행위를 인정하는 상원 결의안에 슬그머니 끼어 있었다는 사실뿐이다.[17]

필리핀 제도와 관련해서는 아무런 약속도 이루어진 바가 없었기 때문에, 미국의 위선은 대(對) 필리핀 정책에 있어서 얼마든지 노골적으로 드러날 수 있었다. 루스벨트 대통령과 로지(Lodge) 상원의원이 공동 의장을 맡고 있던 소위원회가 필리핀을 정복할 수 있는 전역(戰域) 계획을 주도면밀하게 수립하긴 했지만, 겉으로는 전쟁의 승리로 말미암아 본의 아니게 필리핀 제도를 책임지게 되어 보호자 역할을 떠맡게 된 듯한 각본이 신속히 꾸며졌고, 이는 지금까지도 그대로 이어지고 있다. 전쟁이 끝난 후 쿠바인들은 부분적으로나마 해방되었지만, 필리핀에 대해서는 그 국민들의 요구를 무시하고 계속 보호하기로 결정했다.

대통령은 에스파냐와 평화조약(peace treaty)을 체결하기 위해 떠나는 평화사절단을 임명하는 자리에서 '최종 문안에 우리 미국은 최초의 행위에 있어 정당했을 뿐만 아니라 인도적이었음이 분명히 들어가야 한다'고 당부했다. 미국은 협상을 하는 과정에서 지속적으로 요구의 강도를 높여갔기 때문에 에스파냐 사람들은 아량이라는 것이 무엇인지에 대해 회의적인 인상을 가졌을 것이 분명하다. 그런데 필리핀에 관해서 대통령은 이렇게 이야기했다. "사건의 진행은 인간 행위를 지배한다. 우리의 원래 의도는 아니지만 우리는 위대한 국가답게 전쟁이 가져다준 새로운 책임과 의무를 도외시할 수 없다. 우리 나라의 발전과 번영은 애초부터 하느님께서 정해놓았다."[18]

위원들 간의 수많은 협상과 미국 내의 제국주의 지지파와 반대파 간의 격렬한 논쟁을 거친 후 결국 필리핀에 압력을 가하기로 결정했을 때, 당시 국무장관이던 헤이(Hay)는 위원들에게 다음과 같은 내용의 서한을 보냈다. "여러분께서는 필리핀 전체의 양도를 주장해야 합니다. (…) 지금 대통령의 심중은 의무와 인류애를 가장 중요시하고 있기 때문에 대통령이 제시하는 방안 이외에 어떠한 대안도 지금으로서는 있을 수 없습니다."[19]

물론 미국 시민들 중에서 일부 사람들은 이 위선에 가득 찬 말장난을 처음부터 끝까지 꿰뚫어보고 있었다. 그래서 당시 자유주의적 사상가였던 무어필드 스토리(Moorfield Storey) 같은 사람은 "아니 왜 160

만밖에 안 되는 쿠바 사람들에게는 자치권과 자유를 주면서 800만이 넘는 필리핀 사람들의 자치권과 자유는 박탈하려 하는가?"[20] 하고 의문을 제기했다.

그럼에도 불구하고 비판적 지식인들이 탐욕적인 국가, 미국의 '권력의지'를 막는다는 것은 역부족이었다. 에스파냐가 결국 필리핀의 양도를 받아들이고 평화조약이 체결된 직후, 정부가 육군에 보낸 교서는 철저한 기만으로 가득 찬 위선으로 끝맺고 있다. "점령군 사령관의 일차적인 의무는 가능한 한 일반 대중이 이해할 수 있는 수준에서 우리는 침략자나 정복자가 아니라 우정을 함께 나눌 벗임을 선포하고 알리는 것이다."[21]

그 후 매킨리는 대통령직에서 퇴임한 다음 한 성직자들의 모임에서 미국의 정책을 결정하기까지의 자신의 의중에 대해 이렇게 털어놓았다. "나는 밤새 뒤척이며 백악관의 내실을 이리저리 방황했습니다. 좀 부끄러운 얘기지만 솔직하게 말씀드려서 나는 몇 날 며칠 동안 전능하신 하느님 앞에서 무릎을 꿇고 빛과 인도의 손길을 간구했습니다. 그러던 어느 날 갑자기 나의 머릿속에서는 필리핀을 점령하여 그들을 교육·개화하고 기독교인으로 만들어 하느님의 은혜를 베풀기 위해서 최선을 다해야 한다는 생각이 계시처럼 떠올랐습니다. 그런 연후에야 나는 잠자리에 들어 편안한 잠을 이룰 수 있었습니다."[22]

미국이 매킨리의 천상의 환상에 순종하지 않은 것만은 아니다. 왜냐하면 필리핀에서도 일정 정도의 교육과 위생 사업의 은혜를 베풀었기 때문이다. 그럼에도 불구하고 동양을 지배한 서양의 제국주의를 연구하고 있는 나다니엘 페퍼(Nathaniel Peffer)는 제국주의의 진정한 동기에 대해 보다 적나라한 견해를 제시한다.

다소 냉소적이기까지 한 그의 관찰을 인용해보자. "그들의 자치 능력에 대해 이러쿵저러쿵 많은 말들을 해대지만, 도대체 왜 안 된다는 것인가? 자치 능력이 뭐가 그리 중요한가? 필리핀 사람들도 힘만 있다면 당장 내일이라도 정부를 세우고 독립을 선언할 수 있다. 사실 그들이 힘만 있다면 자치 능력과 관계없이 그렇게 할 것이다. 지금 상황으로서는 필리핀 사람들이 그리스의 위대한 정치가였던 솔론(Solon)만큼 현명하더라도 미국 정부는 필리핀의 독립을 허용하지 않을 것이다. 만일 필리핀에게 독립을 줌으로써 미국의 국익에 조금이라도 손상이 온다면 지금이 아니라 백 년 후에라도 독립을 허용치 않으려 할 것은 불을 보듯 뻔한 일이 아닌가?"[23]

이러한 페퍼의 현실성 있는 견해는, 최근 일고 있는 필리핀의 독립을 찬성하려는 새로운 감정이 필리핀의 사탕수수를 미국의 관세장벽 밖으로 내몰려는 미국 사탕업계의 이해관계에 의해 고무되고 있다는 사실로 분명히 입증된다.

매킨리의 위선은 일상적인 소박함의 수준을 조금 넘어선 것에 지나지 않는다. 이런 수준의 위선은 다른 나라의 정치가들과 그들 나라의 역사에서도 찾아볼 수 있다.

윌리엄 에와트 글래드스턴(William Ewart Gladstone) 같은 사람은 매킨리 못지않게 신앙심이 깊고 고결한 정치가였으며, 어떤 점에서는 더욱 현명하기까지 했다. 그도 매킨리와 마찬가지로 그 정치 이념에 있어서는 제국주의를 반대하는 입장이었다. 이집트 점령을 강요받던 상황에서 그는 자신의 반제국주의적 정책을 고수하려고 부심하였다.

"우리는 결코 영구 점령 따위는 하지 않을 것이다. (…) 국가의 사정이 허락하여 총독의 권위를 유지할 수 있는 적절한 방안이 마련된다면 군대는 곧 철수할 것이다."

그는 이를 신성한 약속이라고 강조하기까지 했다. "이 어렵고 미묘한 작전을 수행하는 과정에서 우리는 유럽의 신망을 얻어냈다. 만일 한 약속이 다른 약속보다 더 신성할 수 있다면, 우리는 그 특별한 약속을 성취하기 위해 전력을 기울일 것이다."[24]

그러나 그는 이 약속을 지키지 못했다. 아니, 그 이후로도 이 약속은 지켜진 적이 없다. 이처럼 약속을 지키지 못한 데 대해 영국 사람들은 일을 적당히 얼버무리는 데 탁월한, 영국인의 천재적 능력이 유감없이 발휘된 대표적인 경우라며 도리어 자랑스러워하고 있다. 일찍이 키치너(Kitchener) 장군이 수단을 공략해가는 과정에서 프랑스 장군 마르샹(Marchand)과 전투를 치르게 되었을 때, 로즈버리 경(Lord Rosebery)은 한 연설에서 이렇게 선언한 바 있다. "나는 이번 사건이 평화적으로 해결되기를 희망한다. 그러나 이집트에 대한 권익과 관련해서는 어떠한 양보나 타협도 있을 수 없다는 점을 밝혀두는 바이다."[25]

국가의 위선적 태도가 극단적으로 드러난 예는 '신성동맹'●의 조약

● 신성동맹(Holy Alliance): 1815년 9월 26일 러시아 황제 알렉산드르 1세, 오스트리아 황제 프란츠 요제프 1세, 프로이센 왕 프리드리히 빌헬름 3세가 파리에서 체결한 동맹. 다소 이상적이고 신비한 성격을 띠는 이 동맹은 프랑스 혁명전쟁, 나폴레옹 전쟁 등으로 커다란 재난을 당한 유럽인의 평화에 대한 소망을 나타내

전문에서 찾아볼 수 있다. 이 조약서를 보면 동맹을 맺은 러시아, 프러시아, 오스트리아 3국의 반동적 의도가 부정직한 종교적 색채로 가장되어 있다.

"각국의 황제들은 (…) 거룩한 종교(기독교), 정의 및 그리스도의 사랑과 평화를 최고의 원리로 삼을 것을 (…) 엄숙히 선언하는 바이다. (…) 따라서 황제들은 만인을 형제와 같이 대하라는 성경 말씀에 따라 참된 형제애로 단결하여 어떤 상황과 조건하에서도 서로 자신의 동포와 다름없이 협력할 것을 합의하였다. 군대와 백성에 대해서는 가족의 경우에 있어 아버지처럼 행동할 것이며, 동시에 그들의 정신을 고무시킨 동포애로 그들을 인도할 것이다. 우리 3국의 군주들은 한 가문의 세 지파(枝派)로서의 정부를 대표하는, 섭리자의 세 전권 대사에 지나지 않음을 스스로 자각하고 인정하는 바이다. (…) 이상의 원칙에 찬성한다면 그 어떤 나라든지 이 신성동맹에 가입할 자격을 가질 수 있다."

이 문서가 특히 흥미를 끄는 이유는 그 논조나 정서가 신비주의적 센티멘털리스트인 러시아의 알렉산드르 대제를 연상시키긴 하지만, 이 문서에 종교적 성격을 불어넣으려 했던 사람은 바로 냉소주의적이고 현실주의자인 메테르니히*였기 때문이다. 이와 비슷한 현상은 제1

는 하나의 문서로 간주될 수 있다. 메테르니히는 빈 체제를 유지하는 기관으로서 4국동맹과 더불어 이 동맹을 이용하여 자유주의·민족주의 운동을 탄압하였으나 1825년 와해되고 말았다.

• 클레멘스 메테르니히(Klemens Metternich, 1773~1859): 오스트리아의 정치가. 그는 보수적이어서 프랑스 혁명이나 자유주의에 반대하는 동시에 독일 및 이탈리아

176

차 세계대전 직후에도 일어났다. 토머스 우드로 윌슨(Thomas Woodrow Wilson)이 감상과 이상주의로 가득 찬 미사여구를 만드는 데 열중하고 있는 동안에 클레망소**는 베르사유 조약(Treaty of Versailles)의 내용을 좌지우지하고 있었던 것이다. 지금까지 그 어느 나라도 자신의 제국주의적 동기와 야심을 솔직하게 인정하거나 표출한 적이 없다. 오히려 이런 제국주의적인 나라들은 언제나 자신들의 주된 관심은 피정복 인민의 평화와 번영에 있다고 가식적인 선전을 늘어놓았다.

예를 들어 1907년에 러시아와 영국이 페르시아를 분할키로 한 조약에서 양국은 페르시아의 통일과 독립을 존중키로 약속하면서 "전국적인 범위에서 질서가 유지되기를 진심으로 바란다"[26]고 선언한 바 있다. 그리고 이들 양국은 에스파냐와 프랑스가 모로코를 분할키로 했을 때에도 "술탄 왕의 주권하에 무어제국의 통일을 전적으로 찬성한다"[27]는 공동 성명을 발표했다. 이 얼마나 위선과 기만에 가득 찬 표현들인가?

이들뿐만 아니라 유럽 국가들이 제국의 노획물을 나누어 가진 조약의 대부분은 마치 위선이란 무엇인가를 가르치려는 교과서를 보는 듯하다. 그들이 외부 세계를 어느 정도까지 기만하려 하는지, 자신들

의 국민적 통일을 두려워하고 신성동맹을 이용하여 제국의 자유와 통일 운동에 무력적인 간섭을 했다.

●● 조르주 클레망소(Georges Clemenceau, 1841~1929): 프랑스의 정치가. 제1차 세계대전 중 프랑스 위기 시에 수상에 취임해, 국내의 패배주의와 싸우고 행정 독재권을 얻은 뒤 포시를 연합군 최고사령관으로 등용하여 최후 총공격을 조직케 했다. 1918년 베르사유 강화회의 의장이 되었고 윌슨, 조지와 함께 3거두로 불렸다.

의 우민화된 국민들을 얼마만큼 속이려 하는지, 그리고 정략상의 요구와 개인적 양심의 미묘한 긴장 관계 속에서 혼란에 빠져 있는 정치가 자신의 내면의 도덕적 파탄상을 어느 만큼 은폐하려 하는지 그 누구도 확실하게 알 수 없다. 매킨리, 글래드스턴, 윌슨, 허버트 애스퀴스(Herbert Asquith), 에드워드 그레이 경(Sir Edward Grey), 베트만홀베크(Bethmann-Hollweg) 같은 사람들은 마지막 요소가 훨씬 크게 작용한 경우이다.

라틴아메리카와 카리브 연안 국가들에 대한 미국의 제국주의 정책은 유럽 국가들의 제국주의에 비해 방법상 덜 군사적이면서 보다 더 상업적이라는 점에서만 차이가 날 뿐 본질상으로는 큰 차이가 없는데도, 찰스 에반스 휴스(Charles Evans Hughes) 국무장관은 1924년에 행한 한 연설에서 도덕적 성스러움의 후광을 덧붙이려 했다. "우리의 진정한 목적은 착취가 아니라 원조다. 다시 말해 우리는 파괴를 목적으로 하는 것이 아니라 건전하고 안정된 독립 정부를 세울 수 있도록 기초를 놓는 데 도움을 주려는 것이다. 그래서 우리의 궁극적인 목적은 번영되고 평화로우며 법이 지배하는 인근 국가들을 갖는 데 있다."[28]

우리가 남미와의 관계를 맺는 데 있어 정책 결정을 좌우한 주도적 동기가 상업적인 것이었다는 점을 모든 공정한 역사가들이 기록하고 있음에도 불구하고, 이 같은 위선적인 감정이 미국의 정치가들에 의해 반복해서 표출되어왔다. 쿨리지* 대통령이 전후 세계 관계의 재조

---

* 존 캘빈 쿨리지(John Calvin Coolidge, 1872~1933): 미국의 30대 대통령. 자유방임 정책을 추진하여 가장 번영하는 시대를 이룩했고 군비 축소를 위해 많은 노력을 했다.

정이라는 난해한 문제를 다룬 각종 메시지들은 거의 예외없이 신성함을 가장하는 위선의 대표적인 실례들이다. 예를 들어 부채 청산과 관련한 우리의 주요 관심사는 계약의 성스러움을 보존하고, 유럽 국가들이 나태한 사업 습관에 빠지지 않도록 하는 것임을 밝힌 바 있다. 국가들의 위선을 관찰하고 비난하는 도덕주의자들은 항상 이런 핑계들과 기만들을 꿰뚫어보고 분석할 수 있는 더 완전한 사회적 지성이 있다면, 그것은 그러한 핑계와 기만들을 근본적으로 불가능하게 할 것이라고 가정했다. 그러나 여기서 다시 그들은 사용할 수 없는 도덕적 자원과 합리적 자원에 의존하고 있다.

전 세계가 부정직과 위선(군비 축소 약속과 패자에게 도덕적 확신을 부가한 베르사유 조약이 그 대표적인 사례이다)에 빠져 있던 1914~18년에 불가능했던 일이 20년이나 한 세기 혹은 수세기 안에 이루어지기란 매우 어렵다. 남의 눈 속에 있는 티끌은 보면서도 자기 눈 속에 있는 들보는 보지 못한다는 말은 개인보다 국가의 경우에 더 잘 들어맞는다. 개인에 있어 도덕 생활의 영구적인 약점은 국가 생활에서 극단적으로 드러난다.

한 국가가 위선적이라는 비난을 받았다고 가정해보자. 이렇게 되면 그 국가는 위축될 수밖에 없다. 윌슨 대통령이 1916년 교전 국가들에게 평화 선언을 발표하면서 아주 아이로니컬하게 "양측 교전국의 정치가들이 이번 전쟁에서 실제로 목적한 바와 자국민과 전 세계 인민들에게 공포한 목적이 다르지 않다는 점을 환기하고자 한다'고 말했을 때, 노스클리프(Northcliffe) 경은 "영국의 모든 국민들은 대단히 흥분했고, 로버트 세실(Robert Cecil) 경은 깊은 상처를 받았으며, 국왕은 이 말에 분노를 이기지 못하고 울음을 터뜨릴 지경이었다"[29]고 밝힌 바 있다.

또 1927년 하이럼 존슨(Hiram Johnson)은 미국의 위선과 탐욕을 비난하는 유럽 사람들의 태도에 충격을 받고 이렇게 말한 바 있다. "피와 정복으로 얼룩진 국제 관계에서 미국을 샤일록이요 돼지라고 비난하면서 우리의 가식을 비난하고 우리의 행동을 비난하는 그 잘난 유럽 국가들도 실제로는 이상적이고 이타적이며 사심 없는 국제적 행위를 한 적이 전혀 없다는 점을 상기시키고 싶다. 그들의 호소는 좀 더 많은 땅과 새로운 노동력을 요구하는 것이 아니었던가? (…) 기만적인 외교적 술책이 실패하게 되면 즉각적으로 군대를 동원하여 약소민족을 강압적으로 굴복시켰다. (…) 우리의 잘못이 무엇이든 간에 그것은 대부분 내부적인 것이었고, 우리 미국은 지금까지 국제 관계에서 이상주의나 이타주의를 몸소 보여준 지구상의 유일한 나라이다. 우리는 관대하고 자애로운 행위를 통하여 국제정치에 참여해왔고, 유럽의 조롱과 비난에 대해 분명한 응답을 하였다."[30]

이에 한 가지 덧붙일 흥미로운 점은 바로 이 사람이 배일법안(排日法案, Japanese Exclusion Act)을 통과시키는 데 특히 적극적이었다는 사실이다.

아마도 우리가 국가에 기대할 수 있는 최선의 것은 약간의 실제적인 국제적 공헌을 함으로써 자신의 위선을 정당화하는 것이고, 또한 자신의 이익을 추구하되 보다 보편적인 가치가 있는 일에 대해서도 어느 정도 노력하는 일일 것이다. 영국은 지금까지 유럽 대륙의 여러 나라들로부터 교묘하게 자기 정당성을 표현하는 데 능숙하다고 해서 비난을 받아왔지만, 사실 영국의 정책에는 어느 정도 순수한 인도적 고려가 있었기 때문에 국제적인 공헌을 했다고 볼 수 있다.

이 점과 관련하여, 이탈리아의 정치가 카를로 스포르차(Carlo Sforza)는 영국의 그 같은 수법에 대해 재치 있는 평가를 내렸다. "영국인은 하느님의 은총이 내려준 고귀한 재능을 갖고 있다. 영국의 큰 이익이 걸려 있을 때 구체적인 정치적 이득을 얻으려고 냉정하게 일하는 정치가와 외교관의 행동이 그렇고, 또한 과거에는 있었던 비밀스러운 이해도 없이 영국의 정치 1번지인 다우닝 가에서 진행 중인 외교 활동을 지지하는 최고의 도덕적 이유를 보여주기에 분주한 성직자와 작가들의 행동도 그러하다. 벨기에령인 콩고에서 그 대표적인 사례를 찾아볼 수 있다. 여러 해 동안 벨기에의 지배 방식은 강압적인 것이었다. 그런데 어느 날 남아프리카의 영국 지배령에서 가장 가까운 콩고 지역인 카탕가에서 금이 발견되었다. 그러자 주교와 신자들은 흑인들에게 가한 벨기에인의 학정을 비난하기 위하여 빗발치는 신문 공세를 퍼부었다. 여기에서 정말로 놀랍고도 제국주의적인 사실은, 그들이 기독교의 신앙에 의해 고무되었을 뿐 그들을 배후에서 조종한 세력은 하나도 없었다는 점이다."[31]

영국적인 생활에 대해 비평을 가했던 또 한 사람의 외국인 관찰자인 빌헬름 디벨리우스(Wilhelm Dibelius)는 영국인의 도덕적 가식에는 나름대로의 이유가 있다고 생각한다. "영국은 국가 차원의 계획을 갖고 있는 유일한 강대국이다. 이 나라는 철저하게 이기적인 동시에 전 세계에 대하여 세계가 열망하는 질서와 진보, 그리고 영구 평화를 약속한다. 지금까지 그 어느 열강도 영국의 이러한 이상에 맞서서 자신들의 이상을 영국과 같이 대내외적으로 실현시킨 적이 없다."[32]

디벨리우스 박사에 따르면, 지금까지 영국이 이룩한 일은 그 밖의 나라들에게 기대할 수 있는 극한치나 다름없다. 물론 영국이 이룩한 업적이 아무런 갈등도 없이 국제적인 정의의 달성을 가능케 할 만큼 충분한 것인지에 대해서는 확실하게 말하기 어렵다. 이는 인도의 경우를 살펴보면 잘 알 수 있다. 영국은 인도에서 상당한 성과를 이룩하긴 했지만, 그 제국주의는 다른 나라들과 마찬가지로 기만과 위선에 싸여 있다. 그리고 이러한 영국의 제국주의에 대해 인도가 무력이나 폭력을 통해서 저항할 때만이 영국 내부의 일부 세력들로부터 일정한 협력을 얻을 수 있다는 것은 너무나 자명한 사실이다.

국가는 이기적이고 비도덕적이며 폭력을 사용하지 않고는 국제적 정의를 확립할 수 없는 게 사실이라면, 과거의 잘못을 응징하는 폭력과 새로운 잘못을 만들어내는 폭력이 악순환에 빠질 수 있다는 문제가 제기되지 않을 수 없다. 다시 말해서 승리자인 독일은 복수심에 가득 찬 프랑스를 만들고, 승리한 프랑스는 독일로 하여금 정의가 유린되었다는 편견을 갖게 하는 등의 악순환을 말한다. 국가의 도덕성이란 원래 이런 것이므로 설사 이런 악순환의 탈출구가 있다고 하더라도 제1차 세계대전을 전후한 도덕가들이 생각했듯이 그렇게 쉽게 찾아지지는 않을 것이다.

폭력을 도덕적 차원에서 구원하는 한 가지 방법은 개별 국가들 간의 이해관계를 초월하여 공평한 입장을 가질 수 있는 새로운 공동체에 폭력을 맡기는 것이다. 이러한 방법은 국가 간의 수많은 이견과 충동을 해소해준다. 국제연맹은 표면적으로나마 이 원칙을 국제 관계에 확대·적용한 것이라 볼 수 있다.

하지만 국가 사회 내부의 특권계급이 국가적 법정의 공정성을 오염시켜버리면, 강대국과 약소국이 한데 어울리는 국제 공동체는 공정성을 가질 수 없다. 게다가 국제 공동체의 권한은 그리 강하지 못하기 때문에 개별 국가들의 '힘에 대한 의지'를 제대로 통제하지 못한다. 일본이 만주국을 정복하면서 자신의 서약을 쉽게 파기할 수 있었던 것도 그 때문이다. 왜냐하면 일본은 국제연맹의 외관상의 연대 관계가 박약하며, 또한 일본이 이용할 수 있는 열강들의 정책을 견제할 수 없다고 가정했기 때문이다.

이 가정은 옳았다. 일본은 프랑스로부터 상당한 지지를 얻었고, 국제연맹에 대한 영국의 지지를 약화시킬 수 있었다. 일본이 이처럼 아무런 제재도 받지 않고 서약을 파기할 수 있었다는 사실은 불완전한 국제 공동체의 유약성을 직접적으로 보여주는 증거이다. 최근 개최되었던 군축회담의 실패와 관세의 무정부 상태를 해결하기 위한 제반 노력의 좌절은 결국 국가의 자기 의지, 적어도 강대국들에 대한 효율적인 사회적 제재를 가할 수 있는 정치 세력이 아직 없다는 사실을 입증해준다.

국가들 간의 '현상 유지(status quo)'를 기반으로 평화를 유지한다 하더라도 정의롭지 못한 평화가 평화적 방법에 의해 이루어질 수 있으리란 증거는 전혀 없다. 국제사회는, 전쟁에서 패배한 사람들이 그들의 억울함을 바로잡기 위한 새로운 전쟁에 의존하지 않고서도 정의를 획득할 수 있게 될 때에야 비로소 그 자체의 존재 이유를 보여줄 수 있다.

각국 정부의 계급적 성격이 탐욕의 유일한 원천은 아니지만 지배적인 원인이기 때문에, 현재의 국제적인 무정부 상태는 파멸의 위협이 현 사회제도를 변경시키거나 파멸시켜버리고 보다 협조적인 새로운 국제사회가 수립될 때까지는 지속될 것이다. 그런데 현대 사회는 이 같은 파국을 예방할 만한 지성을 갖고 있지 않은 것 같다. 직접적인 파국의 위협이 사회 개혁의 속도를 가속화하지 않는 한, 우리 시대가 스스로 사회를 재조직한다는 것은 기대하기 어려울 것이다.

현대 산업국가에서의 계급 대립의 악화는 국가의 통일성과 국제 관계의 안정성을 끊임없이 위협하고 있다. 산업 문명에서 경제적 불평등과 사회적 부정이 심화되어가면 결국에는 국가를 파탄으로 몰게 될 파국적인 투쟁이 야기될 것이다. 계급 대립의 심화에 따른 국가적 충성심의 붕괴는 이미 선진국에서는 상당히 진행되어 있기 때문에, 현재의 상태만으로도 대단히 위험한 지경에 처해 있다. 현대 문명에서 힘을 발휘하고 있는 세력들의 개요가 가장 뚜렷이 나타나는 이들 선진국, 특히 독일의 상황은 최소한 국가적 통일성의 기본 요건이라도 유지하는 데 필요한 절체절명의 계획이 무엇이며, 또한 이러한 통일을 파괴하는 국제적 분쟁이 어떻게 해서 그 같은 계획으로부터 야기되는지를 극명하게 보여준다. 현재 상황의 가능성과 미래를 충분히 이해하려면, 각국의 내부에서 진행되는 계급투쟁의 성격과 양상을 면밀하게 연구하고 또한 문명의 장래에 있어 계급투쟁이 갖는 중요성을 충분히 평가할 필요가 있다.

5. 특권계급의 윤리적 태도

한 국가 내부의 사회·경제적 계급들은 그 국가의 권위, 내적 결속력 등을 독점하고 있지 못하며, 지금까지 그랬던 적도 없다. 따라서 계급의 태도와 행동에 대해 이러쿵저러쿵하는 것은 어려운 일임과 동시에 그리 정확한 일도 아니다. 과거에 각 계급들의 중대한 행동은 개인들의 태도에 의해서 결정되어왔다. 개인들은 자신이 속한 계급에 대한 충성심에 입각해서 행동하기보다는 자신의 개인적인 이해관계에 따라 행동하며, 서로 간의 비슷한 이해관계를 지키기 위해 노력한다.

계급은 일반적으로 공동의 기능을 기초로 형성되지만, 이 기능이 특권으로 전환되기 전까지는 그리 명확하게 구별되지 않는다. 따라서 교수 계층은 몇 가지 심리학적 특징들을 척도로 여타의 중간계급(middle-class)과 구별될 수 있다. 그런데 이 심리학적 특징들은 교수 계층이 자신들과 동일한 사회적·경제적 특권의 기반 위에서 다른 중간계급과 공유하는 정치적 태도와 비교해보면 그렇게 중요하지 않다.

제임스 매디슨(James Madison)의 말을 인용해보자. "소유권을 가질 수 있는 원천인 인간 능력의 다양성은 이해관계의 일양성(一樣性)을 차단하는 장애물이다. 이 능력을 보호하는 것이 정부의 첫 번째 목표이다. 소유 능력의 불평등과 차이를 보호함으로써 정도와 종류가 다른 재산 소유 상태가 직접 생겨나게 된다. 이러한 결과가 각각의 재산 소유자들의 감정과 생각에 영향을 주게 되어 사회는 서로 다른 이해관계와 당파들로 나누어지는 것이다."[1]

매디슨의 주장은 특권의 불균등 상태의 기초가 인간 능력의 차이라는 것에 너무 지나친 비중을 두고 있긴 하지만, 정치적 태도의 경제적 기초를 논한 상당히 정확한 분석이다. 인간의 능력 차이는 특권의 불균등 상태를 창출하는 데 분명히 기여하지만, 그렇다고 해서 결과로서 주어진 불균등의 정도가 정당화될 수는 없으며, 또한 사회체제 안에 존속하는 불균등의 유형과도 거의 관련이 없다.

우리가 고찰해야 하는 중요한 사실은 사회적 특권의 불평등이 어느 사회에서나 존재하며, 바로 이 불평등은 계급 분열 및 계급 연대의 기초가 된다는 것이다. 우리는 앞에서 특권을 산출하는 원천이 — 반드시 경제적인 것이어야 하는 것은 아니지만 — 주로 경제적이라는 사실을 살펴본 바 있다.

현재 일본에는 경제적으로 힘이 있는 계급의 사회적·정치적 위세보다 더 큰 사회적·정치적 위세를 가진 사무라이라는 무사계급이 아직도 존재하고 있다. 이 계급의 권력과 위세는 봉건적 전통의 잔재이며, 여기에서는 군사적인 힘과 명예가 순수한 경제적 힘을 능가한다. 또한 현대 러시아에 있어서는 권력이 경제적 토대에 의존하고 있기보다는 국가를 관리하는 능력을 가진 새로운 계급(관료 계층)이 발달해

가고 있다. 현대 자본주의사회에서 가장 중요한 권력은 생산수단을 소유한 자본가계급이 갖고 있다. 따라서 사회적 특권을 향유하는 것도 바로 이 자본가계급이다.

다양한 정치적 신조와 사회적 태도들은 각기 다양한 계급들이 지닌 사회적 권력과 경제적 특권의 정도에 따라 달라진다. 이 중에서 가장 대표적인 구별은 당연하게도 유산자와 무산자를 기준으로 나누는 것이다. 하지만 두 큰 범주 내에서도 세부적인 구별들이 있을 수 있는데, 이들은 어떤 관점에서 보면 두 큰 범주 간의 차이를 흐려놓는 경향이 있다. 그래서 지주들은 모든 재산이 위협을 받는 위기의 순간까지, 혹은 재산과 소유권이 합쳐질 때까지, 산업자본가들과 다른 이해관계를 갖고서 독자적인 사회정책을 추구하려 한다.

산업노동자들도 프롤레타리아 계급이 이분화될 수 있음을 스스로 깨닫고 나서는, 특혜를 누리게 될 숙련 노동자와 그렇지 못한 비숙련 노동자는 다른 이해관계를 가질 수 있다. 프롤레타리아 계급의 단결을 염원하는 사람들이 산업노동자들에게 그 같은 분열이 있어서는 절대 안 된다고 주장한다고 해서 완전한 단결과 통일이 이루어지는 것은 아니다. 설사 이런 단결과 통일이 자신들의 궁극적인 이익에 합치된다고 하더라도, 사실 이 같은 단결과 통일은 더 특권을 누리는 프롤레타리아 계급(즉 숙련 노동자)의 직접적인 이익을 희생시킴으로써 억지로 얻어낸 윤리적 차원의 성과에 지나지 않는다.

자본가와 노동자 사이에 있는 계층인 사무직, 소상인, 귀족 등의 계급적 입장과 사회적 견해는 상당히 모호할 수밖에 없다. 이 계층이 독자적으로 자신들의 계급적 입장을 견지할 수 있을 것인지, 만일 해체가 불가피하다면 자본가계급과 노동자계급 중 어느 편을 들 것인지 등의 문제는 여전히 숙고해야 할 중요한 문제이다. 어쩌면 이 두 가지 물음에 대한 해답이 서구 문명의 미래에 대한 수수께끼를 푸는 열쇠가 될지도 모른다. 그러나 이 문제는 차후에 다루게 될 것이므로 여기에서는 더 이상 언급하지 않겠다.

경제적 척도가 중심인 현대의 계급은 중세 시대의 사회적 계급(즉 신분)에 비해 훨씬 뚜렷한 자기의식을 지닌 반면, 그 경계선은 상당히 모호한 편이다. 또한 각 계급들이 자기들끼리 결속하여 자기주장을 하는 원천이자 수단이라 할 수 있는 기술중심주의 문명의 힘은 계급의 구별을 산출해내는 경제적 생활양식의 무한히 다양한 기능과 이에 상응하는 정치적·사회적 특권과의 차이를 제대로 보지 못하고 혼동하는 경향이 있다.

각 계급들이 지닌 자기의식의 수준이 어느 정도이건 관계없이, 일단 성립된 계급 구성원들의 사회적·도덕적 세계관은 각 계급들이 공통적으로 갖고 있는 고유한 경제적 생활 상태에 상당한 영향을 받는다. 그런데 경제학자들 사이에서는 확고부동한 진리로서 널리 인정되고 있는 이 사실이 아직까지 도덕 이론가나 윤리적 이상주의자들에게는 별다른 영향을 주고 있지 못한 것이 지금의 현실이다.

종교적 혹은 합리적 이상주의의 능력을 과신하는 윤리적 이상주의자들은 계급 분열의 물질적 기초인 경제적 이해관계를 무시하거나 극복할 수 있는 제3의 힘, 즉 이성과 양심의 힘이 얼마든지 만들어질 수 있다는 맹목적인 확신을 갖고 있다. 사실 지금까지 인류의 역사는 이러한 확신이 얼마나 허황된 것인지를 구체적으로 보여준다. 합리적·도덕적 자원의 개발이 사회적·윤리적 전망에 영향을 주기는 하겠지만, 그렇다고 해서 계급적 이기심마저 제거할 수는 없다.

도덕적 이상주의는 일정한 상상력의 한계 내에서만 스스로를 표출할 수 있을 것이다. 왜냐하면 사람들은 바로 이 상상력을 통해서만 자신의 동기의 진정한 성격 및 자신과 경합하는 상대방의 이해관계의 타당성을 인식하기 때문이다. 그런데 극소수 사람의 상상력은 아주 뛰어나고 예리하기 때문에 이기적 동기는 적절히 억제되고, 타인의 이익은 상대적으로 충분히 고려된다. 하여튼 이 같은 이상주의는 정치적·사회적 문제들을 선명히 부각하기보다는 오히려 혼동시키는 경향이 있다. 왜냐하면 온건한 도덕감이 지상의 윤리적 원리에 위배되는 사회 조직의 한계 내에서 스스로를 표현하게 될 경우, 사람들의 도덕적 혼란은 가중될 수밖에 없기 때문이다.

특권적인 지배계급의 도덕적 태도는 전반적인 자기기만과 위선이라는 특징을 지닌다. 자신의 특수 이익을 일반 이익 및 보편적 가치와 의식적으로 혹은 무의식적으로 동일시하는 것은 이미 국가의 태도를 고찰할 때 살펴본 것이지만 계급의 태도에도 그대로 적용될 수 있다. 특권계급이 비특권계급에 비해 더 위선적인 이유는, 자신의 특권을 평등한 정의라는 합리적 이상에 의해 옹호하기 위해 특권이 전체의 선에 뭔가 기여할 수 있다는 것을 증명하려 하기 때문이다. 특권의 불평등 상태는 합리적 변호에 의해서는 정당화될 수 없을 만큼 심화되

190

어 있기 때문에, 특권계급은 온갖 머리를 짜내어 일반적으로 보편적 가치는 자신들의 특권 자체에서 비롯된다는 이론, 그리고 자신들의 특권이 보편적 이익에 봉사한다는 이론을 옹호할 수 있는 교묘한 증거와 논증을 창안해내려고 노력한다.

특권계급들 사이에서 가장 널리 통용되고 있는 위선의 형태는, 자신들이 누리고 있는 특권은 자신들의 특수한 역할에 대한 사회의 정당한 보답일 뿐이라고 생각하는 태도이다. 한 사회에서 이 같은 중요한 역할에 대한 특별한 보답이란 것이 윤리적으로 정의롭고 또 사회적으로도 필수불가결한 것으로 받아들여지는 한(그리고 현재 평등주의를 내세웠던 소련이 불균등한 보상의 원칙으로 되돌아가는 것은 그것이 쉽게 폐지되기는 어렵다는 사실을 실례로 보여주고 있다), 특권계급은 얼마든지 자신의 주관적 관점에 의해서, 자신들이 수행하는 사회적 기능의 특수성이란 미명하에 스스로를 정당화할 수 있을 것이다.

이런 주장이 세습적인 기득권을 소유한 특권계급에 의해 이루어질 때 나름대로 그럴듯하기 위해서는 비특권계급은 같은 기회가 주어지더라도 특수한 일이나 역할을 해낼 수 없다는 사실이 입증되거나 최소한 가정되어야 한다. 그리고 사실상 특권계급은 언제나 이런 가정을 철석같이 믿고 있다. 이 계급은 특권으로 사들인 교육 기회와 특권적인 사회적 지위를 통해 다양한 권위 행사의 기회를 갖게 되는데, 특권계급은 이를 후천적 노력에 의한 것이 아니라 선천적으로 타고난 것이라고 간주해버린다. 특권계급에는 유능한 사람들이 많기 때문에 자신들이 알게 모르게 저지르는 갖가지 협잡과 무능력을 그럴싸하게 둘러대거나 변호할 수 있다.

그러면서도 이 계급은 억압받는 계급이 타고난 소질과 능력을 개발할 수 있는 모든 기회를 차단해놓고, 뻔뻔스럽게도 이 계급의 결함과 무능을 언제나 습관처럼 비난하곤 한다. 19세기에 이루어진 보통교육의 실시를 위한 노력은 모든 나라의 특권계급들이 이런 주장을 하는 데 촉매제 역할을 했다. 가난한 사람들은 이 정도의 교육 혜택도 누릴 수 없었다. 만약에 그들에게 교육받을 기회가 있었다면, 압제자의 착취를 더 이상 당하지만 않고 어느 정도까지는 막아낼 수 있었을 것이란 사실은 부인할 수 없다.

1807년 영국 의회에 빈민을 위한 공민학교 설치법안이 제출되었을 때, 후에 영국왕실협회의 회장이 된 기디(Giddy)는 어느 나라에서나 제기될 법한 반론을 들고나왔다.

"가난한 노동계급에게 교육을 시키자는 계획은 이론상으로는 아무런 문제가 없는 훌륭한 제안일지도 모른다. 하지만 한 가지 근본적인 문제점을 고려하지 않을 수 없다. 그것은 다름이 아니라 그들에게 주어진 교육은 오히려 그들의 도덕관념과 행복관에 좋지 못한 영향을 주리란 점이다. 그들은 교육을 받게 되면 농촌이나 기타 노동 현장에서 열심히 일하는 사람이 되기보다는 자신의 신분에 대한 모멸감을 느끼는 사람이 될 것이고, 또한 대부분의 산업국가에서 현저히 나타났던 바와 같이 복종심이 없고 다루기 힘든 사람으로 변모하고 말 것이다. 그들은 교육을 통해 선동적인 책자나 금서들, 심지어는 기독교에 큰 해악을 끼치는 책들까지 읽을 수 있게 될 것이다. 이리하여 그들은 윗사람에 대해 오만불손해질 것이 틀림없으며, 결국 얼마 안 가서 입법부는 다시 그들을 적절히 규제하는 법안을 만들기 위해 동분서주 해야 할 것이다."[2]

미국 남부의 백인들이 흑인들의 평등한 참정권을 반대했던 주된 이유는 흑인들의 문맹 때문이다. 하지만 남부의 어느 주에서도 흑인에게 백인과 동등한 시설에서 교육받을 기회를 준 일이 없다. 교육받은 자립심 강한 흑인은 교육을 받지 못해 온순한 흑인에 비해 훨씬 더한 미움과 증오의 대상이 된다. 1901~1902년에 개최된 버지니아 주 정당대표자회의에서 왓슨(Watson)은 교육의 정도를 기준으로 부여하는 투표권에 대해, 그것은 교육받은 흑인들만 해당되고 교육받지 못한 구시대의 흑인들을 배제하는 것이라며 반대 의사를 개진했다.

"자, 여러분, 이번 투표권 선별 기준은 구시대의 흑인을 배제하려는 음모이자 이들의 인간성을 빼앗아버리는 학살 행위나 다름없습니다. 여러분의 독자, 필자, 여러분의 놈팡이, 투표자, 엉터리 학교 졸업생, 구레나룻을 기르고 바다표범 가죽으로 모자를 만들어 쓰고 권총과 놋쇠 버클을 차고서 자전거를 타고 다니며 거들먹거리는 이 사람들은 우리 정치가들이 온갖 전통적인 권위와 영예로 관을 씌워준 특별시민입니다."[3]

종종 지배계급은 피지배계급의 자질 결여를 전혀 입증하지 않더라도 피지배계급이 자신들의 특권을 공유하고자 하면 얼마든지 힘으로 제압해버릴 수 있다고 느끼고 있다. 미시시피 주 출신의 상원의원 바더만(Vardaman) 같은 사람은 아주 노골적으로 이렇게 이야기한다.

"나는 흑인 투표권에 단호히 반대한다. 설사 흑인의 지적·도덕적 자질이 뛰어나다 하더라도 그것은 전혀 상관할 문제가 아니다. 나는 매일 아침 출근할 때 구두를 닦아주는 야자수열매 모양의 머리에다 초콜릿 색 살갗을 한 전형적인 검둥이 앤디 돗슨의 투표권을 인정하지 못하듯이, 북부 양키들의 지원을 받고 있는 계몽된 흑인 부커 워싱턴의 투표권에 대해서도 강력히 반대하는 바이다. 교육의 유무와 관계없이 흑인이 시민권이라는 최고의 기능을 수행하는 데 적합하리라고는 상상조차 해본 일이 없다."[4]

동서고금을 통해 모든 지배계급이 그러했듯이, 지배계급의 위치에 있는 남부 백인들은 피지배계급(동시에 피지배 인종)에게 자신들과 동등한 권리를 부여하려 하지 않는 것이다. 이들은 자신들처럼 같은 편견을 갖고 있고, 제도에 따른 사회적 불평등을 받아들이는 단체나 모임에 나가서는 탁 털어놓고 그 사실에 관해 이야기할 것이다. 지배계급이나 피지배계급 그 어느 쪽에 위기가 오더라도, 이들은 피지배계급이 날 때부터 선천적인 결함이 있다는 말도 안 되는 위선을 부려 자신을 방어하고 정당화한다.

19세기에 일어난 보통교육과 참정권 확대를 위한 운동은 특권과 권력을 평등화하려 함에 있어 점증하는 합리주의와 도덕적 이상주의의 잠재력과 한계성을 동시에, 그것도 아주 극명하게 보여준다. 보통교육의 원리는 중산층의 이상주의자들이 시작한 민주화 운동의 산물이다. 이 운동은 민주주의 원칙이 요구하는 바대로 산업노동자들이 참여할 수 있는 기회는 차단된 채 중산층에 의해 좌지우지되기는 했지만, 그럼에도 불구하고 보통교육의 이념은 나름대로 모든 계급에게 이익이 되는 바가 있었고, 또 노동자계급이 중산층에 맞서 민주화 운동을 자기들 편한 대로 하지 못하도록 막을 수 있는 자립 능력과 지적 능력을 가져다주었다. 진실된 이상주의는 교육의 혜택을 모든 계급에 가져다주는 데 큰 기여를 했지만, 여기에서 보통교육 제도의 수립이 보편적인 참정권(보통선거)의 수립에 비해 훨씬 용이했다는 것은 주목해둘 만한 일이다. 왜냐하면 교육이란 특권에만 한정된 문제라 볼 수 있지만, 참정권이란 특권과 권력이 동시에 결부된 문제이기 때문이다.

지배계급이란 그 속성상 권력의 상실 내지 약화를 가장 싫어한다. 그 이유는 권력이 바로 특권을 누릴 수 있는 원천이자 토대이기 때문이다. 지배계급은 권력을 장악하고 있는 한에서만 특권을 분배하거나 향유할 수 있으며, 또한 뭔가 베풀 수 있는 도덕적 만족감이나 사회에서 자신들의 탁월함과 우월감을 유지해갈 수 있는 실제적인 이득을 만끽할 수 있기 때문이다.

교육은 억압 계급에게 자신의 이해관계를 보호할 수 있는 체계적이고 효과적인 방법을 가르쳐준다는 점에서 강력한 잠재적 힘이긴 하지만, 지배계급은 교육을 통해 순종을 가르칠 수도 있다는 생각에서 보통교육의 실시를 인정한 것이다. 이와 유사한 바람이 무의식적으로나마 애덤 스미스의 보통교육 옹호론에서도 발견된다. "교육을 통해 일정한 지적 능력을 갖게 된 사람은 무식한 사람에 비해 예의 바르고 질서도 잘 지킨다. 그들 스스로 자신들은 무식한 사람들보다 더 존중

받아야 하며, 동시에 상급자로부터도 더 큰 인정을 받을 자격이 있다고 생각하는 것이다. (…) 그들은 뭐든지 좀 더 상세하게 알고 싶어하는 경향이 있으며, 알력과 분쟁의 이유 있는 불평을 더욱 잘 통찰할 수 있게 된다. 그리고 그들은 정부의 시책들에 대해 지나치게 불필요한 반대를 하지도 않게 된다."[5]

노예 교육에 찬성하는 주장이 서인도 제도의 한 선교사에 의해 표명된 적이 있다. "그들은 자신들의 행동을 바로 그들의 주인과 감독자들의 난폭한 언행을 통해 주로 배우기 때문에 (…) 선교사들은 그들의 감정을 순화하고 지속적인 의무 수행을 통해, 그리고 인간의 법을 지킴으로써 하느님의 명령을 따르게 해야 한다는 결론을 얻었다."[6]

지금까지 교육은 지배계급이 마음대로 사용할 수 있는 독점적인 선전 도구이거나 그렇지 않으면 피지배계급의 해방 수단이었던 점을 감안할 때, 지배계급이 교육의 특권을 일부 양보키로 했을 때 느꼈을 희망과 공포의 착잡한 감정을 이해하기란 그렇게 어려운 일이 아니다.

보통선거 실시의 문제는 앞서 언급했던 이유로 인해 더욱 극심한 논쟁의 주제가 되었다. 영국의 경우 노동계급의 소요로 인해 제정된 1832년의 '개혁법안(Reform Bill)'은 노동계급의 참정권을 완전히 박탈해버렸다. 1차 혁명 중의 러시아에서와 마찬가지로 영국의 경우에 있어서도 중산층은 노동계급의 도움으로 자신들의 자유를 획득할 수 있었음에도 불구하고 노동계급의 이익은 철저히 배제해버렸다. 그 이후 1888년 보통선거가 실시되기까지 영국은 사회적 혼란, 정치적 동요에 시달려야 했다.

그리고 특권계급은 단계적으로 산업 계급의 투표권이 확대될 때마다 참정권을 갖고 있지 못한 사람들은 원래 투표권을 행사하기에 적합치 않다는 구태의연한 이론을 들먹이면서 반대 의사를 분명히 하였다.[7]

하지만 여성에게는 여전히 투표권이 주어지지 않았다는 점에서 보통선거를 획득하기 위한 싸움은 아직 끝나지 않았다. 여성에 대해서도 무능력이 지적되었는데, 이에 맞서 자신들의 권리를 획득하지 않으면 안 되었다. 그리고 최소한 영국에서는 권리의 평등을 이루려는 싸움에서의 승리가 획득되기까지 도덕적·합리적 설득력 이외에 현실적인 투쟁의 요소도 중요한 역할을 했다.

지배계급은 자신들이 행사하는 권력과 특권을 정당화하기 위해 자신들의 특출난 지적 능력을 내세우는 것 말고도 또 하나의 위선을 저질렀다. 지배계급이 자신들의 특권을 정당화하기 위해 사용하는 논거는 사실 지적 우월성보다는 도덕적 우월성이다. 그래서 18세기와 19세기의 신흥 자본가계급은 자신들이 노동계급에 비해 더 큰 혜택을 누리고 또한 특권을 가질 수 있는 것은 근면하고 성실한 생활에 대한 정당한 보수라고 생각했다. 특히 신흥 자본가계급으로 하여금 자신들이 유한계급 및 노동계급에 비해 도덕적으로 우월하다는 주장을 입증하기 위해 19세기 정치 경제에서의 개인주의 및 청교도적인 프로테스탄트의 근면성을 끌어들였다.

결과적으로 이 같은 개인주의 및 절약과 근면에 대한 찬사는 역으로 노동계급의 빈곤이 그들의 게으름과 저축심의 결여에서 비롯된다는 믿음을 널리 확신시키는 데 중요한 기여를 했다. 예를 들어 뉴잉글랜드 보수주의의 지도자요, 변경 개척자의 정치에 반대하여 상공인의 이익을 옹호하는 예일대학교 총장 티머시 드와이트(Timothy Dwight) 같은 이는 노동자들에 대하여 "그들은 너무 게으르고 수다스럽고 열정적이며, 낭비도 심하고 무능력하기 때문에 재산도 명예도 얻지 못하는 것"이라고 서슴지 않고 말했다. 그러면서 다음과 같이 덧붙였다. "그들은 이상한 속설들을 맹신하기 때문에 의학, 정치, 종교 등에 대해 평생 동안 연구한 사람들보다도 잘 아는 척을 한다. 게다가 자신들의 사소한 관심사를 처리하는 것을 보면 유치하기 그지없으면서도 국가적 관심사를 공직자들보다 얼마든지 잘 처리할 수 있다는 자기만족에 빠져 있다."[8]

드와이트가 '재산과 인격'을 척도로 자본가계급의 우수성을 주창한 유일한 인물은 아니다. 자본가계급은 자신들의 계급이 유한계급과 달리 인격과 근면과 겸손, 그리고 절약 정신에서 얻어진 것이라고 자부한다. 그래서 이 같은 덕을 갖춘 사람이라면 누구든지 자신들처럼 될 수 있다고 확신하고 있다. 동시에 자신들처럼 되지 못하는 사람은 그 자체가 덕이 없는 사람이라는 증거라고 주장한다.

이러한 자본가계급의 신조는 그 생활환경에서 비롯된 것이며. 의식적인 가식이라기보다는 무의식적인 자기착각이라고 보는 것이 더 정확할 것이다. 산업 문명의 제반 사실은 경제적 불평등의 발생에 있어 경제적 힘의 불평등에 비해 절약이나 근면 등의 요인은 지극히 보잘것없다는 것을 잘 보여주는데, 만일 이런 것을 무시한 채 자본가계급의 신조를 계속 주장한다면 이제는 정직한 자기착각의 요소가 부정직한 가식으로 변질된다.

존 헤이(John Hay)는 약탈 자본주의의 부조리로 인해 발생했던 1877년의 노동자 소요가 노동자들이 돈을 바라기 때문에 일어났다고 주장하면서, 개인주의의 신조를 재확인하는 기회로 삼으려 했는데, 이제 이런 생각은 더 이상 정직한 것이라고 보기는 어렵다. 그의 전기를 쓴 테일러는 그에 대하여 이렇게 기술하고 있다. "그는 당대의 많은 사람들과 마찬가지로 재산권에 대한 공격은 선동에 의해 고무된 결과라고 생각했다. 선동자들은 언제나 정부와 법률에 반항하는 불량배와 범죄자, 깡패 등 사회의 쓰레기 같은 무리들을 자신의 수단으로 이용한다. 여러분이 재산을 갖고 있다는 것은 그만큼 여러분의 조상들이 앞을 내다보는 능력이 있었고 근면했다는 증거요, 만일 재산이 없다면 그것은 여러분의 게으름이나 낭비에 대한 심판인 것이다. 세계는 도덕적 세계이다. 만일 선한 자나 악한 자나 모두 같은 대가를 받는다면, 결코 도덕적 세계일 수 없다."[9]

자본의 이윤은 사회의 생산적 자본축적을 위하여 현재의 소비욕을 억제한 자본가들이 받는 사회의 정당한 보답이라는 사상은 생산적인 기업이 정상적인 수입으로 저축한 자본을 가지고 시작되었던 초기 자본주의 시대에는 나름대로 타당성을 갖고 있었다. 하지만 특권과 권력이 점차 집중화됨으로써 산업에 투자한 자본가들의 호사스런 생활수준이 계속 높아갔기 때문에, 현 특권의 불균등을 도덕적으로 정당화하려는 사상은 부정직한 것이 되었다.

우리는 생산을 위한 자본은 넘치고 소비를 위한 자본은 부족한 세계에 살고 있기 때문에, 자본축적을 위해서는 경제적 불균등이 필수불가결하다는 이론은 이제 경제적 타당성을 상실했다. 그럼에도 불구하고 이 낡은 이론은 개인의 덕성이나 사회적 기능과 자신들의 특권을 특별하게 연결 지으려고 하는 특권계급에 의해 아직도 사용되고 있다.

특권계급이 사회에서의 자신들의 특권을 정당화하기 위해 내세우는 도덕적 우월성이 항상 공리주의적 형태를 띠는 것은 아니다. 자본가계급은 절약과 근면의 사회적 유용성에 대해 널리 선전하고 찬양하면서, 자신들은 이러한 덕을 남들보다 특출나게, 특히 노동자들과 비교할 수 없을 정도로 많이 갖고 있다고 주장할 것이다. 이와 달리 귀족계급은 자신들의 우월성을 전혀 다른 바탕 위에서 내세운다. 그들은 공리주의적 미덕을 가지고 있기 때문이 아니라 오히려 전혀 갖고 있지 않기 때문에 자신들은 도덕적으로 우월하다고 주장한다. 그들은 노동자나 자본가의 근면을 포함하여 생계비를 벌기 위해 열심히 일하는 사람들의 근면에 대해서 멸시감을 갖고 있었다.[10]

이들은 유한계급의 생활양식을 찬양했고, 이 예절을 도덕의 범주로 파악했다.

귀족계급은 그 도덕적 태도에 있어 예절과 도덕을 혼동하는 경향이 있다. 이런 혼동은 그와 관련된 낱말들의 모호성에서 잘 나타난다. 영어에서의 '신사(gentleman)', '귀족(nobleman)'과 독일어에서의 '귀족의(adel)', '기품이 있는(edel)' 같은 단어는 모든 언어에서 찾아볼 수 있는, 가문이 좋다거나 행실이 좋다는 의미를 갖는 동시에 덕스럽다거나 신중하다는 의미를 갖는 좋은 사례이다. 유한계급의 한가한 생활 방식에 익숙한 사람들이 도덕적 미덕의 특권을 어떻게 자기 것으로 만드는지를 이 낱말들은 극명하게 보여주고 있다. 'villain(놈, 악한)'이나 독일어 'Kerl(놈, 악한)'의 이중적인 의미는 가난한 사람을 도덕적으로 무가치하게 여기고 있음을 여실히 보여주는 사례이다. 영어의 'gentle'도 동일한 모호성을 지닌 라틴어의 어원에서 온 것으로서 '가문이 좋다'와 '도덕적 의미에서 친절하다'는 두 가지 의미를 갖는다. 그리스어 'evyevns'는 원래 '좋은 가문'만을 의미했으나, 그리스 비극에서는 출생과 관계없는 고귀함을 뜻했다. 생활양식(예절)과 도덕을 혼동하는 귀족계급의 관습에 대한 유사한 사례들은 어느 언어에서든지 발견할 수 있는 것 같다.

영어 'generous(관대한)'는 라틴어 어근 'generosus'에서 온 것으로, 이는 관용이 귀족 특유의 덕으로 간주되었음을 나타낸다. 그럴 수밖에 없는 것이, 부자인 귀족만이 가난한 이웃들을 도울 수 있는 시간적·금전적 여유를 가질 수 있었기 때문이다. 베블런*은 지극히 냉소적인 관점에서 특권층의 관대함이란 것을, 자신들의 재력을 과시함으로써 동료들로부터 부러움을 자아내려는 억지 노력이라고 해석한다.[11]

- 소스타인 베블런(Thoretein Veblen, 1857~1929): 미국의 경제학자. 제도학파의 시조. 사회경제학적 입장에서 고전파 경제학, 한계 효용 이론, 근대 자본주의 문명, 가격 제도 등을 예리하게 비판함과 아울러 진화론적 경제학을 주장하여 '제도파 경제학(Institutional economics)'의 개척자가 되었다.

이는 부유한 유한계급*이 자신들이 박애 정신에 대해서 갖고 있는 도덕적 평가만큼이나 진실에 가까운 것이다.

우리는 이미 앞에서 박애심이란 진정한 연민을 권력의 과시와 결합시킨 것이란 점을 암시한 바 있으며, 특히 권력의 과시라는 요인은 왜 권력자들이 사회정의의 실현보다는 관대하다는 평가를 얻으려고 노력하는지를 잘 설명해준다.

귀족계급은 예술과 문화를 향유할 수 있는 한가함을 가질 수 있기 때문에 자신의 특권을 정당화함에 있어 유용한 수단을 갖게 된다. 이러한 예술과 문화의 향유는 세련된 형태의 막대한 낭비이며, 생계가 보장된 사람들의 권태로움에 의해 더욱 촉진되고 심화된다. 그럼에도 불구하고 사회적 불평등은 문화사의 성립에 있어서 대단히 기본적인 역할을 수행해왔기 때문에, 클라이브 벨(Clive Bell)은 높은 문화 수준의 전제 조건으로서 귀족적인 사회조직이 꼭 필요하다고 생각했던 것이다.[12]

예술과 문학은 수메르와 이집트의 한가한 사제 계층에서 최초로 시작되었다. 이들은 사제였기 때문에 군인 계급에 비해 훨씬 적은 노력으로 쉽게 사회에서 특권적 지위를 유지할 수 있었고 따라서 자유롭게 자신들의 여가를 직접적인 공리적 이익과는 전혀 관계없는 학문과 예술에 쏟을 수 있었다.

• 유한계급: T. 베블런이 최초로 사용한 말로서 엄밀한 의미에서는 산업자본주의가 금융자본주의로 이행하는 단계에서 생산의 부담으로부터 벗어난 이자 생활자나 자본가계급이 문화적·비생산적 활동에만 전념하게 되는 것을 의미한다.

그러나 문화의 발달을 위해 여가 시간이 필요하다는 것이 유한계급을 존속시켜야 한다는 충분한 논리적 근거가 될 수는 없다. 귀족계급이 산출해낸 모든 예술가들에게 주어진 지원금, 그리고 예술에 대한 두 명의 후원자가 내는 지원금은 천 명의 부랑아를 먹여 살릴 수 있는 금액이었다.

현명한 사회라면 예술이나 학문에 특별한 재능을 가진 사람들을 어떻게 지원할 것인가, 그리고 그들을 어떻게 생산적인 일에 종사시킬 것인가 하는 문제에 대해 잘 알고 있을 것이다. 여가를 누릴 능력을 가진 사람들에게는 여가를 갖도록 허용할 것이고, 저속한 일과 어리석은 일에 여가를 낭비하는 수많은 유한계급 무능력자들 가운데 드물게 한 명 정도의 창조적인 천재가 난다고 해서 그들 모두를 정당화하는 것은 용납되지 않을 것이다.

아무리 복잡한 사회일지라도 일정한 종류의 특권의 불균등이 없을 수는 없다. 이러한 불균등 중 일부는 사회적 기능의 원활한 수행을 위해서 불가피한 것이며, 또 다른 일부는 (그렇게 확실치는 않지만) 사회에서의 중요한 기능의 수행에 있어 정력과 근면을 촉진하는 데 필요할 것이다. 하지만 합리적인 특권은 이를 수행할 수 있는 기능과 능력에 부합되어야 한다. 만일 이러한 원칙이 완전한 평등주의(equalitari-anism)와 양립할 수 없다면, 마찬가지로 그것은 계급적 특권의 존속과도 양립할 수 없다. 특권계급은 세습에 의해 유지되기 때문에 공공의 복리를 위하여 그 특권들을 올바르게 사용할 수 있는 개인적인 능력은 간과된다. 게다가 전승된 특권의 정도는 사회적 역할을 수행하는 데 필요한 것과 아무런 상관이 없다. 따라서 세습에 의한 계급의 특권은 결코 합리적으로 정당화할 수 없다. 이런 방향으로의 모든 노력은 특권계급의 자기변명을 특징짓는 부정직이 되고 만다.

그 밖에 특권계급은 자신들의 특수 이익을 정당화하는 또 다른 방법으로 일반의 이익이라는 명분을 끈질기게 내세우고 있다. 앞에서 말한 것처럼 그들이 공익에 이바지하는 특별한 지적 능력과 도덕적 우수성을 갖고 있다는 자기기만은 그런 수법들 중 하나에 지나지 않는다. 이들이 더욱 선호하는 방법은, 자신들이 큰 이익을 보고 있는 기존의 사회조직을 사회 일반의 평화나 질서가 가장 잘 보장될 수 있는 조직인 양 선전하면서 자신들을 법과 질서의 수호자로 자처하는 것이다.

모든 사회는 그 본성상 질서를 원하고 분쟁을 회피하려는 경향이 있기 때문에, 특권계급의 그 같은 방법은 불공정한 '현상'을 유지함에 있어 매우 강력한 수단이 된다. 지금까지 그 어떤 사회든 간에 평화를 달성하기 위해서는 어쩔 수 없이 불의와 타협하지 않을 수 없었다. 따라서 부정과 불의에 맞서 싸우려는 사람은 언제나 평화를 위협한다는 도덕적인 비난을 받게 되는 불리한 입장에 놓인다. 설사 정의를 쟁취하려는 노력이 가장 평화적인 방법으로 수행된다 할지라도 특권계급은 온갖 수단을 동원하여 그들을 도덕적으로 불리한 궁지로 몰아넣으려 할 것이다. 특권계급은 그 같은 노력이 불안정한 균형 상태를 파괴할 위험이 있다고 주장하면서, 그 결과로서 나타날지도 모를 무정부적 혼란 상태를 두려워하는 척한다.

평화에 대한 열정이 항상 의식적으로 부정직할 필요는 없다. 한 사

204

회 내부에서 특권층은 자기들이 누리고 있는 특권을 자신들의 당연한 권리로 생각하면서 이에 따른 불평등이 특권 없는 사람들에게 미칠 영향에 대해서는 별다른 관심을 갖지 않는 경향이 있기 때문에, 당연히 특권층은 불공정한 현상에 대해 불만을 전혀 갖지 않는다. 따라서 그들은 어느 정도의 불의가 섞여 있는 평화를 교란하고 파괴하려는 모든 노력을 비뚤어진 불만에서 비롯된 것으로 간주해버린다.

게다가 그들은 자신들의 특권을 암암리에 유지시켜주고 있는 폭력과 강제력에 대해서는 제대로 인식하지 못하면서도, 그들에게 반대하는 사람들에 의한 폭력 사용과 폭행 위협에 대해서는 격렬한 비난을 퍼붓는다. 특권층이 사용하는 힘은 겉으로 드러나지 않는 경제력이거나 국가의 공공연한 경찰력이다. 이 경찰력은 겉으로는 국가의 일반적이고 공정한 목적들에 의해 성스럽게 포장되어 있지만, 실제로는 특권계급의 이익을 유지하고 강화하는 데 주로 사용된다. 그래서 특권계급은 노동자들의 파업을 폭력이라 하고 혐오하면서 이 같은 파업을 진압하기 위해 국가에 폭력(공권력)을 요청할 수 있고, 또 그렇게 하고 있는 것이다.

노동쟁의 과정에서 발생하는 폭력 행위에 대해 자본주의사회의 신문들이 보여주는 한결같은 반응은 폭력적 방법을 사용한 것에 대한 유감스러운 혐오와 격렬한 노동자들을 진압하기 위한 군대의 출동 요청이다. 특권층은 국가의 경찰력을 거리낌없이 자기방어와 공격 기관으로 생각하고 있기 때문에, 신문의 그 같은 논조는 하등 이상할 것이 없다.

노동쟁의를 막기 위해 구사대와 같은 회사 내부의 폭력 기관을 사용한 것은 미국에 있어서 잔혹한 탄압 이상의 것을 의미한다. 19세기 영국 역사를 살펴보면 특권계급이 공공연하게 폭력을 행사한 사례를 수없이 찾아볼 수 있다. 그들은 비특권계층의 폭동을 진압하기 위해 국가 경찰력의 도움을 받았다.

노동자들의 격심한 빈궁과 빈약한 빈민 구호 대책으로 인해 발생했던 1830년의 "햄프셔 폭동(Hampshire Riots)'이 있고 나서 9년이 지난 뒤에 웰링턴*은 자신이 국가의 경찰력을 증가시킨 경위에 대해 다음과 같이 덤덤하게 보고했다. "나는 장관들에게 지시하기를, 직접 말을 타고서 채찍과 권총, 엽총 등으로 무장한 하인들, 마부들, 사냥꾼과 사냥터지기들을 선도하여, 필요하다면 일거에 혹은 단독으로라도 이들 폭도들을 공격하여 때려눕히고, 미처 도망치지 못한 놈들은 모두 투옥하라고 했다. 이는 대부분 활기차게 수행되었으며, 놀랄 만큼 빨리 전국은 조용해졌다. 그리고 이 일을 수행한 절차도 신사도의 정신에 따라 최선이었다고 할 수 있다."

그는 국가의 평화를 파괴하려 했던 개혁의 선동자들은 프랑스의 '자코뱅당'에서 은밀한 자금을 지원받는 앞잡이들이라고 몰아붙였다. 이처럼 국가의 평화를 수호하기 위해서는 초법률적인 방법을 써도 무방하다는 그의 주장에는 상당히 '현대적인' 정치술이 나타나고 있다.

• A.W. 웰링턴(A.W. Wellington, 1769~1852): 영국의 군인, 정치가. 1812년 나폴레옹의 러시아 원정을 계기로 프랑스군을 이베리아 반도에서 몰아내고 프랑스로 추격하여 1814년 파리에 입성했고, 공작의 칭호를 받았다. 1828~30년 동안 수상을 지냈으며, 햄프셔 폭동도 그의 재임 기간에 일어났다.

당시 개혁 선동의 직접적인 목적이 더 이상 필요 없는 부패한 선거구의 철폐와 공평한 투표권의 보장에 있었다는 것을 감안할 때, 웰링턴 공작이 개혁선동가들에 대해 증오와 공포심을 불러일으킨 진정한 동기들을 아주 솔직하게 인정했다는 점은 대단히 흥미로운 사실이다. "나는 부패 선거구에 대해 찬성한 30명에게서 국가의 부가 현재의 상태로—해외 식민지에 대한 지배권, 해외에서의 우리 나라의 명예, 왕의 백성들에 대한 깊은 신뢰감 등—보존되기를 바라는 사람들을 보게 된다."[13]

계급 분화가 유럽의 다른 나라들에 비해 덜 이루어져 있고, 계급 간의 대립 양상도 오래된 공업 국가들처럼 그렇게 심화되지 않은 미국은 특권계급이 법과 질서를 지키기 위해 쏟는 열정을 분석하는 데 아주 흥미 있는 사례를 제공해준다. 미국 역사에 있어 아주 초기에 해밀턴** 계열의 상인층과 제퍼슨 계열의 농민층 및 개척자들 간에 일어났던 열띤 논쟁은 해밀턴 계열이 1798년에 엄격한 외인법과 치안방해법을 제정함으로써 그 절정에 도달했다. 이 법률은 제퍼슨 계열을 지지하는 아일랜드와 프랑스 이민자들의 시민권을 박탈하고 프랑스인의 소송에 대해 제퍼슨계가 공감하는 것을 막도록 하는 데 그 목적이 있었다.

이처럼 이 법률이 명백히 한쪽으로 치우쳐 있음에도 불구하고 뉴

●● 알렉산더 해밀턴(Alexander Hamilton, 1757~1804): 미국의 정치가. 헌법안 비준을 위해 많은 논설을 발표했으며 워싱턴 대통령 밑에서 초대 재무장관이 되어 미국이 지금과 같은 대공업국이 될 수 있는 건전한 재정의 기초를 닦았다.

욕의 행정 당국은 "치안방해법에 대해 비판을 가하는 사람이 있다면 사회의 질서와 평화를 유지하기 위해 마련되는 모든 법안에 불복하는 사람으로 간주하고 엄벌에 처하겠다"[14]고 공표하기까지 했다. 게다가 해밀턴 계열의 한 주교는 시대와 나라를 막론하고 지금까지 권위에 대한 복종을 설득시킬 때 널리 이용되어온 성경의 한 구절, "모든 사람은 권세 있는 상관에게 순종하라. 모든 권세는 하느님으로부터 말미암으리라"를 인용하면서 점잖게 설교하기까지 했다.

미국에서의 계급적 이해는 이미 독립전쟁이 있기 전에 정치적으로 표출되고 있었고, 당시의 특권계급은 법과 질서의 옹호를 호소하면서 혁명적 기운에 대항했다. 패링턴*은 미국의 토리당에 대해 이렇게 이야기한 바 있다. "한마디로 압축해서 말하자면 토리당의 철학은 권력의지의 표현이다. 그 배후에 놓인 동기는 경제적 계급 이익이요, 그 목적은 국가라는 수단을 이용해서 사회를 착취하는 것이었다. 이렇게 폭로해버리면 그 철학은 이제 더이상 유용성을 갖지 못한다. 왜냐하면 이 철학은 혜택을 받지 못한 사람들에 의해 신랄한 비판을 받게 되기 때문이다. 따라서 헐벗은 부분을 꿰매기 위해서는 세련된 바느질 솜씨가 요구되었다. 애국심, 충성심, 법률, 질서로 장식된 그 철학은 영국 헌법이라는 법복을 입었을 때 꽤 존경스러운 외양을 갖추게 되었고 대단히 인상적이었다."[15]

• 버넌 루이스 패링턴(Vernon Louis Parrington, 1871~1929): 미국의 영어학자, 비평가. 그의 대표작《미국 사상의 주류》는 20세기 전반의 미국 문예사조에 깊은 영향을 끼쳤다.

토리당의 가장 대표적인 인물이면서 성공회의 신부인 조너선 바우처(Jonathan Boucher)는 여러 저작물을 통해 토리당의 위선을 보여주는 내용의 글을 우리에게 전해준다. "정부에 대한 복종은 모든 사람에게 이득이 됨과 마찬가지로 모든 사람의 의무이기도 하다. 하지만 이런 의무는 특히 기독교인들에게 강하게 부과된다. 왜냐하면 복종은 하느님의 적극적인 명령에 의해 이루어지는 것이기 때문이다. (…) 법에 대한 존중은 가장 합리적인 의미에서의 자유에 대한 존중이다. 그 까닭은 자유란 법에 대한 복종 위에서 성립할 수 있기 때문이다." 게다가 그는 노동자들에 대해서 언급하는 가운데 노동자들의 불만을 그들의 부덕의 소치로 돌리는 부정직한 일을 저지르면서도, 이러한 부정직을 법과 자유의 이름으로 정당화하려는 위선을 저질렀다.

"그리고 노동계급은 부자들을 자신들의 보호자이며, 후원자이고 시혜자로 보지 않고, 그 대신 엄청난 거인으로 간주한다. 더 심한 비난거리는 하층계급이 근면하고 성실하고 온순한 대신에 (사실 그들이 차지하고 있는 지위를 생각하면 이러해야 함에도 불구하고) 게으르고 낭비가 심하며 방탕하다는 것이다."[16]

이제 우리의 시선을 미국 역사의 후반부로 옮겨보자. 당시에 정부가 동부의 상인계급에 이용당하자 서부의 농민들이 인민주의(populism)의 깃발 아래 브라이언**을 지도자로 내세우고 반기를 들었다. 이러한

** 윌리엄 제닝스 브라이언(William Jennings Bryan, 1860~1925): 미국의 정치가. 민주당 대통령 후보로 세 번이나 출마했으나 모두 낙선했다. 서부 농민의 이익 옹호와 혁신주의를 제창했으며, 윌슨 대통령의 국무장관을 지내면서 대 독일 외교에 있어 평화 노선을 주장했다.

농민들의 움직임에 대해《네이션(The Nation)》창간자요 편집자이자 지성적이고 자유주의적인 정치평론가인 가드킨*은 정부에 대해 불만을 품은 농민들에게 격렬히 반대하면서 농민들의 행동은 무정부적인 것이라고 비난한다. 낡은 시대의 사악한 정치적 수법을 사용하려는 세력에 대한 그의 비판적 태도가 불의에 대한 당연한 저항으로서의 농민 폭동을 이해하는 데에는 아무런 도움도 주지 못한다. 농민들이 무장을 하고 거세게 반란을 일으킬 기미가 보이자 그는 다음과 같이 선언했다.

　　지난 2~3년간의 이 같은 예기치 못한 폭동 사태는 적어도 외국 출신들이 많아서 선동이 성공을 거두고 혁명 이론이 공공연히 설파되고 있는 도시들에 국한되는 일만은 아니란 사실을 여실히 보여주고 있다.[17]

브라이언의 연설에서 제안된 은화의 자유로운 주조가 '부채에 대한 대담하고 사악한 지불 거부 음모'로 간주되었다는 사실은 가드킨과 같은 자유주의자조차도 정의롭지 못한 표준 화폐 제도를 선호했음을 보여준다. 왜 이 제도가 정의롭지 않은가 하면, 그 제도는 채무자들에게 가치가 하락한 통화로 부채를 갚도록 강요함으로써 인플레의 혼돈을 가중한다.

---

* 에드윈 로런스 가드킨(Edwin Lawrence Godkin, 1831~1901): 미국의 언론인, 수필가. 남북전쟁 기간 동안《런던 데일리 뉴스(London Daily News)》와《뉴욕 타임스(New York Times)》의 통신원으로 활약했으며 1865년 주간지《네이션》을 창간했다.

여기에서 가드킨은 중산층 지식인 특유의 전형적인 소심성을 드러내고 있다. 그는 1896년의 민주당 전당대회와 관련하여 다음과 같은 논평을 했다. "전 국민은 민주당의 정신 나간 행태들을 우려와 불안한 마음으로 지켜보면서, 올 11월이 오면 민주당의 선동적인 교리에 종지부를 찍을 일만을 고대하고 있다." 특히 가드킨이 민주당에 대해 가장 신랄하게 퍼부은 비난은 아마도 연방법원이 명령을 남용한다고 항의했던 민주당의 활동과 깊이 관련되어 있다.

"이 같은 법정에 대한 공격은 혁명가들의 본능이 어떠한지를 적나라하게 보여준다. 혁명가들은 자신들의 가공할 적들에 대해 잘 알고 있다. 사법부의 판결은 계속해서 혁명적 입법의 독소 조항들을 뽑아내었다."[18]

여기에서 우리는, 가드킨과 같이 현명한 사람조차 사법부가 공평성이라는 위상 때문에 계급 지배의 도구가 될 수 있음을 파악할 수 없다면 계급적 이익이 얼마나 정치적 견해를 착색했는가를 깨달을 수 있다.

브룩스 애덤스(Brooks Adams)는 사법부와 정치의 관계에 대해 다음과 같이 말했다.

"정치란 다수를 점하는 계급이 권력을 장악하려는 투쟁이다. 헌법은 (…) 판사들에 의해 해석된다. 그리고 이러한 해석 기능은 본질상 정치적이므로, 수세기 동안 그렇게 제거하려고 노력했던 그런 성질의 압력이 판사들에게 가해진다. 미국의 대법원은 애초부터 가장 치열한 논란이 되었던 정치적 이슈들을 다루었기 때문에 정치적 승리를 위해서는 꼭 필요한 도구가 되었다. 결국 대법원은 언제나 공공연하게 당파성을 갖고 있었고, 지금도 마찬가지이다."[19]

애덤스의 주장에 있어 사법부의 편파성이 유독 미국에만 국한된다는 주장은 인정할 수 없지만 나머지에 대해서는 나도 전적으로 동감이다. 브라이언과 민주당에 대한 가드킨의 반대 운동에서 특징적인 사실은 그처럼 공정한 사람도 브라이언이 제창한 비교적 순수하고 평화적인 정치적 견해에서 무정부적 경향과 혁명의 위험을 강하게 느꼈다는 점이다. 진보적 성향을 띠는 계급에 대해 무정부주의와 혁명 분자의 오명을 덮어씌우는 것은 분명 계급적 편견을 드러낸 것이다. 브라이언이 패배한 다음 날 《뉴욕 트리뷴(The New York Tribune)》은 이렇게 말하고 있다.

> 이 사악하고 머리가 텅 빈 브라이언은 (…) 무정부주의자인 알트겔트와 혁명주의자 데브스 및 그 일파에 속하는 불량배들의 피 묻은 손에서 놀아나는 꼭두각시일 뿐이다. 그는 자청해서 그들의 제자가 되었다. 브라이언, 그는 자발적이고 열정적이었다.[20]

인간의 마음은 너무나 연약하여 쉽게 정념이나 열정에 사로잡히기 때문에, 무정부 상태 및 혁명에 대해 특권계급이 지닌 공포가 얼마나 솔직하고 참된 공포인지는 알 수 없다. 왜냐하면 이런 공포도 결국은 사회적 사실들에 대한 불완전한 입장에서 설명될 수밖에 없기 때문이다. 게다가 우리 인간은 위에서 말한 특권계급의 공포감이 과연 어느 정도까지 진보적 계급을 궁지로 몰아넣기 위한 의도적인 시도인지를 알지 못한다. 예를 들어서 1894년 조지프 초트(Joseph Choate)가 대법정에서 새로운 소득세법에 대해 "공산주의적이요, 사회주의적이요, 인민주의적"[21]이라고 비난을 퍼부었을 때 과연 그가 정직한 마음에서 그렇게 했는지 의심하지 않을 수 없다.

다른 한편으로 조용하고 기품 있는 뉴잉글랜드를 만드는 일에 열중했던 홈스*가 서부 지역에서 확립되어가고 있던 정치적 정의가 동부에서도 확립될 수 있기를 호소하면서 "우리는 문명의 행진을 인도해줄 선동자의 구름기둥(낮)이나 불기둥(밤)을 원하지 않는다. 또한 우리는 우리의 갈등을 해소해주지 않고 모두를 태워 없애버릴 기름을 나오게 할 모세 같은 구원자를 원하는 것도 아니다"[22]라고 선언했을 때, 그는 마치 어떠한 변화든 혐오하는 마음 편한 노인네의 정직한 성격을 나타내고 있는 듯하다. 선동가들의 부정직한 호소와 더불어 정직한 사람의 편견도 정치에서의 윤리적 관계에 큰 해악을 끼치는 까닭에 지금까지 도덕가들은 정치 생활에서의 불의를 피하는 방법으로서 정직의 중요성을 지나치게 강조해왔는지도 모른다.

미국의 특권계급이 무정부 상태를 두려워하고, 또 스스로 평화와 질서의 수호자로 자처하고 있다는 사실이 나름대로 큰 의의를 갖는 이유는, 미국이란 나라가 유럽의 오래된 국가들처럼 계급의 분화가 크게 심화되지 않은 나라라는 데 있다. 다른 국가들의 역사를 살펴보

● 올리버 웬들 홈스(Oliver Wendell Holmes, 1841~1935): 미국의 법학자, 변호사. 자유주의자로 프래그머티즘을 법 해석에 적용했으며, 그의 판결과 저작은 법학, 헌법 해석에 많은 기여를 하였다.

면 이처럼 특권계급이 무정부 상태를 두려워하면서 스스로를 평화와 질서의 수호자라고 부르는 일들이 허다하다.

예를 들어 1819년 영국에서 선거 개혁을 요구하다가 정부 당국에 의해 주동자들이 무참히 학살당한 맨체스터 사건 이후, 영국의 특권계급은 선동자들에게 가한 무자비한 폭력에 대해 후회하기는커녕 선동자들에 의해 앞으로 저질러질지 모르는 폭력만을 두려워했다. 그래서 앞으로의 더 큰 폭동을 막기 위해 가장 탄압적인 치안법안이 통과되었고, 레데스데일(Redesdale) 공작은 이와 관련하여 "급진적 개혁을 모의하는 모든 회합은 기존의 헌법에 비난을 가하고 위해하려는 난동 계획일 뿐만 아니라 헌법에 대한 명백한 반역 음모 행위이다"[23]라고 역설했다.

프랑스 대혁명이 일어났던 1789년부터 시작하여 1888년까지 종결되지 않고 계속되었던 영국의 선거권 개혁 운동은 토리당의 강한 반대에 부딪혔다. 토리당 사람들은 선거권을 단계적으로 확대할 때마다 무정부 상태가 될 것이라고 반복해서 주장했다.[24]

그리고 지금까지 정부와 정부를 좌지우지하는 지배계급은 실제로 무정부 상태에 빠질 위험이 높다고 판단되면 언제든지 불만 요인의 해소와 해결에 의해서가 아니라 폭력의 사용을 통해 평화를 되찾는 방법을 애용해왔다. 영국의 한 역사가가 19세기 초 영국에서의 개혁 운동에 따른 혼란과 관련하여 쓴 글을 살펴보자.

정부가 1817년에 저지른 가장 큰 잘못은 선동의 참된 원인을 찾아서 해결하려 했다기보다는 그저 탄압만을 계속한 데 있다. 사실 선동을 해결하기 위해서는 정부가 납세자 일반의 부담을 경감시키기 위해 국가 재정을 절약하거나 빈곤층의 납세 부담을 부유층으로 옮기는 정책을 실시해야 했다.[25]

이러한 비판은 1817년의 영국 정부에만 해당되는 것이 아니고 동서고금을 통틀어 모든 정부에 타당하게 적용될 수 있다.[26]

정치권력과 사회적 특권의 보다 균등한 분배를 추구하는 진보적인 계급들에 의해서 무정부 상태가 초래될 위험이 거의 없고 폭력 사용의 가능성 또한 전혀 없던 경우에조차, 특권계급은 항상 진보적인 계급들은 자신들이 바라는 그 권리들을 누리기에 적합치 않다는 이유로 무정부 상태가 초래될 것이라고 생각하며 공포에 떨고 있다. 영국의 한 지식인은 인도에 관한 글을 쓰는 가운데 어느 시대에서나 특권계급에서 발견할 수 있는 무질서에 대한 두려움과 거의 유사한 예언을 하고 있다.

우리가 인도에 대한 통치를 중단하는 순간 인도에는 생각할 수조차 없는 혼란이 초래될 것임을 알고 있기 때문에, 인도에서의 유일한 희망은 우리 영국이 오랫동안 자애롭고도 강력한 통치를 계속해주는 것뿐이다. 존 스튜어트 밀* 같은 사람도 "인도에 있는 영국 정부는 그 의도

---

* 밀(John Stuart Mill, 1806~73): 영국의 철학자, 경제학자. 그의 중요 저서 《논리학 체계 A System of Logic》는 F. 베이컨이 이룩한 귀납법의 논리를 완성한 것으로, 자연

에 있어서 인류가 알고 있는 가장 순수한 것이며, 그 실천에 있어서는
가장 자애롭다"고 말한 바 있다. 나는 이 말이 지금까지도 진실임을 전
혀 의심치 않는다.[27]

이런 식의 판단을 내리게 되면, 지배 국가의 교만과 지배계급의 오
만이 자연스럽게 연결된다. 영국이 설사 지금까지 이룩한 업적을 통
해 어느 정도 정당성을 획득했다고 하더라도, 지배계급은 자신들이
정부에서 차지하는 우월한 권세의 기초가 되는 경험을 함께 공유하지
않으려 하기 때문에 그 정당성은 사라지고 만다.

지배계급의 평화에 대한 호소는 워낙 끈질기고 폭력과 무질서를
본능적으로 혐오하는 듯이 보이기 때문에, 마치 지배계급이야말로 가
장 순수한 평화주의적 원리에 따라 행동하는 것으로 착각하기 쉽다.
하지만 국제 문제에서 그들이 보여주는 가차없는 반평화주의적 행동
을 생각해보면, 우리는 그들의 평화에 대한 호소가 얼마나 위선적인
가를 금방 알 수 있다. 그들은 국내의 평화는 그렇게 간절히 호소하면
서도 다른 나라와는 사소한 국경 문제만 발생해도 쉽게 전쟁을 일으
킨다. 어떤 때에는 특수한 경제적 이해관계가 그들의 호전성을 자극
하기도 하고, 또 다른 때에는 전쟁의 열기를 고조시켜 이에 따른 맹목
적인 애국심을 고취함으로써 자신들의 이해관계와 일반적인 국민 복

    과학을 연구하는 데 필요한 방법론을 제시한 저작이다. 1866년 런던에서 하원의
    원에 선출되어 노동자에게도 선거권을 줄 것을 주장했고, 비례대표 제도 설치를
    역설했다.

지를 동일시하여 평상시에는 전혀 상상할 수 없을 정도로 효과적으로 국내의 정치를 안정시킬 수 있기 때문에 지배계급은 전쟁을 선택하기도 하는 것이다. 지금까지 역사를 살펴보면 수없이 많은 지배계급들이 절묘한 시기에 전쟁을 일으켜서 위기로부터 벗어나곤 했다.

러시아의 귀족계급은 제1차 세계대전 기간 동안 통치자들의 무능과 부패에서 비롯된 민중들의 비참한 생활을 전쟁을 통해 해소하려는 음모를 갖고 있었다. 그러나 이때는 러시아 사회의 해체가 너무나 급속하게 진행되는 바람에 그 같은 음모는 실패로 돌아가고 말았다.[28]

일반 국민의 편견이나 위선, 부정직 같은 태도는 국가에 대한 충성심에 의해 기본적인 특징이 결정된다. 하지만 특권계급과 지배계급은 자신이 속한 계급에 대한 충성심에 크게 영향받지 않는다. 물론 특권계급의 성원들도 공동의 특권이 위협에 처하게 되면 계급에 대한 충성도 할 수 있고, 단결된 행동도 취할 수 있다.

하지만 특권계급은 일반 국민이나 프롤레타리아 계급이 자신들의 집단으로부터 받는 압력에 비해 훨씬 약한 압력만을 받을 뿐이다. 특권계급의 태도는 주어진 환경이 가하는 획일적인 영향과 이해관계가 태도와 신념에 미치는 불변적인 영향을 반영할 뿐이다. 따라서 특권계급의 집단적 이기주의(group egoism)는 종종 이타적이고 자기희생적인 충성심도 포함하는 국가적 이기주의에 비해서 개인적 이기주의의 성향이 강하게 드러난다. 이것이 의미하는 바는 계급적 편견의 비윤리성이 국민적 편견에 비해서 훨씬 용이하게 이성에 의해 해소될수 있다는 것이다. 그럼에도 불구하고 그 과제는 합리적 도덕가들이 주장하는 것처럼 쉽게 달성되지 않는다. 이들은 대부분 부유층 출신이기 때문에 사회정의의 절박함에 대해 깊이 느끼지 못한다.

특권계급의 가식 중에서 일부는 의식적인 부정직에서 나온 것이지만, 나머지 대부분은—그 계급이 사회에서의 자신의 입장을 방어하기 위해서 흔히 호소하게 되는 이성, 종교, 문화 등의 기준이 그 계급의 당파적인 경험과 세계관의 산물이며, 결정적인 영향을 받는다는 사실에 비추어 볼 때—무의식적이라 할 수 있다.

한 계급의 지성인이 이성과 정의의 '법정'에 호소할 때, 그 법정이 내리는 판결들은 '공정성'이라는 특권을 갖고 있기 때문에 더 위험하다. 뛰어난 지성과 예리한 이성적 분별력은 어느 정도의 계급적 편향성을 극복해낼지 모른다. 지성이나 이성 등은 계급 내의 대다수 사람에게 지성과 양심을 혼란시키는 도덕적 환상들을 통찰할 수 있는 개인들의 수를 늘려주기는 할 것이다. 또한 계급 대다수가 확신하고 있는 바에 대한 일정한 (지성적·합리적) 제약을 가함으로써 계급 간의 불가피한 투쟁에 이성적 요소를 집어넣을 수도 있을 것이다.

그럼에도 불구하고 이성이나 지성은 궁극적으로 계급적 이기주의를 철폐할 수 없다. 흄*은 이기주의가 인간 본성의 유일무이한 경향은 아니지만 지배적인 경향이기는 하다는 격률이 실제로는 진리가 아니지만 정치 현실에서는 참이라고 인정했다.[29]

• 데이비드 흄(David Hume, 1711~76): 영국의 철학자, 역사가. 정신적 실체를 '관념들의 묶음'이라고 보고, 그 객관성을 부인하고 회의적 경험론을 주장했다. 사회와 국가의 성립에 관한 계약설, 무역론·화폐론에 선구적 고찰을 했다.

그는 이 격률이 정치 현실에 있어서 진실인 이유에 대해 다음과 같이 설명한다. 집단 행동은 언제나 다수 의견에 의해 좌우되는데, 대다수는 항상 이기주의적 동기에서 행동하기 때문이다.

인류의 역사를 읽어보면, 흄의 이런 주장을 반박할 만한 증거를 찾을 수가 없다. 따라서 계급적 특권에서 비롯되는 사회 불의를 도덕적 설득이나 설교만으로 치유할 수 없음은 자명한 사실이다. 이 사실은 사회 불의로 인해 가장 많은 피해와 고통을 당한 프롤레타리아 계급이 수세기 동안 엄청난 좌절을 몸으로 겪으면서 최종적으로 도달한 결론이자 신념이다.

6. 프롤레타리아 계급의 윤리적 태도

과거의 모든 사회는 사회체제에 의해 희생당하는 사람들의 심각한 저항에 부딪히지 않고 사회 불의를 지속적으로 영속시켰다. 물론 고대에도 노예들의 반란이 있었고, 중세에도 농민 반란이 있긴 했지만, 이런 일은 지극히 드문 일이었고 일반적으로 별다른 영향을 주지도 못했다. 이 같은 반란이나 폭동들은 굶주린 사람들의 반항적인 열정이었지만, 그들은 자신들의 노력에 존엄성과 지속성을 부여해줄 사회철학이나 당면 문제를 해결해갈 수 있는 정치적 전략이 없었다. 농노들이 기아와 궁핍을 더 이상 참지 못하고 일으킨 산발적인 반란이 고대와 중세의 하층 계급의 특징이었던 순종적인 태도를 실질적으로는 전혀 바꾸어놓지 못했다.

근대 노동계급의 도덕적 태도를 특징짓는 도덕적 냉소주의(moral cynicism), 평등적 이상주의(equalitarian idealism), 반항적 영웅주의(rebellious heroism), 반민족주의(anti-nationalism), 국제주의(internationalism) 및 가장 충성해야 할 공동체로서 자신들의 계급을 찬양하는 행위 등은 모두 산업 시대, 즉 자본주의 시대의 산물이다. 물론 이것들 중의 일부는 정치적 투쟁을 통해 얻어진 자유민주주의 운동의 성과이기도 하다. 왜냐하면 귀족계급에 대항하여 자본가계급이 벌였던 이 운동은 비록 노동자들을 주요한 혜택에서 배제하기는 했지만, 그럼에도 불구하고 최소한의 교육 기회를 제공함으로써 독자적으로 정치적·경제적 현실을 볼 수 있는 능력과 시야를 넓혀주었다. 사실 이런 능력과 시야는 과거의 피지배계급에서는 찾아보려야 찾아볼 수 없는 것이었다. 이는 주로 근대 자본주의와 산업주의가 가져다준 성과였다.

중세의 사회조직은 인격적*이었다. 지주와 농노, 장인과 직공 등의 관계는 직접적이었으며 때로는 인간적으로 친밀하기까지 했다. 그래서 이러한 관계에 담겨 있는 사회적 불의와 불평등은 인격적 특성에 의해 완화되거나 흐려지기까지 했다. 실제로 지주나 장인이 느끼고 있었던 인격적 책임 의식은 그 관계의 비윤리성을 상당히 약화시켰다. 그리고 전통적인 '부인 자선가'의 감상적인 자선 행위는 도덕적 성과의 척도에 혼란을 더했다.

기술 중심적 문명의 발전은 소유와 권력의 집중화 현상을 초래했다. 이에 따라 소유자의 책임감이 소멸하고, 개개인의 노동자는 대중사회 속에 매몰되었으며, 주식 소유의 메커니즘과 대량 생산기술의 발전으로 산업 관계에서의 인간적 요인들이 모호해졌다. 이런 식으로

---

* 여기서 '인격적(personal)'이라 함은 도덕적·인간적 존중의 의미를 담고 있는 것이 아니라 근대사회처럼 조직이나 체제에 의하지 않고 미분화된 상태에서의 인간 관계의 직접성을 의미한다. 더 상세한 의미 내용은 계속되는 문장을 읽어가면서 이해하면 된다.

인간관계가 기계화됨에 따라 인간 활동의 경제적 동기는 증폭되고 더욱 노골적으로 표면화되었다.

이제 애덤 스미스가 말했던 '경제적 인간'이란 추상적 개념은 살아 있는 구체적 현실로 전환되었다. 게다가 생산 방법과 통신수단의 획기적인 발전으로 인해 사회적 유대가 고도로 강화되고, 소유 계급과 노동계급에 대한 중앙집권적 통제가 더욱 심화하였다. 이러한 전반적인 발전의 결과로서 일정한 경제적 상태에 있는 개인들이 더욱 뚜렷한 자기의식을 깨닫고서 사회·정치 집단에 가담함으로써, 그리고 자신들의 공통된 집단적 이해관계를 표현할 수 있는 수단을 갖게 됨으로써 자본가계급과 노동자계급간의 갈등과 적대감은 더욱 첨예하게 나타나기 시작했다.[1]

위에서 말한 산업 문명의 엄청난 발달이 가져다준 파급 효과는 현대 프롤레타리아 계급의 사회적·정치적 태도에서 생동적으로 나타나고 있다. 이러한 태도를 가장 명확하게 정식화하여 표현한 것이 마르크스의 정치철학이다. 마르크스에 대해서 비판적인 견해를 가진 사람들은, 마르크스주의는 프롤레타리아의 자연스러운 정치철학이라기보다는 그들을 감염시켜 병들게 한 일종의 질병이라고 주장할지 모른다.

예를 들어 그들은 계급투쟁이란 사상은 노동자의 투쟁 경험의 산물이 아니라 역으로 그 사상이 노동자의 투쟁을 불러일으키고 있다고 비난할 것이다. 이러한 비판이 일말의 타당성을 갖고 있다고 하더라도, 아니면 적어도 그럴듯해 보인다고 하더라도, 마르크스적인 사회주의는 산업노동자가 사회와 역사에 대해서 느끼고 있는 바를 정말로 올바르게 표현하고 해석한 것임은 틀림없다. 만일 그렇지 않다면 이 이론이 자기의식적이고 정치적으로 각성한 산업노동자들의 공인된 사회·정치철학이 될 수 없었을 것이 분명하기 때문이다.

각양각색의 정치적·경제적 사회 환경으로 말미암아 사회주의 이론은 나라와 시기에 따라 상당한 차이를 보일지 모른다. 하지만 그럼에도 불구하고 다소간 마르크스주의적인 사회주의가 서구 문명하의 산업노동자의 정치적 신조가 되고 있음을 부인하기란 불가능할 것이다. 지금은 미국의 노동자는 예외인 듯이 생각되겠지만, 이러한 사실도 미국 자본주의의 완전한 성숙은 불가피하게 마르크스주의적인 프롤레타리아의 등장을 초래하게 될 것이라는 확고한 예언을 정당화함으로써 얼마든지 설명될 수 있다.

정치적으로 각성된 의식을 가진 노동자들의 태도를 윤리학적으로 분석해보면, 가장 눈에 띄는 특징은 아마도 도덕적 냉소주의와 평등주의적인 사회적 이상론이 결합되어 나타나는 것이라 할 수 있을 것이다. 산업노동자는 인간의 도덕성에 대한 신뢰를 갖고 있지 않다. 하지만 이 때문에 그들이 사회를 위한 엄격한 윤리적 이상을 제시할 수 없다고 결론지어서는 안 된다.

도덕적 냉소주의*는 마르크스의 유물론적-결정론적 역사 해석에 의해 철학적으로 표현된다. 마르크스는《정치경제학 비판》서문에서

---

* 이 말은 도덕을 무시하는 태도를 의미한다. 따라서 좀 더 정확하게 이 말을 옮기면 '도덕냉소주의'라고 해야 할 것이다.

자신의 경제결정론(economic determinism)을 명확한 술어로 진술하고
있다.

　인간은 자신이 수행하는 생산과정에서 자신의 의지와 독립된 객관적
인 특정 관계들에 편입된다. 이러한 생산관계는 특정한 물질적 생산력
의 발전에 조응한다. 이들 생산관계의 총체가 경제적 사회구조를 이루
고, 이 구조를 현실적인 바탕으로 해서 법률적·정치적 상부구조가 세
워지고, 또 그에 상응하는 일정한 형태의 사회의식이 생겨난다. 물질생
활에서의 생산양식이 사회적·정치적·정신적 삶의 과정의 일반적 성격
을 규정한다.[2]

이러한 결정론은 마르크스와 엥겔스에 있어서는 그들의 일부 계승
자들이 보여주듯이 그렇게 절대적이지 않다. 엥겔스의 말을 들어보자.

　경제적 조건이 기초가 되지만, 상부구조의 다양한 요소들 (…) 계급투
쟁의 정치화된 형태들, 그 결과인 헌법 (…) 법률적 형태들 (…) 정치적·
법률적·철학적 이론들, 종교적 세계관들 (…) 이 모든 것들이 역사상의
투쟁에 영향을 미치며, 대부분의 경우 그 투쟁 형태를 규정한다.[3]

이처럼 일목요연한 이론 체계에 반기를 들 수 있는 경제학자나 역
사학자는 거의 없을 것이다.

마르크스의 결정론이 갖는 근본 특징은 그 내부로부터 나오는 완

벽한 도덕적 냉소주의이다. 한 사회 내에서 계급 간의 관계는 철저하게 권력과 권력의 대립으로 파악된다. 모든 문화적·도덕적·종교적 표현물들은 각기 다양한 계급들의 경제 활동을 크게 변화시키지 않고 합리화해주는 '이데올로기들'이기 때문에. 생산수단의 소유권을 장악하고 사회적 불의를 자행하고 있는 세력, 즉 자본가계급은 이미 대항할 수 있는 폭력을 사용하지 않고서는 결코 타도하거나 소멸시킬 수 없다고 주장한다. 이와 관련하여 트로츠키는 다음과 같이 말했다.

구원을 받기 위한 첫 번째 필수 조건은 부르주아의 손에서 지배의 무기를 탈취하는 것이다. 부르주아들이 모든 권력 장치(즉 국가)를 장악하고 있는 한, 평화적인 방법으로 권력을 잡을 수 있다는 생각은 무망한 것이다. 그런데 이보다 자그마치 세 배나 헛된 망상은 의회민주주의에 의해 권력을 잡을 수 있다고 믿는 것이다.[4]

이렇게 해서 권력 탈취가 불가능한 일로 생각되면, 마르크스주의적 프롤레타리아들은 자본주의 경제에 있어 필연적인 권력의 중앙집권화의 심화는 지배계급의 수요를 격감시킴으로써 자기방어가 점점 취약해져 가는 데 반해서. 그 반대급부로 노동계급의 극단적인 궁핍화는 혁명 세력이 성장할 수 있는 엄청난 잠재력을 창출해낼 것이라는 희망으로 위안을 삼거나 스스로를 채찍질한다. 이런 식으로 자본주의는 자기 파멸의 가능성과 수단을 동시에 생산해내지만, 진정한 마르크스주의자들은 그 과정이 자동적인 것이라고 믿지 않는다. 즉 그들은 생산수단이나 국가기구(apparatus of state)를 장악하기 위해서는 반드시 혁명적 투쟁을 거쳐야 한다고 굳게 믿고 있는 것이다.

만일 이러한 사회철학과 예언이 프롤레타리아 계급의 신념과 희망이라기보다는 마르크스, 레닌, 그리고 트로츠키의 신조라 한다면, 다음과 같은 사실을 주지해야 한다. 사회적 불의가 가장 극심하게 노동자에게 가해지는 곳이라면 어디에서든지, 그리고 노동자가 아무런 혜택도 받고 있지 못한 곳이라면 어디에서든지, 그리고 정치적 압력을 통해 소유 계급으로부터 억지로 얻어낸 털끝만큼의 이익조차 노동자에게 돌아가지 않는 곳이라면 그 어디에서든지, 노동자는 마르크스의 신조를 순수하게 있는 그대로 체현해낸다.

마르크스와 그의 신조를 보다 낙관적인 방향으로 수정한 사람들• 사이에서 나타나는 차이점은 단순한 학술상의 차이가 아니다. 이 차이는 문자 그대로 자본주의 체제에 의해 거의 혜택을 보지 못하는 노동자와 상당한 혜택을 보는 노동자 사이의 차이점이자, 현대 자본주의에서 전혀 희망을 찾을 수 없는 계층과 상당한 희망을 갖고 있는 계층 간의 차이점이다. 자본주의의 위기와 이에 따른 노동자계급의 불안정으로 인해 대다수 산업노동자가 혜택을 입지 못하는 노동자의 위

• 대표적인 인물로 베른슈타인과 카우츠키가 있다. 여기서는 베른슈타인을 중심으로 수정주의의 개요를 간단히 살펴보겠다. 에두아르트 베른슈타인(Eduard Bernstein, 1850~1932)은 원래 마르크스주의자였으나, 당시 유럽에서 가장 후진국이던 러시아에서 최초의 사회주의 혁명이 일어나는 것을 보고 '자본주의는 고도로 발전할수록 멸망한다'는 마르크스의 테제에 회의를 느껴 수정주의를 제창했다. 또한 철학적 차원에서는 마르크스의 변증법과 유물론을 칸트의 비판철학적 인식론에 의해 보충함으로써 자신의 수정주의에 이론적 기초를 마련했다.

치로 전락할 것인지 아니면 다소나마 호전될 수 있을 것인지의 문제
는 역사만이 대답할 수 있는 성질의 것이다.

그런데 경제적 결정론자들이 의회사회주의자들, 즉 개량적 사회주
의자들에 대해 상당히 격렬한 비난을 퍼붓는 것을 보고 있노라면 매
우 흥미롭다. 왜냐하면 이 개량적 사회주의자들의 신념도 분명히 그
들 자신의 경제적 경험들에서 비롯되기 때문이다.

그들도 혁명적 정서가 경제적 궁핍 상태에서 발생하는 것임을 잘
알고 있다. 하지만 그들은 자신들의 도덕적 판단을 결정론적 신념에
일방적으로 끼워 맞추는 일이 얼마나 어려운가에 대해서도 깊이 인식
하고 있는 것이다.

물론 자신의 경험이 아닌 노동계급의 경험과 요구에 대해 관념상
의 이해를 통해 자신의 사회철학을 성립한 프롤레타리아 지도자가,
혜택받지 못한 노동자들보다 다소 많은 혜택을 누리는 노동자들의 경
험에서 나온 이론들(수정주의, 개량주의, 의회사회주의)을 비난하는 것은
정당화될 수 있다. 왜냐하면 그런 지도자는 관념적으로 혜택받지 못
한 프롤레타리아와 자신을 동일시함으로써 이러한 노력을 하지 못하
는 사람들에 대해 용기가 없다거나 상상력이 부족하다고 생각하고 있
기 때문이다.

레닌이 정통 마르크스주의**가 노동계급의 경험에서 우러나온 자

** 정통 마르크스주의(orthodox marxism)란 마르크스, 엥겔스, 레닌, 스탈린으로 이어
지는 계열을 말하며, 이론적으로는 변증법적 유물론과 사적 유물론의 인정 여부
가 정통성의 판별 기준이 되고, 실천적으로는 주로 폭력 혁명의 인정 여부가 정
통성의 판별 기준이 된다. 그러나 정통성 시비가 언제나 그러하듯이 객관적이고

연적 산물이라고 주장할 만큼 그의 결정론에 철저하지 못했다는 것은 상당히 흥미롭다. 그는 노동자는 지식인(당)의 도움 없이는 자신의 고유한 사회철학을 가질 수 없다고 확신하고 있었다. 그는 이렇게 말한다.

> 노동계급의 힘만으로는 노동조합주의적 의식, 다시 말해서 고용주와의 투쟁을 위해서나 노동자를 위한 입법을 위해서는 조합에 가입해야 한다는 신념만을 발전시킬 뿐이라는 사실은 각국의 역사가 증명해 주고 있다. 사회주의 이론은 유산계급의 지식 계층, 즉 인텔리의 노력에 의해 이루어진 철학적·역사적 이론들로부터 성립되었다. 마르크스와 엥겔스, 그리고 오늘날의 과학적 사회주의의 창시자들도 모두 그들 자신은 부르주아적 인텔리에 속하는 사람들이었다.[5]

노동자의 실제적 현장 경험을 정당하게 취급할 수 있는 이론이 전개되기에 앞서, 인텔리의 우월한 역사적 전망이 노동자의 실제 경험에 첨가되어야 한다는 생각은 순수결정론(pure determinism)의 흥미로운 제약이다. 레닌이 순수결정론적 오류들을 피할 수 있었던 것도 이 때문이다.

정치 영역에서의 모든 윤리적 가식과 허위의식을 파괴하는, 마르크스주의와 프롤레타리아주의의 도덕적 냉소주의는 특히 자유민주

절대적인 기준이 있는 것은 아니다.

주의 국가를 평가함에 있어 극명하게 드러난다. 진정한 프롤레타리아는 민주주의 국가를 노동자의 억압과 탄압을 위한 부르주아의 계급적 도구로 간주한다.

이같이 철저한 냉소주의는 중산층에 널리 만연되어 있는 정치적 민주주의에 대한 감상적인 과대평가와 뚜렷한 대립 관계에 선다. 레닌은 "(중산층 민주주의의) 이 같은 제약들로 인해 무산자는 정치적 민주주의 참여에서 소외당하고 배제된다. 마르크스는 코뮌(commune)의 경험을 분석하면서 민중은 몇 년 만에 한 번 정도 자신들을 억압하는 계급의 사람들을 대표로 선출하는 순간에만 정치적 자유를 누릴 뿐이라고 했는데, 그의 이 말에는 자본주의적 민주주의의 본질이 적나라하게 담겨 있다"[6]고 말한 바 있다.

실제로 현대 민주제도에서 소유 계급의 권력에 대한 편견 없는 분석, 입법의 독점, 모호한 법조문의 편의에 따른 해석, 목적 달성을 위한 불법적·탈법적 행위의 공공연한 자행 등을 생각해볼 때, 공산주의자들의 그 같은 비판에 대해 반박하는 일은 쉽지 않다.

"자본주의 사회에서의 자유란 그리스 공화국에서 노예 소유주들이 누렸던 자유와 크게 다를 바가 없다"는 레닌의 언명은 이를 변형시킴으로써 대답될 수 있다. 이 명제에 대한 가장 의미심장한 변형은 기존 자본주의 사회의 평화적인 변혁을 위하여 정치적 민주주의라는 수단을 사용하려 했던 일부 프롤레타리아 계급에 의해 수행되었다. 이러한 희망들이 정당화될 수 있는지 여부는 차치하더라도 우리의 고찰에서 흥미를 끄는 문제는 그 같은 희망들 역시 상당한 혜택을 입고 있는 프롤레타리아의 경제적·정치적 경험에서 비롯되고 있다는 사실이다.

보다 정통적인 마르크스주의적 시각에서 보면, 국가란 억압의 수단일 뿐이므로 노동자의 해방과 구원을 위해서는 국가를 소멸시켜야 한다. 이 같은 정통 마르크스주의적 국가관은 "사회는 필요의 산물이고 정부는 인간의 사악함의 결과이다" 라고 했던 페인*의 신념과 크게 동떨어지지 않는다.

자유민주주의 국가에 대한 냉소적인 평가는 곧바로 민족주의와 애국심에 대한 냉소적인 견해로 이어진다. 진정한 프롤레타리아에게서는 국가에 대한 애국적인 충성심을 전혀 찾아볼 수 없다. 그들은 국가 응집력의 원천이라 할 수 있는 애국심과 충성심이 완전히 결여되어 있다. 여기에서 또다시 공산주의 이론 혹은 정통 마르크스주의는 단순히 학문상의 반민족주의적·반국가주의적 이론이 아니라는 것이 여실히 드러난다. 이는 국가가 혜택을 누리는 시민들에게 베푸는 물질적·문화적 이익을 전혀 받지 못하는 진정한 프롤레타리아, 즉 가진 것이라고는 몸뚱아리밖에 없는 노동자의 경험에 부합된다.

애국심이란 정서는 워낙 강한 것이기 때문에 만일 노동자가 당하고 있는 고통이 참을 수 없을 만큼 심하지 않거나 최소한의 문화적 혜택이라도 누릴 수 있다면, 노동계급은 중산층에 비해서는 그렇게 썩 내켜 하지는 않을지라도 국가의 호소를 어느 정도 받아들일 것이다.

- 토머스 페인(Thomas Paine, 1737~1809): 미국의 정치평론가. 1774년에 미국으로 가서 반영(反英) 의식을 고취했고. 영국에 돌아온 후에《인간의 권리(Rights of Man)》를 저술하여 박해를 받자 프랑스로 도피하여《이성의 시대(The Age of Reason)》를 썼다.

이 점과 관련하여 제1차 세계대전 당시 의회주의적 사회주의 정당들이 취한 태도는 우리에게 시사하는 바가 상당히 많다. 전쟁이 일어나기 전까지만 해도 이 정당들은 하나같이 반전적이고 평화주의적이었다. 그래서 전쟁을 불가피한 것으로 만드는 군비 예산의 증액에 반대하는 정책을 견지했다.

그럼에도 불구하고 이 정당들은 결국 전쟁의 유혹에 넘어가고 말았다. 레닌이나 그 밖의 공산주의자들은 이들의 변절에 대해 비난을 퍼붓고, 그 원인을 지도자들의 야욕과 부정직에서 찾으려 할 것이다. 하지만 이러한 도덕적 설명은 공산주의자의 결정론적 전제들에 모순될 뿐만 아니라 그 배후에 놓여 있는 요인들을 잘못 분석한 결과이다. 어떠한 국가든지 노동자들을 완전히 소외시키지만 않는다면 얼마든지 이들로부터 국가에 대한 충성심을 얻어낼 수 있다. 물론 중산층이 보여주는 충성심만큼 만족스러운 수준은 아닐지라도, 국가적인 군사적 모험을 시도하는 진정한 동기가 무엇인지를 고려해볼 때, 그것은 대체로 국가가 마땅히 받아야 하는 것보다 훨씬 너그러웠다.

특별히 뛰어난 일부 지식인들만이 통찰할 수 있는 국가의 기만성은, 노동자들 사이에서는, 국가의 탐욕과 야만성에 의해 철저히 유린당한 경험이 있는 일부 노동자들에 의해 명확히 파악되는 것이 보통이다. 제1차 세계대전 동안 레닌의 비타협적인 반애국주의는 러시아 무산계급의 가슴속에 큰 반향을 불러일으켰다. 왜냐하면 러시아의 노동자들은 전통 사회로부터 완전히 그리고 철저하게 단절되어 있었고, 또 국가기구가 너무나 부패하고 타락하여 아무리 심한 환멸을 체험한 노동자라도 최소한 표현하게 마련인 의례적인 경의조차 요구할 수 없는 지경에 이르렀기 때문이다.

이에 반해서 유럽 노동자들의 애국적 열정은 파괴되지는 않았지만 한풀 꺾인 상태였다. 독일의 군주제가 몰락하게 되었을 때, 노동자들은 반군주제(anti-monarchism)와 반애국주의(anti-patriotism)를 구별했다. 각국의 우파 민족주의자들은 의회사회주의적 노동자와 공산주의적 노동자를 구별하지 않고, 모두 반역자들이라고 비난했다. 그래서 독일의 민족주의자들은 '등 뒤에서 찌르는' 사회주의자들만 없었더라도 전쟁에 이겼을 것이라고 믿고 있는 듯하다.

사회주의자들에 관한 한, 그 혐의가 당위에 비해서 훨씬 약하다. 현대의 노동자는 자신이 당하는 사회적 불의에 비례하여 그만큼 자신의 애국심을 죽여 나간다. 현대의 노동자가 공공연하게 국가를 부정하는 경우란 국가가 문화적 유산과 경제적 혜택으로부터 자신을 완전히 배제하는 때에 국한된다. 노동자들이 앞으로 일어나게 될 전쟁에서는 과거의 전쟁에 비해 훨씬 현명한 태도를 취하게 될 것이라는 사실은 어쩌면 너무나도 당연한 일이다. 사회적 지성의 발전으로 말미암아 노동자들은 이제 완전한 상속권의 단절이라는 직접적인 교훈에 의하지 않고서도 환멸감을 느낄 수 있다. 하지만 노동자들 사이에 만연되는 반민족주의적 태도의 강도는 항상 그들이 당하는 사회적 부정과 불의의 심도에 따라 좌우될 것이다.

계급적 충성을 이타주의의 최고 형태로 찬양하는 것은 국가에 대한 충성심이 좌절을 겪게 되면 생겨나는 자연적인 산물이다. 무산 노동자는 사회주의적이건 공산주의적이건 관계없이 일단은 갖가지 충성의 의무 중에서 계급에 대한 충성을 최고의 의무로 생각한다. 계급에 대한 충성이 유일무이한 충성이 될 것인지 아니면 여러 가지 중에서 다만 지배적인 충성이 될 것인지, 사회생활에서 생기는 온갖 복잡한 것들을 지나치게 단순화된 계급 이론에 의해 해결할 만큼 자신의 계급을 절대적으로 생각할지 안 할지 등의 문제는 국가와 사회가 노동자를 어느 정도까지 소외시키는가에 따라 좌우된다.

우리는 이미 앞에서 국가가 다른 국가들과 병존할 때, 특히 대립적인 관계를 가질 때 충분한 자의식에 이르게 된다는 사실을 확인한 바 있다. 계급의 자의식도 유사한 방식에 의해 얻어진다. 즉 다른 계급과의 대립 의식이 강화될수록 자의식도 그만큼 커진다. 투쟁적인 프롤레타리아 계급은 국가 조직 내의 다른 계급들과 공통으로 가지고 있는 관심사에 대해서는 비난하면서, 계급 간의 이해관계의 갈등에 대해서는 사실보다 더 절대적인 용어로 해석해버리는 경향이 있다. 이러한 과도한 단순화는, 국가 간의 충돌이건 아니면 국가 내부의 계급 간의 충돌이건 관계없이, 갈등에 담겨 있는 열정으로 인하여 불가피한 것이다.

그리고 대립하는 계급들 사이에 공통되는 지극히 적은 이익 관계를 지속적으로 강조하여 계급 이해의 갈등을 모호하게 하려는 특권계급의 교묘하고 기만적인 술책에 맞서기 위해서는 이러한 단순화가 다소 냉소적이긴 해도 당연한 대응책이라고 할 수 있을 것이다.

존 스튜어트 밀이 '선한 도덕성(goody morality)'이라고 부른 바 있는 것에 대한 이 같은 냉소적인 반응은 적어도 한 국가 공동체 내의 모든 계급들 간의 이해관계의 상호성에 대한 낭만적이고 애국적인 서술만큼이나 진실에 가깝다. 이와 관련하여 밀은 다음과 같이 이야기한다.

사업이 번창하고 노동과 자본의 성과가 크면 클수록 그만큼 노동자와 자본가 모두에게 이익이다. 하지만 그들이 동일한 분배를 받는다고 말하는 것은 얼마쯤의 돈이 자신에게 속하거나 다른 사람에게 속하거나 총액에서는 차이가 없다고 말하는 것과 다를 바 없다.

계급을 가장 충성해야 할 공동체로 찬양하는 태도는 자신의 계급에 보편적 가치를 부여하게 되고 이는 프롤레타리아 계급에 의해 정당화된다. 이렇게 되면 프롤레타리아 계급도 자신들의 특수성을 보편화하려 한다는 점에서 특권계급과 전혀 다를 바 없다. 이는 인간 정신의 내면적인 합리적·도덕적 필연성에 은밀히 헌납하는 뇌물과도 같다. 프롤레타리아 계급은 단순히 여러 계급들 중에서 하나의 계급이 아니다. 역사에 의해 계급 없는 사회를 건설해야 할 사명을 갖고 있는 보편적인 계급이다. 마르크스는 다음과 같이 말했다.

프롤레타리아가 기존 질서의 붕괴를 선포하는 것은 곧 그 자신의 존재의 비밀을 표명하는 것에 지나지 않는다. 왜냐하면 프롤레타리아의 진정한 존재는, 곧 기존 질서의 완전한 붕괴이기 때문이다. 프롤레타리아가 사유재산권의 지양을 원할 때, 이는 사회의 부정적 산물로서 이미

그 자체 내에 구체화하고 있는 것을 사회의 일반 원리로 끌어올린 것일 뿐이다.[7]

마르크스의 이러한 교리에는 정말로 탁월한 통찰들이 수없이 들어 있다. 이는 단순한 교리의 수준을 넘어선다. 이는 프롤레타리아의 운명에 대한 극적이고 다소 종교적이기까지 한 해석이다. 어쩌면 마르크스의 진정한 통찰은 경제학보다는 여기에서 얻어질 수 있을지 모른다.

그의 경제 이론 중의 하나인 노동가치설[*]은 그렇게 완벽한 것이 아니다. 하지만 이처럼 기존의 가치 체계를 뒤집어엎으려는 '가치전도 (transvaluation)'의 시도는 정말 대단한 것이다.

노동계급의 열악한 상태를 궁극적인 지위 상승의 근거로 삼고, 그들의 사회적 불행에서 최후의 승리의 징후를 찾아내고, 일체의 재산권 상실에서 어느 누구도 소유의 특권을 갖지 않는 장래의 문명을 발견하는 것, 이 모든 것은 위대한 희곡이나 고전적인 종교에서처럼 패배로부터 역설적으로 승리의 가능성을 도출해낸다.

니체가 기독교를 노예들의 반란으로 간주할 수 있었던 것도 이 때문이다. 그는 기독교 특유의 온유와 용서의 도덕에서 약한 자들이 강한 자들에게 도덕적 이상이라는 이름 아래 자행한 복수극을 본다. 이러한 도덕적 이상은 약한 자, 피지배자의 덕은 인정하는 한편 도덕적

* 노동가치설(theory of labor value): 가치는 상품 생산에 소요되는 노동량에 의해 결정된다는 학설의 총칭으로서 주로 고전경제학자들에 의해 발전되었다. 특히 마르크스는 상품에 포함된 노동은 구체적 노동으로서의 사용가치와 추상적 노동으로서의 교환가치를 구성한다고 주장했다. 이것이 유명한 노동의 이중성이다.

중요성을 갖는 전통적인 덕을 강한 자, 지배자로부터 빼앗아버리는 유효한 도구이다.

내가 생각할 때, 마르크스주의도 또 다른 종류의 노예 반란이다. 마르크스주의는 피억압 계급의 덕을 향상하는 것이 아니라 지위를 향상한다. 이 현대판 노예들도 모든 가치의 전도에 헌신한다. 지상에서의 구원을 약속받은 사람은 마음이 온유한 사람이 아니라 약한 사람이다. 궁핍한 기독교인이 성령의 힘을 통해 궁극적으로 온유함의 승리를 확신하고 있다면, 이 현대판 노예들은 역사적·'물질적' 힘이 역사 법칙에 의해 자동적으로 강한 자들로부터 힘을 빼앗아 자신들에게 줄 것이라고 믿고 있다.

현대적 삶의 전반적인 비극과 약속은 이 두 희망 간의 차이점에 놓여 있다. 이는 도덕에 대한 현대인의 신뢰감 상실인 한에 있어 비극적인 차이점이다. 권력투쟁의 야만성과 잔인성을 인류 역사의 근본적인 현상으로 인정하는 한, 비극적인 차이이다. 이러한 무도덕성과 무책임한 결정론에 있어 지나친 무절제와 방종이 있다 하더라도, 그것들은 내적인 요인이 아니라 현대 기술만능주의 문명의 무도덕적 (amoral) 메커니즘이 만들어낸 해독으로 간주해버릴 것이다. 그러나 그것들은 또한 현대사회가 자신의 잔인성을 은폐하고 있는 위선의 독소에 꼭 필요한 해독제도 될 수 있을 것이다.

산업 메커니즘은 그 특성상 본능에 따라 움직이고 이성과 양심의 기준을 무시하므로, 산업 문명에 의해 가장 고통받는 사람들을 결정론으로 기울게 하는 경향이 있다. 사실들은 그대로 둔 채 도덕적인 가식으로 자신의 잔인성을 은폐하는 문화는 은연중에 사실을 알고 있는 사람들로 하여금 냉소주의로 경도케 한다. 이러한 가식적인 문화의 최대의 정신적 희생자이며 동시에 도덕적 구원자인 프롤레타리아가 더 큰 희생자가 될 것이냐 아니면 더욱 강력한 구세주가 될 것이냐는 역사만이 결정할 수 있다.

모든 역사는 인간성과 비인격적 숙명의 투쟁이고, 어느 누구도 둘 중 어느 것이 주어진 순간에 더 강력한지를 확실히 모르기 때문에, 미래를 어느 한쪽의 완벽한 승리로 파악하는 역사철학에는 다소 과장이 들어 있을 수밖에 없다.

진실한 기독교도의 종말론*에 있어서 덕성(virtue)은 그 자체의 힘으로, 또는 하느님의 은총에 의해 주어지는 힘으로 최종적인 승리를 거둘 것으로 설파된다.

진실한 마르크스주의자의 종말론에서는 인류사에 냉혹한 논리를 관철하며 작용하는 경제력을 통하여 약자가 강자가 될 것이기 때문에 궁극적인 정의가 확립될 것이라고 설파된다.

마르크스주의자는 자신이 역사철학 또는 역사과학을 갖고 있다고 생각하고 있다. 하지만 그들이 실제로 갖고 있는 것은 묵시록적 세계관(apocalyptic vision)이다. 미래에 대한 확신에 찬 예언과 묵시록이 뭐가 다르겠는가?

• 종말론(eschatology): 유대교와 기독교에서 말하는 것으로 세상의 종말에는 최후의 심판이 있으며, 선인과 악인은 그 운명을 달리하고 신의 선이 영원히 승리한다는 설. 후기 유대교에 이르러 메시아사상과 결합하여 그들의 종교 사상의 중요한 동기가 되었다.

마르크스주의자에게 정치적 희망은 이성적으로 검증 가능한 가능성의 범위를 넘어서 있는 종교적 영역과 깊이 관련되어 있다. 이는 마치 진실한 기독교도의 정신에 있어서 도덕적 희망이 종교적으로 입증되는 것과 같다. 기독교에서의 온유한 자나 마르크스주의에서의 프롤레타리아가 세상의 주인이 될 것이라는 기대에는, 즉 도덕적 자질에 의해서건 소외에 의해서건 피억압자가 승리할 것이라고 기대하는 데에는 숭고하면서도 조금은 희극적인 무언가가 있다.

하지만 이 두 가지 기대에는 진실한 요소가 있다. 왜냐하면 역사는 도덕적으로 그리고 정치적으로 권력층을 권좌로부터 밀어내는 데 도움을 주는 경향이 있기 때문이다. 권력층의 정치적 패배는 도덕적 패배에 비해 역사적으로 더욱 명확히 입증되고 사회적으로도 더 큰 의의를 갖기 때문에, 마르크스주의자들의 종교적·정치적 희망은 기독교도의 종교적·윤리적 희망이 가질 수 없는 직접적인 중요성을 갖는다. 양자는 모두 절대자의 실현을 꿈꾼다는 점에서 종교적 요소를 담고 있다. 하지만 정치적 이상들은 순수한 윤리적 이상들에 비해 역사적 실현의 가능성이 더 크다는 점에서 마르크스주의의 희망은 역사에 보다 적절하며 종교적 성격이 덜하다. 물론 고전적인 종교에서는 역사에서 순수한 이상이 실현되기를 기대했지만, 실제에서는 너무나 순수했기 때문에 완전한 실현 가능성은 거의 없었다. 왜냐하면 결국 거기에서는 초역사적 요소가 우세했기 때문이다.

도덕가가 마르크스주의의 노동계급 만능주의에서 비도덕적(immoral) 요소를 탐지해내기란 그리 어렵지 않다. 마르크스주의는 계급 이기주의와 복수심으로 가득 차 있다. 계급 이기주의는 현대적 상황에서 좌절된 자아에 대한 보상일 것이다. 현실의 직접적인 상황 속에서 그 인간적 의미와 중요성을 상실해버린 계급이 장래의 역사에서 가장 중요한 계급이 될 것이라고 선언하는 것은 어떤 점에서는 아주 당연한 일이다. 이 같은 계급 이기주의는 계급 자체를 신비화하는데, 이는 주관적으로는 현재 자신들이 처해 있는 사회적 열등감에 대한 이유 있는 반작용이며, 객관적으로는 사회 재건에 있어서 무산계급이 갖는 전략적 중요성으로 인하여 정당화될 수 있다.

문명의 한계들로 인해서 가장 큰 고통을 당하고 있는 사람들 이외에 그 문명의 진정한 성격을 더 잘 이해할 수 있는 사람이 누가 있겠는가? 자신들의 삶 자체에서 낡은 사회의 파산을 경험한 사람들 이외에 과연 누가 가장 진솔한 언어로 사회적 이상(social ideal)을 서술할 수 있겠는가? 자신들의 삶에서 기아와 복수 그리고 신성한 희망이 한데 어우러져 질풍노도와 같은 열정을 갖게 된 사람들 이외에 과연 그 누가 이들보다 더 창조적인 활력으로 일체의 낡은 것을 파괴하고 새로운 것을 건설할 수 있겠는가?

복수라는 요소는 그것이 극렬하고 생동적이라는 점에서 그만큼 위험하다. 대단히 파괴적인 사회적 결과들을 초래할 수도 있는 것이다. 지금 러시아에서는 노동계급을 제외한 특권계급의 잔존 세력을 말살키 위해 잔인한 복수극이 진행되고 있다. 이른바 과거의 청산이라는 명분과 필요로 스스로를 정당화하며 행해지고 있는 이 숙청 작업은 그 잔인성으로 인해 양심에 위배될 뿐만 아니라 새로운 사회를 건설해가는 데 방해가 되기까지 한다.

　최근 스탈린은 심증적으로 구질서의 잔존 세력이라는 혐의를 받은 각계의 명사들과 전문가들에게 가했던 폭력과 공포 정책을 중단하지 않을 수 없는 상황에 봉착하고 말았다. 그는 새 질서에 적대적인 세력을 '숙청하는' 정책에 한계가 있음을 직접적인 경험을 통해서 깨달았다. 결국 계급이건 국가건 간에 그 어떤 공동체도 자기 이외의 다른 모든 공동체를 타파하고 새로운 사회를 건설한다는 것은 사실상 불가능하다. 결국 이런 공동체는 사회의 다양성과 복잡성을 인정하지 않을 수 없으며, 따라서 적을 파멸시키거나 폭력을 통해 강압적인 복종을 강요하기보다는 적과 협력하는 것이 더 낫다는 사실을 받아들일 수밖에 없을 것이다.

　계급의 찬양이 국가에 대한 충성과 대립된다는 이유만으로 비도덕적이라고 단죄해버리는 민족주의자와 '이른바' 애국자들은 어떠한 진지하고 심각한 도덕적 문제도 제기하지 않는다. 계급 사상에 대한 그들의 단죄와 비난은 이성에 바탕을 두기보다는 기존의 편견과 전통적인 정서에 의한 것일 경우가 많다. 왜냐하면 지역 공동체가 기능 공동체에 비해 특별한 점이 있는 것도 아니고, 또한 국가란 자신의 이익을 초월해 있는 보편적인 가치들을 구현하고 있다는 국가주의적 주장이 이상 국가를 꿈꾸는 계급의 주장에 비해 더 나을 것도 없기 때문이다.

　물론 프롤레타리아 계급의 주장이 합리적으로 타당하다고 해서 이 계급이 원하는 대로 국가에 대한 완전한 승리가 보장되는 것은 아니다. 국가에서 프롤레타리아 계급을 철저하게 소외시키지만 않는다면 무산자들은 어디에서든지 자신들의 계급적 충성을 일정하게 제한하면서 국가에 대한 충성을 보이고, 자신들의 사명을 국가적 사명과 어느 정도 동일시하여 해석하는 경향이 있다. 프롤레타리아 계급은 스스로 국가의 외부가 아니라 내부에 있는 구원의 사명을 가진 공동체라고 믿고 있기 때문에, 국가 공동체가 처해 있는 위기를 심각하게 받아들이는 모든 사람들에 대해 계급과 관계없이 공동으로 대처할 것을 소리 높여 주장한다. 이는 특히 영국의 사회주의에서 두드러진 경향이다.[8]

이런 유형의 사회주의가 국민감정에 의해 너무 큰 희생을 당하는지, 아니면 역으로 너무 일찍 국민감정을 희생시키는 것인지는 앞으로 계속 고찰해야 할 문제이다.

부르주아적 문화와 정치를 덮고 있는 일체의 도덕적 가식들을 벗기고 폭로하면서, 그 어떤 도덕적 설득이나 정치적 압력도 새로운 사회를 건설하는 방법으로 적절하지 않다고 주장하는 과정에서 표출되는 노동계급의 도덕적 냉소주의는 아주 역설적이게도 그 자신의 사회적·윤리적 이상의 비타협적 성격으로 인해 수정을 겪게 된다. 프롤레타리아 계급은 엄격한 평등주의자(a rigorous equalitarian)이다. 이 계급의 승리는 곧 무산계급 사회의 도래를 의미한다.

설사 이러한 평등주의가 너무나 절대적이고 경직되어 복잡다기한 사회의 요구와 인간 본성의 가변성에 적합지 않다고 하더라도, 이 평등주의는 적어도 지금까지 인간의 사상에서 많이 나타났던 불평등에 대한 모든 그럴듯해 보이는 변명과 정당화를 건전하게 불식하는 해독제의 역할을 했다는 점에서 1차적인 공로가 있고, 그다음에는 앞으로 항상 인간이 궁극적으로 실현해야 할 이성적인 사회의 모델로서 사회적 목적을 제시했다는 점에 2차적인 공로가 있다 할 것이다.

평등의 문제와 관련해 레너드 트렐로니 홉하우스(Leonard Trelawney) 가 한 말을 여기에서 상기해보자.

> 평등은, 조화의 능력을 갖춘 모든 인간이나 단체가 조화를 실현하려 할 때 평등하게 고려되어야 한다는 의미에서, 정의의 기초이다. 그래서 근본적인 차이가 있지 않은 한, 한 사람이 주장하는 선은 모든 사람이 주장할 수 있는 선인 것이다. 근본적인 차이가 생길 수 있는 유일한 경우는 전체로서의 조화의 체계에서 차이가 생겨나는 경우뿐이다. [9]

이처럼 합리적 차원에서 수긍될 수 있는 언어로 표현된 평등의 원칙(principle of equality)은 아마도 철저한 마르크스주의자에게는 결코 인정될 수 없는 약간의 기능적인 불평등은 허용할 것이다. 그러나 현재의 경제체제가 허용하고 있는 대부분의 불평등 현상에 대해서는 단연코 거리를 둘 것이다.

만일 마르크스주의적인 평등주의가 대단히 엄밀한 용어로 서술된다면, 그것은 생동적인 윤리적 이상주의가 언제나 자아내는 종교적 뉘앙스에 물들어 있을 것이다.

'능력에 따라 일하고, 필요에 따라 나누어 갖는다'는 말은 하나의 이상으로서, 기독교적인 사랑의 이상과 마찬가지로 현대와 같은 복잡한 사회에는 일관되게 적용될 수 없는 원리임이 분명하다. 하지만 이 것은 이성적인 사회가 지향해가야 할 하나의 이상이며, 종교적인 뉘 앙스는 이러한 이상이 흐려지는 것을 막기 위한 하나의 보완책으로 생각할 수 있다. 사회의 재조직이 이상에 접근할 수 있을 만큼 충분히 인간의 본성을 개조할지 여부는 오직 역사만이 답할 수 있는 문제이 며, 냉철한 이성의 소유자는 마르크스주의적인 열성분자가 그러하듯 이 확고하게 긍정적으로 대답하지는 않을 것이다.

이상과 같은 무산계급의 평등주의적 이상이 순수한 윤리적 상상력 에서 나온 것이 아니고 프롤레타리아적 생활이라는 특수한 환경 조건 에서 나온 결과라고 해서 궁극적인 사회의 이상으로서의 타당성이 격 하되지는 않는다. 프롤레타리아가 엄격한 평등주의를 신봉하는 이유 가 불평등으로 인한 고통을 직접 당해서인지, 아니면 그 계급의 울타 리 안에서 이념적으로 떠맡겨진 평등권을 가졌기 때문인지는 분명하 게 답할 수 없다. 아마도 이 두 가지 요소 모두가 평등주의의 이상을 성립시키는 데 중요한 역할을 했을 것이다.

사회적 이상은 종종 일반 사람들이 직접 생활하고 있는 사회 현실 과 반대가 되기도 한다. 입센*에 따르자면, 자유를 가장 열광적으로 사랑한 사람은 다름 아닌 차르 정부의 독재정치에 의해 상상할 수조 차 없는 시련과 고통을 당했던 러시아 민중이다. 이처럼 불평등으로

---

* 헨리크 입센(Henrik Ibsen, 1828~1906): 노르웨이의 시인, 극작가. 근대극의 창시자 로서 형식에 있어 율어(律語)를 배격하고 산문극을 창시했으며, 내용에 있어서는 여성 문제·사회문제를 취급하여 연극계에 일대 혁명적 공적을 남겼으며, '근대 연극의 아버지'로 칭송받고 있다.

인해 극심한 피해를 당한 러시아 프롤레타리아가 이에 대한 반동으로 평등주의를 주장했던 것은 어쩌면 너무나 당연한 일이다. 앙리 드망 (Henry Deman)의 말처럼 여기에 질투라는 요소가 첨가되었을 수도 있다.[10]

게다가 노동계급에 강제적으로 부과된 생활 조건의 평균과 노동자들 간의 생활수준의 차이가 크지 않다는 사실로 인하여 그들은 더욱 더 자기 계급의 덕성인 평등주의를 사회 전체로 확대하려 할 것이다 (그리고 무의식적인 차원에서는 자신들이 받고 있는 고통을 사회 전체가 겪었으면 하고 바랄지도 모른다).

하지만 프롤레타리아적 이상주의 속에 뒤섞여 있는 갖가지 동기들의 혼합물이 무엇이든지 간에, 그것의 사회적 타당성은 위와 같은 사실들로 인해서 전혀 손상되지 않는다. 그리고 순수하게 도덕적인 이상주의, 다시 말해서 정의로운 사회에 대한 간절한 희망도 노동계급의 사회적 입장에서는 대단히 중요한 한 가지 요소라는 점을 인정하지 않을 수 없다.

각 시대마다 천대받던 계층의 사람들은 누구나 정의로운 사회에 대한 희망을 갖고 있었다. 현대의 프롤레타리아도 마찬가지다. 다만 이들은 그들의 희망의 방향에 있어서 종교적 색채가 약한 반면 정치적 색채가 강렬하다는 점에서 지나간 시대의 피억압 계층과 다를 뿐이다.

이러한 희망에 담겨 있는 윤리성은, 설사 마르크스주의자들이 도덕적 냉소주의에 깊이 빠져 이를 인정치 않으려 할지라도, 이들과는 무관하게 인정되어야 한다. 초기의 사회주의자들 중에서 리프크네히트* 같은 사람들은 사회주의적 목표의 윤리성을 단호히 부정했다.

가난에 대한 동정, 평등과 자유를 향한 열망, 사회적 불의에 대한 각성과 이를 뿌리 뽑으려는 의지 등은 사회주의가 아니다. 기독교나 그밖의 종교에서 나타나듯이 부자를 죄악시하고, 안빈낙도를 존경하는 것도 사회주의와는 거리가 멀다. (…) 현대 사회주의는 자본주의 사회의 아들이자 자본주의에 대한 적대감의 딸이다. 자본주의 없이는 사회주의도 있을 수 없다.

계급투쟁을 순전히 무도덕적인 언어로 해석하려는 이러한 노력은 비록 소수파에 속하지만 사회주의 사상을 일관해온 하나의 중요한 흐름이다. 하지만 이 소수파의 견해는 정의로운 사회에 대한 약속, 즉 프롤레타리아가 열정과 종교적 심정을 가지고 확신하고 있는 미래에 대한 약속에 의해 부정된다. 계급 없는 사회에 대한 확신을 통해서 자기 계급이 승리할 것이란 환상은 도덕적 존엄성을 획득한다. 이 확신으로 노동계급은 당파적이고 상대적인 지위에서 벗어나, 자신의 계급투쟁에 보편적 가치를 부여한다.

프롤레타리아 계급이 계급 없는 구원된 세계를 이룩하는 데 있어

- 빌헬름 리프크네히트(Wilhelm Liebknecht, 1826~1900): 독일의 사회주의자로 독일 사회민주당의 창립자. 1848년 바덴 반란에 가담했다가 체포된 뒤 영국으로 망명하였다. 영국에서 1869년에 사회 민주당을 조직하고 의원으로 활동하였다.

종교적 확신을 지나치게 강조하는 것은 잘못된 태도임이 분명하다. 사회에는 프롤레타리아의 정신을 따르는 세력 외에도 구원을 향한 다른 세력들이 얼마든지 존재한다. 프롤레타리아처럼 고통을 통해서 맑아진 사회적 시각이 아니더라도 얼마든지 사회를 투명하게 볼 수 있는 눈을 가진 세력들이 존재한다. 또한 프롤레타리아처럼 쓰라린 개인적 경험을 통해서 다져진 의지력 이외에도 강인한 의지를 가진 세력들이 존재하고 있다.

하지만 그 세력의 수는 얼마 되지 않는다. 왜냐하면 자신이 직접 체험하지 않고서도 알 수 있게 하는 인간의 상상력에는 한계가 있기 때문이다. 보편성에 대한 프롤레타리아적 요구와 주장에 담겨 있는 종교적 확신 요소는 사실 국가나 특권계급의 그것에 비해 그리 크지 않을뿐더러 훨씬 미미하다. 프롤레타리아가 '의식적으로' 부정직한 기만행위를 하는 일은 드물다. 왜냐하면 프롤레타리아는 남들과 함께 나누어 가지고 싶지 않은 이익을 바라지 않기 때문이다.

만일 프롤레타리아 계급이 더 이상 지켜야 할 이익이 없기 때문에 이 같은 정직이라는 덕을 갖고 있다고 한다면, 어쨌든 우리는 유혹받지 않은 덕이 유혹을 받아 이겨낸 덕만큼 순수하지는 않겠지만 그렇다고 해서 그것이 가진 도덕성을 상실하지는 않는다는 사실을 상기해 둘 필요가 있다. 예수가 가난한 자에게 내린 축복과 부자에게 내린 경고의 말은 부자에게는 이겨내기 어려운 큰 유혹이 있다는 사실을 고려할 때 비로소 그 의미가 올바르게 이해될 수 있다.

이런 유혹들은 자발적이건 그렇지 않건 간에 가난에 의해서만 회

피할 수 있다. 특권은 사람을 부정직하게 만드는 경향이 있다. 가장 순수하고 맑은 정신조차도 스스로의 도덕적 정당성을 입증하고자 하는 욕망에 의해 흐려지게 마련이다. 프롤레타리아적 열망이 간직한 순수한 도덕성을 인정치 않으려 할 때만큼 중산층의 편견이 적나라하게 드러나는 경우도 드물다. 중산층은 중요치 않은 덕과 중대한 악에 몰입해 있기 때문에 자신에게 고통을 주는 체제에 저항하는 노동자의 정당한 도덕을 진실하게 평가할 만큼 높은 입장을 갖고 있지 못하다. 하지만 공정한 사람이라면 "공산주의는 현실론보다는 이상론에 의해서, 그리고 물질적 번영보다는 관념적인 약속에 의해서 지금까지 자신의 길을 개척해왔다"[11]는 래스키*의 통찰에 동의하지 않을 수 없을 것이다.

이상론이 순수한 것은 사실이지만, 그럼에도 불구하고 그것은 현실주의와 지속적으로 교섭하고 타협하는 가운데 사회생활에서 그것이 원래 지닌 도덕성과 합리성의 요소를 완전히 상실해버릴 위험이 있다.

정의와 평등을 바라는 다른 세력들의 꿈도 얼마든지 있다. 그런데 마르크스주의적인 꿈의 독특한 측면은 (부르주아) 권력의 타도가 곧 (자신들에 의한) 권력 장악의 선행 조건이 된다는 점이다. 평등은 생산

---

* 해럴드 조지프 래스키(Harold Joseph Laski, 1893~1950): 영국의 정치학자. 처음에는 마르크스주의에 경도되어 의회주의에 의혹을 가졌으나, 냉정한 학문적 연구 태도를 견지하면서 영미의 정치제도를 이론적으로 해부했다. 또한《현대 혁명의 고찰(Reflections on the Revolution of Our Time)》에서 파시즘, 공산주의, 의회민주주의 등을 광범위하게 취급하는 한편, 미국의 민주주의에 많은 비판을 가했다.

수단의 사회화를 통해서, 사유재산이 확립되어 있는 곳에서는 사유재
산권의 부정을 통해서만 획득될 수 있을 것이다.

설사 마르크스주의자들이 권력을 타도하고, 또 그것을 통제할 수
있는 사회적 이성(social reason)을 과소평가함으로써 때때로 지나친 냉
소주의에 기운다고 할지라도, 이는 사실 사회에서의 권력의 불균등이
사회적 불의의 현실적인 근원이라고 주장하는 점에서 냉소적이기보
다는 단지 현실론적인 것이다.

우리는 앞에서 사회적 특권이 어떻게 정치권력과 불가분한 관계를
맺을 수밖에 없으며, 또한 현대사회에서 생산수단의 소유가 얼마나
중요한 권력의 원천인가를 살펴보았다. 이런 사실에 대한 명확한 인
식이야말로 마르크스주의가 사회생활의 문제에 기여한 가장 중요한
윤리적 공헌이다. 우리는 종종, 사회가 복잡해짐에 따라 정치적 권력
이든 경제적 권력이든 상관없이 모두 위험할 정도의 권력 집중을 야
기할 것이라는 사실과 경제력의 집중 현상은 이에 대해 항상 경계하
는 태도를 취하는 강력한 정치권력, 즉 국가에 의해서만 방지될 수 있
다는 사실을 명확히 인식하지 못하고 그냥 지나쳐버리는 경우가 많은
것 같다.

이처럼 경제력을 정치권력이 대체함으로써 얻어지는 주요 성과는,
특권이란 정치권력의 여러 가지 부산물 중 하나일 뿐 필연적인 부산
물이 아니라는 사실과 정치권력은 경제력처럼 쉽게 상속에 의해 계승
되지 않는다는 사실이 입증된다는 것이다. 어느 누구도 이기적으로
사용할 수 없을 만큼 경제적 특권을 말소함으로써 인간 본성을 개조

하겠다는 생각은 아마도 낭만적인 환상의 범주에 속할 것이다.

이 문제에 대해서는 뒤에서 좀 더 상세히 다루게 될 것이므로 여기에서는 이 정도로 그치겠다. 사회에 권력이 존재하는 한, 인류는 권력을 가진 사람들에게 최대한의 윤리적 자제를 요구하지 않으면 안 된다. 하지만 그렇다고 해서 권력을 최소한에게 한정시켜야 할 필요성이나 그 나머지를 강력한 사회적 통제하에 두어야 할 필요성, 그리고 사회적 통제를 거의 받지 않는 나머지 세력들을 제거해야 할 필요성이 없어지는 것은 아니다. 왜냐하면 권력이 한곳에 지나치게 집중되어 있을 경우, 그러한 권력의 사용에 대해 내적인 제재를 가할 수 있는 강력한 윤리적 힘이 없기 때문이다.

제임스 매디슨*은 "권력을 가진 사람들은 철저히 불신되어야 한다는 것은 만고의 진리이다"[12]라고 말한 바 있다. 각국의 구체적인 역사를 보더라도 우리가 앞에서 살펴본 바가 진실이라는 것이 쉽게 확인된다. 그러므로 도덕론자들이 지난 수년 동안 이 사실의 타당성을 인정치 않았던 것은 분명 잘못이다. 그들이 정의의 실현을 희망하면서도 이를 실현할 수 있는 구체적인 정치적 프로그램을 전혀 갖지 못했던 것도 불의의 원인을 제거하는 데에는 관심을 쏟지 않았기 때문이다.

지금까지 오로지 마르크스주의적 프롤레타리아만이 이 문제를 아주 명료하게 통찰해왔다. 비록 프롤레타리아가 자신들의 목적 달성의

---

* 제임스 매디슨(James Madison, 1749~1812): 미국의 종교인, 교육자. 버지니아 주 초대 주교를 역임했다.

방법을 선택함에 있어 잘못을 저지르긴 했지만, 사회가 지향해야 할 이성적인 목표, 즉 평등한 정의라는 목표를 설정하고 정의의 경제적 기반을 이해하는 데에서는 잘못한 바가 없다. 만일 방법의 선택에 있어 나타나는 특유의 냉소주의가 오류의 원인이었다고 한다면, 윤리적 이상에 정치적·경제적 방법을 제공하는 특유의 현실주의는 프롤레타리아가 사회적 중요성을 갖게 해준 결정적인 원인이라 할 수 있을 것이다.

프롤레타리아는 사회적 목표의 설정에 있어서뿐만 아니라 이러한 목표 달성이 정말로 시급한 것임을 역설한 점에서도 분명히 옳았다. 특권계급은 사회에서의 자율적인 진보를 안일하게 믿고 있는지도 모른다. 왜냐하면 특권계급은 사회적 불의가 사회생활에 위협이 된다는 것을 인식할 수 있을 정도로 불의에 시달리지는 않기 때문이다.

오직 프롤레타리아만이 현대사회에서 가속적으로 진행되고 있는 권력과 특권의 집중화 현상이 양심에 위배될뿐더러 사회의 현실적인 토대를 붕괴시킨다는 사실을 고통스러운 체험을 통해 몸소 알고 있다. 또한 프롤레타리아는 각국에서 저질러지는 사회적 불의가 어떻게 해서 다른 나라들과의 관계에 대해 적대적으로 작용하게 되는지를 알고 있다. 왜냐하면 한 국가는 자신의 국민들이 소비할 수도 없는 물건을 생산해 이익을 얻기 위하여 다른 나라들에는 시장을 허용치 않고 독점하려 하기 때문이다.[13]

그리고 프롤레타리아는 이 같은 독점적이고 배타적인 국제적 행위가 어떻게 전쟁을 필연적으로 일으키고 또 직접적인 목적조차 달성치 못하게 하는가를 명확히 알고 있다.

위에서 말한 배타적인 국제적 행위, 즉 제국주의는 모든 나라에 상품이 과잉되는 국제적인 공황을 초래한다. 상품이 과잉되는 공황이 발생하는 이유는 분배의 불균등으로 인해 대중이 미처 생산된 상품들을 다 소비해내지 못하기 때문이다. 프롤레타리아는 이런 공황이 발생하면 실업자 계층에 속하게 되기 때문에 이런 상황을 절실하게 인식하지 않을 수 없다. 설사 취업이 된다고 하더라도 넘쳐나는 잉여 노동력의 존재로 인해 품삯이 싸져서 생존을 위협받게 된다는 것을 잘 알고 있다.

물론 다른 계층의 사람들도 이런 상황을 모르지는 않겠지만, 생활 속에서 직접 그 참담함을 체험하는 프롤레타리아만큼 명확하게 인식할 수 있는 계층은 없다.

따라서 프롤레타리아야말로 현대사회가 맞게 될 재난을 예언할 수 있는 유일한 계층이며, 동시에 실제로 이러한 재난을 초래하는 수단이기도 하다. 그리고 이 계급은 잠재적으로 사회 구원을 실천할 수 있는 가장 강력한 세력이다.

프롤레타리아가 사회를 재난으로부터 구원하고 싶어 하는지, 혹은 일단 재난을 당하고 난 후에 구원을 기대하는지는 전적으로 현재 자신들이 어느 정도의 고통을 받고 있느냐에 달려 있다. 따라서 우리는 프롤레타리아의 역사적 예언이나 정치 전략을 권위 있는 것으로 간주할 필요가 없다. 설사 프롤레타리아가 자신들의 예언이나 전략을 절대적인 진리라고 주장한다 하더라도, 그것들은 사실상 여타의 모든 신념 체계들과 마찬가지로 특정한 환경 조건들에 의해 제약된다.

특권계급이 안일한 생활에 젖어 지나친 자기만족에 빠지게 되면, 모든 중대한 사실들을 올바르게 보지 못한다. 이런 계급은 다른 어떤 집단보다도 더 완전히 현대 문명의 밖에 서 있으므로, 그 계급의 입장은 다른 어느 집단의 입장보다도 유리하다. 하지만 이와 동시에 문명의 외부에 있음으로 해서 사회 내부에서 반드시 고려되어야 할 합리적이고 구원적인 세력을 제대로 인식하지는 못한다. 설사 우리가 이들의 사회적 견해를 사회의 정당한 목표로 받아들인다고 하더라도, 그 목표에 도달하는 그의 방법은 비판적 시각에서 면밀히 검토되어야 한다.

모든 사회는 발전과 진보를 위해서뿐만 아니라 생존을 위해서도 더 큰 평등을 필요로 한다. 그리고 불평등의 기초는 곧 사회 내에서의 권력의 불균등인 것이다.

이와 관련하여 프롤레타리아는 평등한 정의라는 목표 설정에 있어, 그리고 기존의 불의의 뿌리를 분석함에 있어 분명히 제대로 파악하고 있다. 하지만 그것을 실현하기 위해서 프롤레타리아가 선택하는 방법이 그들의 생각대로 단 하나밖에 없는 방법인지, 지성을 가진 현실적인 사회가 생각해낼 수 있는 가장 효과적인 방법인지는 사실 전혀 별개의 문제이다.

프롤레타리아가 마르크스주의를 통해 절대적 권위를 지닌 역사철학에 버금가는 절대적이고 타당한 사회변혁의 방법을 갖고 있다고 믿는 그들의 확신은 과학적 진리의 범주보다는 종교적 과신(overbeliefs)

의 범주에 속한다. 혁명의 필연성과 폭력의 불가피성에 대한 프롤레타리아적 확신이 어느 정도의 진실을 담고 있는지는 모르겠지만, 거기에 담겨 있는 진리는 사실 프롤레타리아 스스로 생각하고 있는 만큼 무조건적인 것이 아닐지 모른다. 그들의 확신은 엄밀한 분석을 필요로 하며, 이러한 분석을 통하여 반드시 여타의 대안들도 충분히 고려해야 한다.

사회가 당면한 문제는, 사회에서 보존할 가치가 있는 것을 손상하지 않고, 또 제거된 불의의 자리에 새로운 불의를 교체시키는 위험을 겪지 않고 사회 내의 악을 제거할 공정한 기회를 제공함으로써 어떻게 사회적 불의를 제거할 수 있을 것인가의 문제이다. 이 문제는 프롤레타리아가 전혀 예상치 못했던 두 가지 문제를 야기한다. 프롤레타리아의 입장에서 볼 때 기존의 사회에는 보존할 가치가 있는 것이라곤 아무것도 없다. 또한 미래에 대해서 걱정하지 않는다. 프롤레타리아는 자포자기한 사람들과 마찬가지로 미래에 대해 낭만적일 마음의 여유를 갖고 있다.

7. 혁명을 통한 정의

　제1차 세계대전이 승전국과 패전국 모두에게 안겨준 환멸적이고 참담한 결과, 그 전쟁으로 빚어진 재정과 국방의 부담, 미래의 전쟁을 미연에 방지하기 위해 고안된 국제 평화 기구의 좌절, 전 세계적인 공황과 이에 따른 수백만 노동자들의 비참과 불안정, 그리고 끝으로 러시아 혁명의 극적인 성공 등 이 모든 요소로 인하여 반항적인 천민들의 수모받던 정치철학은 서방 세계 정치 생활의 가장 큰 약속임과 동시에 가장 큰 위험이 되었다.

　이제 그 정치철학은 더 이상 상층 프롤레타리아의 정치적 신념만을 표현하는 것이 아니다. 지식인들은 이에 대해 내적·외적인 공감을 보이고 있고, 자본가들은 소심한 공동체에 위협을 가하면서 인내심 없고 음흉하며 반항적인 노동계급에 양보를 하지 못하도록 하는 도깨비로 사용한다.

　설상가상으로 전 세계에 걸친 대공황이 워낙 심대한 것이어서 프롤레타리아 이외의 계급들도 위기의식을 느끼지 않을 수 없었다. 설사 이 계급들이 프롤레타리아처럼 결정적인 파국이 와야 구원될 수 있다고 생각하지 않는다고 하더라도, 최소한 점진적인 사회 개량의 방법으로 이 파국과 위기를 벗어날 수 있을 것인가 하는 문제를 진지하게 제기하지 않을 수 없게 되었고, 또한 희망과 공포가 묘하게 뒤섞인 마음 상태에서 혁명을 기대하게끔 되었다.

혁명을 약속하는 예언들이 중간층의 사람들로부터 많은 지지와 공감을 얻고 있음에도 불구하고, 그 혁명을 수행하는 방법들은 여전히 그들로부터 기피의 대상이 되고 있다. 폭력과 혁명은 일반적으로 사회 변화의 도구로서 일단 배제되는 경향이 있다. 그 특성상 폭력을 싫어하는 중간층과 합리적인 도덕론자들은 자신들의 일반적인 테제(thesis)의 차원에서는 정당하고 올바를지 모른다. 하지만 그들은 폭력이란 본질적으로 비도덕적이라고 가정하는 점에서 분명 오류를 범하고 있다.

악의지(ill-will) 이외에 본성상 비도덕적인 것은 있을 수 없고, 마찬가지로 선의지(good-will) 이외에 본성상 선한 것은 아무것도 없다. 우리는 이미 앞에서 프롤레타리아들이 갖고 있는 동기들에 대해 상세하게 고찰한 바 있으며, 이러한 고찰을 통해 설사 그 동기들이 모두 순수한 것은 아니더라도 일반적으로 집단적인 인간의 동기들의 수준만큼은 순수하다는 것을 확인했다. 또한 프롤레타리아들은 전혀 생각지도 못할 강제적 수단을 은밀히 사용함으로써 자신들의 특권을 보호하려는 사람들, 즉 특권계급의 동기들에 비하면 훨씬 순수하다.

인간의 내적 동기들에 대해 올바른 판단을 내리기란 지극히 어려운 일이다. 따라서 어떠한 행동이나 정책의 사회적 결과를 도덕성 평가의 기준으로 사용하는 편이 은폐된 동기들을 직접 평가하는 것보다 훨씬 용이하고 또 타당성도 그만큼 클 것이다. 선한 동기는 그것이 지향하는 사회적 목표를 척도로 하여 판별된다. 예를 들어, 과연 그 동기가 일반의 복지를 자신의 목표로 삼고 있는가 하고 물으면 된다.

어떤 역사적 상황(historic situation)을 이해하고 파악하는 데 있어 도덕론자들은 대체로 실용적이면서 공리적인 태도를 취하는 것이 일반적이다. 일반적인 선, 최고선,* 최대 다수의 최대 행복,** 모든 생동력의 가장 포괄적인 조화 등이 개별 행동들의 도덕 기준으로 확립되고, 각 행동은 이 궁극적인 목적과의 관계에 비추어서 판단된다. 우리는 앞에서 마르크스주의적 정치관의 궁극적인 목적들을 분석한 바 있고, 그 결과 그 목적들이 합리적으로 가장 개연성이 높은 사회적 목표, 즉 평등한 정의라는 사회적 목표와 동일하다는 것을 알게 되었다.

동기(motive)와 궁극적 목적(ultimate objective) 사이에 놓여 있는 수단들과 보다 저차적이고 직접적인 목적들을 선택하는 문제는 윤리적이기보다는 정치적이라고 불릴 수 있을 정도로 실용주의적인 문제들

- 최고선(summum bonum): 지선(至善)이라고도 한다. 쾌락(쾌락주의), 행복(행복설), 인간의 완성(완전설), 욕망과 정념의 제어 등이 이에 속한다. 이는 각각의 윤리학자에 따라 내용이 다르게 규정될 수 있다.

-- 최대 다수의 최대 행복: 공리주의의 중심 개념. 행복이란 것은 개인의 쾌락의 만족이며 사회는 개인의 기계적 총화이므로 최대 다수의 최대 쾌락이 도덕적 선의 척도가 된다는 것이다. 이 말은 원래 허치슨(F. Hutcheson)이 처음 한 말로, 벤담과 밀에 의해 계승되었다.

을 제기한다. 정치의 영역은 윤리적 문제와 기술적(technical) 문제들이 맞닿은 점이지대이다. 정치적 영역에서의 정책은 그것이 도덕적으로 승인된 목적을 성취하는 데 효율적인 도구임이 입증만 된다면 본질적으로 악한 것일 수 없다.

단계별로 이루어진 직접적인 결과들은 궁극적인 결과들에 비추어 이해되고 평가되어야 한다. 생명을 죽이거나 자유를 억압하는 것은 도덕적 가치들을 직접적으로 파괴하는 것이다. 그런데 이 같은 직접적인 파괴에 의해 달성코자 하는 궁극적인 목적(최고선)이 그 과정에서 불가피하게 발생하는 희생을 정당화할 수 있는지 여부는 좀 더 많은 생각을 요하는 문제이다.

더 궁극적이고 더 포괄적인 가치를 위해서 희생되어야 하는 직접적이고 덜 포괄적인 가치는 과연 무시해도 되는가? 궁극적 가치를 획득할 가능성은 과연 어느 정도인가? 폭력을 통해 평등을 수립하는 것, 혹은 더 나아가 이렇게 얻어진 평등이 확실히 유지되는 것이 가능한가? 이와 같은 문제들은 분명 실용주의적 차원에서 제기된 것들이다. 이 문제들이 중요한 것은 사실이지만, 예를 들어 폭력과 같은 사회 정책이 본질적으로 비도덕적인 것이라고 가정해버리면, 위에 열거한 그 어떤 문제도 적절하게 다루어질 수 없다.

폭력이나 혁명을 본성상 비도덕적이라고 가정하는 태도는 두가지 잘못된 견해에서 비롯된다.

그중 첫 번째는 폭력을 악의지의 자연적이고 불가피한 표현으로, 비폭력을 선의지의 당연한 표현으로 간주함으로써 폭력은 본질적으로 악의 범주에 속하고 비폭력은 본질적으로 선의 범주에 속한다고 보는 견해이다. 이런 견해가 상당 부분 타당성이나 설득력을 지닌 것은 분명한 사실이지만, 그렇다고 보편적으로 타당한 것은 아니다.

가장 친밀한 개인들 간의 관계에서는 필요치 않은 강제적 수단이 집단 간의 조화와 정의의 확립을 위해서는 반드시 필요한 것이라는 가정이 옳다고 한다면, 위의 견해는 개인들 간의 관계에서는 타당할지 모르지만 집단 간의 관계에서는 그렇지 않다. 일단 우리가 강제력의 요소를 윤리적으로 정당한 범주에 귀속시키게 되면, 설사 그것이 항상 도덕적으로 위험하다는 사실을 인정하더라도, 폭력적인 강제성(violent coercion)과 비폭력적인 강제성(nonviolent coercion)을 절대적으로 구별해낼 수 있는 경계선을 확립할 수 없게 된다.

직접적인 폭력이 가져다준 결과들은 폭력을 정당화하는, 그 궁극적인 목적의 정당성을 부정한다. 설사 궁극적인 목적이 참이라 하더라도 확실하게 자명한 것은 아니다. 따라서 폭력은 선천적인 근거들을 이유로 배제될 수는 없다.

이는 직접적인 폭력의 결과를 비폭력의 결과와 구별할 수 없는 경우가 많다는 사실을 고려할 때 더욱더 그러하다. 따라서 폭력과 비폭력 간의 차이는 비록 의미 있는 구별이긴 해도 절대적인 것은 아니므로, 이런 구별을 할 때는 항상 세심한 주의를 기울여야 할 것이다.

예를 들어 비폭력을 주장했던 간디의 영국 면화 배격 운동은 결과적으로 맨체스터 지방의 어린이들이 영양실조에 걸리게끔 했으며, 전시 중 연합국의 독일 봉쇄로 인하여 독일의 수많은 어린이가 기아에 시달렸다.

생명과 재산에 결정적인 위협을 가하지 않고서, 그리고 잘못한 사람뿐만 아니라 잘못이 없는 사람도 함께 위협하지 않고서 한 집단을 강제하기란 사실상 불가능하다. 이와 같은 것들이 바로 복잡한 집단 간의 관계에 담겨 있는 요소들이다. 그리고 이런 이유들로 인해서 개인 관계의 윤리를 무비판적으로 집단 관계에 적용해서는 안 되는 것이다.

폭력을 본질적으로 비윤리적이라고 보게 하는 두 번째 잘못된 견해는 전통에 의해 답습된 도구적 가치들을 본질적인 도덕적 가치와 무비판적으로 동일시하는 데서 기인한다. 앞에서 말한 바와 같이, 오직 선의지만이 본질적으로 선한 것이다. 하지만 선의지가 각 개인의 개별적이고 특수한 행위들로 나타나게 될 때, 우리는 곧바로 올바른 동기와 '올바른' 수단을 선택했는지, 그리고 그 목적이 옹호해야 할 만큼 가치 있는 것인지에 대해 명확한 결정을 내려야만 한다. 왜냐하면 이성은 수단이나 목적을 선택하게끔 올바른 의지를 인도하는 과정에서 얼마든지 잘못을 저지를 가능성이 있기 때문이다.

하지만 사회적으로 승인된 목적을 달성하는 데 적합한지 여부로 판정하기 불가능한 특수한 행동이나 태도도 있다. 이러한 행동이나 태도는 경험을 통해 확립된다. 그 결과 전통에 의해 답습된 도구적 가치가 본질적인 가치로 인정받게 된다. 타인의 생명과 의견과 이익을 존중하는 태도는 본질적으로 선한 범주에 속하게 되고, 같은 공동체 성원의 생명과 의견과 이익을 침해하는 행위는 악한 범주에 속하기 때문에 금지된다.

그것들은 궁극적으로 올바른 결과를 갖게 될 것으로 가정될 뿐만 아니라 자연스럽고 불가피한 선의지의 표현으로 가정된다. 이러한 가정들은 순수하게 개인적인 관계에서는 아주 일반적으로 정당화된다.

도덕 의지(moral will)는 부지불식간에 타인의 생명과 이익, 그리고 권리를 고려하는 데서 드러난다. 이웃을 신뢰하는 것은 선한 태도이다. 왜냐하면 이런 태도는 그들에게 신뢰감에 상응하는 행동을 유발하기 때문이다.

이웃의 생명을 존중하는 것은 선한 태도이다. 왜냐하면 이러한 존중은 모든 도덕의 기초가 되는 생명에 대한 외경 일반을 확고히 하고 보존하는 데 크게 기여하기 때문이다.

타인의 의견을 강압하지 않는 것은 좋은 태도이다. 왜냐하면 강압적으로 의견을 바꾸기란 불가능하며, 오히려 강제성은 잘못된 의견만을 부추기는 결과를 초래할 뿐이기 때문이다.

진실을 말하는 것은 좋은 일이다. 왜냐하면 진실을 말하는 것은 모든 사회생활의 기초가 되는 경험을 공유하는 데 큰 도움을 주기 때문이다. 이와 같은 판단들이 보편적으로 수용되지 않을지라도, 그것은 인격적 도덕의 훌륭한 가용 자산이다.

비교적 단순한 개인 간의 관계에서조차 절대적이라고 간주할 만한 도덕적 가치가 존재하지 않는다는 사실에 우리는 주목할 필요가 있다. 그 도덕적 가치는 어느 순간 다른 도덕적 가치를 위해 희생될 수 있다. 모든 행동은 서로 상충하는 가치들 사이에서 결정되고 수행된다. 모든 고귀하고 정당한 도덕적 가치들이 궁극적으로 서로 조화될 수 있다 하더라도, 상충하는 가치들 사이에서 어느 하나를 결정하여 행동으로 옮기는 일은 필연적으로 일어날 수밖에 없다.

그래서 의사는 환자가 자신의 생명에 대한 권리와 함께 진실을 알 권리를 갖고 있다는 것을 잘 알고, 또 이 두 권리 사이에 궁극적으로는 어떠한 상충 관계도 없다는 것을 믿고 있음에도 불구하고, 일정한 상황이나 여건하에서는 진실을 알 권리를 부정하지 않으면 안 되는 경우가 생긴다. 왜냐하면 환자에게 진실을 이야기하는 것이 도리어 환자의 생명을 위태롭게 하는 경우가 얼마든지 있을 수 있기 때문이다.

이와 마찬가지로 생명에 대한 외경이 모든 도덕의 기초를 이룬다는 사실을 분명히 알고 있으면서도 경우에 따라서는 서로 다른 생명들 사이에서 불가피한 선택을 하지 않으면 안 되는 경우가 있다. 예를 들어 산모를 살리기 위해 태아를 희생시켜야 하는 것이 바로 그 대표적인 경우이다.

반성적인 도덕성은 항상 본질적으로 선한 범주에 속하는 것으로 간주되는 도덕적 가치들을 새로이 분석해야 하며, 또 그 가치들을 도구적인 차원에서 판단해야 할 필요성이 있다. 마음속에 그리고 있는 목적이 포괄적일수록, 한 행동이 가져다주는 직접적인 결과는 도덕적 판단을 위한 권위 있는 기준의 역할을 할 수 없다.

사회는 이 포괄적인 목적들과 직면하고 있기 때문에 언제나 목적이 수단을 정당화할 수 있다는 위험한 원칙을 받아들이고 있는 것 같다. 실제로 모든 도덕은 이 원칙을 따르고 있다. 하지만 이러한 사정은, 쉽게 정당화되긴 하지만 보편성이 결여된 가정, 즉 직접적인 결과들의 성격이 궁극적인 목적의 성격을 보장해준다는 가정에 의해 모호해진다.

사회는 일반적으로 생명에 대한 외경이 근본적인 도덕적 태도라고 믿으면서도 다른 사람들의 생명을 보호하기 위해 살인자의 생명을 빼앗는다. 이는 잘못일 수도 있는데, 사실 정말 잘못된 것은 생명을 빼앗는 데 있다기보다는 살인자로 하여금 미리 살인할 생각을 갖지 못하게 한 정책을 추구한 데 있다고 보아야 할 것이다.

이러한 문제는 선천적인 근거에 입각해서 해결될 성질의 것이 아니고, 각종 형벌의 사회적 결과들을 면밀히 검토함으로써만 해결될 수 있다.

사회는 의견 발표의 자유를 보장하는 것이 사회적 선이라고 믿고 있지만, 이는 사상의 자유가 타고난 권리이기 때문이 아니라 사회 진보의 기본적인 조건이기 때문이다. 경우에 따라서 자유의 원칙은 일정한 강제력을 요구하면서 사회적 연대의 필요성에 양보하기도 한다. 만일 국가가 자유를 억압하는 잘못을 저지른다면, 그 잘못은 정당치 못한 강제적 방법을 사용하는 데 있으며, 이익의 상호 배분을 통해 유대를 강화하려는 노력이 결실을 보기 전에 성급히 강제력을 사용하는 데 있으며, 또 그렇게 성취된 사회적 유대를 도덕적으로 승인될 수 없는 목적들에 이용하는 데 있다.

이처럼 자유와 사회적 연대라는 상대적 가치의 문제에 관해서는 그 어떠한 궁극적이고 권위 있는 대답을 할 수 없다. 모든 대답은 특정한 개인과 집단의 사회적 경험과 깊이 관련되어 있다는 점에서 상대적일 수밖에 없다. 왜냐하면 이들 개인과 사회는 무정부 상태(자유의 극단적 경우)나 독재정치(연대감의 극단적 경우)에 의해 고통을 받은 바 있고, 따라서 양극을 피하려고 노력하기 때문이다.

프롤레타리아와 중간층 간의 차이점은 스스로를 일차적으로 독립된 개인으로 간주하느냐 스스로를 일차적으로 사회집단의 한 구성원이라고 느끼느냐 하는 것이다. 중간층은 자유와 개인 생명의 존중, 소유권, 상호 신뢰와 이타심을 중요시하는 경향이 있는데 비해, 프롤레타리아는 집단에 대한 충성과 그 결속을 강조하는 경향이 있다. 이들은 전체 사회의 복지를 위해 소유권을 포기하고, 자신들의 가장 고귀한 사회적 목표를 달성하기 위해 자신의 가치를 폐기할 것이며, 집단 간의 상충하는 이해관계는 대화와 타협보다는 투쟁을 통해서 해결할 수 있다고 믿는다.

이에 반해 중간층은 개인적 도덕의 규범들을 모든 사회적 관계의 가장 중요한 기반으로 삼는다. 그래서 이들은 프롤레타리아의 폭력, 도덕적 냉소주의, 개인적 자유에 대한 무관심 등에 큰 충격을 받는다. 중간층의 이런 태도가 개인적 도덕의 이상을 인간 집단의 행동 규범으로 삼고자 하는 정직한 노력인 한, 이런 태도는 완전히 폐기되어서는 안 되는 정당한 도덕적 태도이다.

하지만 이런 태도가 자신들의 집단행동을 개인적 이상에 합치시키지 않는 중간층의 환상과 자기기만이라면, 그것은 프롤레타리아의 냉소적인 비판을 받아 마땅하다. 환상적인 요소가 특히 크게 받아들여질 것이다.

중간층은 자유를 신뢰하기는 하지만, 만일 이 때문에 자신들이 사회에서 점하고 있는 위치와 지위가 위협받게 되면, 단호히 자유를 부정한다. 그들은 사랑과 이타심의 도덕을 공공연히 주장하지만, 지금까지 특권 없는 계층을 사랑하고 이타적인 집단적 태도를 보인 적은 거의 없다. 그들은 폭력을 싫어한다고 주장하면서도 자신들의 이익이 위협을 받는 국제분쟁과 사회적 위기가 닥치게 되면 아무런 거리낌도 없이 폭력을 사용한다. 그들은 계급투쟁보다는 계급 간의 상호 이익을 주장하지만, 자신들이 누리는 사회적 특권을 포기하면서까지 상호성의 원리를 따르지는 않는다.

다른 한편으로 프롤레타리아는 자신의 문화적·사회적 생활을 해나감에 있어 개인적 도덕의 규범을 강하게 따를 만큼 충분한 개인적 자각을 갖고 있지 않다. 프롤레타리아는 현실을 파악할 때 집단적 행동을 단위로 한다. 이들은 특권계급에 비해 자기 집단에 대한 귀속감을 크게 느끼며 다른 집단의 행동에 큰 영향을 받는다.

그리고 이들의 도덕적 태도는 개인의 도덕적 행위보다는 집단의 도덕적 행위에 의해 결정된다. 이들은 특권계층처럼 뚜렷한 자의식을 갖고 있지 않을 뿐 아니라 개인의 도덕이 특권계층의 권력에 대한 절대적 탐욕을 명확하게 제약하는 것을 본 적이 없기 때문에 어떠한 개인의 도덕적 행동에 대해서도 신뢰감을 나타내지 않는다.

이제 프롤레타리아는 도덕적인 집단생활을 달성하려는 희망이란 결국 환상에 지나지 않는다는 결론에 도달했다. 따라서 프롤레타리아의 도덕성과 중간층의 도덕성 간의 모순은 곧 잔인성과 위선, 냉소주의와 감상주의 간의 모순인 것이다. 한쪽의 한계는 다른 쪽의 한계를 더욱 가속화하는 경향이 있다. 이러한 모순과 갈등의 의미는 다음과 같은 트로츠키의 말에 잘 나타나 있다. "우리는 '인간 생활의 성스러움'에 관한 경건한 칸트주의자나 퀘이커 교도들의 수다스러운 가르침에 대해 아무런 관심도 없다. 우리는 반정부 투쟁을 할 때도 혁명가였고, 권력을 잡은 지금도 여전히 혁명가이다. 개인의 성스러움을 올바르게 확보하기 위해서는 개인을 말살하는 사회질서를 파괴해야 한다. 그리고 이 문제는 오직 피어린 무장투쟁을 통해서만 해결될 수 있다."

중간계급의 도덕관념에 대한 공산주의자의 비판의 표적은 권력을 가진 자들의 위선뿐만 아니라 중간계급의 지적이고 종교적인 도덕주의이기도 하다. 왜냐하면 권력층은 개인의 도덕적 이상을 공언하면서도 자신들의 집단적 행동은 탐욕이라는 동기에 의해 지배되고 또 그들의 목적 달성을 위해서는 주저 없이 강제력과 폭력이라는 수단을 사용하기 때문이고, 또한 중간계급의 지식인이나 종교적 도덕가들도 개인적 도덕의 이상을 집단의 행동에 삼투시키고자 하기 때문이다.

프롤레타리아는 중간계급의 태도에 대해서는 감상주의라는 딱지를, 권력층의 태도에 대해서는 위선이라는 딱지를 붙인다. 프롤레타리아는 개인들의 도덕적 자원을 신뢰하지 않기 때문에 권력층에 맞서서 이에 대항할 수 있는 자신들의 도구를 사용하여 이상 사회를 건설하려 한다. 중간계급 이상주의자들은 대부분 급진적인 사회변혁을 위해 사용될 수 있는 도덕적 자원들을 과대평가하는 것이 분명하므로,

프롤레타리아는 자신들의 정치 전략을 드러내는 도덕적 냉소주의를 갖고 있다는 점에서 완전히 잘못된 것은 아니다.

하지만 프롤레타리아는 사회집단에 너무 깊이 빠져 있고, 집단적 잔인성의 희생물이 되어 있으므로 인간 생활의 도덕적 자원의 전모를 알지 못한다. 그들의 정치 전략의 잔인성은 그 바탕이 되는 도덕적 냉소주의가 모든 사실들에 대해서 참일 때에만 정당화할 수 있다. 이에 반해 중간계급의 이상주의자들은 환상 속에서 살아갈지도 모르며, 또 사실이 그러하다. 이들은 너무나 투철한 개인이어서 집단의 중요한 행동에 큰 관심을 갖지 않는다. 이들은 편안하고 고통받지 않기 때문에 자신들의 주요한 생물학적 충동들을 제대로 이해하지 못한다. 이들은 스스로 이 같은 충동들로부터 떨어져서, 심리적으로 자신을 고립시킨다.

그러나 경제적으로는 절대 분리되어 있지 않으며, 지배 집단의 충동적인 힘과 진정한 의미를 제대로 이해하지 못한다. 이들은 도덕적인 힘이 자기 집단의 테두리 안에서 효과적으로 작용하는 것만을 보기 때문에, 그 범위를 넘어선 집단적 갈등을 해결하는 데는 자신들의 도덕적 힘이 무력하다는 사실을 깨닫지 못하고 그것들을 확대할 수 있다는 환상에 빠져 있다.

따라서 프롤레타리아의 도덕적 세계관과 중간계급의 도덕적 세계관의 차이는 순수하게 '선험적인(a priori)' 기준에 의해 판단될 수 없으며, 또 그래서도 안 된다. 서로 다른 이 두 세계관 사이에서 발생하는 문제는 오직 역사에 대한 연구를 통해서만 해결될 수 있다. 그리고 반드시 연구되어야 할 역사의 일부분은 아직 이루어지지 않고 있다. 따라서 역사에 대한 모든 분석은 불가피하게 예언의 영역으로 일정 정도 파고들 수밖에 없다.

이와 더불어 혁명 전략은 거기에 견고한 도덕적 기초를 제공하는 동기나 목표들이 없는 것이 아니라는 것을 인식하는 것이 중요하다. 동기나 목적 그 어느 것도 방법이나 수단의 타당성을 보장해주지 않는다. 이들은 모두 집단적인 인간 행동에 관한 제반 사실들과 가능성에 비추어 판단되어야 하는 것이다.

폭력을 통해 정의로운 사회제도가 확립되고, 또 그 제도를 보존할 수 있는 가능성이 생겨난다면, 폭력과 혁명을 배제해야 한다는 윤리적인 근거는 있을 수 없다. 이런 일은 오로지 순수하게 무정부적인 윤리적·정치적 전제들을 기초로 해서만 가능하다. 일단 우리가 숙명적으로 정치를 위해 윤리를 양보하고, 또 사회적 결속의 불가피한 수단으로서 강제력을 받아들인 이상, 우리는 비폭력적 강제(non-violent coercion)와 폭력적 강제(violent coercion), 혹은 정부가 사용하는 강제력과 혁명가가 사용하는 강제력 사이에 절대적인 구별을 지을 수 없다. 만일 이 같은 구별을 하게 된다면, 그 구별은 오직 그것들이 야기한 결과들에 비추어 정당화되어야 할 것이다. 진정한 문제는 폭력을 통해서 정의를 확립하고자 하는 정치적 가능성이 도대체 무엇인가 하는 것이다.

소유권에 내재되어 있으며 국가의 정치권력에 의해 강화된 힘에 바탕을 둔 어떤 권력 체제가 노동자의 요구에 대항하고 있다. 수적인 우세에 내재된 정치권력을 노동자에게 제공함으로써 경제적 권력을 파괴하려는 노력은 지배계급이 자신의 손안에 있는 교육과 선전기구를 사용함으로써, 그리고 일부 노동자의 무지로 인해서 좌절되고 말았다.

과연 노동자들이 기존의 권력 계층을 전복하고 국가기구와 교육기관을 장악하여 평등한 세계를 수립할 수 있으며, 더 나아가 이런 세계를 유지해 나갈 새로운 세대를 교육할 수 있는가? 양측에서 누구나 사용할 수 있는 권력이라는 상대적 자원을 기초로 이 문제를 분석했던 현실주의적인 마르크스주의자들은, 혁명을 지극히 손쉬운 일로 생각하는 지식인들에게 유행하고 있는 낭만적인 환상을 절대 신뢰하지 않는다. 그들은 냉혹한 역사의 법칙이 점차 권력의 분포 비율을 변화시키고 있으며 결국에는 노동자가 최후의 승리를 거두게 될 것이라고 철석같이 믿으면서도, 동시에 이를 달성하는 것이 그렇게 쉽지 않다는 사실도 잘 알고 있다.

현실주의적인 마르크스주의자들은 권력과 특혜의 점진적인 집중화가 특권계층의 상대적인 힘을 축소할 것이며, 노동자들이 더욱 비참해지고 중간층 이하의 사람들도 더욱 비참해짐에 따라 프롤레타리아의 수가 엄청나게 늘어나 혁명적인 기운은 급속히 확대·강화될 것이고, 자본주의로 인해 필연적으로 발생하게 되는 국제분쟁이 기존의 권력을 위협하는 수준에까지 민족 국가의 위신과 권력을 땅에 떨어뜨릴 것이라고 굳게 믿고 있다.

진정한 프롤레타리아에게 종교적 희망이자 신조인 이 파멸적인 예언은 산업 문명의 역사에 대한 현실적인 분석에 의해 권위 있는 방식으로 증명되지 못했지만, 그렇다고 반증되지도 않았다. 왜냐하면 그 예언의 실현 가능성을 입증해주는 증거도 있고, 반증하는 증거도 있기 때문이다. 지난 50년간 산업노동자들이 현대 기술 문명의 혜택을 일부 나누어 가짐으로써, 비록 국부(國富)에서 비교적 적은 몫을 차지할 뿐이지만, 과거보다 생활수준이 상당히 향상되었다는 사실과, 그들의 증대하는 정치적 힘으로 인하여 지배계급이 노동계급에 대해 더 큰 양보를 하지 않을 수 없게 되었다는 사실은 노동자들의 궁핍화 현상이 심화되어 필연적으로 혁명이 일어나게 되리라는 마르크스주의 이론에 깊은 회의를 던지고 있는 듯하다.

독일에서는 정통 마르크스주의 이론을 수정한 베른슈타인[1]의 이론을 수용한 새로운 사회주의 학파가 생겨났다. 이 학파는 파국의 기대를 평등한 정의를 향한 진화론적 발전이라는 희망으로 전화시켰다. 자본의 집중화가 마르크스의 예언대로 그렇게 빠른 속도로 진행되지 않았다는 사실, 프티부르주아(소시민) 계급이 자본주의 아래에서 소멸하기는커녕 더욱 많아지고 지속적으로 발달했다는 사실, 노동당의 정치적 힘이 강화됨에 따라 국가는 어쩔 수 없이 자본의 집중에 의해 야기되는 불평등을 부분적으로라도 시정하지 않을 수 없었다는 사실 등 새롭게 변화된 사실들은 사회주의를 진화적인 교리로 수정하는 것을 정당화하는 근거가 되었다. 자본의 집중 현상은 산업보다 농업에서 더 느리게 진행된다는 베른슈타인의 주장은 역사적으로 완전히 입증된 바 있다. 농민은 토지를 빼앗기더라도 집단주의적 경향으로 기울지 않는다. 농민의 정치적 태도는 계속 모호한 상태에 놓여 있다. 이와 관련하여 "농민은 언제나 두 개의 얼굴을 가지고 있다 한쪽은 프롤레타리아를 보고 있고, 다른 한쪽은 부르주아를 쳐다보고 있다"[2]고 지적했던 트로츠키의 언급은 정확했다.

러시아보다 더 발전한 나라들에서는 농민들이 독자적인 조직체를 형성했는데, 이 조직체들은 러시아의 농민 조직체들에 비해 훨씬 완강하게 프롤레타리아적 집단주의(proletarian collectivism)에 항거했다. 게다가 소시민 계층은 독립적인 소매상을 하다가 자본의 집중화에 밀려 어쩔 수 없이 연쇄점 점원으로 전락했을 경우에도 프롤레타리아식으로 그 상황에 반응하지 않았다.

화이트칼라 계층도 생산수단의 소유권이 없으므로 논리상 당연히 프롤레타리아의 범주에 속할 것이다. 그러나 부댕(Boudin)과 같은 사람들이 말했던 월급쟁이 노동자들은 "사실상 가장 단순한 일용직 노동자들과 마찬가지로 프롤레타리아의 주요 부분을 구성한다"[3]는 주장은 몇 가지 주요한 심리학적 요인을 충분히 고려하지 못하고 있다.

현대 문명의 모든 사회적·정치적 세력들이 가장 첨예하게 발전해 있는 독일의 경우를 척도로 삼아서 고찰해볼 때, 생산수단의 소유권을 갖고 있지 않은 중간계급 중의 어느 누구도 스스로를 정치적으로 프롤레타리아에 속한다고 이야기하는 사람은 없을 것이다. 오히려 역으로 그들은 파시즘* 쪽으로 기울어진다. 파시즘은 곤궁한 중간층 사

• 파시즘(fascism): 1919년 이탈리아의 무솔리니가 주장하고 조직한 국수주의적이고 권위주의적이고 반공적인 정치 운동을 말한다. 원래 이 용어는 이탈리아어

람들에게 보다 나은 사회가 도래하리라는 희망을 갖게 하기 위하여 급진주의(radicalism)를 반공 및 민족주의라는 정치적 전략과 결합시켰다. 파시즘은 이 전략을 통해 급속도로 부상하는 노동계급에 대해 두려움을 갖고 있던 경제적 지배계급의 지지를 얻어냈다.

가장 부유한 계층과 가장 궁핍한 계층이 공동의 목표하에 결성한 정당에 중간층을 끌어들일 수 있었다는 것은 파시즘의 정치적 지략의 수준이 얼마나 높은가를 잘 보여준다.

중간층은 그들의 지위가 경제적으로 어떠하든지 간에 민족주의 정신과 철저한 경제 개혁으로 국가 재정의 남용을 억제하려는 최소한의 요구로 자신의 분노를 표현한다. 아마도 중간층은 자신들의 고유한 문화적·경제적 유산을 완전히 상실하는 그 순간까지는 절대 정치적으로 프롤레타리아에 귀속되려 하지 않을 것이다.

중간층은 (설사 경제적 차원에서는 프롤레타리아에 속할지 모르지만) 프롤레타리아와는 달리 민족 문화의 외부에 서 있는 것이 아니라 철두철미하게 그 속에 들어 있다.

경제적 압력이 가중됨에 따라 중간층의 교육 수혜 기회가 제한되어 중간층이 프롤레타리아의 지위로 전락해버릴 것인지 여부는 지금으로서는 확실한 답을 내릴 수 없는 어려운 문제이다. 중간층이 현대의 사회구조에서 마르크스주의가 예언한 것보다 훨씬 탄탄한 경제적

'파쇼(fascio)'에서 나온 말로서 묶음(束)을 의미하였으나 후에 결속·단결의 의미로 변했다. 하지만 이 용어는 이제 전 세계에서 사용하는 용어가 되었으며 인종주의, 제국주의, 비합리주의, 엘리트주의, 반공주의 등을 기본적인 특징으로 한다.

기반을 갖고 있다는 것, 그리고 또 이러한 경제적 기반이 파괴되는 경우에도 심리적인 몇 가지 이유나 동기들로 인하여 스스로를 프롤레타리아에 귀속시키려 하지 않는다는 사실은 역사적으로 입증된 아주 분명한 사실이다.

종교적 동기에서 비롯된 연대감과 강인함에 의해, 그리고 정치 지도력의 기민성에 의해 가톨릭 계열의 정당이 부르주아 민주주의의 보존에 있어 필수 불가결하게 된 독일적인 상황은 서구 문명이 안고 있는 사회적 문제의 또 다른 측면을 다시 한번 전형적으로 여실히 보여주는 경우이다. 서구 문명에서는 부르주아 세계의 전반적인 역사적·전통적인 문화생활을 부정하는 프롤레타리아에 맞서 반발한다는 것이 러시아의 경우에서처럼 그리 쉬운 일은 아니다. 러시아에서 정태적이었던 그리스 정교회는 사회적 반동 세력과 완전히 동일시되었고, 설상가상으로 슬라브 문화에 참된 뿌리를 내리지 못했기 때문에 전통 문화에 대한 프롤레타리아의 반란에 의해 쉽게 희생될 수밖에 없는 운명에 놓여 있었다.

고대의 문화적·종교적 유산이 독일 가톨릭 정당의 경우처럼 항상 당대의 정치와 생동적인 관계를 갖기는 어렵다. 독일에서 이 정당이 성공을 거둘 수 있었다는 사실은 마르크스주의가 현대 사회에서 과소평가하고 간과했던 요소들에 대해 개략적인 설명을 해준다.

현대 사회는 제각기 다른 경제적·사회적 집단들을 포괄하고 있기 때문에 그 성격이 지극히 복잡하다. 그리고 각 집단은 경제학의 일관된 논리에 따라 주어진 운명을 받아들이기를 거부하며, 사회 내에서의 위치와 지위를 정치적 무기에 의해서, 또 필요하다면 군사적 무기에 의해서 방어할 정도로 이해관계가 첨예하게 대립하고 있다. 이와 같은 현대 사회의 분화와 복잡성은 마르크스주의자들이 기대하는 시대적인 모험에 지속적인 장애물이 되고 있는 듯하다.

농민, 도시 중간층, 프롤레타리아 등에 의한 폭동에 대항하는 강력한 문화적 방어에 의해 강화된 집단의 엄청난 힘의 존재는 역설적으로 혁명을 정당화해준다. 왜냐하면 이런 힘의 존재는 노동당이 의회의 다수석을 확보하는 데 결정적이고 영속적인 방해물이기 때문이다. 하지만 이러한 힘의 존재는 노동자의 혁명적인 승리를 방해하기도 하지만, 동시에 부르주아 의회주의의 승리에도 적지 않은 장애 요소가 된다. 그들이 필요로 하는 것은 오로지 프롤레타리아의 단결력에 비견될 수 있는 강력한 사회 통합이며, 또한 그들은 혁명적 시도를 분쇄하기에 충분한 정치력과 군사력을 소유하고 있다.

그 밖에 반드시 고려해야 할 더욱 복잡한 사항이 있다. 그것은 다름 아닌 프롤레타리아 내부에 분열을 초래하는 서열이 존재하고 있다는 점이다. 이에 대해서는 앞에서 잠시 시사한 바가 있다. 현대에는 과학 기술이 급속도로 발달함에 따라 숙련 노동자 및 준숙련 노동자 계층이 새로 탄생하였다. 이들은 미숙련 노동자들에 비해 특권적인 사회적 지위를 얻었다.

이들이 미숙련 노동자나 극빈자층과 연대하기 위해서는 다른 무엇보다도 윤리적 동기가 있어야 한다. 하지만 이러한 윤리적 동기가 항상 지배적인 위력을 발휘하지는 않는다. 그리고 경제적 동기가 단결과 연대 의식을 창출한다는 이론은 틀렸다는 것이 이미 입증되었다. 미국에서 이런 유의 노동자는 미국노동연맹(American Federation of Labor)의 반동적인 정책을 통해 자신들을 정치적으로 표출하였으며, 미숙련 노동자는 여전히 비참한 생활 상태에서 벗어나지 못하고 있다.

영국이나 독일처럼 좀 더 발달한 산업국가들에서는 의회사회주의(parliamentary socialism)라는 수단을 통해 자신들의 목적을 대변하고 있다. 이들 안정된 중간층은 화이트칼라 노동자들에 비해서 훨씬 더 집단주의적이지만, 여러 점에서 덜 혁명적이다. 독일에서는 이들이 가톨릭 정당과 제휴하여 좌우익 양측의 혁명 기도에 맞서 부르주아 민주주의를 지탱하는 주요한 지지자 역할을 했다.

그들은 노동자들이 쇠사슬 이외에 어떤 잃을 것을 가지자마자, 즉 '현상태(status quo)'에서 최소한도의 이익이라도 챙길 수 있게 되자마자(그 이익이 반드시 재산의 형태일 필요는 없다. 단지 어느 정도 확실한 직업이나 최소한도의 실업 수당의 확보면 충분하다), 그들은 한 치 앞도 내다볼 수 없는 불행을 향해 달려가기보다는 차라리 잔혹한 운명의 투석과 화살을 견뎌낼 것이다. 이는 지금까지 그들이 역사에서 보여준 구체적인 사례들을 통해서 충분히 입증되었다. 그래서 이 중간층은 반동 세력과 격렬하게 싸우겠지만 다른 한편으로 진정한 프롤레타리아 및 철저히 소외된 계층과도 투쟁할 것이다.

독일의 경우에서처럼 설사 비참함이 증대되어 중간층 일부가 공산주의 대열로 들어간다 하더라도, 혁명론자보다는 중간층의 숫자가 훨씬 많다. 1932년 7월 31일 독일 총선거에서 그들은 약 10퍼센트 정도를 공산당에 빼앗겼다. 하지만 산업국가의 어느 프롤레타리아 집단이 수년 동안 겪은 것보다 더 큰 경제적 압력을 받아오면서도 여전히 그들은 공산주의자들에 비해 50퍼센트나 더 강하다.

중간층의 정치적 태도가 베른슈타인의 수정주의(revisionism)와 카우츠키*의 보다 혁명적인 의회주의 간의 차이를 완전히 없애버렸다는 사실에 주목해보는 것도 흥미로운 일이다. "노동계급의 해방은 점증하는 도덕 상실이 아니라 증대하는 힘으로 쟁취해야 할 것"[4]이라고 한 카우츠키의 언명은 참일지 모르지만 그가 원래 의미했던 바와는 다르게 이해되고 있다. 드망이 확대한 원한과 카우츠키에 의해 혁명적 열정의 바탕으로 간주된 보다 순수한 경제적 동기들이 존재하는 한 산업노동자들은 끊임없이 사회주의를 목표로 하는 정당과 연계를 갖기 위해 노력할 것이다.

하지만 카우츠키의 말대로 대부분이 혁명적이 되는 일은 거의 없을 것이다. 이렇게 볼 때, 수정주의자나 의회주의자보다는 정통 공산주의자들이 훨씬 더 현실주의적이고 그들의 분석도 진실에 더욱 가깝다. 트로츠키는 프랑스의 혁명가 마라**의 말을 흥분에 차서 인용하고

• 카를 요한 카우츠키(Karl Johann Kautsky, 1854~1938): 독일의 경제학자, 역사가, 정치가. 독일 사회민주당 및 제2인터내셔널의 지도자. 엥겔스 사후 최고의 마르크스주의자였으나 제1차 세계대전 때에는 중도파가 되고 러시아 혁명을 비판하여 레닌으로부터 배반자라는 비난을 받았다. 1934년 체코 시민권을 얻고 빈에서 오스트리아 사회민주당을 지도하다가 독일군이 침공하자 체코를 거쳐 암스테르담으로 도피하였으나 사망하였다.

•• 장 폴 마라(Jean Paul Marat, 1743~93): 프랑스의 혁명정치가. 사회 사상을 연구하고 삼부회 소집 전부터 정치적 팸플릿을 집필하여, 1789년 9월 《인민의 벗(Amidu

있다.

> 하나의 혁명은 가장 낮은 사회 계층에 의해, 후안무치한 부유층들이
> 천민 취급을 하고 과거 로마인들이 냉소적인 의미에서 프롤레타리아
> 라 불렸던 사회에서 가장 버림받은 사람들에 의해서만 성취되고 유지
> 될 수 있다.[5]

아마도 노동자들은 과거의 비교적 안정되었던 생활에 비해 현재
자신들이 처한 상태가 도저히 참을 수 없다고 느끼기 전까지는 결코
혁명가가 되지 않을 것이다. 불의에 대한 분노가 아닌 굶주림이 혁명
을 낳는다는 것도 마찬가지로 확실하다. 이 점과 관련하여 공산주의
적 현실론은 중간층이나 반프롤레타리아들이 흔히 혼동하고 있는 바
를 명확히 밝혀준다. 무자비하고 냉혹한 특권 세력들이 혁명의 전제
조건들을 만들어준다고 한 그들의 예언에는 분명 잘못된 점이 있지
만, 이 전제 조건들이 무엇인가를 이해하는 데 있어서 공산주의자들
은 아주 탁월했다.

서구 문명에서 혁명의 미래가 어떠할지에 대해 예측하고자 한다
면, 우리는 러시아보다는 독일 혹은 영국을 예측의 근거로 삼는 것이
훨씬 낫다. 러시아의 귀족주의적 관료제의 철저한 무능과 전쟁에 의
한 귀족계급의 철저한 와해, 상업적인 중간층의 위신 결핍, 농민층의

Peuple)》을 창간했다. 공화주의 정치를 창도하고 일반 민중의 시위와 폭동을 선동
한 죄로 투옥되기도 했다.

정치적 무방비 상태 및 토지와 평화에 대한 열망으로 인해 생겨난 노동계급과의 잠정적인 이해관계의 일치, 교회의 중세 봉건적인 무지, 경제적인 소외감으로 인해 이루어진 노동자들의 혁명적인 결속, 사멸해가는 국가의 야만적인 테러 등으로 인해 정당화된 프롤레타리아의 정치적 냉소주의, 이 모든 요소가 러시아 혁명의 기초를 닦았으며, 산업 문명에 비해 훨씬 더 완벽하게 마르크스의 공식(그것도 주로 서구 사회를 위하여 고안된 공식)에 딱 들어맞는다.

현대 국가가 독일의 경우에서처럼 사회적·경제적 갈등에 의해 붕괴하는 경우일 때조차도, 모호한 자기 보존의 본능과 여전히 잠재적인 국가의 통일 의식이 막연한 가능성을 만들어낸다. 이 가능성이란 곧 작은 의회가 국가의 강력한 경찰력을 사용하여 좌우익으로부터의 혁명 기도를 좌절시킬 수 있으리란 것이다. 이렇게 되면 다시 공산주의자의 현실주의는 탁상공론식 혁명가의 막연한 희망과 대립 관계에 서게 된다. 레닌은 이와 관련하여 이렇게 말했다.

> 군대의 해체 없이는 어떠한 위대한 혁명도 일어난 적이 없고, 또 일어날 수도 없다. 권력을 쟁취하고자 하는 새로운 사회 계급은 기존의 군대를 궤멸하지 않고서는 자신의 권위를 확보할 수 없었고 오늘날에도 여전히 불가능하다.[6]

하지만 현대의 국가는 사회 붕괴가 아주 극심한 상태까지 진행되더라도 그 경찰력을 유지할 수 있다. 왜냐하면 대부분의 지배 계층과 사람들은 경제정책에 관해서는 의견을 달리하면서도 혁명에 따른 세력 다툼과 권력 교체에 대해서는 공동의 두려움이 있으므로 서로 연합하게 되기 때문이다. 그래서 총투표자의 44퍼센트가 파시즘적 의미에서 혁명적이고 36퍼센트가 사회주의나 공산주의적인 독일에서, 한 집단이 다른 집단으로부터 수년 동안에 걸친 혁명적인 거부와 억압을 받지 않고서는 강해질 수 없다는 사실은, 브뤼닝(Bruening) 정부나 폰 파펜(Von Papen) 정부 등이 국가의 통일을 위해서 강력한 경찰력을 사용한 점을 정당화해준다.

사회주의자의 혁명적 열정의 부족과 가톨릭 계열 투표자의 정치권력은 이러한 정책에 대한 압도적인 정치적 지지를 불러일으켰다. 이런 식으로 유지되는 국가적 통일은 분명히 불안정한 것이다. 만일 독일이 당시와 같은 경제적 압력을 계속해서 받았다면, 그 통일은 그렇게 오랫동안 유지되지 못했을 것이다. 하지만 동시에 이 점은 현대 국가들이 국가적 통일에 대해 얼마나 집요한 의지를 갖고 있는지, 그리고 통일의 물질적 기반이 무너졌을 때 국가가 어떻게 해서 살아남는지를 여실히 보여준다.

기술 문명이 고도로 발달함에 따라 경제적 상호 의존 체계 속에 편입되어 있는 나라들에서의 혁명이 가져올 국제적인 결과에 대한 두려움도 이러한 경고의 추가 원인이 된다. 또한 비교적 자급자족하는 농업 국가인 러시아는 보다 복잡한 국가들에서 있음 직한 정치적 반동의 대표적인 사례가 아니다. 다시 말해, 러시아에서 거둔 마르크스주의 혁명의 성공은 오로지 지극히 드문 환경들의 조합에 의해서만 서구 문명에서 실현될 수 있으리라는 혼란과 기대를 동시에 불러일으킨다.

모든 서구 산업국가에서 혁명이 성공을 거두기는 어렵겠지만, 그렇다고 전혀 불가능하다고 보아서도 안 된다. 부와 권력을 독점하고 있는 세력들은 마르크스주의자들이 예언한 대로 명료한 방식으로 움직이지는 않겠지만 어떤 형태로든 움직이고 있다. 마르크스의 예언의 오류가 어떠하든지 간에, 자본주의 사회에 주기적인 위기가 도래하리라던 그의 예언은 아주 정확한 것이다. 왜냐하면 현재 이러한 위기는 점점 그 빈도를 더해가고 있고 그 폭도 대단히 넓어지고 있기 때문이다.

게다가 이러한 위기의 원인은 노동자들의 구매력 감소에 따른 생산 과잉 때문이라고 본 것도 옳았다. 현재 우리가 이러한 전반적인 위기에 시달리고 있다는 사실은, 노동자들이 그들의 정치력으로 획득한 자본가계급의 양보가 현재의 경제체제에 건강을 보장해주기에는 불충분하다는 것을 입증해준다. 계속되는 공황의 위기가 특권계급 내에 더 큰 불안을 불러일으킴과 동시에 충분한 지성을 발휘케 하여 기존 사회체제를 좀 더 상호적인 사회체제로 급속히 변혁할 수 있도록 할 것인지 어떤지는 긍정이나 부정 그 어느 쪽으로도 확실하게 대답하기 어려운 문제이다.

그리고 현재와 같은 재정적 위기는 중간층이 자신들의 기존 권력을 유지하는 한, 공산주의 혁명보다는 파시스트적 경향을 불러일으킨다. 비록 영국과 독일에서 경제적 불황은 노동계급을 더욱 급진화하긴 했지만, 동시에 이에 대립하는 보수주의적 우파 세력을 강화하고 중립적인 중간층을 반동 세력으로 몰아넣은 것 또한 사실이다.

혁명가들은 민중의 인내심을 쉽게 과소평가하는 경향이 있다. 1844년 엥겔스의 대담한 예언은 이를 잘 보여준다.

지금까지 발생했던 위기들에 비추어 볼 때, 1852년이나 1853년경에 도래하게 될 다음 위기까지 영국 민중들은 자본가들에 의해 많은 착취를 당할 것이며, 더 이상 민중들이 필요 없어지면 기아에 허덕이더라도 그냥 내버려 둘 것이다. 만약에 이 지경이 될 때까지 영국의 부르주아들이 반성하지 않거나 반성의 기색이 없으면, 지금까지 우리가 알고 있는 그 어떤 혁명과도 비교할 수 없는 혁명이 일어날 것이다.[7]

오늘날 이루어진 수많은 예언도 19세기 중엽 엥겔스의 아주 그럴듯한 이 예언과 마찬가지로 타당성이 거의 없다. 하지만 다른 한편으로 10년마다 경제적 질서의 점증하는 불공평에 의해 긴장이 고조된다는 것은 사실이다. 현재 독일은 지구상의 그 어느 나라에서도 보기 힘든 크나큰 사회적 긴장에 시달리고 있다. 그리고 우리는 이러한 사회적 긴장의 결과가 어떠할 것인지에 대해서 이미 살펴본 바 있다.

만일 상당한 정도의 확실성이 있는 예언을 하라고 한다면 다음과 같은 것들을 상정해볼 수 있다. 첫째 적어도 앞으로 수십 년 동안은 서구 문명이 프롤레타리아 혁명이 일어날 만한 여건을 만들지 않을 것이고, 둘째 마르크스의 예언이 더 이상 적중치 않는다면 앞으로 계속 혁명의 위기는 도래치 않을 것이며, 셋째 자본주의가 발전함에 따라 필연적인 제국주의로 인하여 자본주의 국가들은 지금까지의 어느 전쟁과도 비교할 수 없는 큰 규모의 전쟁에 휘말리게 될 것이다.

이러한 제국주의 전쟁이 필연적으로 공산혁명을 초래하지는 않겠지만, 일부 국가들의 권위를 상당히 파괴함으로써 혁명이 일어날 수 있는 충분한 사회적 혼란을 만들어낼 것이다. 이 같은 혼란이 이탈리아의 경우처럼 파시즘에 의해 제거될지 아니면 독일의 경우처럼 부르주아적·반사회주의적 민주주의에 의해 제거될지는 종전 이후 국가 내의 사회적·경제적 계급들 간의 힘의 균형 관계에 달려 있다.

현대의 선진 공업 국가들 중에서 공산혁명을 확실하게 보장할 만큼 사회로부터 철저하게 소외된 계층의 인원수가 많거나 가까운 장래에 아주 많아질 가능성이 있는 나라는 하나도 없다고 해도 과언이 아니다. 하지만 먼 미래에는 그런 일이 생기지 않으리라고 장담할 수 없다. 새로운 세계대전의 결과가 이 같은 전반적인 궁핍화를 가져올지 모른다. 제2차 세계대전 같은 것이 일어나지 않고서는 서구 세계에서 혁명에 의해 공산주의 국가가 성립되기란 거의 불가능하다. 오히려 공산주의는 공업화된 서양보다는 농업 중심의 동양권에서 승리를 거둘 가능성이 더 크다.

서양의 경우, 농업국인 에스파냐는 독일이 우리에게 표본을 보여준 프티부르주아적·프티사회주의적 유형 위에 공산혁명을 고정하고자 하는 징후를 보여준 바 있다. 장차 세계는 공산주의적인 동양권과 반사회주의적인 서양권으로 나뉘게 될지 모른다. 서양 세계는 사회주의적 목표를 향해 꾸준히 움직여가고는 있지만 그 속도가 너무 느리기 때문에 또 다른 재난과 파국을 피하기는 어려울 것으로 보인다.

폭력을 통해 평등한 세계를 확립하는 문제에 대해서는 이것으로 그치고, 이와 관련된 한 가지 중요한 사항만 짚고 넘어가야겠다. 만일 이런 세계가 실제로 수립된다고 했을 때, 과연 그 세계가 제대로 유지될 수 있을까?

비타협적인 평등주의자는 점진적인 사회 개량의 방법이란 이상에 미치지 못할 뿐만 아니라 갖가지 형태의 낡고 전통적인 부정과 불의를 온존시키기 위해 사회를 기만한다고 주장함으로써 사회개량주의자들에 비해 월등한 도덕적 우위를 갖는다. 만약에 혁명이 사회의 부정과 불의를 완전히 뿌리 뽑고 평등의 정의를 유지할 수 있다면, 그 혁명의 과정에서 불가피하게 생겨나는 많은 잘못은 대부분 용서받을 수 있을 것이다.

이는 특히 다음과 같은 두 가지 사실, 즉 사회 전체가 언제나 강제력과 폭력에 깊이 물들어 있다는 사실과 보다 전통적이고 은밀한 형태의 강제력이 덜 전통적이고 노골적인 형태의 강제력에 비해 도덕적으로 이점을 갖는다는 주장이 도덕론자들이 흔히 생각하듯이 그렇게 절대적인 것은 아니라는 사실을 고려할 때 더욱 두드러진다. 그러나 만일 농업 문명보다는 공업 문명에 당연히 더 크게 마련인 혁명적인 혼란의 직접적인 결과가 영구 평화가 되지 못할 경우, 이는 정말로 비극적인 상황이 될 것이다.

공산주의자들이 갖고 있는 혁명의 실패에 대한 두려움은 그들의 현실론적 사고에도 불구하고 새로운 경제적 사회의 사회적 결과들을 평가할 때에는 자포자기한 낭만주의자가 될 가능성이 크다는 사실과 깊이 연관되어 있다. 그들은 권력의 불균등 현상을 타파하면 완전한 상호 평등의 원리를 세우는 일이 쉬울 거라고 믿고 있는 듯하다. 그러나 강력한 정치권력을 가진 지도부 없이 어떻게 기존의 경제력을 파괴할 수 있겠는가? 그리고 이 새로운 정치권력을 윤리적 혹은 사회적으로 억제하는 일이 어떻게 가능하며, 또 가능하다고 하더라도 그 정도가 얼마나 되겠는가?

우리는 앞에서 정치권력의 상징인 국가에 강력한 권한을 주지 않고서는 경제력의 집중화 현상을 막는 것이 어렵다는 것을 살펴본 바 있다. 그런데 이렇게 되면 강력한 국가는 또 소수의 개인이나 작은 집단에 정치권력을 집중시키는 우를 범하지 않을 수 없다. 이제 이 새로운 권력, 즉 강력한 정치권력을 윤리적 또는 사회적으로 제약하는 방법이 있는지는 불확실하다.

러시아의 경우에는 혁명에 의해 권력이라는 보상을 받기 전까지는 혁명의 목적을 지탱했던 혁명가들의 도덕적 이상주의가 윤리적 제재 역할을 했다. 하지만 이러한 이상주의조차 권력의 남용을 막을 수 있는 안전판 역할을 하지 못했다. 공산 관료들이 저지른 권력의 남용은 심대한 것이었다. 게다가 의식적으로 권력의 장악만을 추구해온 부류들이 순수한 혁명적 이상론자들의 자리를 차지하게 됨으로써 권력의 남용은 더욱 확대되었다.

혁명 운동의 평등주의적 전통으로 인하여 공산 관료들이 사적인 경제적 이익을 목적으로 자신들이 가진 권한과 지위를 사용하지는 못하지만, 정치권력의 남용은 경제적 평등주의에 의해 어느 정도 용인된다. 친절해 보이는 관료들이 인민들이 먹는 것과 똑같이 먹고, 인민들이 입는 것과 똑같이 입는다고 하더라도, 뒤로는 얼마든지 상상을 초월하는 부정과 불의를 저지를 수 있는 것이다.[8]

공산주의 이론에 따르면, (프롤레타리아) 독재국가는 단지 과도적인 국가일 뿐이며, 전체 사회가 공산주의적 평등의 이상을 받아들여 어느 누구도 이 정권에 도전하지 않게 되자마자 즉각 이러한 독재국가는 필요 없어질 것이라고 한다. 내가 생각할 때, 이 이론은 권력을 가진 사람들뿐만 아니라 일반 사람들에게서 드러나는 인간의 본성을 잘못 파악하고 있다. 만일 러시아의 소수 독재정치가 공산주의 이론에 입각해서 스스로 권력을 포기한다면, 그것은 아마도 인류 역사상 스스로 권력을 포기한 최초의 사례가 될 것이다. 물론 상속에 의해서 그 권력이 이양될 수는 없다. 하지만 권력 상속은 권력 남용의 유일한 원인도 아니고 권력 영속화의 토대도 아니다.

미국의 실업 과두정치는 유럽의 지주 귀족제처럼 세습적이지는 않지만, 그렇다고 그 이유 때문에 더 낫지도 권력에 대한 집착이 덜하지도 않다. 공산주의의 교의에 따르자면 독재는 프롤레타리아 국가의 모든 적대 세력이 '제거'될 때까지는 필요하므로, 그리고 설사 내부의 적대 세력들을 제거하더라도 외부의 적들은 수십 년, 혹은 수백 년 이상 존속될 것이므로, 어떠한 의식적인 기만을 하지 않더라도 얼마든지 오랫동안 독재 권력을 유지해갈 것이다.

내부의 적대 세력들이 완전히 제거될 수 있으리란 희망, 새로운 사회는 집단적인 사회적 의지에 완전히 부합되는 인간, 그리고 사회의 변화 과정에서 개인의 이익을 전혀 추구하지 않는 새로운 인간만을 만들어내리라는 희망은 인간 본성의 갖가지 가능성을 해석하는 데 있어서, 그리고 공산주의 사회에서 생겨날 것으로 예상되는 자발적인 상호성에 대한 신비적인 찬양을 보여주고 있다는 점에서 상당히 낭만적이다.

공산주의 사상에 담겨 있는 이러한 낭만주의의 상징은 곧 공산주의 이론의 구조를 덮고 있는 무정부주의(anarchism)이다. 국가는 지배의 수단일 뿐이므로 지배가 필요 없는 완전히 상호적인 사회에서는 국가가 필요 없어질 것이다. 오늘날의 현실을 다룸에 있어 냉혹한 현실론자인 레닌은 미래의 가능성에 대해 언급하는 순간 보기 드문 감상주의자(sentimentalist)로 탈바꿈한다.

인민들이 사회생활의 기본적인 원칙들을 준수하는 데 익숙해지고, 노동 생산성이 엄청나게 증가하여 능력에 따라 자발적으로 일하게 될 때는 (…) 사회 성원 각자에게 분배될 생산물의 양을 정확하게 계산 할 필요조차 없어질 것이다. 각 개인은 '각자의 필요에 따라' 자유롭게 가지면 될 것이다.

이러한 완전한 상호 평등은 권력과 특권의 불균형을 타파하고 모든 사람의 이익을 똑같게 만듦으로써 부분적으로나마 이루어질 수 있다. 이와 관련하여 윌리엄 포스터(William Foster)는 "모두와의 조화에서 생겨나는 개별성은 대중의 소유이다"[9]라고 말한다.

최초의 권력과 특권의 균등화가 사회에서의 상호 평등의 가능성을 높여준다고 한 공산주의자의 가정은 분명히 옳다. 만일 사람들로 하여금 사회의 일반적인 요구를 생각하기에 앞서 사리사욕을 생각하게끔 만드는 개인적 불안과 유혹적인 권력이 존재하지만 않는다면, 얼마든지 이기적인 이익 추구 현상은 감소될 수 있다. 강력한 국가를 통해서 작용하는 사회의 강철 같은 의지가 이러한 경향들을 억제하지 않게 되면, 사회에 있어서 미래의 불평등의 기초가 되지 않을 정도로 현재의 불평등이 파괴될 수 있으리란 희망은 루소*적인 인간관 못잖게 낭만적이다.

공산주의 사상에 내재된 루소적인 요소는 개인 의지와 일반 의지를 동일시하는 부하린**의 사상에서 극명하게 드러난다.

충분히 발전한 공산주의 사회에서 사람들 사이의 모든 관계는 각 개인들에게 모두 투명하며, 사회적 의지는 그들 모두의 의지를 결집한 것

- 장 자크 루소(Jean Jacques Rousseau, 1712~78): 프랑스의 사상가, 문학가.《사회계약론 (Le contrat social)》은 선험적 원칙에 입각하여 바른 사회조직을 도출하려 한 세계적인 명저이다. 또한 그의《에밀》은 자연신관과 교육 사상을 표명한 것인데, 이는 가톨릭 교회를 분노케 하여 체포장이 발부되는 바람에 그는 스위스로 도피하기도 했다. 기본적인 사상적 저류는 계몽주의에서 낭만주의로 진행해 갔다.

- 니콜라이 이바노비치 부하린(Nikolai Ivanovich Bukharin, 1888~1938): 소련의 정치가. 1905년부터 혁명운동에 참가하고 1917년의 혁명 후, 러시아 사회민주노동당 중앙위원,《프라우다》의 주필 등을 역임했다. 1937년 트로츠키파로부터 제명되고, 1938년에 사형당했다.

과 같은 것이다. 이러한 사회적 의지는 개인의 의지와 독립된 근본적인 우연적 현상에 의해 생겨난 결과가 아니라 의식적으로 조직화된 사회적 결단이다. (…) 인구의 대다수에게 해롭고 파멸적인 영향을 미치는 사회현상을 관찰한다는 것은 불가능하다.[10]

이 모든 예언에 있는 감상주의적인 요소로 인하여 사회 내에서 각기 다른 역할을 맡고 있는 개인들 간의 완전한 상호 평등이란 불가능하다는 엄연한 사실이 자칫 흐려지기 쉽다. 예를 들어 현재의 러시아의 경우에서처럼, 자신들이 도시 노동자들에게 제공한 식량의 대가로 가능한 한 많은 공산품의 공급을 원하는 농민들과 농민들이 공산품에 대한 대가로 제공하려는 것에 비해 훨씬 많은 양의 식량을 농민들로부터 얻고자 하는 노동자들 간에는 언제나 상당한 정도의 긴장 관계가 형성되어 있다. 따라서 모든 사람에게 공통적인 사회적 과정으로부터 아무런 제약도 받지 않고 '자신의 필요에 따라' 무엇이든지 그리고 얼마든지 취할 수 있는 이상 사회(ideal society)가 도래하리란 희망은 인간 본성의 한계를 완전히 도외시한 지극히 낭만적인 주장이라 할 수밖에 없다.

인간이란 항상 최소한의 필요 이상으로 자신의 욕구를 확대할 수 있는 상상력이 있으며, 또한 다른 사람들의 필요보다는 자신의 필요를 더 절실하게 생각한다는 점에서 이기적이다. 모든 사회는 상충하는 욕구들을 역사의 목적에 맞도록 조정하는 방법을 유지해야 할 것이다. 그리고 이 과정에서 좀 더 예리한 지성의 소유자들은 그렇지 못한 사람들에 비해 여러 가지 장점을 갖게 될 것이다. 설사 예리한 지성의 소유자들이 권력이라는 특별 수단을 갖고 있지 않더라도 마찬가지이다.

부하린은 인민 대중에게 해롭고 파멸적인 사회정책은 공산주의 사회에서 도저히 있을 수 없는 일이라고 생각했다. 그리고 이런 생각은 더욱 상세한 예언, 즉 '교육 독점의 지양(abolition of the educational monopoly)'을 통해 모든 시민은 사회에서 자신들의 이권을 스스로 옹호할 수 있을 만큼 지식을 널리 공유하게 되리라는 예언에 의해 보완된다. 하지만 지성이 교육 기회의 평등을 통해 평준화되리라는 생각은, 현재의 지능의 차이가 순전히 선천적인 것이므로 평등한 교육에 의해서는 전혀 개선될 수 없다는 주장만큼이나 현실성이 없다.

공산주의자들이 완전한 상호 평등의 실현을 위해 자동적인 이익 균배를 완전히 신뢰한 것은 아니라는 사실은 대단히 의미심장하다. 공산주의자들은 평등한 태도를 만들어내기 위한 도덕 교육의 가능성을 신뢰한다. 그들은 레닌과 마찬가지로 인민들이 '사회생활의 기본적인 원리들을 준수하는 데 익숙해지기를 바란다. 오늘날의 러시아에 있어서와 같이, 자기 이기심 추구의 동기보다는 협동적인 태도의 배후에 전체적인 사회적 승인의 힘이 있는 사회가 도덕적 태도들에 지대한 영향을 줄 것이라고 가정한 점에서는 옳았다.

협동적인 사회가 그 사회 자체의 실천에 의해 설정한 강력한 표본에 학교 교육을 추가할 때, 왜 개인적인 이기심 추구를 극소화할 수 없고, 또 사회적 협력 관계를 극대화할 수 없는지 그 이유를 알 수가 없다. 하지만 어떠한 교육이나 모범적인 사례가 다른 사람들의 필요와 이익을 희생시키거나, 이것들에 무관심한 채 특별한 이익을 추구하는 인간 본성의 경향을 완전히 파괴할 수 있다고 생각하는 것은 감상적이고 낭만적인 태도이다.

사회화된 동기를 가진 세력들을 노동에 대한 개인적 대우를 추구하는 동기(motive)로써 보강하기 위하여, 공업과 농업 간의 임금 차이를 확립함으로써 러시아인들이 인간 본성에 들어 있는 이 힘과 타협할 수밖에 없었다는 사실은 대단히 암시하는 바가 크다 하겠다. 그런데 그들은 이를 단지 자본주의적 심리학의 잔재에 대한 약간의 양보에 지나지 않는다고 주장하면서 인간 본성에 내재된 불가피한 약점에 굴복하거나 타협한 것이 아니라고 극구 부인했다. 그래서 그들은 자신들의 다음 세대는 자본주의의 잔재들로부터 완전히 해방되리라는 굳은 희망을 가지고 있다. 월도 프랭크가 공산주의적인 공장 책임자와 나눈 아주 흥미로운 대화 한 가지를 살펴보자.

결국 내가 물었다.

"그렇다면 당신들의 공산주의 이상에 아무런 위험도 없다는 말입니까? 내가 생각할 때 능력에 따라 일하고 필요에 따라 분배를 받는다는 원칙이야말로 사회주의의 황금률로 알아왔는데 (⋯) 그런데 이 나라에서도 당신들은 발명품에 대해 돈으로 보수를 주고, 유능한 사람에게는 그만큼 많은 돈을 주고 있습니다. 결국 여러분도 새로운 공적 체계를 세우는 데 있어 당신들이 그렇게 증오하던 돈을 사용하고 있지 않습니까? 이는 꼭 낡은 질서를 무너뜨린 그 병으로 스스로를 병들게 함으로써 그 낡은 질서와 싸우고 있는 것 같군요."

이에 대해 그 공산당원은 나에게 이렇게 말했다.

"과도적인 위급 상황에 대처하려면 현재 우리에게 어쩔 수 없이 따르고 있는 사람들, 자본주의 사회 속에 살아온 사람들, 그리고 아직도 자본주의 사상에 물들어 있는 사람들까지도 모두 설득해서 생산을 촉진하지 않으면 안 됩니다. 하지만 이러는 동안에 우리 2세들은 순수한 공산주의적 가치 위에서 자라납니다."

나는 반문했다.

"당신네 청소년들이 교육받는 삶의 척도가 눈으로 직접 확인하는 사례들에 비해 강하다는 얘깁니까? (…) 지금까지 교육이 현실의 생활양식보다 뛰어난 이상에 따라 실시된 적이 언제 있습니까? 그리고 한 이상이 그것을 속이려 드는 현실을 이겨낸 적이 도대체 얼마나 되며, 과연 있기나 했습니까?"[11]

물론 보수의 불평등이 인간 본성의 결함에 대한 어쩔 수 없는 양보라고 하더라도, 그러한 불평등이 반드시 특권의 불평등의 기초가 되는 낡은 권력의 불평등으로 이어질 필요는 없다. 왜냐하면 특권의 불평등이란 기능의 중요성이나 기능 수행의 효율성과는 적합하지 않거나 전혀 무관한 것이기 때문이다. 불균등한 보수의 축적이 사회적 권력의 도구가 되지 못하도록 차단하는 일은 얼마든지 가능하다. 그러나 그것은 어쩔 수 없이 불평등한 사회적 위신의 상징이 되고 만다.

다시 말해서 공산주의자가 사용하는 절망적인 방법, 즉 혁명이 자신이 만들게 될 전혀 다른 이상 사회에 의해 정당화되어야 한다면, 이러한 정당화는 낭만적인 공산주의자들이 생각하는 것처럼 그렇게 쉽게 수긍할 성질의 것이 아니다. 만일 새로운 사회가 사회적 불의의 원천인 인간 본성의 약점들을 공산주의자들이 생각했듯이 완전히 제거하지 못하게 되면, 공산주의자들은 절대주의라는 도덕적 장점을 단번에 상실하고 만다.

내가 생각할 때, 점진적으로 이상에 접근해가는 사회는 급진적으로 이상을 실현하려다가 결국은 역사와 자연의 현실에 의해 좌절되고 마는 사회와 비교할 때 도덕적으로 그렇게 열등하지 않다. 종교적·정치적 이상주의에서 절대주의(absolutism)는 영웅적 행위를 불러일으키는 훌륭한 촉진제 역할을 하지만, 직접적이고 구체적인 현실 상황에서는 위험천만한 안내자이다.

종교 현실에서 절대주의는 부조리를 허용하고, 정치 현실에서는 잔인성을 용인한다. 그리고 이러한 부조리와 잔인성은 인간 본성의 타성이 절대적 이상의 장애물이 되기 때문에 그 결과들은 정당화되지 못한다.

개인들은 사회에 비해 훨씬 강한 정당성과 적은 위험으로 절대자를 추구한다. 만일 그들이 지불해야 할 대가가 비싸다면, 그들은 손해만 보고 말 것이다. 그리고 고귀한 비극이라는 감상이 이러한 좌절을 보상해줄 것이다. 하지만 개인이 아닌 사회가 절대적인 것을 얻고자 달려들면, 수백만의 생명과 재산은 하루아침에 풍전등화의 위기에 놓이게 된다. 그리고 강제력은 사회정책의 일정한 수단이므로 절대주의는 이 도구를 독재와 잔혹성으로 바꾸어버린다. 개인에게는 아무런 해도 없고 열정적인 기행 정도로 비치는 열광주의(fanaticism)도 정치적 정책으로 나타나게 될 때는 인류에 대한 자비와는 전혀 무관해져버린다.

8. 정치적 힘에 의한 정의

노동계급을 숙련 노동자 및 미숙련 노동자와 동일시되는 혜택받은 집단과 그렇지 못한 집단으로 나누는 문제에 대해서는 이미 위에서 살펴본 바 있다. 사회 공동의 부에서 자신에게 돌아올 정당한 몫을 탈취당했다고 느끼면서도 어느 정도의 안정된 생활을 누릴 수 있으므로 완전한 소외감을 느끼지는 않는 집단은 보다 완화된 마르크스주의를 통해 자신들의 정치적 의식과 입장을 표출한다. 이 집단은 혁명적인 마르크스주의와 더불어 집단주의적 목표를 함께 가지고 있으면서도, 그 목표를 달성하기 위해서는 혁명적인 방법을 버리고 의회주의적·진화적 방법을 채택한다.

미국을 제외한 모든 산업국가들에서 노동조합은, 비록 그 정치철학이 중간층 지식인들에 의해 만들어진 것이긴 하지만, 이 같은 진화론적·개량적 사회주의를 지탱해주는 힘의 원천이다. 미국의 노동조합들은 아직도 낡은 정당들에 있는 그들의 동료들에게 보수를 주면서 그들의 적을 궁지로 몰아넣는 구태의연한 방침을 버리지 못하고 있다.

이런 방침이 얼마나 쓸데없는 것인가에 대해 미국의 노동조합들이 아직도 제대로 깨닫지 못하고 있다는 사실은, 사회적 경험을 통해 얻은 소중한 교훈과 결과가 한 나라에서 다른 나라로 이전되는 일이 얼마나 어렵고 힘든가 하는 것을 단적으로 보여준다. 왜냐하면 구대륙 산업국가들의 역사는 이런 종류의 정치적 전략을 애초부터 불신했기 때문이다.

이 전략이 노동조합 운동이라는 순전히 경제적인 무기에만 의존하게 되면, 그것은 작지 않은 잘못이다. 현대 국가들에서 지배계급은 노동자계급을 억압하기 위하여 정치권력과 경제권력을 연결시키고 있으므로, 이에 대항하기 위해서는 당연히 정치권력과 경제권력을 함께 생각하지 않으면 안 된다.

경제 영역에서 노동자들의 힘(주로 파업이라는 무기)은 자신들의 이익을 옹호하기에는 그리 적합지 않다. 왜냐하면 갖가지 제약을 받고 있기 때문이다. 노동자들의 힘은 지배계급의 영향력 아래에서 파업의 힘을 약화하는 법안을 통과시키는 국가에 의해 약화된다. 노동쟁의에 대한 연방 정부의 규제, 강제적인 중재, 계엄령 선포, 파업 차단을 위한 군대 투입 등은 국가가 노동자들을 탄압하기 위하여 사용하는 수많은 방법 중에서 극히 일부분의 예를 든 것이다.

이러한 정치권력의 강압적인 탄압이 없더라도 노동자들의 파업이라는 경제적 무기는 그리 강하지 않다. 게다가 그것은 점점 약화되어 간다. 노동자들은 분쟁이 일정 기간 계속되면 자본가의 경제적 지원과 도저히 경쟁할 수 없기 때문에 약해질 수밖에 없다. 결국 노동계급은 굶주림에 굴복하게 된다.

생산 과잉으로 빚어지는 공황은 한편으로는 노동자들의 생활수준을 위협하여 파업이라는 최후의 무기를 사용하지 않을 수 없게끔 부추기며, 또 한편으로는 파업 노동자들을 대체하고도 남는 실업자군(群)과 궁핍한 사람들을 양산해내기 때문에 노동자들의 입지는 더욱 약화될 수밖에 없다. 설상가상으로 자동화 장비의 보급으로 말미암아 노동자들은 기계에 뒤떨어지게 되어 일자리를 수없이 잃게 된다. 그래서 오늘날 노동력의 근간을 이루는 것은 숙련 노동자가 아니라 반숙련 노동자이며, 이들을 교체하는 일은 이제 얼마든지 가능해졌다.

이처럼 산업사회에서 노동자들이 경제적인 힘만으로 대항한다는 것은 바위에 계란 치기나 같다. 이제 이런 약점을 보완하려면 노동계급은 필연적으로 정치권력도 소유해야 한다. 노동계급이 이러한 정치권력을 발전시켜가면서 자신들과는 전혀 다른 경제적 기반을 가진 정치가들에게 자신들의 이익을 믿고서 부탁할 수는 없다. 설사 자신들의 잠재적인 정치적 힘으로 위협하여 지배계급으로부터 얼마간의 양보를 얻는다고 하더라도, 그 양보란 스스로의 조직화된 운동에 의해 성취할 수 있는 것에 비하면 보잘것없이 적은 것이다. 미국에 있는 대규모 노동단체들이 이러한 교훈을 배우지 못했다는 것은 그들의 정치적 무기를 단적으로 보여주는 징표이다. 설사 이런 교훈을 배우는 데 수년간에 걸친 환멸적인 경험이 요구된다고 할지라도, 만일 진정으로 노동자들을 위한다면 지금부터라도 미국의 노동단체들은 그 교훈을 받아들이고 실천해야 할 것이다. 만일 이들이 진작부터 유럽 대륙 노동자들의 경험으로부터 그 같은 교훈을 배우고 익혔더라면, 이 같은 환멸적인 경험은 안 해도 되었을 것이다.

설사 숙련 노동자와 반숙련 노동자가 순전히 경제적인 무기(노동조합과 파업)의 효과에 대해 환멸을 느끼고 난 다음에 정치권력을 조직하지 않을 수 없다 하더라도, 이들은 자신들이 새로이 획득한 정치권력 기구들의 잠재력에 대한 어느 정도의 확신을 갖게 됨으로써 더 비참한 상태에 처해 있는 사람들과 자신들을 구별하게 된다. 이런 유형의 노동자들로 하여금 무의식중에 상대적인 낙관론을 갖도록 해주는 기반은 바로 그들의 비교적 안정적인 생활 상태이다. 이들도 사회적 불의에 의해 고통을 받고, 현대 산업이 만들어낸 혜택 중에서 자신들의 정당한 몫을 차지하지 못한다. 하지만 이러한 부의 불평등이 그들을 완전한 궁핍 상태로 내몰지 않는 한, 그들은 폭력과 혁명을 피하고 사회의 기본적인 틀을 유지하는 범위 내에서 혜택의 점진적인 평등을 수립해가는 개량적인 정치적 방법을 신뢰한다. 이들이 스스로의 정치적 행동을 합리화하는 의식철학(conscious philosophy)은 민주주의라는 수단에 대한 신뢰를 통해 표현된다.

중간층과는 달리 그들은 민주주의적 양식들을 특권의 평등이 이루어진 증거라고 보지 않는다. 이들은 경제적 불평등으로 인해 고통을 겪고 있기 때문에, 경제적 부정이 계속되는 한 정치적 평등이 현실적이고 중요하다는 환상에 빠지지 않는다. 그러면서도 이들은 민주주의적인 국가가 정의를 확립하는 데 유용하게 이용될 수 있으리라고 믿고 있다.

프랑스 사회민주주의 운동의 지도자인 조레스*는 1903년의 당 대회에서 민주주의에 대한 이 같은 신념을, 이 신념에 담겨 있는 유보와 긍정을 동시에 잘 살리면서 다음과 같이 표명했다.

민주주의에 있어서, 즉 보통선거가 행해지는 공화국에 있어서 국가란 프롤레타리아가 전혀 파고들 수 없는 견고한 덩어리가 아니다. 이미 침투는 시작되었다. 자치주에, 그리고 중앙정부에 프롤레타리아와 사회주의의 영향력은 이미 크게 침투해 있다.

사실 어떤 정치제도나 사회제도 속에 강력한 힘을 가진 사회 세력이 전혀 파고들 수 없을 정도로 견고하게 스스로를 방어하는 일이란 인간사에 거의 있을 수 없는 일이다. 프롤레타리아의 선거권을 거부하는 과두 정부와 프롤레타리아도 부르주아의 대표들과 똑같은 권한과 권리를 가진 대표들에 의해서 자기들의 의사를 정부에 전달하는 보통선거의 정부를 두고 국가란 불변이다—즉 철저하게 폐쇄적이고 침투하기 어려운 철저한 부르주아만의 국가이다—라고 주장하는 것은 자연의 법칙과도 모순된다.[1]

이 같은 신념을 현실 정치 속에서 생각해보면, 그것은 민주주의적

• 장 레옹 조레스(Jean Léon Jaurès, 1859~1914): 프랑스의 사회주의자, 정치가, 철학자. 마롱의 저서를 읽고 사회주의자가 되어 1885년 하원의원에 당선되고 1893년 사회당에 입당했다. 제2인터내셔널 대회에서는 베벨(F. A. Bebel)과 논쟁한 바 있다. 사상적 측면에서는 헤겔 좌파의 유물론과 루터, 칸트, 피히테의 유심론을 종합해야 한다고 강조했다.

과정과 절차에 충실히 참여하고 따르는 것을 의미한다. 비록 프롤레타리아 계급의 승리는 민주주의적 절차와 방법에 따라 의회 선거에서 확실한 다수를 차지하는 순간까지 연기될 수밖에 없겠지만. 독일의 사회주의자들이 1918년의 혁명에 가담하게 된 것도 이러한 전략의 예외가 아니라 오히려 이를 입증해주는 좋은 증거이다. 이 혁명은 전쟁의 압력하에서 독일의 군주제가 완전히 붕괴함에 따라 발생한 것이었다. 사회주의자들은 이 과정에서 어떠한 공작을 가하지 않았다. 다만 당시 이들은 가장 큰 정당이었기 때문에, 이 상황을 이용하려 했을 것이고 정치적·사회적 혼란을 유발하여 프롤레타리아 독재를 수립하는 기회로 삼으려고 노력했을 것이다.

그들의 의도가 이러했음에도 불구하고 실제로 그들이 행한 것이란 독일에 민주공화국을 수립하는 데 보조적인 역할을 하는 것이었다. 새로 수립된 공화국에서 그들은 제1당은 아니었지만 가장 강력한 당이었으므로, 정부 유지를 위해서는 비프롤레타리아적인 정당들과 협력하지 않을 수 없었다. 이들은 몇 년 동안 슈트레제만*의 지도하에 국제적인 화해 정책을 유지하기 위하여 국내 정책에서 가장 큰 적수인 자본가계급과 협력했다.

대륙의 사회주의자들과 영국의 사회주의자들 사이의 정치철학의 차이, 독일 내에서 베른슈타인파에 속하는 사회주의자들과 카우츠키

---

* 구스타프 슈트레제만(Gustav Stresemann, 1878~1929): 독일의 정치가. 1923년 이후 수상, 외상을 역임하면서 프랑스에 대하여 협조 외교를 취했다. 1924년 도즈 안(案)을 승인했으며, 1926년 독일의 국제연맹 가입을 실현한 공적으로 노벨평화상을 받기도 했다.

파에 속하는 사회주의자들 사이의 정치철학의 차이 등이 결국에는 의회사회주의자들의 정치 전략이라는 차원에서 하나로 통합되고 있음을 간파하는 것은 대단히 중요하고 또 흥미로운 일이다. 독일과 프랑스 사람들은 사상적인 측면에서 영국의 사회주의자들보다는 마르크스주의자들로부터 훨씬 강한 영향을 받고 있다.

영국식 사회주의의 철학적 기반인 페이비언주의[**]는 계급투쟁에 전혀 도움이 되지 않는다. 이는 일종의 윤리적 사회주의(ethical socialism)로서, 이 사상에 따르면 국가는 과거에 급진적인 자유주의에서 수용된 정의의 원칙들을 확대하고 신장하는 사명을 갖고 있다. 영국 사회주의의 정신사는 한마디로 급진적 자유주의(radical liberalism)의 확대와 그 논리적 귀결이라 할 수 있는데, 이는 밀의 사상적 발전으로 상징된다. 밀은 사상에 있어 말년으로 가면서 개인주의적 정치 이념에서 집단주의적 정치 이념으로 전향한 바 있다.

시드니 웨브[***]는 "사회주의 운동이 지금까지 중간층이나 부르주아에 의해 고무되고 교육받고 지도되었다는 사실을 고려하여, 페이비언협회는 사회주의자들의 부조리에 대항하고, 사회주의가 흘러나온

[**] 페이비언주의(Fabianism): 사회주의라고도 한다. 1884년 설립된 영국의 페이비언 협회의 운동. 이 운동에는 명확한 이론이나 실천 계획 없이 사회현상을 자세히 조사하고 사회의 부정을 윤리적 차원에서 적발하며 각 행정기관과 자치단체에 파고들어 가서 정치제도의 점진적인 개량을 이루려는 특징을 가지고 있다.

[***] 시드니 웨브(Sidney Webb, 1859~1947): 영국의 사상가, 정치가. 페이비언 사회주의 및 영국 노동당의 이론적 지도자로서 노동조합, 지방자치제 등에 관한 저술이 많으며 영국 노동당의 정책에 큰 영향을 주었고 상무장관, 하원의원 등을 역임했다.

그 계급을 특히 그것에 적대적인 계급으로 고발했다"[2]고 말한 바 있다. 이 같은 판단은 스스로를 노동계급과 동일시하는, 윤리적 동기를 가진 중간층 지도자들이 자신들의 태도와 확신이 그들이 속한 계급의 지배적인 태도에 중요한 단서를 제공해주고 있다고 생각하면서 빠지게 되는 자연스러운 혼란의 대표적인, 그리고 아주 흥미로운 사례이다.

중간층이 노동운동에 지도적인 역할을 한 것은 사실이었지만, 웨브의 확신에 찬 단언에도 불구하고 노동계급의 주장에 대해 여전히 적대적 태도를 유지했다.

영국 노동자의 상대적인 온건한 태도와 계급투쟁에 대한 상당히 부드러운 주장은 19세기에 착실히 성장한 영국 의회주의의 역사와 자유주의가 가져온 독특한 결과이다. 이 같은 영국의 착실한 의회주의와 자유주의는 민주주의 운동을 단순한 중산층의 전략 이상의 어떤 가치를 지닌 것으로 보려는 신념을 정당화했거나 정당화한 것처럼 보인다.

그럼에도 불구하고 아주 흥미로운 점은 대륙의 마르크스주의적 사회주의와 영국의 아주 토착적인 사회주의 간의 차이는 그 이후의 역사 진행 과정에서 완전히 사라지고 말았다는 사실이다. 대륙의 의회사회주의자들은 더 강한 마르크스주의적 경향을 갖고 있지만, 그렇다고 해서 영국의 사회주의자들보다 더 혁명적이었던 것은 아니다.

상당한 정도로 중간층을 끌어들인 것으로 보였던(대륙의 사회주의자들은 이것이 불가능하다고 보았다) 영국의 사회주의자들은 1931년의 총선거에서 애국심으로 인해 일제히 노동계급의 정책을 반대하는 위기가 닥치자 중간층이 어떻게 필연적으로 사회주의에 대해 등을 돌리게 되는가를 똑똑히 목격했다. 영국과 독일에서는 사회주의 정당이 잠시나마 국내 최대의 정당이 된 적이 있고, 프랑스나 벨기에 그리고 스칸디나비아 국가들과 마찬가지로 사회주의 정당들은 힘의 크기와 관계없이 정부에 협조적인 자세를 보였다.

사회주의는 의회주의 활동을 통해서도 얼마든지 달성될 수 있다는 희망은 적어도 부분적으로나마 위에서 열거한 모든 나라의 역사를 통해 정당화되었다. 정부가 경제활동에 대해 점점 큰 사회적 통제를 가하고, 통제권뿐만 아니라 사실상의 소유권을 갖고 있는 경제행위의 범위가 점점 확대됨에 따라, 웨브가 "금세기의 경제사는 대부분 사회주의의 발달에 대한 연속적인 기록이다"라고 한 말은 상당 부분 정당화되고 있다.

국가는 어디에서나 자본가의 특권을 줄이고 그 힘을 제약하며 노동자들에게 좀 더 많은 특권과 힘을 부여할 목적으로 경제 영역에 간섭해왔다. 노동자의 단결권을 차단하고 정치적 힘을 키울 가능성을 가로막고 있던 낡은 법률들은 폐기되었다. 계속적으로 가중되어가는 소득세와 상속세는 소유권과 용익권(usufructs)을 축소하고, 이에 따라 크게 증가한 국고는 경제 과정에서 최악의 상태에 처하게 된 사람들을 위한 사회사업을 확대하는 데 사용되었다.

실업보험, 노인연금, 노동자의 채무법 및 이와 유사한 입법들은 경제 과정에서 필연적으로 발생하게 마련인 제반 불평등을 완화하기 위한 정치적 노력의 산물이다. 이리하여 한편으로 자본주의라는 경제체제는 열심히 노동자들의 안정을 빼앗고, 다른 한편으로 국가는 다시 안정을 되찾아주기 위해 경제 과정에 개입한다. 자본주의는 계속적으로 자본가의 손에 큰 이익을 가져다주고, 이에 반해 국가는 과세라는 수단을 활용하여 이 이익을 감소시키고, 때로는 과세로 인하여 재산이 거의 몰수될 정도로 이익을 크게 감소시키기도 한다. 오늘날의 국가는 최근 독일이 보여주었듯이, 이자와 임대료 그리고 주식 이익 배당금에까지 제한을 가하여 경제 영역의 자율성을 완전히 파괴해버릴 수도 있다.

이러한 전반적인 발전에서 우리는, 폭력이 배제된 채 순수하게 정치적인 의미에서의 압력만이 가해질 경우, 정치적 변화에서 명백하게 드러나는 도덕적 요인들과 강제적 요인들 간의 일반적인 연결 관계를 보게 된다. 자본가의 사회적 특권과 권력의 다양한 축소와 감축은 부분적으로 노동자들이 행사하는 정치적 힘으로 달성된다.

하지만 이와 더불어 새로운 사회적 기준을 자본가가 자발적으로 수용함에 따라 이루어지기도 한다. 왜냐하면 이 새로운 기준이 이미 채택된 정치적·사회적 원리들이 논리적·필연적 결과로서 전체 사회에 호소하는 바가 있기 때문이다. 오늘날 대부분의 선진국에서 노동당이 독자적인 세력을 충분히 확보하기 전에 혹은 이런 정당이 태동하기도 전에 상당한 정도의 사회관계 법안들이 제정되었다는 사실은 일반 사회가 최소한도의 사회적 요구를 인식할 능력이 있음을 보여주는 것이다.

영국의 경우 1875년의 단결법안, 1871~76년의 노동조합법안,

1867년의 조정법안, 1870년의 교육법안, 1875년의 위생법안 등은 모두 노동당이 생기기 전에 제정된 법안이다. 이는 '이제는 우리 모두가 사회주의자이다'라고 했던 한 자유주의 정치가의 단적인 언명을 정당화해준다. 물론 이 같은 입법이 순전히 특권층의 지성이 발전함으로써 이루어진 결과는 결코 아니다. 왜냐하면 노동자들은 정치적으로 조직화되기 이전에도 이미 일정한 정도의 정치적 압력을 행사하고 있었기 때문이다.

영국에서는 프롤레타리아가 투표권도 갖기 전에, 이들의 혁명 봉기를 미리 우려한 중산층이 지주 귀족들을 압박하여 투표권을 얻어냈다.

미국에서는 흑인들이나 노동자들이 자신들의 정당 아래에 조직되어 있지는 않지만, 자신들의 이익을 손상할 우려가 있는 사람이 최고법원의 판사가 되는 것을 의회에서 부결시킬 수 있었다. 이는 그들이 나름대로 정치권력을 행사하고 있었음을 보여주는 증거이다.

특권계급은 종종 노동당의 성장을 방해하기 위하여, 또는 노동계급의 과격한 요구를 미리 차단하기 위하여 일정 부분 자신들의 이익을 양보하기도 한다.

한동안 유럽 대륙에서 이런 유의 모범이 되었던 비스마르크•의 사

• 오토 에두아르트 비스마르크(Otto Eduard Bismarck, 1815~98): 독일의 정치가. 제2제국의 건설자로 철혈재상이라 불린다. 러시아, 프랑스 대사를 거쳐 외상이 되고, 군비 확장으로 프로이센·오스트리아, 프로이센·프랑스 전쟁에서 대승하였으며, 1871년 독일의 통일을 완성했다. 초기의 현상 타파, 후기의 현상 유지라는 2대 외교 정책은 유명하다. 내정에서는 자본주의를 육성하고 사회민주당과 대립하며, 사회주의 운동을 극심하게 탄압했다.

회입법(social legislation)은 성장 일로에 있던 사회당의 위세를 꺾기 위한 치밀한 시도였음이 분명하다. 다른 한편으로, 애스퀴스°가 보수적인 견해를 물리치고 최초의 노동당 정부로 하여금 자유주의자들의 지지를 얻어 일하도록 했을 때, 이 같은 행위는 정치에서의 보다 순수한 도덕적 동기를 보여주는 사례다.

애스퀴스는 민주주의의 원칙에 입각해서 최대 당으로서의 노동당이 정부에 대해 책임을 질 권리를 갖는 것은 당연하다고 믿었다. 입으로는 계속해서 민주주의 원칙들에 관해 떠들면서도 애스퀴스의 정책을 자신들의 계급과 영국에 대한 반란으로 간주했던 많은 정치가의 반대는 정치에서 순수한 원리가 가질 수밖에 없는 한계들을 명백하게 보여주는 것일 뿐만 아니라 아무리 고귀한 정치적 이상일지라도 계급적 이해관계의 영향을 받을 수밖에 없다는 점을 여실히 드러내 준다.

이런 이유들로 해서 우리는 정치 영역에서 이성과 양심에만 전적으로 의지해서는 안 되는 것이다. 정치적 압력도 병행해서 사용되어야 한다. 만일 압력이 점차 가중되어 점진적으로 새로운 척도의 정의에 근접하게 되면, 이 과정에서 특권을 상실하는 사람들도 자발적으로 이 피해를 감내할 가능성이 훨씬 커지게 된다.

만일 그들이 그 정의를 확신하지 않고, 정치권력의 위협만이 그들을 억지로 굴복시킬 수 있다고 한다면, 그들의 자녀는 그것을 사회의 확립

● 허버트 헨리 애스퀴스(Herbert Henry Asquith, 1852~1928): 영국의 정치가. 자유당 소속 하원의원으로서 정계에 진출했다. 글래드스턴의 뒤를 계승한 전형적인 자유주의 정치가이다. 1908~16년까지 총리로 있었고, 두 차례의 총선거를 거친 후에 의회법을 성립, 상원의 권한 감축에 성공했다.

된 표준으로 생각할 것이다. 그래서 사회는 점진적이고 진화적인 과정으로 평등한 정의라는 목표를 향해 나아가게 될 것이며, 이 과정에서 강제력과 교육은 서로 비율을 달리하면서 계속 영향력을 행사할 것이다.

하지만 진화적이고 의회주의적인 사회주의의 강령에는 여러 가지 난점과 위험 요소들이 들어 있다. 이 난점과 위험 요소들은 의회주의적 방식을 무조건 신뢰하는 사람들이 반드시 인식하고 있어야 하는 만큼 그렇게 분명하게 인식되지 않고 있다. 평등을 지향하도록 계속적인 압력을 가한다고 해서 정치사회가 산업사회를 완전히 변화시킬 수 있을지는 전혀 알 수 없다.

이 목적을 달성하기 위해 정치권력이 사용하는 주요 수단인 과세는 이른바 체감의 법칙(law of diminishing returns)을 따르는 것 같다. 자본주의 체제하에서 지나친 납세의 부담은 가난한 납세자들을 파멸시키는 한편, 부유한 납세자들에게는 반감을 불러일으킨다. 급진적인 누진율이 적용된 상속세로 인해 국가는 마침내 생산업체를 인수하든지 아니면 한 푼의 세금도 받지 못하게 된다. 기업체들이 이런 식으로 하나씩 접수되면, 사회적 소유에 대한 체계적이고 일관된 계획을 발전시키는 일이 점차 어려워짐과 동시에 사유재산 제도와 사회적 소유 제도의 결점들이 혼재되어 나타날 가능성이 농후하다.

게다가 평화적으로 자신들의 이권을 차례차례 양도하게 되는 특권계급이 궁극적으로 사회 내에서 자신들이 누리는 특수한 지위의 기초까지 아무런 갈등도 일으키지 않고 양보하리라는 증거는 전혀 없다. 만일 이런 상황이 닥치게 되면, 특권계급은 평등을 향한 발전을 좌절시키기 위하여, 현재 정부에 행사할 수 있는 모든 영향력을 동원해 압력을 가할 뿐만 아니라 위기에 당면하여 자기 보존을 위해 폭력을 사용하고 싶은 극심한 유혹에 빠지게 될 것이다.

1931년 영국이 정치적 위기에 봉착했을 때, 각 은행들이 자신들의 경제력과 노동당이 지배하는 의회에 대한 영향력을 동원할 수 있었다는 사실은 낡은 경제력에 의해 정치권력이 패배하고 만 좋은 사례이다. 이미 성공을 거둔 이탈리아와 현재 진행 중인 독일에서의 파시스트적 기도는 위험에 처한 특권계급이 폭력의 힘에 호소하는 대표적인 사례이다.

의회민주주의를 채택하고 있는 나라들에서 오랜 역사에 걸친 정치권력의 점진적인 평등화 과정은, 일반적으로 생각하듯이, 평화적인 경제적 변화에 대한 확고한 기초가 될 수 있는 하나의 비유가 아니다. 왜냐하면 경제력이 정치권력보다 더 근본적이며, 또한 경제력은 정치적 평등주의(political equalitarianism)의 형태와 원리마저도 자신의 필요와 목적에 따라 마음대로 할 수 있다는 점에서 이런 비유는 잘못이기 때문이다. 따라서 특권계급이 유사 특권이나 사이비 특권을 주려한다고 해서 그들이 급진적인 경제개혁에 평화적으로 응하리라고 믿을 만한 근거는 전혀 없다.

의회주의를 신봉하는 사회주의자들은 일반적으로 이런 난점과 위험은 얼마든지 극복될 수 있을 것이란 희망을 품고 있다. 왜냐하면 그들은 의회에서 명백하게 다수 의석을 차지하고 나면 이 모든 난관을 타개하고 사회 개혁을 위하여 국가의 권력과 위신을 프롤레타리아 계급의 손에 넣을 수 있다고 믿고 있기 때문이다.

카우츠키와 같은 사회주의 사상가들의 경우, 이미 낡은 마르크스의 예언, 즉 자본주의가 발달함에 따라 자본의 집중이 이루어짐과 동시에 노동계급의 수가 엄청나게 늘어나 양극화 현상이 필연적으로 발생하리라는 예언은 이 같은 희망을 입증하는 논거로 사용되었다. 그 예언에서 부정된 부분은 노동자들의 궁핍화가 증대하리라는 예언이다. 이 희망에 담겨 있는 딜레마는 서구의 산업국가들 전체의 역사와 경험이 이를 반증하고 있는 데 있다. 노동자들만으로 다수당이 된다는 것은 불가능하다. 다수당이 되기 위해서는 불가피하게 상당 부분의 도시 중간층과 농민의 지지를 획득하지 않으면 안 되는 것이다.

중간층을 의회사회주의 편으로 끌어들일 수 있다고 가정하는 이론은, 설사 이 중간층이 혁명적인 사회주의의 폭력의 위협에 직면하여 영원히 이들로부터 이탈한다고 하더라도, 정치에서의 도덕적 요인과 강제적 요인의 관계 문제와 관련하여 대단히 중요한 함축성을 갖고 있다. 이 이론을 옹호하는 입장에서는, 모든 사회에는 사회적 평화에 주된 관심을 갖고서 폭력을 사용하지 않고, 또 사회의 진로에 대해 깊은 개입을 하지 않고 존립해갈 수 있는 정부를 인정하는 상당한 힘을 가진 계급이 항상 존재한다고 간주할 것이다.

그리고 이 계급에 속하는 상당수 사람들이 평등한 사회를 향한 노동계급의 이상에 합리적, 그리고 도덕적 차원에서 많은 기여를 하게 될 것이라는 것도 충분히 있을 수 있는 일이다. 이러한 가능성은 특히 학교 교육을 통해 일반 사회의 사회적·정치적 지성을 확대하여 사회를 구원코자 하는, 사회적 관심이 큰 교육자들의 포부를 정당화해준다.

미국 사회에서 이런 경향을 대표하는 사람 중에서 가장 상상력이 뛰어난 해럴드 러그(Harold Rugg) 교수는 교육의 사회적 이상에 대해 다음과 같이 설파했다.

영토가 광대하고 기후가 다양하며 인구 구성이 잡다한 데다가 점점 도시화의 물결을 타고 있는 이 나라 청소년들은 이번에 새로 마련된 중등학교 교과과정으로 인해 솔직하고 용감하게 민주주의를 실천해가는 과정에서 생겨나는 문제점에 직면하게 될 것이다. 이제 지방 주정부와 중앙정부는 지배적인 경제 계급에 의해 좌우되는 경향을 드러낼 것이다. (…) 이에 따라 이 나라 청소년들의 창조적인 상상력은 한없이 발산되어, 국가적 차원에서 계획된 정권을 선출하는 일에 도움을 줄 것이다. 이 정권하에서 정부의 전문적 기능은 이 분야에서 훈련을 받고 경험을 쌓은 전문가들에 의해 수행될 것이다.[3]

미국의 경우 듀이●의 교육철학에 의해 가장 잘 대변되는 교육자들의 이 같은 소망이 나름의 정당성을 가진 것은 사실이지만, 그럼에도 불구하고 교육을 통해 정치를 구원하려는 사상은 교육자들이 생각하듯이 그렇게 쉽게 실현될 수 있는 성질의 것이 아니다.

● 존 듀이(John Dewey, 1859~1952): 미국 실용주의의 대표적 사상가. 20세기 전반 미국의 근대 산업 기술과 과학 실험의 진보를 배경으로 도구주의(instrumentalism), 실험주의를 제창했다. 특히 교육철학 분야에 있어서도 이런 입장에서의 생산 활동을 기초로 하는 노동학교를 설립하며 큰 영향을 주었다.

그들이 정치 문제에 대해 언급하는 용어들만 보더라도, 그들이 얼마나 중간층이라는 입장에 구속되어 있는지를 쉽게 알 수 있다. 이 입장은 교육자의 이상이 어떠한가에 따라 달라질 수 있다. 그래서 러그 교수는 경제가 문화에 미치는 영향을 정교하게 분석한 탁월한 저서에서 교육은 진실로 현대 문화와 공립학교의 공식적인 선전 활동의 차원을 벗어나 중요한 비판을 할 수 있다는 희망을 표현했다. 게다가 계획 사회에 대한 이상은 사회 계획이란 것이 소유권의 엄격한 제한이나 전면적인 폐지에 의해서만 가능하다는 것을 인정하지 않은 채 수립되고 있다.[4]

이러한 견해에는 암암리에, 현대 사회는 자신의 경제 과정을 계획할 만한 지적 능력이 결여되어 있기 때문에 그것을 계획하지 못한다는 가정과 학교 교육이 바로 이 같은 지적 능력을 제공해줄 것이라는 가정이 깔려 있다. 실제로 합리적이고 정의로운 사회를 건설하는 데 가장 큰 장애물은 다름 아닌 기존의 사회 체제나 제도에 의해 가장 큰 혜택을 입고 있는, 권력 있는 지배 집단의 이해관계이다. 일반 사회의 지적 능력이 사회의 비합리적인 부정과 불의를 일소할 만큼 높은 수준에까지 고양될 수 있다고 믿는 것은 분명 기분 나쁜 일은 아니다. 그러나 불행히도 지구상에 이런 사회나 공동체는 존재한 적도 없고, 지금도 마찬가지로 없다.

사회에는 수많은 계급이 있는데, 이들은 모두 그들의 입장을 자신들의 경제적 이해관계에서 직접 도출하거나 그것에 의해 일정한 제약을 받는다. 사회적 관심이 높은 오늘날의 교육자들이 이러한 사실을 충분히 이해하지 못했다는 사실은 순수한 지적 정직성과 통찰력으로 지배적인 경제 집단의 충동을 초월한다는 것, 그리고 부분적으로는 자신들의 계급인 중간층의 계급적 환경에 제약되고 있다는 것을 입증해준다. 왜냐하면 이 계급의 생활은 안정되어 있기 때문에, 사회문제의 절박성을 그리 심각하게 받아들이지 않는다. 게다가 이들은 개인적인 관계가 지배하는 세계 속에 살고 있기 때문에, 경제 집단들이 순전한 이기주의에 의해 자신들을 표출하는 그 일관성을 정확히 인식하지 못한다.

사회가 필요로 하는 것이 정부의 전문적인 기능(expert functions)을 수행할 수 있는 능력을 갖춘 '교육받고 경험 있는 전문가들'이라는 견해는 또 다른 계급적 편견을 드러내 보이는 것이다. 즉 그것은 정부의 잘못은 전문가들의 전문적 지식에 의해 제거될 수 있다고 믿는, 합리주의자임을 자처하는 지식인 특유의 편견을 드러내 보이고 있는 것이다. 물론 정부는 전문가들의 전문적 지식을 활용해야 한다. 하지만 이같은 전문적 지식이 국가의 공정성과 정의를 보장해줄 것이라는 생각은 이성 자체의 공정성과 특히 전문가들의 이성을 지나치게 과대평가한 것이다.

정치는 지배 집단의 이해관계에 따른 압력에 의해 대체적인 윤곽과 방향이 잡힌다. 전문가는 이미 결정된 방향에 합리적인 정당화와 효율적인 적용을 가할 뿐이다.

인간 정신의 경향은 원래 비이성적인 고려에 의해 이미 결정된 가정에서 시작하여, 이 위에 합리적으로 수긍될 수 있는 판단의 상부구조를 구축하는 것이므로, 위에서 말했던 일들은 의식적인 기만을 통하지 않고서 자연스럽게 이루어진다. 전문가란 그 정부가 보수파건 급진파건 관계없이 어떤 성격의 정부나 정권하에서든 자신의 업무를 수행하지만, 영국과 독일의 사회주의 정부나 실제로 겪은 경험을 토대로 판단해볼 때, 이들 전문가 계층은 급진주의보다는 보수주의에 더 가깝다. 그리고 또 이들은 자신들이 봉사하는 정부의 일반 정책을, 자신들이 그 일반 정책에 기초를 두고 만들어내는 세부적인 적용 과정에서 의도적으로 좌절시키거나 전환하는 방법을 알고 있다.

정치사와 경제사를 면밀하게 연구해본 사람이라면 누구나 여타의 도덕가들과 마찬가지로 교육가들도 정치적·경제적 관계에서의 이해관계의 모순과 갈등을 과소평가하면서, 마땅히 이해관계가 얽힌 지성에 귀속시켜야 할 것을 이해관계와 무관한 무지에 귀속시키고 있음을 볼 수 있다. 이와 같은 잘못은 바로 그들 계급의 잘못된 세계관에서 나온 결과이다.

지금까지 역사를 살펴보면, 보다 나은 특권을 가진 계급에서도 합리적이고 도덕적인 이상주의에 의해 스스로를 소외받는 계급과 동일시하며 정치투쟁을 전개해온 개인들이 언제나 있었다. 이것은 지금도 여전히 마찬가지이다. 하지만 이런 사람들의 수효는 항상 한정적이다. 특권계급 전체에서 창출되는 사회적 지성은 모두 계급 갈등을 완화하는 목적에 사용될 수 있다. 하지만 이런 지성은 그 같은 계급투쟁의 필연성을 완전히 불식할 만큼 힘을 갖고 있지 않다.

지금까지 그 어떤 중간층도 사회적으로 의미 있는 모든 중요한 사실을 파악할 수 있는 위치에 이를 수 있는 교육을 받아본 적이 없기 때문에, 지나간 과거는 미래에도 타당한 결론들을 제시하지 않는다고 주장하게 되면 그 대답은 이렇다. 즉 한 계급으로 하여금 모든 사실을 다 알 수 있게 하거나 다른 계급을 자극하는 모든 감정을 이해할 수 있게 하는 교육과정(educational process)이란 있을 수 없다는 것이다.

현대 문명은 간접적이고 기계적인 인간관계를 끊임없이 촉진하고 있으므로 미래로 갈수록 그 같은 교육과정은 더욱 그럴 것이다. 내가 생각할 때, 영국과 독일의 중간층만큼 지적으로 잘 훈련되고 높은 사회의식을 가진 나라가 또 있을까 의문스러울 정도이다. 그런데 이 두 나라의 중간층은 사회 전체가 위기에 직면하게 되자 급진주의를 버리고 보수주의로 돌아섰다. 영국의 노동당이 쓰라린 참패를 맛본 1931년의 총선이 그러했고, 독일에서는 파시즘적 정책을 통해서 중간층이 자신들을 표현했을 때 그러했다.

사회적 지성이 뛰어나고 정치적으로 선진적인 이들 나라에서 중간계급의 향배를 보여준 이 최근의 사례들은 다른 나라들에서 앞으로 중간층이 취하게 될 정치적 태도를 예측해볼 수 있는 훌륭한 근거가 된다. 어떠한 계급을 지배하고 있는 사회적 지성과 이상주의의 정도가 높아질수록 사회생활의 전체적인 성격에 큰 영향을 미칠 것이고, 정치권력과 경제력의 일정한 균형 상태(equilibrium) 아래서 발전하는 경제적·정치적 제 관계의 건전함과 정직성을 증대시킬 것이며, 폭력의 사용 없이 이해관계의 상충을 조절할 수 있는 가능성이 더욱 높아지리라는 데 대해 누구도 부인하지 못할 것이다. 하지만 새로운 급진 세력이 기존의 정치 상황 속에 뛰어들지 않는다면, 사회적 이상주의와 지성이 아무리 고차적이더라도, 이 같은 충돌과 갈등을 완전히 새로운 차원에서 조정하는 일은 있을 수 없다.

농민 계층은 혁명적 사회주의뿐만 아니라 의회적 사회주의에 대해서도 또 다른 문제를 제기한다. 농민층이 혁명적 사회주의를 기피한다는 사실은 이미 앞에서 고찰한 바 있다. 문제는 온건한 형태의 급진적인 정치 노선이 농민층의 지지를 받을 수 있는가 하는 것이다. 이를 긍정적으로 보는 입장을 지지해주는 증거 자료는 그렇게 많지 않다.

지금까지 의회사회주의는 이 농민 계층으로부터 사실상 아무런 소득도 올리지 못했다. 의회사회주의자들은 영국과 독일에서 일부 농업노동자들의 지지를 얻기는 했지만, 보다 궁핍한 농민들의 지지는 거의 획득하지 못했다. 상당히 발달한 농민협동조합이 농민들의 뿌리 깊은 개인주의를 어느 정도 제거할 것으로 기대되었던 덴마크에서조차 산업노동자와 농민은 정치적으로 적대적인 진영에 속해 있었다.

유럽의 경우, 아직도 잔존해 있는 강력한 중세적 전통과 지주에 대한 개인적인 충성심으로 인해 농민들은 흔히 보수적인 정치적 견해로 기울어진다.

미국에는 이러한 전통이 전혀 없기 때문에, 농민들은 도시의 영향을 강하게 받는다. 그럼에도 불구하고 미국의 농민들도 개인주의적이다. 설사 가난해지는 경우에도, 농민들은 온건한 자급자족 경제에 만족하면서 외부 세계에 거의 의존하지 않는다. 이러한 경제적 생활 태도로 인해 이들은 더욱 범위가 큰 사회적 문제에 대해서는 냉담한 태도를 취한다. 그리고 위기가 닥치면, 정치적 보수주의로 기울든지 아니면 정치적 보수주의자들에게 이용당한다.

만일 농민 계층이 협동조합 운동을 통해 현재 그들이 산업 문명 속에서 처해 있는 곤경에서 벗어나고자 한다면, 혹은 그들이 대규모의 자본주의적 농업 경영 방식에 의해 프롤레타리아의 신분으로 전락하게 되면, 이들은 종국적으로 도시의 산업노동자들과 공동의 보조를 취하게 될 것이다. 만일 이들이 자발적인 협동조합을 통해 이 곤경으로부터의 탈출을 시도했더라면, 자신들에게 손해가 되는 국가정책들을 결정함에 있어 보다 강력한 경제력과 정치권력이 그들에게 압력을 가해오는 한, 증폭된 조직적 능률만으로는 자신들의 번영을 이룩할 수 없다는 것을 깨달았을 것이다.

협동 농업의 효과가 더 커진다고 하더라도, 재정이 풍부한 산업 계급이 농민의 희생을 바탕으로 하여 국가에 강요하는 조세정책의 결함들을 제거하지는 못할 것이다. 이런 상황이 수십 년 동안 계속되면 농민들은 점차 환멸감을 느끼게 되어 자신들의 자연스러운 동맹자인 산업노동자들의 편에 서지 않을 수 없게 된다.

강력한 재정적 세력을 등에 업은 대규모 농업의 발달로 말미암아 자영적인 농민들이 농업 프롤레타리아의 지위로 전락하게 되면, 농민과 노동자의 정치적 이해관계는 급속히 일치될 것이다.

하지만 어느 경우건 간에 이 같은 발전은 앞으로 수십 년에 한정된 현실적인 정치적 징후에서 모색되어서는 안 된다.

미국에서 농민과 노동자의 동맹을 기초로 한 제3의 정당이 출현하

기를 바라는 것은 최소한 수십 년간은 비현실적인 발상으로 남아 있게 될 것이 분명하다.[5]

이런 일은 도저히 실현 가능성이 없다. 왜냐하면 농민 계층은 자본주의 체제로 인하여 큰 고통을 당하더라도, 집단주의적인 정치 목표를 지지하지 않을 것이기 때문이다. 산업 문명이 필요로 하는 것들은 농민 계층의 요구 사항들과 부합하지 않을 것이다. 그리고 또 농민들은 공동 소유를 향한 산업노동자들의 열망을 이해하거나 용납하지 못할 것이다.[6]

농민과 노동자의 정치적 이해관계가 일시적으로 일치된 틈을 이용하여 산업노동자가 완전한 정치권력을 구축한 다음, 이 권력을 이용하여 농민들을 강제적으로 집단화한 러시아에서 농민들이 산업노동자에 대해 보복할 움직임을 보인 적은 아직까지 없다. 프롤레타리아는 농민의 생활 환경을 완전히 개조하여 농민들이 집단주의적 사회 이상을 받아들이지 않을 수 없을 만큼 오랜 기간 농민들에게 폭력을 가할 것이다.

그런데 러시아 프롤레타리아 독재 정권이 사용하는 폭력의 강도는 워낙 강한 것이므로, 만일 이것이 깊은 심리적·도덕적 반응을 야기하지 못했다면, 이것이야말로 주목해야 할 일이다. 이는 억압받은 민족 정신의 경우처럼, 궁극적 몰락을 가져오게 될 격렬한 분노를 낳을뿐더러 이를 크게 증폭시킬 것이 분명하다.

하여튼 경제적 사실들의 논리가 농민과 프롤레타리아를 자연스러운 동맹자로 간주하더라도, 농민들을 산업노동자의 정치적 동맹자로 파악하는 것은 그리 정확한 견해라 할 수 없다. 만일 중간층 도시인들과 농민들을 앞으로의 의회사회주의 정당의 지지 그룹에서 배제해버린다면, 진화론적 사회주의(evolutionary socialism)를 지지하는 의회주의적 다수를 획득할 가능성은 멀어지거나 완전히 사라져버리게 될 것이라는 결론에 도달할 수밖에 없다. 만일 정세가 이런 식으로 돌아가면, 혁명적 사회주의의 승리를 의심스럽게 만드는 의회주의적 사회주의 세력이 사회개선론적 사회주의(melioristic socialism)의 종국적인 승리의 가능성마저 의심스럽게 만들고 말 것이다.

이런 식의 결론들이 타당하다고 할 때, 우리는 다음과 같은 확신을 해볼 수 있다. 즉 현대 사회에서는 기존의 불안정한 세력 균형을 깨뜨리고 완전히 혁신할 수 있는 단일한 정치 세력은 존재하지 않는다는 것이다. 그리고 또 그 결론들이 정확하다면(또 하나의 세계대전이 판도를 완전히 바꾸어놓을 수도 있다는 유보 조항은 언제나 남아 있겠지만), 합리적인 평등 사회라는 궁극적 목표를 달성하고자 하는 희망은 일단 포기하고 이 같은 목표에 점진적인 접근을 기대하는 것에 만족할 필요가 있다. 여기에서 이러한 기대마저 포기할 필요는 없다. 왜냐하면 정치적·경제적 측면에서 보다 힘이 약한 사회 계급은 어느 나라에서나 아직까지 그들이 잠재적으로 가지고 있는 역량을 전부 발휘하지 못했기 때문이다.

이들은 지금까지 자신들이 발휘한 정치적·경제적 압력에 비해 훨씬 더 강력한 압력을 행사할 수 있다. 게다가 일반 공동체의 사회적 지성, 혹은 공동체 내 모든 계급의 사회적 지성이, 설사 더 이상 올라갈

316

수 없는 한계가 있다손 치더라도, 현재 수준보다는 더 나아질 수 있다.

만일 권력과 권력, 이익과 이익의 점진적인 조정과 타협에 의해 합리적인 사회적 이상에 접근해가는 것이 현대 사회의 필연적인 숙명이라면, 비폭력적인 정치적 강제는 분명히 폭력적인 정치적 강제보다 낫다. 이 경우에 의회사회주의는 비록 최종적인 완전한 승리를 얻을 가능성이 없다 하더라도 어느 정도 정당화될 수 있을 것이다. 특히 혁명적 사회주의가 자신의 궁극적 목표까지 추진해갈 힘이 부족해서 발생하는 지속적인 내란 상태에서는 그 어떤 공동체도 생존할 수 없기 때문에 더욱 정당화될 것이다. 만약에 폭력이 정당화될 수 있다면, 이 같은 폭력 행위는 외과 의사의 의술과 같은 속도를 갖게 될 것이며, 따라서 상처가 생기면 곧바로 치료가 이루어질 것이다.

종국적인 목표에 이르게 되리라는 확실성은 없지만 사회적·정치적 세력들의 끊임없는 유동적 균형 상태 속에서 노동자들의 정치 역량을 충분히 발휘함으로써 재산의 사회적 소유를 향해 전진해가며 다른 계급의 정당들과 제휴하지 않을 수 없는 의회사회주의는 사회주의자들이 일반적으로 충분히 자각하고 있지 못한 도덕적·심리적 난점에 직면하고 있다.

사회주의 사상에서 종말론적 요소를 빼버린다면, 이는 거기에 담겨 있는 종교적 열정을 제거하는 것과 다를 바 없으며, 따라서 가장 중요한 원동력을 상실하는 결과를 초래할 것이다. 만일 혁명적 사회주의자들이 이 같은 손실을 하나의 이점으로 해석하고자 한다면, 이는 지나치게 합리주의적이 되어 인간적 열정의 뿌리를 이해하지 못한다는 증거가 될 뿐이다.

진화론적 사회주의의 철학적 기초를 놓은 베른슈타인은, 목표는
별로 중요한 것이 아니며 중요한 것은 그 과정에서의 운동 자체라고
역설한 바 있다.

> 나는 지금까지 일반적인 원칙들을 넘어서면서 미래에 대해 지나친
> 관심을 가진 적이 없다. 나로서는 미래상을 끝까지 읽어낸다는 것이 불
> 가능했다. 내 생애에 걸친 사상과 모든 노력은 현재와 가까운 미래에
> 대한 의무에 관련된 것이다. 그리고 나는 포괄적인 세계관들에 대해서
> 는, 그것들이 현재의 적절한 행위를 위한 지침을 제공해주는 범위에서
> 만 관심을 가졌다.[7]

베른슈타인이 오늘날의 자유주의적 중간층의 교육 이론과 이러한
감정이 밀접하게 연결되어 있다는 것을 깨달았다면, 그는 이 감정을
사회주의가 자유주의로 퇴락해버린 징후로 생각했을 것이다.

궁극적인 목표에 대한 규정을 유보하고, 도달 가능성에 대한 상당
한 확실성을 포기하는 것이 훨씬 더 합리적인 태도이다. 하지만 이러
한 고차적인 합리성으로 인해 도덕적 능력은 희생을 당한다.

프롤레타리아의 소박한 신앙은 곧 행동하는 사람의 신앙이다. 이
에 반해 합리성은 냉철한 관찰자의 속성이다. 물론 여타의 모든 신앙
과 마찬가지로, 프롤레타리아의 신앙에도 환상이라는 요소가 개재되
어 있다. 하지만 이때의 환상은 진리를 볼 수 있도록 해주는, 꼭 필요

하고 투명한 환상이다.

　사회의 관성이란 워낙 견고한 것이어서, 관념적으로나마 그것을 이겨낼 수 있으리란 확신 없이는 그 힘을 견뎌내기 어려울 것이다. 그리고 앞으로는 더욱 순수하고 공정한 사회가 도래하리라고 믿지 않고서는 그 누구도 급격한 사회변혁의 과정에 내포된 위험과 고통을 참아낼 수 없을 것이다. 그런데 이 같은 확신이나 환상은 광신으로 기울 가능성이 높다는 점에서 위험한 반면. 이런 환상을 포기하면 타성에 젖어버릴 것이란 점에서 위험하다.

　또 다른 진화론적 사회주의자인 드망은 다음과 같이 정곡에서 벗어난 이야기를 하고 있다.

> 　나는 감상주의자나 낭만주의자들에게서 특징적으로 나타나는 이상의 절대화나 우상화를 혐오한다. 먼 미래의 집단적 행복을 약속하는 사람들은 그들이 정직할 때는 너무나 소박해 보이지만, 정직하지 못할 때는 혐오스럽기 그지없다.[8]

　감상주의와 낭만주의는 실천적 의지를 결여한 채 이상적 목표만을 꿈꾸는, 외부적 관찰자들의 질병이다. 진정한 프롤레타리아로서 그 목표의 순수성과 목표 달성의 가능성을 신뢰함으로써 영웅적 힘을 발휘하는 사람들은 분명 감상주의와 낭만주의에 어느 정도 감염은 되었겠지만, 감상주의적 수준은 넘어서 있다. 오히려 이들은 감상주의자보다 생동적일뿐더러 위험하기까지 하다. 그들은 너무나 광신적이다.

우리는 이미 고도로 발달한 사회에서 열광주의가 지닌 위험들에 대해 고찰한 바 있다. 하지만 냉철한 합리주의적 급진론자가 부딪히게 마련인 타성에 대한 유혹과 기회주의의 유혹도 마찬가지로 위험하다. 의회사회주의의 역사는 이러한 사실들을 입증해주는 사례들로 가득 차 있다고 해도 과언이 아닐 것이다. 게다가 기독교와 역사도 이와 유사한 흥미로운 증거 자료들을 얼마든지 보여준다.

합리적으로 완화된 이상주의 바로 곁에는 기회주의가 있고, 기회주의와 바로 곁에는 현상태에 대한 부정직한 굴복이 기다리고 있을 뿐이다. 절대주의나 열광주의가 위험한 것은 사실이지만, 그래도 나름대로는 필요하다. 개인적 상황에 적용하건 사회적 상황에 적용하건 절대주의자나 열광주의자가 자신들의 절대적인 이상, 즉 역사에서의 급진 세력의 빛에 비추어 언제나 타협을 내포한 직접적인 성과들을 비판하고 심판하지 않는다면, 그 순간부터 이들은 완전한 상대주의(complete relativism)의 늪 속에 빠져버리고 말 것이다.

프롤레타리아의 신조 속에 담긴 종교적 요소가 일단 폐기되고, 마르크스주의에 내포되어 있는 종말론적 요소가 사라지면, 진화론적 사회주의는 사회의 견고한 타성에 맞서 전진해갈 수 있는 원동력을 상실해버리고 말 것이다.

열광주의의 위험성과 기회주의의 위험성 중에서 어느 것이 더 큰지를 객관적으로 측정할 방법은 없지만, 사회는 일반적으로 무모한 모험보다는 타성으로 기우는 경향이 있다. 따라서 우리에게 더 필요한 것은 합리주의자의 달콤한 정당성보다 절대주의의 과감한 도전이다. 이런 맥락에서 공산주의도 현대 사회를 구성하는 하나의 세력이 되어야 한다. 현대 사회가 자신의 한 부분인 노동계급을 소외시키고 있는 한에서는 더욱 그렇다. 우리는 이를 환영해야 한다. 아마도 공산주의 세력의 존재는 끊임없는 비판을 통하여 의회사회주의가 완전히 기회주의나 무의미한 언동에 빠져들지 않도록 차단하는 역할을—그 자신의 의도와는 전혀 무관하게—해낼 것이다.

의회사회주의는 순수한 프롤레타리아적 사상을 특징짓는 종교적 절대주의의 상실과 그것이 추구해야 하는 실천적인 전술들에서 생겨나는 갖가지 유혹들로 인해 위험한 상태에 처해 있다. 의회사회주의 정당은 정권을 잡더라도 정부 운영을 위해서는 불가피하게 다른 정파들과 연합하지 않을 수 없다. 이러한 연합 과정에서 이들은 다른 정파들이 수용할 수 있는 정강 정책의 실현을 위해 흥정과 타협을 해야 한다.

이러한 흥정과 타협은 지도자들에 의해 진행될 것이 분명하다. 이 지도자들은 점차 정부의 고위 관직에 유혹당하고, 경제계의 거물들과 보조를 맞추기 시작하면서 귀족들이 과거에 정적들을 제거하기 위해 사용했던 온갖 술수들을 사용하기 시작한다. 만일 이들이 아주 총명하고 의지가 굳지 않다면, 그들은 자신들에게 정치권력을 가져다준 노동자들의 뜻을 망각하고 부지불식간에 특권계층의 사회적·정치적 견해를 받아들이게 될 것이다.

만일 이들이 진정으로 정직하지 않다면, 그들은 프롤레타리아의 지도자로서보다는 국민적 지도자로서 얻게 되는 권력과 위신에 더 큰 관심을 가질 것이다. 의회사회주의의 역사는 끝없는 배신과 변절의 우울한 이야기로 가득 차 있다. 이러한 변절과 배신행위는 개인의 유약함에서 발생하는 예외적 경우이거나 정치적 중요성이 없는 경우에 지나지 않는다고 말하기에는 그 사례가 너무나 많다.

영국에서의 맥도널드와 스노든*, 프랑스에서의 비비아니**와 브리앙***, 독일에서의 샤이데만**과 노스케*** 등은 빙산의 일각에 지나지 않는다. 이러한 변절은 때로는 사회주의 정당으로부터의 완전한 탈당을 의미하기도 하고, 때로는 사회주의의 원칙을 포기하고 노동자

---

* 필립 스노든(Philip Snowden, 1864~1937): 영국의 정치가. 처음에는 문관이었으나, 1906년에 하원에 들어가 1924년에 노동당 맥도널드 내각의 재무장관이 되었다. 1929년 재임되고 헤이그 회의에서 활약했다.

** 르네 라파엘 비비아니(René Raphael Viviani, 1863~1925): 프랑스의 정치가. 사회당의 영수. 노동장관, 문교장관을 거쳐 1914년 총리 겸 외무장관이 되었다. 제1차 세계대전이 일어나자 이른바 전시내각을 조직하여 이듬해 일단 사임했다가 다시 브리앙 내각의 법무장관이 되었다. 1917년에 사직하고 1920년 국제연맹 회의에 위원으로 참석하고 후에 상임위원이 되었다.

*** 아리스티드 브리앙(Aristide Briand, 1862—1932): 프랑스의 정치가, 신문기자, 변호사를 지내다가 국회의원이 되었다. 수상을 열한 번, 외무장관을 열 번이나 지냈으며, 제1차 세계대전 뒤 평화 외교에 지도적 역할을 하였다. 독일에 대하여 평화적인 협조 외교를 하였으며, 위싱턴 회의 대표로 베르사유 조약을 맺었다. 또한 켈로그-브리앙 협정을 성사시켰고 국제연맹 이사회 의장으로 만주 문제를 다룬 바 있다.

** 필리프 샤이데만(Philipp Scheidemann, 1865~1939): 독일의 정치가, 사회민주당 간부. 제1차 세계대전 후 공화제를 선언하고, 1919년 바이마르 공화국의 초대 수상이 되었으나 1933년 나치에 의해 추방되어 망명했다.

*** 구스타프 노스케(Gustav Noske, 1868~1946): 독일의 정치가. 사회민주당 의원으로 활동하다가 1919년 정부의 신뢰를 얻어 베를린의 군사령관이 되었다. 1919년 1월 스팔타카스단의 봉기를 진압하고, 후에 하노버 총독이 되었다. 나치 정권 수립 후 파면되고 1944년 7월 히틀러 암살 사건에 연루되어 체포된 후 강제수용소에 수용되기도 했다.

에게 해악을 주는 국가 정책에 대한 옹호를 의미하기도 한다. 의회사회주의에서의 이 같은 계속적인 변절 행위는 도덕적 측면과 정치적 측면을 동시에 갖는다. 여기에서 개인의 도덕적 측면은 정치적 측면에 비해 중요성은 덜하지만 상당히 흥미로운 문제이다.

특권과 권력의 유혹에 굴복해버린 모든 사회주의 지도자는 의심할 바 없이 개인적인 야심과 영달이라는 아킬레스건을 갖고 있었다. 일반 대중은 진정한 지도자라면 이러한 결점을 갖고 있지 않아야 한다고 생각한다. 맥도널드의 정적들은 개인의 허황된 야심이 그의 몰락의 주요 원인이라고 주장했는데, 이는 분명 올바른 지적이다. 그리고 국민정부를 수립하는 데 있어 헌법에 규정된 범위를 넘어서 막강한 영향력을 행사한 왕이 연립정부를 이끌어 나가는 데 자신만큼 유능한 사람이 없다는 암시를 함으로써 자신의 개인적 야심을 충족시키려 했다는 비유적인 비난을 가했는데, 이 또한 올바른 지적일 것이다.

스노든 가(家)의 사회적 야망이 그의 정책 결정에 어느 정도 영향을 주었으리란 주장도 마찬가지로 정당한 것이다. 만일 고위직의 노동운동 지도자가 눈앞의 유혹을 이겨내려면 대단히 강인한 성격의 소유자여야 한다는 사실에서 이 사례들은 상당한 의미를 갖는다. 직책을 맡기 전에 이루어진 결심은 이 같은 위험을 반증할 아무런 증거도 되지 못한다. 1920년에 맥도널드는 이렇게 이야기한 바 있다.

지금 우리가 당면하고 있는 과제는 이제까지 그 어느 국가도 직면해 보지 못한 엄청난 것이다. 하지만 이 절망적이고 황폐한 비극(제1차 세계대전)이 끝나고 나서 유약하기 그지없는 박애와 기만을 우리 인민들이 받아들이게 되면, 그리고 노동운동의 지도자들이 지금까지 그렇게 오랫동안 우리가 공격을 가했던 요새의 입구에 당도하며 엉뚱한 환상에 젖어 혼미한 정신 상태에 빠져든다면, 그리고 항복을 의미하는 휴전을 수락한다면 이는 곧 자신들을 믿고 따라준 노동계급에 대한 기만일뿐만 아니라 거시적으로는 국가를 속이는 일이나 다름없다.[9]

1931년 위기가 도래하자 맥도널드는 재정적 이득을 얻기 위해 일정한 휴전을 했으며, 해외에 있는 영국 시민들의 투자에 가해진 엄청난 부담을 덜어줄 생각은 않고 뇌물에 굴복하고 말았다.

1899년 브리앙은 혁명적 노동조합의 총파업에 대한 입장을 이런 말로 변호했다.

여러분은 투표용지를 가진 채로 전쟁터에 갈 수 있습니다. 나는 이에 대해 전혀 반대할 의사가 없습니다. 여러분은 창과 권총, 그리고 소총을 가지고 전쟁터에 나갈 수 있습니다. 때가 오면 여러분의 대오에 나도 참여할 것입니다. 그것은 나의 의무니까요. (…) 그러나 노동자들이 자신의 권리를 위해 확고한 신뢰를 가지고 행동하기 위하여 단결을 시도할 때 그들을 실망시켜서는 안 됩니다. 총파업은 전투적인 사람들에게 자신들만의 절대적인 권리를 행사하고 있다는 매력을 갖게 해줄 것입니다.[10]

그러나 브리앙은 1909년 총리로 재직 시 노동조합의 지도자들을 체포하고 노동자들을 강제로 군에 입대시키는 방법으로 평화적인 철도 노동자들의 파업을 탄압하는 역설적인 잘못을 저질렀다.

누구도 인간 행동의 원천인 갖가지 동기가 미묘하게 혼합되어 은밀히 보관되어 있는 비밀 장소로 파고들 수 없다. 행위를 하는 장본인조차도 행동의 동기들이 뒤얽혀 있어서 연관성을 찾아내기가 그리 쉽지 않다. 하지만 순전히 개인적인 결함만으로 이 같은 변절이 일어난다는 사실을 의심해보는 태도는 아주 올바르다. 의회사회주의 진영에는 개인적인 유혹을 얼마든지 이겨낼 수 있는 건전한 정직성을 소유한 지도자들이 얼마든지 있었으며, 앞으로도 그럴 것이다. 미래에 많은 부분이 이들에게 의존하게 될 것이라는 사실은, 역사 형성 과정에서 비인격적인 거대 세력들에 비하면 개인적이고 인격적인 요소들이 사소해 보일지 몰라도, 정치에서는 이러한 인격적 요소들이 중요한 역할을 맡게 될 것임을 보여주고 있다.

프랑스의 의회사회주의는 밀레랑(Millerland), 비비아니, 브리앙을 낳았지만, 동시에 조레스 같은 훌륭한 사람도 갖고 있었다. 세계대전이 일어나던 그날 밤에 조레스가 살해당했다는 사실은 이 전쟁에 포함된 가장 큰 비극 중 하나이며, 또한 한 위대한 사회주의 지도자가 국가를 맹목적인 열병 상태로부터 해방할 기회를 막아버린 결과가 되었다. 그는 모든 나라의 사회주의자들로부터 각별한 존경을 받고 있었기 때문에, 그가 살아만 있었다면 국제사회주의 운동은 전쟁 과정에서 그렇게 큰 치명적인 오류를 저지르지 않았을지도 모른다.

의회사회주의 지도자들의 개인적 도덕성 문제는 한 민족 공동체 내에서 의회사회주의를 비판적이고 급진적이며 정의로운 세력으로 유지하는 문제나, 그것이 민족주의 정신에 매몰되지 않도록 하는 문제 등과 같은 포괄적인 문제들에 비하면 당연히 부차적인 것이다. 우리는 이미 민족주의적 감정의 엄청난 위력을 살펴보았을 뿐만 아니라, 민족 공동체는 실천적인 차원에서 결코 높은 수준의 자기비판에까지는 이르지 못한다는 사실을 확인한 바 있다.

한 국가 내에 있는 단체가 부분적으로라도 국가외 외부에 서 있지 않는 한, 마땅히 그 국가가 받아야 할 만큼 신랄하게 비판하지 못한다는 것은 크게 틀린 말이 아니다. 이는 프롤레타리아 계급이 지닌 전략적·도덕적 중요성을 말해준다. 국가에 의해 철저히 소외당한 프롤레타리아들이 민족주의적 정서(ethos)에서 완전히 벗어나게 되면, 더 나은 혜택을 받는 상층 프롤레타리아들은 언제나 그들을 집어삼키려고 위협하는 민족주의적 감정에 맞서 대항할 수 있어야 한다.

의회사회주의를 신봉하는 프롤레타리아의 변절은 개인적인 결함만으로 완전하게 설명될 수 없다. 상층 프롤레타리아 운동 전체가 민족주의적 감정에 재흡수되어버리는 것도 부분적인 이유가 된다. 이들의 행동은 국가를 절대적 가치로 삼는 국수주의자들에게는 하나의 덕처럼 느껴질 것이다. 그러나 민족주의가 인간의 보다 높은 가치들에 대해 지니는 위험성을 인식하고 있는 사람이 볼 때는 개인적 결함이나 유약성으로 비칠 것이다.

국가는 언제나 국민의 충성심을 요구할 것이다. 일반적으로 국가는 너무나 큰 충성심을 요구하기 때문에, 다른 공동체들은 이를 견제하기 위하여 반드시 국가와 경쟁해야 한다. 생활 조건으로 인해 평등한 사회를 간절히 소망하는 계급의 구성원들에게 충성심이라는 상당히 높은 도덕적 요구를 해서는 안 될 이유는 없다. 이 계급의 궁극적 목표와 현재의 처지 등은 그 같은 충성심을 이성의 법칙이라는 이름으로 정당화해줄 것이다. 만일 국가의 요구가 더 커 보인다면, 이는 전통적 감정들이 합리적 사고보다 우세한 힘을 발휘하기 때문이다.

사회주의 지도자들이 국가의 평화를 유지한다는 구실로 적대 세력의 주장을 지지하는 경향이 있는데, 이는 이미 암시한 바와 같이 개인적 야심의 동기에서 그렇게 할 가능성이 높다. 하지만 그 정책이 가능해지는 정치적 분위기나 여건은 그들이 지도하는 정치 운동 전체에 흐르고 있는 준(準)국가주의적 태도로부터 생겨난다. 의회주의적인 노동계급의 운동은 민족주의적 정서의 테두리 내에서 활동하기 때문에, 자연히 그 지도자들은 자기 보존을 본능으로 하는 국가의 논리에 쉽게 휘말리는 것이다. 특히 이런 국가의 본능은 대내적·대외적 적대 세력들과의 투쟁 과정에서 선명하게 그 모습을 드러낸다. 따라서 진화론적 사회주의자들은 국제 전쟁에 참여하는 것은 물론이고 파업 등과 같이 국가의 안정을 위협하는 모든 일을 억압하는 데 적극적으로 나서게 되는 것이다. 프랑스 철도 노동자들의 파업을 탄압한 사실에 대해 조레스로부터 비판을 받은 브리앙이 자기변명으로 내놓은 글을 잘 살펴보면, 국가의 지도자가 된 노동 지도자의 가슴속에서 민족주의 정신이 계급주의 정신을 굴복시키는 과정을 생생하게 볼 수 있다.

나는 그들이 이론적으로 파업할 권리를 가지고 있음과 또 그 권리를 합리적으로 사용할 수 있음을 기꺼이 인정할 용의가 있다. 그러나 이 논쟁에는 언급되지 않은 또 하나의 권리가 있으며, 이 권리는 여타의 모든 권리에 비해 우월하다. 그 권리란 바로 사회의 생존권(socisty's right to live)이다. 자유의 권리가 아무리 유서 깊다고 하더라도, 국가의 생존권을 위태롭게 할 만큼 무책임하게 행사할 수 있는 자유란 없다. (…) 최우선의 권리는 국가의 생존권이요, 그 독립과 긍지를 유지하는 권리이다.[11]

이러한 논조 속에는 국가를 사회와 동일시하고, 또 국가의 '긍지를 유지하는' 권리를 국가 존속의 일부로 삼는 안이한 태도가 담겨 있다. 그런데 이런 논리는 과거의 사회주의적 급진론자의 생각에서조차 국가의 자기 보존 충동이 얼마나 신속하게 국내의 평화를 교란하는 자들에 대한 강압 정책과 국외의 적들에 대한 제국주의 정책을 정당화해주었는가를 보여준다. 예를 들어 제1차 세계대전이 한창일 때, 독일의 사회주의 지도자 필리프 샤이데만은 "정치의 문외한들만이 전방 초병들이 움직이지 않을 것이라고 믿을 뿐이다"라는 말로써 제국주의적 야심에 조건부 지지를 표시했다.

게다가 독일의 사회주의 계열 학자인 하인리히 쿠노(Heinrich Cunow)는 독일의 제국주의는 사회주의자들의 지지를 받을 만한 충분한 가치가 있다고 주장했다. 왜냐하면 그는 독일의 제국주의는 자본주의를 그 절정에 도달케 함으로써 국제사회주의(international socialism)의 실현을 촉진하게 될 것이라고 믿었기 때문이다. 중간층 출신의 어떤 지식인도 쿠노만큼 더 재치 있게 사회주의자들의 전쟁 참여를 정당화하지 못했다.

국가의 통치권을 장악한 정치가라면 누구나 민족주의의 충동에 사로잡힌다. 사회주의 정치가도 별로 다를 바 없다. 이는 너무나 당연한 사실이다. 게다가 민족주의적 충동이 계급적 충성심에 대해 우위를 가져야 한다는 사실도 당연하다. 그러나 만일 이것이 진정으로 불가피한 것이라면, 의회주의적 노동당이 노동계급에 현대 사회를 구원해야 할 사명을 제공해준, 민족적 편견과 히스테리로부터 비판적인 거리를 유지할 것이라고 기대하는 것은 허망한 일일 것이다.

국가의 자기 보존 충동으로 인해 국내 평화는 신속히 이루어지지만, 불필요한 대외 전쟁이 조장된다. 국가가 말하는 평화는, 이러한 평화를 저해함으로써만 제거될 수 있는 사회적 불의와 불가피하게 결부되어 있다. 그리고 이러한 사회적 불의는 국제적 분쟁을 촉발하는 경향이 있다. 따라서 국가에 대한 복종은 계급투쟁보다 국제적 분쟁을 선호한다는 뜻이 된다. 이러한 양자택일은 결코 이성에 의해 합리적으로 정당화될 수 없다. 왜냐하면 이성은 이를 반대하기 때문이다. 그 이유는 국제분쟁은 국내의 사회적 불의에서 비롯되는 것이며, 계급투쟁은 그러한 불의를 철폐하려는 것이기 때문이다. 다시 말해서 이러한 선택을 나타내주는 도덕적 판단은 단지 거기에 대한 전통적인 감정의 영향을 나타낼 뿐이므로, 이성이 편견에 항복한다는 말이다.

순수한 이성의 힘은 민족주의에 대해 비판적인 거리를 유지할 만큼 충분히 강력하지 못하므로, 만일 현실적인 경험으로 인해 개인이 국가와 민족으로부터 분리되지 않는 한, 철저하게 소외된 노동자들만이 이러한 태도를 취할 수 있을 것이다. 점차 발전하는 지성이 적어도 개인적 경험의 차원을 넘어서리라는 것, 더 혜택을 받은 노동계급의 운동이 지혜를 얻어 국가의 의지에 대해서, 그리고 침투력이 강한 민족 감정에 대해서 좀 더 완강하게 저항해주기를 바라는 마음은 결코 지나친 기대나 요구가 아니다.

다른 경우들에서와 마찬가지로 여기서도 만일 우리가 인간의 상상력의 한계를 받아들이고 이러한 상상력이 한 개인이나 계급의 현실적 경험을 그렇게 많이 뛰어넘을 수 없다는 사실을 인정한다면, 그러나 너무 늦기 전에 진실을 알 수 있도록 통찰력을 증진하는 데 모든 노력을 다한다면, 이를 통해 사회의 장래는 한층 더 밝아질 것이 분명하다.

혁명적 사회주의와 진화론적 사회주의의 차이는 이상에서 살펴본 바와 같이 워낙 크기 때문에, 이 둘 사이에서 순수하게 합리적이고 도덕적인 선택을 한다는 것은 불가능하다. 어떤 식으로 판단을 하더라도 그것은 전통적으로 내려온 사회적 불의의 일부분을 그대로 온존시킬 것인지 아니면 기존의 불의를 타파한다면서 오히려 새로운 불의를 저지르는 모험을 할 것인지에 관한 개인적 판단에 어느 정도 의존하고 있다. 이러한 판단은 부분적으로는 사람들이 전통적인 사회적 악폐로부터 어느 정도로 고통받느냐에 따라 달라질 수 있고, 또 부분적으로는 사회가 처해 있는 위기의 심도에 따라 좌우되기도 할 것이다.

9. 정치에서 도덕적 가치의 보존

탐욕, 권력에 대한 의지, 그 밖의 갖가지 이기적 욕구와 같은 자연적인 충동은 이성에 의해 결코 완벽하게 제어되거나 승화될 수 없다고 주장하는 정치철학은 필연적으로 자연의 충동에 맞설 수 있는 또 다른 자연의 힘을 이용함으로써 인간의 역사에 의해 자연을 제어하려고 시도하는 정치적 전략들을 보완해야 한다. 만일 강제력, 이기적 욕구, 갈등 등이 사회를 구원하기 위해 불가피한 수단으로서 허용되어야 한다면, 영구적인 분쟁과 영원한 독재를 어떻게 피할 수 있겠는가? 오늘은 구원의 수단인 것이 내일은 예속의 쇠사슬이 되지 않는다고 누가 보장할 수 있는가?

지나치게 일관성 있는 정치적 현실주의(political realism)는 사회를 영속적인 전쟁 상태에 내맡기는 것처럼 보인다. 사회적 결속을 달성하기 위해서는 강제력의 사용이 불가피하고, 사회적 불의가 존재하기 위해서는 강제력이 있어야 하고, 사회적 불의를 소멸시키기 위해서는 더욱더 강한 강제력의 사용이 필연적이라고 한다면 우리는 끝없는 사회적 갈등의 악순환에 빠져드는 것이 아닌가?

이기심을 억제하기 위해서는 반드시 이에 상충하는 다른 이기심을 내세우는 수밖에 없다고 한다면, 이때 이 다른 이기심이 너무 지나치지 않도록 하는 방법은 도대체 무엇인가? 그리고 기존의 권력을 타도하기 위해서 새로운 권력이 필요할 때, 이 새로운 권력은 어떻게 윤리적 정당성을 확보할 수 있는가?

만일 사회의 합리적 요인과 도덕적 요인의 힘에 대한 정치적 현실주의의 불신이 가중되면, 그 사회는 기껏해야 권력의 불안정한 균형 정도를 지상의 목표로 삼는 수준에 머물고 말 것이다. 이처럼 상충하는 사회 세력들 간의 불안전한 균형 상태가 잠정적인 사회적 평화나 휴전 상태를 가져온다 하더라도, 이 권력의 균형 상태에 우연적인 충격이 가해지면 쉽게 파괴되어버릴 것이 틀림없다. 설사 이러한 우연한 충격이 발생하지 않더라도, 결국 힘의 균형에서 빚어지고 심화된 사회적 적대감에 의해 그 같은 균형은 필연적으로 파괴될 것이다.

지난 30년 동안의 세계사는 갈등을 갈등으로 해결하려는 정치적 현실주의의 조급한 노력이 가져다준 비극적인 결과를 그대로 상징해주는 듯하다. 제1차 세계대전이 발생하기 전의 평화는 진정한 평화가 아니라 힘의 균형에 의해 불안하게 유지되어온 휴전 상태였음이 입증되었다. 이 상태는 그것이 빚어낸 적대감의 자연적 폭발 및 상호 간의 불신과 공포로 인해서 파괴되고 만 것이다.

새로운 평화도 마찬가지로 외양뿐인 억지 평화이다. 단지 사회적·경제적 세력들 간의 균형이 대전 전에 비해서 덜 잡혀 있는 것이 조금 다를 뿐이다. 군국주의(militarism)의 원칙에 반대해서 싸웠노라고 떠들어대던 나라들이 지금은 자신들의 군사력을 강화하는 데 혈안이 되어 있다. 따라서 현재 그들의 힘으로 겨우 유지되고 있는 잠정적인 평화도 곧 이 힘이 만들어내는 적대감에 의해 파국에 이르고 말 것이 명약관화하다.

지나치게 일관성을 강조하는 정치적 현실주의가 초래한 이 같은 불행한 결과들은 도덕가들의 충고를 정당화해주는 듯싶다. 그들은 이성과 양심을 더욱 발전시킴으로써 평화를 이룩할 수 있다고 믿는다. 이들에 따르면 진정한 평화는 오로지 이익과 이익, 권리와 권리를 이성적이고 합리적으로 조정하고 타협함으로써만 얻어질 수 있다고 한다. 그리고 이들은 이와 같은 조정과 타협은 이기심에 대한 이성적인 견제 및 다른 사람의 이익에 대한 이성적인 양해를 통해서만 가능하다고 확신하고 있다.

이들은 분쟁이 이익의 상호 조정을 방해하는 증오감을 유발한다는 사실과 강제력은 불의를 제거하는 데 사용될 수 있지만 동시에 불의를 지속시키는 데도 얼마든지 사용될 수 있다는 사실을 지적한다. 따라서 이들은 사회문제를 영원히 해결하는 방법은 사회적 지성과 도덕적 선의지를 확충하는 길밖에 없다고 보는 것이다. 하지만 도덕가도 정치적 현실주의자 못잖게 위험스러운 안내자이다. 도덕가들은 종종 현대의 모든 사회적 평화에 내재하여 있는 불의와 강제력을 제대로 인식하지 못한다. 강제력이란 요소는 언제나 은밀하다. 왜냐하면 지배계급은 경제력, 선전 기구, 전통적인 통치 수단, 비폭력적 수단 등 모든 수단을 망라해 가지고 있기 때문이다.

도덕가들은 이 같은 강제력의 진정한 성격을 충분히 깨닫고 있지 못하므로 은밀하고 교묘한 형태의 강제력에 의해 강압적으로 유지되는 평화를 파괴하기 위하여 폭력적 방법을 사용하는 진보적인 세력에 대해, 정당화하기 힘든 도덕적 부담을 지운다.

또한 도덕가들은 평화를 깨려는 사람들의 욕망에 대해 올바르게 이해하지 못하고 있는 것 같다. 왜냐하면 그들은 평화의 배후에 은폐된 불의를 제대로 인식하지 못하는 것 같기 때문이다. 이 같은 사회적 불의는 역사와 전통이라는 이름으로 정당화되는 불평등과 한 몸이기 때문에 쉽사리 인식되지 않는다.

가장 이성적인 도덕가조차 직접 당해보지 않으면 사회적 불의를 과소평가해버리는 경향이 있다. 따라서 협력과 상호성을 무비판적으로 지나치게 찬양하게 되면, 결과적으로 전통적으로 내려온 불의를 인정하게 될 뿐만 아니라 노골적인 형태는 아니더라도 은밀한 형태의 강제력에 대해서는 무조건 수용하는 태도를 취하게 된다.

올바른 정치적 도덕성이라면 도덕가들과 정치적 현실주의자들의 통찰을 모두 정당하게 다루어야 한다. 이렇게 되면 인간 사회가 사회적 협력의 범위를 아무리 확대하더라도, 사회적 분쟁은 불가피하다는 너무나도 엄연한 사실을 정확히 인식할 수 있게 될 것이다. 올바른 정치적 도덕성은 인간 사회에서 강제력을 완전히 없애기보다는 최소화함으로써, 인간 사회에 있는 합리적·도덕적 요소들에 가장 잘 부합할 수 있는 유형의 강제력을 사용하도록 권고함으로써, 그리고 강제력이 사용되는 목적과 목표의 차이를 밝혀줌으로써 쓸데없는 갈등의 악순환에 빠져 있는 사회를 구원하고자 할 것이다.

아마도 합리적인 사회라면 강제력과 갈등의 제거보다는 강제력이 사용되는 목적의 정당성 여부에 더 큰 강조점을 둘 것이다. 강제력의 사용이 누가 보아도 합리적으로 수긍할 수 있는 사회적 목적에 기여한다면, 그 사회는 강제력을 정당화할 것이고, 만일 그렇지 못하고 일시적인 열정에만 기여한다면, 폭력의 사용은 지탄을 받을 것이다. 지금까지의 논의가 우리에게 계속해서 강요하고 있는 결론은 평등이란, 아니 좀 더 상세하게 말하자면, 평등한 정의란 사회가 지향해야 할 가장 합리적인 궁극 목적이라는 사실이다. 만일 이 같은 결론이 올바르다고 인정되면, 더 큰 평등을 쟁취하기 위한 사회적 분쟁은 특권의 영구화를 목적으로 하는 제반 노력을 거부해도 되는 도덕적 정당성을 갖는다.

따라서 국가나 민족 혹은 계급의 해방을 위한 전쟁은 제국주의적 지배나 계급적 지배의 영구화를 위해 사용되는 권력과는 다른 도덕적 범주에 넣어야 할 것이다. 대영제국의 통치하에 있는 인도인, 미국 사회의 흑인, 아니면 모든 산업국가의 공업 노동자들과 같은 일체의 피억압자들은 압제자들이 폭력으로 지배권을 유지하기 위해 갖는 정당성보다는 더 고차원적인 도덕적 권리를 갖는다.

폭력적인 분쟁이 자유와 평등을 획득하는 최선의 방법이 아닌 것은 사실이지만, 이 문제는 일단 유보해둘 필요가 있다. 무엇보다 중요한 것은 평등이 평화보다 더 높은 사회적 목표라는 사실이다. 물론 완전한 평등은 불가능하겠지만, 그것은 정의로운 평화의 이상에 대한 하나의 상징이다. 이러한 이상에 비추어 볼 때, 현대의 모든 평화는 기존 권력의 불균형 속에서 임시로 이루어진 휴전 상태에 지나지 않는다. 따라서 그 이상은 곧 현대의 평화적인 상황 속에 얼어붙은 권력과 특권의 불균형을 근본적으로 제거해야 한다는 요구를 나타내는 것이다.

과거의 사회적 갈등이 쓸데없는 것이었다 하더라도, 그것이 전적으로 폭력적 방법들을 사용했기 때문은 아니다. 폭력은 설사 그 목적이 정의로울 경우에도 부정과 불의를 지속시키는 경향이 있다. 하지만 국제 전쟁이라는 폭력은 일반적으로 정의롭지 않은 경제체제의 제거를 목적으로 하지 않았다는 사실을 주목할 필요가 있다. 일반적으로 국가 간의 전쟁은 사회적 불의가 심화된 나라들의 현실적·가상적 불만을 해결하는 방법으로 사용되었다. 이 같은 부정과 불의를 제거하기 위한 사회적 분쟁은 정의의 문제와는 관계없이 진행되는 것과는 전혀 다른 범주에 속한다.

이런 측면에서 마르크스주의 철학은 평화주의(pacifism)에 비해 훨씬 진실하다. 평화주의자들이 볼 때 프롤레타리아가 한편으로는 국제분쟁을 비난하면서 다른 한편으로 계급투쟁을 찬양하는 것이 모순처럼 느껴지겠지만, 프롤레타리아가 강제력의 제거는 허황된 이상이지만 강제력의 합리적인 사용은 사회를 구원하는 한 방도라고 주장할 만한 충분한 이유가 있다. 목적이 수단을 정당화한다는 원칙을 수용하는 것은 물론 위험하다. 이 같은 위험은 사회적 투쟁에 관여하고 있는 사회집단이 자신들은 자유와 평등을 위해 싸우고 있다는 주장을 통해 자신을 안일하게 정당화하는 데서 생겨난다.

그 어떤 사회도 이런 식의 주장을 심판할 수 있는 절대적으로 공정한 법정을 갖고 있지 않다. 하지만 이성은 비록 편견에 사로잡히고 부분적인 입장에 굴복하지만, 그럼에도 불구하고 그 같은 주장과 요구를 분석하고 공정성을 판가름하는 일은 이성의 고유 업무이다. 갈등이 극심하고 복잡한 경우에는 이성이 실패하는 경우가 많을 테지만, 가장 명백한 사회적 소외 상태를 이성이 찾아내는 것은 불가능하지 않다.

한 사회집단이 기만에 의해 자신의 권리를 빼앗기는 곳에서, 자신의 권리를 되찾기 위한 주장에 특별한 도덕성을 부여하는 것은 너무나 당연한 일이다. 이는 사실상 일정한 평등을 이룩한 인간 사회의 한 부분에 의해 불변적으로, 그리고 본능적으로 행해지는 것이다. 억압받는 민족들, 예를 들면 터키에 항거하는 아르메니아인, 영국에 저항하는 인도인, 미국에 항거하는 필리핀인, 에스파냐에 저항하는 쿠바인, 그리고 일본에 저항하는 한국인 등은 언제나 중립적인 사회들로부터 특별한 공감과 도덕적 인정을 받았다. 그러나 불행하게도 모든 나라에 있는 노동계급은 이에 버금갈 만한 공감이나 도덕적 인정을 끌어내지 못했다. 왜냐하면 억압받는 민족의 경우에는 중립적인 제3의 국가들이 존재할 수 있지만, 노동계급의 경우에는 공정성을 가진 제3의 계급이라는 것이 없기 때문이다. 억압된 민족의 경우에는 직접적인 투쟁에 참여하지 않는 집단이 언제나 억압하는 국가들 안에 있게 마련이다. 그래서 이런 집단들은 공정성이라는 사치를 누릴 수 있는 것이다. 그래서 유럽인들은 미국의 소외된 흑인들에 대해 동정을 표시하고, 반면에 미국인들은 인도의 해방 투쟁에 깊은 관심을 갖는 것이다.

모든 사회에 사회문제를 흐리게 하는 편파성과 편견이 있음에도 불구하고, 사회적 지성은 일반적으로 점차 증대해가면서 사회적 특권 세력의 요구를 억제하고 비특권계층을 지원하는 경향이 있는 것 같다. 이런 의미에서 이성 자체는 더욱더 평등한 권력의 균형을 이룩하는 경향이 있다.

모든 사회적 힘은 부분적으로 경제력이나 군사력과 같은 물리적인 강제 수단을 현실적으로 소유하는 데서 생겨난다. 하지만 이러한 사회적 힘은 대개 논리적으로 설명되지도, 설명할 수도 없는 복종과 존경, 충성심을 확보하는 능력에 따라 좌우된다. 이성이 사회적 힘의 이같은 원천들을 파괴하는 경향을 갖는 한, 이성은 강자의 힘을 약화하고 약자의 힘을 강화하는 데 기여한다. 피착취자들은 마르크스가 분석했던 것과는 전혀 다른 의미에서 착취를 당한다. 이성은 그들로부터 도덕적 자긍심, 동료들에게서 받을 수 있는 사회적·도덕적 칭찬을 앗아가 버린다. 그들은 자신의 양심이나 공평한 사회도 인정하지 않는다. 양심이나 미래의 공평한 사회에 대한 희망을 상실해버린 이들은 머리 깎인 삼손의 처지나 다를 바 없다. 대단히 중요한 힘들이 그들에게서 빠져나간 것이다. 사회 내에서 이성의 힘은 완전한 힘의 평등을 가져올 만큼 충분히 강력하지 못하다. 다만 목적을 위해 부단한 노력을 기울일 뿐이다. 이성적인 사람들이 국제 전쟁의 무익성을 세차게 비난하고 억압된 민족과 계급의 투쟁을 정당하게 보는 경향이 있다는 사실은 왜 필연적으로 이성이 사회정책의 궁극 목적들을 구별해야 하는지, 그리고 평등한 사회적 정의를 가장 합리적인 목적으로 인정함에 있어 이성이 얼마나 중요한 역할을 하는지를 명백하게 보여준다.

우리는 이미 앞에서, 만일 한 사회적 정책의 목적이 도덕적으로 그리고 합리적으로 승인된다면, 그 목적을 달성하는 방법을 선택하는 문제는 윤리적 문제보다는 정치적 차원에서의 실용적인 문제를 제기한다고 밝힌 바 있다. 그렇다고 이런 문제가 도덕적 의의를 갖고 있지 않다는 말은 아니다. 또한 위험한 정치적 도구들이 도덕적으로 인정된 목적을 위하여 사용되는 경우일지라도 도덕적 이성이 그 도구들의 남용을 막아서는 안 된다는 의미도 아니다. 갈등과 강제력은 분명히 위험한 도구이다. 이러한 갈등과 강제력은 사회적 악을 양산해내므로, 현명한 지성이 있는 사회라면 그것들의 무분별한 사용에 대해 찬성하지 않을 것이다. 만일 이성이 강제력을 도덕적 이상의 실현 도구로 삼는다면, 이성은 이를 최고의 목적을 위한 봉사에 사용할 뿐만 아니라 사회의 합리적·도덕적 세력에 가장 잘 어울리고 위험성이 가장 적은 형태의 강제력을 선택할 것이다. 도덕적 이성은 어떻게 강제력의 희생이 되지 않고서 강제력과 동맹을 맺을 것인가를 배워야 한다.

강제력의 사용에 대해 가장 합리적인 견제를 하기 위해서는 이기적인 목적에 사용하려는 유혹을 견딜 만큼 공정한 재판소의 관할 아래 강제력을 두는 것이다. 그래서 사회는 강제력을 사용할 수 있는 권

340

리를 주장하지만, 개인이 이런 권리를 사용하는 데 대해서는 단호히 반대한다. 각 국가의 경찰력은 보편적으로 승인된 통치 기능이다. 이를 위해서 정부는 시민들 간의 분쟁에 대해 어느 쪽이나 공평하게 다루고, 따라서 도덕적 목적을 위해 그 힘을 사용할 수 있을 것이라는 가정이 있어야 한다. 정부가 국제 분쟁에서 다른 나라들에 대하여 이 같은 힘을 사용할 경우, 정부는 권력의 도덕적인 사용을 보증해줄 만한 공평한 입장을 갖지 못한다. 이처럼 강제력은 국내 분쟁에서 사용될 경우에는 사회의 공정성을 나타낼 수 있지만, 국제 분쟁에 사용될 때는 인류라는 보다 큰 공동체의 이익을 배반하는 위협으로 전화된다. 그래서 오늘날 충분한 힘을 가진 국제적인 공동체를 조직하여 개별 국가들의 힘을 국제적인 통제하에 두려는 노력이 진행되고 있다.

사회적·정치적 강제력의 공정한 사용과 불공정한 사용을 구별하는 것은 물론 정당한 일이지만 거기에는 일정한 한계가 있을 수밖에 없다. 그것은 다름 아닌, 이론이 구상하는 것과 같은 완벽한 공정성을 기하기란 사실상 불가능하다는 너무나도 명백한 사실이다. 정부는 결코 완전한 공동체 전체의 통제하에 있을 수 없다. 경제 재벌이건 정치 고위 관리건 간에 정부의 각급 기관들을 자기들의 특수 이익을 위해 사용하는 계급들은 언제나 존재한다.

이는 국가 내에서뿐만 아니라 국가들 간의 공동체에서도 마찬가지이다. 전자에서는 특권계급이 정의의 지배권을 독점하고, 후자에서는 강대국이 그렇게 한다. 설사 이 말이 사실이 아닐지라도, 모든 공동체에는 본능적으로 사회적 분쟁을 피하려는 경향이 있으며, 또한 사회적 불만을 다루는 데 있어 피상적인 태도를 벗어나지 못하는 경향이 있다. 따라서 그들의 불평이 아무리 정당한 것이라 할지라도, 평화를 깨뜨리는 개인과 집단들은 언제라도 국가의 경찰력 사용에 의해 부당하게 억압당할 가능성이 있는 것이다. 공동체의 생존과 위신에 아무런 위험이 되지 않는 두 분쟁 당사자에 대해서 공동체가 강제력을 사용할 때에는 공평할 수 있다. 하지만 이 같은 분쟁이 공동체의 질서와 위신에 손상을 입힐 경우에 언제나 그 공평성은 사라지고 만다.

착실하고 신사적이며 높은 교양 수준을 가진 뉴잉글랜드 공동체가 사코-반제티 사건*에서 보여준 편견과 열정은 그 대표적인 사례이다. 이런 이유들 때문에 공평한 재판소의 통제 아래서 폭력과 강제력을 사용하는 것과 노골적으로 특수한 이익을 위해 폭력과 강제력을 솔직한 도구로 사용하는 것 사이에서 명확한 도덕적 구별을 하기란 사실상 불가능하다고 볼 수 있다.

도덕가들은 흔히 강제력의 문제를 폭력적 강제력(violent coercion)과 비폭력적 강제력(non-violent coercion)으로 구별한다. 이 구별이 절대적이지 않다는 데 대해서는 이미 앞에서 살펴본 바 있다. 하지만 사회적 과정에서 강제력의 방법을 선택하는 데 포함되는 문제들을 좀

● 사코-반제티 사건: 1920년대의 미국에서 있었던 살인범 재판 사건. 1920년 4월 메사추세츠 주의 한 제화공장에서 경비가 두 남자에게 사살되고 직원들의 급료를 탈취당했다. 경찰은 이탈리아계의 이민인 니콜라 사코와 바르톨로메오 반제티를 용의자로 체포했고, 이듬해 5월 재판이 열렸다. 그 후 이들이 이민자이며 병역 기피 경력이 있고 무정부주의자라는 이유로 여론의 반감을 사 1927년 4월에 사형선고를 받고 집행되었으나, 1959년에 진짜 범인이 나타나 미국 재판 사상 커다란 오점으로 기록되었다.

더 자세하게 분석해보는 것도 중요한 일이다.

폭력적 강제력과 투쟁의 주된 목표는 통상 생명과 재산에 대한 직접적인 파괴이다. 만일 결과와 의도가 혼동되지 않을 수만 있다면, 그 구별은 올바른 것이다. 비폭력적 투쟁과 강제력도 재산이나 생명의 파괴를 초래할 수 있고, 또 실제로 그런 결과를 초래하기도 한다. 다만 그 차이는 이러한 파괴가 의도된 것이 아니라 비폭력적 강제력의 본의 아닌 불가피한 결과일 뿐인 것이다. 폭력과 비폭력의 근본적인 차이점은 파괴의 정도에 있는 것이 아니라(물론 이 차이도 중요하게 고려되기는 하지만), 전자의 공격적 성격과 후자의 소극적 성격에 있다.

비폭력은 그 본질상 비협력이다. 비폭력은 일상적인 사회 과정에 대한 참여 거부로 표출된다. 그래서 그것은 정부에 대한 납세의 거부(시민 불복종 운동)를 뜻하기도 하고, 거부해야 할 사회집단과의 거래 중단(불매 운동)을 뜻하기도 하며, 일상적인 작업의 거부(파업)를 의미하기도 한다. 비폭력은 매우 수동적이고 소극적인 형태의 저항이지만, 그것이 가져다주는 결과는 대단히 적극적이다. 비폭력은 억압 계층의 자유를 제한하고, 그들의 목적을 좌절시키는 가장 효과적인 방법이다. 게다가 비폭력은, 비록 폭력만큼 생명에 대해 파괴적이지 않은 것이 일반적이지만, 종종 소유권의 파괴를 통해 생명을 파괴하기도 한다. 불매 운동은 전체 공동체의 생계를 빼앗아버릴 수 있고, 만일 오래 지속되면 생명을 파괴할 수도 있다. 파업은 그것이 정지시킨 산업 과정에 내재된 재산 가치를 파괴할 수 있고, 때로는 파업 중인 산업에 의존하는 공동체의 생활을 위협할 수도 있다. 그렇다고 비폭력이 폭력적 강제력보다 성공적으로 죄가 없는 사람들과 그렇지 않은 사람들을 분리해낼 수 있다고 생각해서도 안 된다. 왜냐하면 죄 없는 사람도 죄 있는 사람과 마찬가지로 집단 간의 투쟁에 휘말려 있기 때문이다. 그 이유는 투쟁에서 사용되는 독특한 형태의 강제력 때문이 아니라 그 투쟁의 집단적 성격에서 비롯된다. 설사 공동체의 성원들은 아무런 책임이 없다 하더라도, 공동체는 그 정책에 의존하고 있는 모든 성원에 영향을 주지 않고서는 징계될 수 없다.

랭커셔 지방의 방직공들을 영국 제국주의의 주범이라고 볼 수 없음에도 불구하고, 영국 면화에 대한 간디*의 불매 운동은 그들을 궁핍화했다. 이와 마찬가지로 만일 국제연맹이 일본이나 그 밖의 나라에 대해 경제적 제재를 가한다면, 일본 제국주의의 희생물이라고 할 수 있는 일본 노동자들은 그 제재에서 오는 고통을 피할 수 없다.

다시 말해, 비협력은 전체적으로 폭력의 결과에 버금가는 사회적 결과를 초래한다. 물론 폭력과 비폭력의 차이는 적지 않으며, 대단히 중요하다. 하지만 차이점들을 고찰하기에 앞서, 유사점들을 강조하고 또 비폭력도 강제력과 파괴를 가져온다는 사실을 지적할 필요가 있다. 비타협이 사용되는 사회적 과정이 복잡하고 상호 의존적일수록 더욱 그렇다. 특히 무저항과 비폭력적 저항이 흔히 혼동되기 때문에 이런 주장은 대단히 중요하다.

- 마하트마 간디(Mahatma Gandhi, 1869~1948): 인도의 민족운동 지도자, 무저항주의자. 그의 사상의 근본은 아힘사(ahimsa)였고, 인류애에 의한 폭력의 부정만이 최강, 최후의 승리임을 확신하고 정치 활동에 그대로 실천했다. 육체적 욕망을 극도로 억제하고 열한 번에 걸쳐 금식으로 속죄했으며, 순결과 무소득을 권장했다.

현대 비폭력 운동의 가장 훌륭한 지도자인 간디 자신이 이런 혼동을 조장한 느낌이 든다. 그는 종종 자신의 방법을 '영혼의 힘(soul-force)' 또는 '진리의 힘(truth-forced)'의 사용이라고 언급한다. 그는 이를 폭력이라는 물리적 성격과 구별하여 정신적인 것이라고 믿는다. 남아프리카에서 비폭력의 기술을 발전시키고 있던 초기에 그는 다음과 같이 단언했다. "수동적 저항(passive resistance)이란 잘못된 명칭이다. (…) 그것을 더 잘 표현하는 말은 '영혼의 힘'이란 용어이다. 그리고 적극적인 저항이란 말도 '육체의 힘(body-force)'이란 용어로 더 적절하게 표현될 수 있다."[1]

소극적 형태의 저항은 그것이 소극적이라는 이유만으로 영혼성을 획득하는 것이 아니다. 그런 저항이 사회적·물리적 관계 속에 파고들어 다른 사람들의 욕망과 행동을 제약하는 한에 있어, 그것은 일종의 물리적 강제력인 것이다.

간디에게서 나타나는 혼란은 무척 흥미롭다. 왜냐하면 그의 정치적 책임이 자신의 윤리적·종교적 무저항 운동의 이상의 순결성에 미치는 특징적인 영향력을 인식하지 않으려거나 아니면 인식할 수 없으므로 생겨난 듯 보이기 때문이다. 사회적 불의는 순수하게 윤리적·합리적·정서적 힘(진리의 힘과 좁은 의미에서의 영혼의 힘)으로 저항할 수 있다는 각성에서 시작하여 마침내, 모든 지도자가 마땅히 보여준 바와 같이, 자기 민족의 자유를 억압하는 적에 대해 어떤 형태든 간에 물리적 강제력을 행사해야 한다는 자각에 이르게 되었다. 그는 이렇게 천명했다.

내 소견으로는 탄원서나 대표단 파견과 같은 지극히 의례적인 설득 방법은 인도 정부와 같이 자기 국민의 복지에 대해 아주 무심한 정부를 움직일 수 있는 효과적인 방책이 되지 못한다는 것이 입증되고 있다.[2]

이 말은 역사에 등장한 모든 제국주의 정부에 적용되는 고발이자 통찰이다. 그는 소극적인 물리적 저항 방법들 — 예를 들어시민 불복종, 불매 운동, 파업 — 을 사용했음에도 불구하고, 이것들에 대해 순수한 무저항에 속하는 함축적 의미들을 부여하고자 계속적으로 노력했다. 그는 무저항이라기보다는 비폭력적 저항의 의미를 설명하는 구절에서 이렇게 말하고 있다. "예수 그리스도, 다니엘, 소크라테스 등은 순수한 형태의 수동적 저항 또는 '영혼의 힘'을 상징적으로 나타내고 있다."

이상의 모든 것들은 성자다운 통찰력과 정치적 수완을 조화시키는, 엄청나게 어려운 일을 수행하는 사람의 영혼에서 생겨나는 용서받을 수 있는 혼동이다. 그럼에도 불구하고 그것이 혼동인 것은 분명하다. 간디를 공정하게 평가하기 위해서는, 그가 비록 무저항과 비폭력적 저항의 도덕적 의미를 혼동하고 있기는 하지만, 그 스스로는 순수한 무저항에 몸을 맡기지 않았다고 보는 것이 정당할 것이다. 그는 무저항의 효과를 신뢰하기에는 정치적으로 너무나 현실주의적이다. 그는 자신이 제1차 세계대전 때에 영국 정부를 지지한 것을 정당하다고 믿고 있다.

내가 힘에 기초를 둔 정부 체제하에 살고 있는 한. 그리고 그 정부가 나를 위하여 만든 수많은 시설과 혜택에 스스로 참여하고 있는 한, 그 정부가 전쟁을 치르고 있을 때 내 힘이 닿는 범위에서 정부를 돕지 않을 수 없다. (…) 현재는 그 정부에 대한 나의 입장이 완전히 달라졌으며, 따라서 앞으로는 자발적으로 그런 전쟁에 참여치 않을 것이다.[3]

여기에서 중요한 사실은, 정부의 폭력성이 인정되고 있다는 점과 그의 정책의 변화는 국가적 충성의 변화라는 입장에서 설명되는 것이지 평화주의 원칙의 입장에서 설명되는 것이 아니라는 점이다. 외국산 모직물을 소각하라고 한 자신의 정책에 대해서 친구 앤드루스(C. F. Andrews)와 벌인 논쟁, 그리고 1919~21년 제1차 비폭력저항 운동의 도덕적 의미에 관해서 시인 타고르*와 벌인 토론은 정치적 책임이 없는 친구들을 당황케 하면서 자신의 내부에서 정치적 현실주의가 종교적 이상주의를 제약했음을 보여준다.[4]

제1차 비타협 운동은 폭력 사태를 일으켰기 때문에 그 자신이 중단시켰다. 제2차 운동도 불가피하게 폭력이라는 부산물을 낳았지만, 이번에는 그 때문에 중단시키지는 않았다.

정치적 효과에 대한 고려가 그의 행동 방침에 영향을 준다고 해서, 그리고 그가 신봉하는 '아힘사(ahimsa)' 교리의 순수성을 손상한다고

---

* 라빈드라나트 타고르(Rabindranath Tagore, 1861~1941): 인도의 시인, 극작가, 사상가. 우파니샤드의 우주 원리를 근본으로 인류의 화합을 역설하고, 세계 각지를 순방하며 그 실현에 헌신했다. 작품《기탄잘리》(1906~10)로 노벨문학상을 수상했다.

해서 간디가 덜 진실하다거나 도덕적으로 찬양할 만한 가치가 떨어진다고 생각해서는 안 된다. 정치 공동체의 책임 있는 지도자는 자신의 목적을 달성하기 위하여 강제력 사용이 불가피하다. 책임 있는 사람이라면 간디와 마찬가지로 자신의 도구를 정신적 이상의 통제 아래 두려고 온갖 노력을 기울일 것이다. 그럼에도 불구하고 정치 지도자는 폭력을 사용하지 않을 수 없다. 그리고 때로는 정치적 효과를 얻기 위해 어느 정도 도덕적 순수성을 희생할 필요가 있다.

진리의 힘 또는 영혼의 힘의 사용은 더욱 순수하고 정확한 의미로 이 말을 사용할 때, 사회적 갈등에서 대립 세력의 이성과 선의지에 호소하는 것을 의미한다. 이것도 물론 일종의 저항으로 간주될 수 있겠지만, 물리적인 강제는 아니다. 오히려 그것은 교육의 영역에 속한다. 그것은 자신의 훈육 대상에 대해 아무런 외부적 제약도 가하지 않는다. 그것은 매우 생동적이고 극적인 교육 방법을 사용한다. 그것은 예를 들어 간디가 추종자들에게 시민적 불복종으로 인해 처벌을 받더라도 "오래 인내하면서 총독과 입법자들의 동정심에 호소하라"고 권한 것과 같이, 억압받는 사람들의 고통을 극적인 것으로 만든다. 하지만 이는 여전히 교육일 뿐 강제력이 아니다.

물론 우리는 교육이 강제적 요소를 담고 있다는 것을 인정하지 않을 수 없다. 교육이 선전이나 선동의 수준으로 저하될 가능성이 항상 깔려 있다. 그리고 모든 교육에 선전의 요소가 담겨 있는 것도 부인할 수 없다. 아무리 정직한 교육자라 할지라도 의식적으로 혹은 무의식적으로 자기 제자들에게 어떤 특별한 입장을 심어주려 한다. 교육 과정에 당면 문제와 관련된 사실과 진실들의 부정직한 억압이 동반될 때는, 언제나 그 교육은 완전한 선전이 되고 만다. 하지만 이 같은 부정직한 의도가 없더라도, 모든 사상의 교류에는 일정 정도 무의식적인 사실들의 억압이 개재되어 있으며, 모든 사실을 볼 수 없는 경우도 있다. 바로 이런 이유로 해서 우리는 사회적 논란거리를 교육계가 해결하도록 그냥 내버려둘 수 없다. 이성이란 결코 순수하지 않으므로, 교육은 논쟁의 수단인 동시에 이를 극복하는 방법이다. 교육에서 강제적 요소들은 도덕적일 수 없다. 왜냐하면 그 요소들은 지성과 감정의 세계에서 작용하고 아무런 신체적 제약을 가하지 않기 때문이다. 그 요소들은 그 목적에 비추어 판정받아야 한다.

특권계급이 자신들의 특권을 영구화하기 위하여 사용하는 선전과 특권 없는 계급이 사용하는 자유와 평등을 위한 선동 사이에는 구별이 있어야 하고, 또 실제로 그러한 구별은 원래부터 존재한다.

폭력적 강제와 비폭력적 강제 사이에 차이가 있는 것처럼, 심리적 강제와 육체적 강제 사이에도 강제력의 정도에 차이가 있는 것은 당연한 사실일 것이다. 하지만 최소한의 강제력이 최선의 강제력이라는 사실이 미리 전제되어야만 그 같은 차이들은 본질적인 도덕적 특성을 가질 수 있다. 이는 자유가 절대적 가치로 인정될 때에만 참일 수 있다. 그리고 이는 일반적으로 현대의 교육가들이 대부분 갖고 있는 신념이지만, 그들이 수긍하는 것 이상으로 훨씬 더 사회적·경제적 환경의 산물이다.

이성은 신체적 측면에서나 심리적 측면에서 일정한 억제를 당하면 그 기능을 발휘하지 못하기 때문에, 자유는 이보다 더 높은 가치이다. 하지만 절대적인 지적 자유에 도달할 수 있는 사람은 지극히 소수에 한정되어 있다. 이른바 자유로운 교육 과정에 의해 형성된 일반적인 정신은 기존의, 혹은 좀 더 진보적인 정치적·종교적 관념주의에 의해 교육된 관점보다 현대적인 가정과 관점들을 훨씬 쉽게 받아들인다. '민주적인' 교육자들의 교육은 급속도로 붕괴되어가고 있는 19세기적 자유주의에서 도출해낸 가정들과 이성적으로 입증될 수 없는 편견들로 가득 차 있다. 모든 강제와 마찬가지로 심리적 강제도 위험하다. 그것의 궁극적 가치는 이와 관련된 사회적 목적에 좌우된다.

비폭력, 비타협을 '영혼의 힘'이라고 부른 간디의 생각은 정신의 비폭력성에 대한 이러한 강조가 고려되면, 훨씬 덜 혼동스럽고 정당성이 높아진다. 그에게 비폭력은 사랑의 이상과 도덕적 선의지의 정신을 나타내는 용어이다. 이는 그에게 있어서 개인적 원한으로부터의 자유와 이기적 욕망이 전혀 없는 도덕적 목적을 포함한다. 그가 실질적으로 지적하는 바는 특별한 정치적 테크닉이 아니라 정책을 가능하게 해주는 기질과 정신이다. 이 때문에 그는 제1차 세계대전 당시 자신이 영국을 지지한 사실을 다음과 같이 정당화한다.

비폭력이 작용하는 방식은 신비롭기까지 하다. 종종 인간의 행위들은 비폭력의 기준에 의해 분석되지 않는 경우도 있다. 마찬가지로 또 그의 행동은 가장 순수한 의미에서 절대적으로 비폭력적일 경우에 겉으로는 폭력적인 양상을 띠게 되는 수가 있다. 나의 행동에 대해 내가 주장할 수 있는 것이라고는 예를 든 그 경우에 있어 내가 비폭력이라는 동기에 의해 행동했다는 것뿐이다. 민족주의적 관심과 같은 협소한 사상은 애초부터 나의 심중에 없었다.[5]

간디는 이런 논조를 통해, 폭력의 경우에도 그것이 개인적인 도덕이나 선의지로부터 나온 것이라면 정당화될 수 있다고 주장하고 있다. 하지만 동시에 그는 일반적으로 비폭력이야말로 선의지를 표출할 수 있는 더 나은 방법이라고 본다. 그는 양쪽을 모두 고려한 점에서 옳았던 것 같다.

도덕적 선의지를 표출하는 한 방법으로서의 비폭력의 장점은, 폭력적 투쟁이 당사자들 간에 일으키는 분노로부터 행위자를 보호하는 데, 또 그것이 일으키는 고통보다 더한 고통을 인내함으로써 분쟁 당사자들 서로에 대한 분노와 악의로부터 벗어날 수 있음을 입증해주는 데 있다. 설사 비폭력적 저항이 적대 세력에게 고통과 재난을 준다 하더라도, 그것은 고난이 불러일으키는 분노가 가한 고통보다 더한 고통을 인내함으로써 완화한다. 간디는 자신이 남아프리카에서 조직한 비폭력저항에 대해 이렇게 이야기했다.

그들의 저항은 정부 관리들의 손에 수난의 죽임을 당하는 한이 있어도 그들에게 저항하기로 되어 있었다. 아힘사란 최대의 사랑, 최고의 자선을 의미한다.[6]

인도에서 그가 전개했던 제1차 시민 불복종 운동 중에, 그를 투옥시키는 선고를 내리려는 재판장 앞에서 그는 이렇게 말했다.

비폭력은 악과의 비타협으로 인해 받게 되는 형벌을 자발적으로 받아들이도록 요구한다. 따라서 나는 법률상 고의적인 범죄를 저지른 것이기 때문에, 나에게 가해질 수 있는 최고의 형벌이 주어지더라도 기쁜 마음으로 받아들일 용의가 있다.[7]

이 생생한 도덕적 선의지를 보여주는 사례는 엄청난 사회적·도덕적 영향을 미쳤다. 모든 사회적 투쟁에서 각 파벌은 다른 파벌이 자신들에게 저지르는 잘못만 확대해서 볼 뿐, 자기 자신의 잘못은 보지 못한다. 비폭력은 이러한 적대감을 최소화하여, 분쟁의 씨앗이 된 문제들을 분석하는 데 일정한 객관성을 유지케 해준다. 제2차 원탁회의가 진행되던 중에 간디가 랭커셔 주의 방직업자들(그의 불매동맹으로 궁핍해진 사람들)로부터 받은 온건한 기분은 그의 정신적 비폭력의 사회적·도덕적 효과의 증거인 것이다. 이는 곧 그의 방법의 승리를 상징한다.

사회 분쟁에서 분노에 대한 정신적 억제가 초래하는 가장 중대한 결과는 사회제도나 상황 자체의 악과 여기에 포함되어 있는 개인의 악을 구별하게 되는 것이다. 개인은 자신들이 처해 있는 사회 환경만큼 비도덕적이지 않다. 만일 어떤 제도에 대한 비판이나 반대가 그것을 대표하는 특정한 개인들에 대한 모독과 동일시된다면, 이는 분명

부당하다는 느낌을 줄 것이 틀림없다.

　개리슨* 같은 사람은 노예제도를 지지하는 남부 주들을 단결시키기 위하여 의도적으로 노예 소유주들을 맹렬히 공격했다. 사실 이 소유주들 중에서 많은 사람은 그들이 이어받은 선입견과 전통의 범주에서는 선량한 사람들이다. 그래서 그들에 대한 개리슨의 비판은 그들에게 개리슨의 도덕적 엄격성의 증거로 느껴졌다. 간디는 개인으로서의 영국인과 이들이 지지하는 제국주의라는 제도를 구별하려 했다.

　　사무실에 있는 영국인과 그 밖에 있는 영국인은 분명 서로 구별된다. 이와 마찬가지로 인도에 있는 영국인과 영국에 있는 영국인도 분명 다르다. 이곳 인도에 있는 영국인은 엄청나게 악한 제도에 속해 있다. 따라서 나는 모든 영국인을 나쁘게 보지 않고서도 얼마든지 영국인의 제국주의에 대해 신랄한 비난을 퍼부을 수 있는 것이다.[8]

　악한 사회제도와 이를 유지하고 있는 개인의 인격적이고 도덕적인 책임을 완전히 구분하는 것은 사실상 불가능하다. 공정한 도덕 교사라면 사회적 범죄에 대한 개인적 책임의 원리를 주장하지 않을 수 없을 것이다. 하지만 이에 반대하는 사람의 입장에서는 그렇게 하지 않

●　윌리엄 로이드 개리슨(William Lloyd Garrison, 1804~79): 미국의 노예제 폐지 운동가. 인도주의적 입장에서 노예제도의 즉각 철폐를 호소하여 흑인과 백인 독자를 많이 얻은 한편, 폭도의 박해와 정치적 압박도 많이 받았다.

는 것이 도덕적으로나 정치적으로 현명해 보일 것이다. 그가 반대자에게 가질 수 있는 회의의 장점은 증오심을 약화하고, 현재 논란의 초점이 되고 있는 문제들을 평가하면서 합리적 객관성을 유지할 수 있다는 데 있다.

그런데 사회적 분쟁에서 분노를 최소한도로 축소하려 한다고 해서 분노가 무의미하다거나 완전히 악하다는 뜻은 아니다. 로스 교수가 간파했듯이, 분노란 불의에 대한 감정의 이기적인 측면이다.[9]

따라서 분노가 전혀 없는 상태란 곧 사회적 지성이나 도덕적 활력의 부재를 의미한다. 자신의 인종에 대해 가해진 불의에 분노하는 흑인은 아무런 감정도 없이 불의의 고통을 감수하는 흑인에 비해 흑인의 해방에 훨씬 더 큰 기여를 하는 것이다. 하지만 분노에서 이기적 요소가 사라질수록 그 분노는 정의를 달성하는 더욱 순수한 매개가 될 수 있다. 분노에 담긴 이기적 요소는 객관적으로 정당화될 수 있다. 그러나 사회적 분쟁에서 반대자의 입장에서 볼 때, 그 분노는 결코 정당화될 수 없으며 또 다른 자신의 이기심만을 불러일으킬 뿐이다.

비폭력의 정신과 방법은 사회 분쟁에서 또 다른 중요한 이점을 갖는다. 우리는 이를 통해 억압 세력의 도덕적 기만을 폭로한다. 억압 세력은 언제나 이러한 기만을 통해 자신들의 특수 이익을 사회의 안녕 및 질서와 동일시해왔다. 이는 사회적 갈등에서 가장 중요한 이점이다. 그리고 이는 현상 타파를 주장하는 사람들에 비해 더 완강한 지배 집단에 정당화되지는 못했으나 명확한 이점을 제공해준다. 이렇게 되면 현상 타파를 외치는 사람들은 공공질서를 파괴하는 범죄자이자 폭력 선동자의 범주에 속하게 되고, 중립적인 공동체는 이들에 대한 한결같은 반대를 표시하게 된다.

비폭력의 정신과 방법은 기득권의 그럴듯해 보이는 도덕적 기만을 여지없이 파괴해버린다. 만일 비폭력 운동이 현실적으로 기존의 사회질서를 위협할 만큼 위태롭게 한다면, 반역과 폭력이라는 비난을 면할 수 없을 것이다. 하지만 비폭력은 공동체 내의 중립적인 집단들을 그렇게 쉽게 혼란에 빠뜨리지는 않을 것이다.

영국 제국주의의 지배에 대한 인도인의 저항에 맞서 영국인들이 엄청나게 분개하고 있고, '법과 질서'와 반란의 위험에 대한 영국 제국주의자들의 상투적인 주장이 있지만, 비폭력은 허위의식이 일으키는 그럴듯한 도덕적 열정을 일으키지 않는다.

간단히 말해서 비폭력적 강제력과 저항은 사회생활에서의 도덕적·합리적 요소들과 조화로운 관계를 수립할 수 있는 가장 큰 기회를 제공해주는 강제력이다. 이러한 비폭력적 방법은 저항하는 과정에서도 상충하는 이해관계의 도덕적·합리적 조정 과정을 완전히 파괴하지 않는다. 자기 주장에 대한 저항에 부딪히게 되면, 이러한 자기 주장은 금방 완고해지고, 투쟁은 투쟁의 진정한 문제를 완전히 흐려놓는 열정을 일깨운다. 비폭력은 이 같은 위험들을 최소화한다. 그리고 비폭력은 한 갈등 영역 내에서 도덕적이고 합리적이며 타협적인 태도를 견지할 수 있게끔 해줄 뿐만 아니라 도덕적 힘을 확대해준다.

제1차 원탁회의 이후, 간디와 인도 총독 어윈 경(Lord Irwin) 사이의

회담과 여기에서 이루어진 최종적인 합의는 사회 분쟁의 비폭력적 처리가 갖는 도덕적 가능성을 보여주는 대표적인 사례이다. 이 성공에는 이 두 사람의 도덕적 자질과 정신적 깊이가 큰 기여를 했다. 이는 폭력에 의해 수행되는 유사한 차원의 분쟁에서는 도저히 생각할 수 없는 것이다. 투쟁이 그 방법이나 정신에서 최소한의 폭력으로 수행될 경우, 그것은 투쟁 영역에서 협조적이고 상호적인 태도를 유지할 가능성이 있다는 것을 말해주는 좋은 사례이다. 강제력과 저항의 폭력적 방법과 비폭력적 방법 간의 차이는 그리 절대적이지 않으므로 폭력은 도덕적으로 불가능한 사회변혁의 수단으로 간주될 수 있다. 그리고 폭력은 종종, 간디가 시사했던 바와 같이, 도덕적 선의지의 봉사자일 수 있다. 또한 비폭력적 방법이라고 해서 완전한 사랑의 정신을 보여주는 증거라고 할 수는 없다.

제1차 세계대전이 진행되고 있는 동안 평화주의를 모토로 삼은 두호보르(Dukhobor)의 한 일파는 캐나다 정부에 대해 자신들로부터 분리되어 나간 다른 종파의 양심적인 반대자들이 누리고 있는 특권을 철회해달라고 청원한 바 있다.

> 왜냐하면 그러한 특권은 이들에 대해 악의지의 감정을 만족시키는 것 이외에 아무것도 아니기 때문이다.[10]

물론 비폭력적 방법이 갖는 장점은 대단하다. 하지만 그것조차 사회적 환경을 고려한 상태에서 실용적으로 고찰되어야 한다. 간디조차 실용적이고 편의주의적인 요소들의 중요성을 거듭 확인하면서, 비폭력적 방법의 장점들은 특히 지배 집단보다는 저항 집단의 요구와 한계에 딱 들어맞는다고 주장했다. 이러한 주장이 함축하고 있는 의미는, 만일 영속적인 전쟁의 위험을 제거할 수 있을 만큼 빨리 승리를 거둘 가능성이 있다면 폭력도 도덕적 선의지의 수단으로 사용될 수 있다는 점이다. 이는 곧 비폭력은 피억압 집단의 특수한 전략적 수단임을 뜻한다. 왜냐하면 어느 사회건 간에 피억압 집단은 억압 집단에 대항할 만큼 충분한 힘을 키울 가능성이 거의 없기 때문이다.

미국에서 흑인 해방은 이런 유의 사회적·정치적 전략을 적절히 개발하는 데 기여한다. 흑인은 백인의 도덕적 감정에 호소하는 방법만으로는 백인들이 몰아넣은 열악한 사회·경제적 처지로부터 완전히 해방될 가능성이 없다. 그렇다고 폭력적인 반란에 의해 해방을 기도하더라도 그 결과는 마찬가지일 것이다.

흑인과 백인 간의 관계를 개선하기 위해 헌신하고 있는 도덕적·합리적 세력들이 존재한다. 흑인 지도자들이 흑인의 자유를 쟁취하기 위해 투신할 수 있는 것은 교육을 받았기 때문인데, 이러한 교육 혜택은 대개 박애주의적인 백인들이 설립한 학교에서 이루어진 것이다. 다양한 흑백 교류위원회가 양측의 오해를 제거하고 서로를 이해하는 데 바람직한 기여를 했다. 하지만 이 같은 교육적이고 화해적인 노력에는 대부분의 순수한 합리적·도덕적 노력이 지닌 한계들이 담겨 있다. 이러한 한계들은 정의롭지 못한 기존 체제 내에서 작용한다.

일부 백인들의 박애주의 기치하에 운영되던 흑인 학교들은 개인으로서의 흑인들에 대해서는 고차적인 자기실현을 권장하지만, 흑인들에게 직접적인 고통을 가하는 주된 원인인 사회적 불의에 대한 정면 공격은 하지 않는다. 인종위원들은 백인들의 적개심을 불러일으키지 않는 범위에서 흑인들의 사회적·정치적 권리를 개선하려 한다. 즉 이 위원들은 '합의의 영역'을 확대하려 하면서도, 동시에 그 영역의 한계를 벗어나지 못하는 것이다.

이는 그들이 흑인들을 위해 확보하려는 것은 더 나은 위생 시설, 경찰의 보호, 적당한 교육 시설 등과 같은 최소한도의 권리에 지나지 않음을 의미한다. 그래서 이들은 흑인의 정치적 권리 박탈이나 경제적 소외 등과 같은 근본적인 문제에 대해서는 전혀 손을 대지 못한다. 이 위원들은 이 정도에서 만족한다. 왜냐하면 이들은 교육의 힘과 도덕적 설득력이 백인의 마음을 완화할 것이라고 믿기 때문이다. 대개 이런 부류의 기대가 그렇듯, 이러한 믿음에도 수많은 환상적 요소가 들어 있다. 흑인들의 주장에 동조하는 백인의 수가 아무리 많더라도, 미국의 백인이 대부분 원하지 않는 한, 흑인은 백인과 동등한 권리를 누릴 수 없다. 이 사실은 역사에 의해 충분히 입증되었기 때문에 재론의 여지가 없다.

다른 한편으로, 흑인의 입장에서 폭력적인 혁명에 호소하게 되면 이는 백인의 증오심과 편견을 강화하는 데 박차를 가하는 결과를 가져올 것이다. 백인의 수가 흑인에 비해 훨씬 많다는 이유 하나만으로도 무력에 대한 호소는 필연적으로 가공할 만한 사회적 파국을 초래할 것이다. 게다가 사회적 지성의 미발달과 경제적 이해관계의 대립으로 인하여 흑인들이 사용하는 무력은 거센 반발을 받을 것이 틀림없다. 사회적 무지가 강제적인 폭력에 도전받게 될 경우, 무지한 사람들은 상상을 초월하는 대응 폭력을 저지를 것이다. 설사 사회적 지성이 어느 정도 살아 있는 경우에도, 경제적 이해관계는 폭력의 사용에 대해 완강한 저항을 불러일으킬 것이다.

물론 비폭력적인 방법이 이상의 모든 위험을 제거할 수는 없다. 하지만 상당히 감소시킬 것이 분명하다. 간디와 그 제자들을 통해 확인된 인내와 절제를 유지한다면, 순수한 도덕적 설득이나 폭력 그 어느 것으로도 얻기 어려운 정의를 달성할 수 있을 것이다. 그래서 이러한 비폭력적 방법을 응용하여 흑인에게 신용 대출을 하지 않는 은행이나 흑인에게 물건은 팔면서도 고용은 하지 않는 가게, 또는 공공연히 인종차별을 하는 공공 용역회사에 대해 불매 운동을 벌이면 분명히 상당한 성공을 거둘 것이다. 그리고 백인 아동들의 교육에 사용된 돈에 비해 지극히 적은 액수만을 흑인 아동들의 교육비로 사용하는 주정부에 대해서는 납세를 거부하는 것도 효과적인 무기가 될 수 있을 것이다.

우리는 더 큰 이성과 희망에 입각하여 이런 운동에 기대를 건다. 왜냐하면 흑인들도 얼마든지 이 운동을 성공시킬 수 있는 정신적 자질과 능력을 갖고 있기 때문이다. 이런 자질과 능력을 특출나게 갖고 있는 흑인들은 공격적인 젊은 흑인과 인내심 있는 늙은 흑인을 한데 묶어, 전자로부터는 복수심을 그리고 후자로부터는 무기력을 제거해야 한다.

종교적 상상력이 정치 생활에 기여할 수 있는 것 중에서 비폭력적 저항을 발전시키는 것만큼 큰 것은 없다. 적에게도 우리와 같은 인간적 취약점이 있다는 사실의 자각과 모든 인간 생활은 초월적 가치를 갖는다는 통찰은 사회적 투쟁을 넘어서 그 잔인성을 완화하는 경향을 낳는다. 종교는 인간의 공통된 근원을 일깨우고, 또 인간의 악이나 덕은 같은 성격의 것임을 설파함으로써 모든 인간을 하나로 묶으려 한다.

적에게 내재하는 악이 자기 자신에게도 있음을 솔직히 인정하는 이 회개적 태도, 그리고 사회적 갈등의 심화에도 불구하고 모든 사람은 같은 피를 나누었다는 이 사랑의 충동은 종교가 인간에게 줄 수 있는 특별한 선물이다. 세속적 상상력은 결코 이런 회개적 태도와 사랑의 충동을 일으킬 수 없다. 왜냐하면 이것들은 겉모양은 무시해버리고 궁극적이며 심원한 통일성을 강조하는 숭고한 광기를 필요로 하기 때문이다.

이 같은 비폭력의 정신이 동양의 한 종교 지도자에 의해 현대 정치에 도입되었다는 것은 절대로 역사적 우연이라고 볼 수 없다. 왜냐하면 서양인은 동양 사람들에 비해 야수성이 강하고 더욱 잔인하며, 설상가상으로 서양의 종교적 유산은 서구 문명의 기계적 성격으로 인해 고갈되었기 때문이다. 기독교의 통찰은 대부분 편안한 삶을 영위하는 특권계급의 전유물이 되고 말았다. 특권계급은 기독교의 통찰을 감상적으로 만들어서, 자신의 자원을 이용해야 하는 소외 계층 사람들이 그 통찰에 나타나는 도덕적 혼란을 명확하게 인식해버린 결과, 그들은 사회적 갈등을 풀어가는 데 더 이상 기독교적 통찰을 이용할 수 없는 지경에 이르고 말았다.

이러한 기독교적 통찰을 이용할 수 없게 되는 순간부터 서구 문명은, 그것이 파국을 향해 달리건 아니면 점진적으로 경제생활에 대한 사회적 통제를 강화하여 파국을 피하건 간에, 본래적인 잔인성으로 인해 병들고 있으며 인간 생활의 아름다움을 파괴하는 증오심에 시달리게 된다. 설사 사회정의가 비폭력적 요소가 없는 사회적 투쟁에 의해 달성되었을지라도, 이렇게 해서 달성된 사회의 성격에는 뭔가 결핍된 것이 있다.

인간 역사의 가장 오래된 비극은, 정신적으로 탁월한 사람들이 흔히 야수적인 요소들을 가장 눈에 띄게 드러내는 집단적 인간의 문제들로부터 유리되거나 그 문제들을 오해한다는 것이다. 그 결과 이 문제들은 미결인 채 남아 있게 되고, 잔인성을 약화하거나 사회적 투쟁이라는 불필요한 일을 제거할 방도를 전혀 갖지 못한 채 힘과 힘이 직접 부딪치게 되는 것이다.

인간의 삶의 역사는 언제나 자연 세계의 반영이다. 아우구스티누스가 간파했다시피, 역사의 종말에 가서 세계의 평화는 투쟁에 의해서 달성되어야 한다. 따라서 그 평화는 결코 완전한 평화일 수 없다. 하지만 그렇더라도 현재보다는 더 완전할 것이다. 인간의 지성과 정신이 불가능한 일을 시도하지 않는다면, 자연을 정복하거나 제거하려하지 않고 자연의 힘을 인간 정신의 수단으로 그리고 도덕적 이상의 도구로 삼으려 한다면, 우리는 점차 더욱 높은 정의와 안정된 평화를 달성할 수 있을 것이다.

10. 개인의 도덕과 사회의 도덕 사이의 갈등

인간 사회를 둘러싸고 일어나는 제반 문제를 현실주의적 관점에서 분석해보면, 사회의 요구와 양심의 요청 사이에는 여간해서 화합되기 힘든 지속적인 모순과 갈등이 발견된다. 간단히 정치와 윤리의 갈등이라고 규정할 수 있는 모순과 갈등은 도덕 생활의 이중적 성격으로 인해 불가피하게 발생하는 것인데, 그 하나는 개인의 내면적 생활이고, 다른 하나는 사회생활의 요구이다.

사회를 중심에 놓고 보면, 최고의 도덕적 이상은 정의이다. 그리고 개인을 중심에 놓고 보면, 최고의 도덕적 이상은 이타성이다. 사회는 여러 면에서 어쩔 수 없이 이기심, 반항, 강제력, 원한 등과 같이 도덕성이 높은 사람들로부터 전혀 도덕적 승인을 얻어낼 수 없는 방법을 사용하게 될지라도 종국적으로 정의를 추구해야 한다. 그리고 개인은 자신보다 뛰어난 것을 보고서 자신을 잃기도 찾기도 하면서 자신의 삶을 실현해가도록 노력해야 한다.

이 두 도덕적 입장은 서로 배타적이지 않으며, 양자 사이의 모순도 절대적이지 않다. 그렇다고 쉽게 조화되지도 않는다.

우리는 앞에서 이 두 입장을 서로 조화시키려 노력했던 많은 사람의 노력을 분석해보았다. 이를 통해 개인적 양심의 도덕적 통찰과 성취는 사회생활에 중요하고 꼭 필요하다는 것을 알게 되었다. 예를 들어 개인의 도덕적 상상력이 동료 인간의 요구와 이익을 이해하지 못한다면 진정한 정의는 달성될 수 없다. 또한 정의 달성을 위한 비합리적인 수단이 도덕적 선의지의 통제를 받지 않는다면, 사회에 엄청난 위험을 가할 수 있다.

정의 그 자체만으로는 정의보다 못한 어떤 것으로 전락하기 쉽다. 따라서 정의는 더 높은 어떤 것에 의해 인도되어야 한다.

정치인의 현실감각은 도덕적 선지자의 어리석음의 도움을 빌리지 않는다면 정말로 어리석게 되고 말 것이다. 역으로 도덕적 선지자의 이상주의는 인간의 현실적인 집단생활과 교류하지 않으면, 정치적으로 아무런 가치도 없을뿐더러 도덕적 혼란만을 불러일으킬 것이다. 하지만 도덕적 통찰과 정치적 통찰을 융합해야 할 필요성과 가능성이 있다고 해서 두 가지 형태의 도덕, 즉 개인적 도덕과 사회적 도덕, 내적인 도덕과 외적인 도덕 내에 있는 상호 융합이 불가능한 독특한 요소들까지 완전히 제거해서는 안 된다. 이 요소들로 인해 끊임없이 도덕적 혼란이 생겨나는 것은 인정하지만, 동시에 그것들은 인간의 삶을 풍성하게 하는 데 큰 도움을 준다. 이제 우리는 윤리학과 정치학에 대해 조금만 더 살펴보고 나서 이 글을 끝맺어야 할 단계에 이르렀다.

내면적인 입장에서 볼 때 가장 도덕적인 행위는 이타적(unselfish) 동기에서 나온 것이다. 외적인 관찰자는 이기주의에서 선을 찾을지 모른다. 이런 사람은 인간 본성의 구조에 대해 이기주의가 더 자연스러운 것이고 사회에 대해서도 이기주의가 필요하다고 판단할 것이다. 하지만 행위하는 주체의 입장에서는 이타성이 도덕의 최고 기준이어야 함에 변함이 없다. 왜냐하면 행위의 주체만이, 자신이 사회적으로 승인받은 행위가 이기심에 의해 얼마나 타락하게 되는지를 잘 알기 때문이다.

다른 한편으로 사회는 이타심보다는 정의를 최고의 도덕적 이상으로 삼는다. 사회의 목적은 모든 사람에게 기회를 균등하게 부여하는 것이다. 만일 이런 평등과 정의가 이기심의 상호 투쟁에 의해 달성되어야 하는 것이라면, 그리고 이웃의 권익을 침해하는 사람들의 이기심을 억제함으로써만 달성될 수 있는 것이라면 사회는 이기심에 대한 제재를 승인할 수밖에 없다. 앞에서 본 바와 같이, 사회는 사회적 갈등과 폭력까지도 승인하지 않을 수 없다.

역사적으로 볼 때, 내면적 입장은 주로 종교에 의해 개발되어왔다. 왜냐하면 종교는 가장 심오한 내면적 성찰에서 비롯된 것이고, 따라서 선한 동기를 행위의 기준으로 삼기 때문이다. 종교에서는 선한 동기를 사랑이나 의무로 규정하지만, 공통된 강조점은 행위의 내적인 원천에 주어진다.

합리화된 형태의 종교는 일반적으로 사랑보다는 의무를 최고의 덕으로 간주한다. 이는 칸트나 스토아의 도덕과 유사하다. 왜냐하면 충동(이타적인 충동까지 포함하여)에 도덕적 우월감을 부여하기보다는 모든 충동을 이성의 통제하에 두는 것이, 그들이 볼 때 더 바람직하기 때문이다. 사회적 관점은 개인보다는 집단적 인간의 행동을 중요시하고 정치 생활의 필요성을 역설하게 됨으로써 종교적 도덕과 첨예하게 대립된다. 다시 말해, 정치적 도덕은 종교적 도덕과 가장 비타협적인 대립 관계를 이루게 되는 것이다.

이성에 기초를 둔 합리적인 도덕성은 일반적으로 이 둘의 중간에 위치한다. 이러한 도덕성은 때때로 사회적 요구보다는 인간 정신의 내면적인 도덕적 필요성에 더 근접한다. 이처럼 내면성에 더욱 치중할 경우, 그것은 종교적인 이타주의의 윤리보다 의무의 윤리를 더욱 심화시키게 될 것이다. 하지만 일반적으로 도덕에서의 합리주의는 일종의 공리주의(utilitarianism)의 형태를 띠게 된다.

도덕적 합리주의는 인간의 행위를 사회적 관점에서 보며, 보편적인 선과 전체 사회의 조화를 궁극적 기준으로 간주한다. 이러한 관점에서 볼 때, 도덕적 합리주의는 이타주의적 충동뿐만 아니라 이기적인 충동까지도 도덕적으로 승인한다. 왜냐하면 이러한 충동들은 인간 본성에 들어맞으며 사회적으로도 필요하기 때문이다. 도덕적 합리주의는 이기주의가 합리적 형태로 표출되기만 요구한다. 이 점과 관련하여 아리스토텔레스는 가장 권위 있는 이론을 제시했다. 그의 이론에 따르면, 이성이 지나침과 모자람을 피하고 중용을 지킨다면 이성은 이기적 충동과 이타적 충동을 제어하면서 양자를 정당화해준다. 샤프츠버리 경은 이기심에 대한 사회적 차원의 정당화를 가장 잘 이루어낸 인물들 중 하나이다. 그는 '이기심'과 '자연적 사랑'의 조화야말로 최고의 도덕이라고 믿었기 때문이다. 그는 이렇게 말한다.

만일 어떤 사람이 자기 파괴적이고 자신에게 닥쳐오는 위험에 무관심하다면, 그리고 자신을 보호하고 유지하기 위한 열정을 가지고 있지 않다면 이는 자연의 목적과 의도에 비추어 사악한 행위라고 보지 않을 수 없다.[1]

합리적으로 표현되고 '중용의 법칙'을 준수하는 한 이기주의도 이타주의와 동등한 도덕적 지위를 누릴 수 있다고 보는 합리적 도덕관은 모든 상식적인 도덕 사상이 이타주의에 부여하는 자연적인 도덕적 우위를 부정해야 하는 어려움에 봉착하게 될 것이다. 그래서 버틀러 주교는 양심을 '이기심(self-love)'과 '자애심(benevolence)'의 균형으로 간주하는 데서 자신의 도덕적 이론의 출발점을 찾는다. 그러나 양심은 점차 자애심 쪽을 편애하게 되어, 현실적으로는 양심이 자애심과 동일시되는 결과가 초래되고 만다. 그래서 버틀러 주교는 양심보다 높은 힘인 이성(사실은 양심과 동일하다)을 도입하여 이기심과 자애심을 조화시키지 않을 수 없었다.[2]

내면적 입장의 도덕과 외면적 입장의 도덕을 조화시키려는 공리주의적 시도는 불가피하지만, 일정한 한계 내에서는 가능하기도 하다.

이 시도는 종교적·정치적 도덕이 빠지기 쉬운 극단화와 불합리와 갖가지 위험을 회피한다. 즉 공리주의는 종교적 도덕에 비해 훨씬 관대한 도덕적 승인을 함으로써, 그리고 정치적 도덕에 비해 훨씬 철저하게 강제력과 투쟁에 반대함으로써 내면적 도덕과 외면적 도덕의 모순을 해결해보려 한다. 하지만 종교적 도덕이나 정치적 도덕보다 더 현실적이지는 않다. 왜냐하면 이 시도는 이기심과 사회적 이익, 이기주의와 이타주의를 너무 쉽게, 그리고 성급하게 조화시키려 하기 때문이다. 공리주의적인 합리적 도덕론자들은 버틀러 주교와 마찬가지로 다음과 같은 신념을 갖고 있다.

> 이기심과 자애심이 같을 수는 없지만 (…) 궁극적으로 양자는 완전히 일치하는 것이므로 최대의 자기만족은 적당한 자비심을 갖는 데 따라 좌우되며, 또한 이기심은 올바른 사회적 행위를 유발하는 하나의 보장책이다.[3]

따라서 도덕적 합리주의는 종교에 비하면 이기심을 훨씬 약하게 억제하며, 정치적 현실주의에 비하면 훨씬 약한 사회적 제재를 가해야 한다고 믿는다.

이기심에 대한 종교의 내적 억제 및 완전한 무욕을 이룩하려는 종교적 노력에 담겨 있는 위험은 이런 시도들이 너무나 쉽게 병적으로 된다는 사실과 다른 사람들에게 이기심을 장려함으로써 불의를 조장할지 모른다는 사실이다. 종교의 가치는 항상 이타주의적 충동보다 강한 이기주의적 충동을 견제하는 데 있다. 만일 도덕이 이기적 충동과 사회적 충동이 잘 균형 잡혀 있고 동등한 권리를 갖는다는 자기충족적인 가정에서 출발하게 되면, 사실상 이 두 충동 간의 균형은 불가능해진다.

도덕의 문제가 개인적 차원에서 집단들의 관계로 옮겨가면 갈수록

이기적 충동은 사회적 충동을 누르고 득세하게 된다. 따라서 아무리 강한 내면적 억제도 이기적 충동을 완전히 제어할 수는 없다. 따라서 이를 위해서는 사회적 억제가 이루어져야 한다. 그런데 이러한 사회적 억제는 사회적 투쟁을 통해서만 가능하다.

이 같은 정치 전략에 따른 도덕적 위험 요소들에 대해서는 이미 앞에서 살펴본 바 있다. 이러한 위험 요소들은 종교적 도덕의 위험 요소들과 정면으로 대립된다. 종교적 도덕은 타인들의 정의롭지 못한 주장에 맞서 자기주장을 할 수 없게 만듦으로써 오히려 불의를 영구화하는 경향이 있다. 결국 이는 낡은 형태의 불의를 폐위하고 새로운 형태의 불의를 등극시키는 꼴이다.

그렇다고 사회적 억제와 내면적 억제를 합리주의적 입장에서 절충해버리면, 이기심에 대한 성급한 자기만족에 그치고 말 우려가 있다. 따라서 이기적 충동에 대해 잘못된 제약을 가하는 위험을 저지르기보다는, 이 두 가지 억제 사이의 불안전한 조화를 견뎌내는 것이 사회로서는 더 낫다. 톨스토이나 레닌의 주장도 사회생활에는 위험한 존재들이지만, 그들은 현대판 아리스토텔레스 제자들의 영향을 받아 인간의 이기심과 타협하는 것보다는 훨씬 덜 위험하다.

종교적 도덕과 정치적 도덕 간의 갈등 관계에 대해 생각할 때, 종교적 이상은 가장 순수한 형태에서 사회정의의 문제와 전혀 무관하다는 사실을 염두에 두는 것이 좋다. 왜냐하면 종교적 도덕은 원래 사회적 영향과는 상관없이 무욕을 절대적인 이상으로 삼기 때문이다. 종교는 인간 정신의 완전성과 아름다움을 관련지어 이 같은 이상을 정당화한다.

종교는 순전히 내적인 훈련에 의해서 이상을 실현하려 할 때 자기
모순에 빠지며 사회적으로 위험한 결과를 가져온다는 것을 잘 알고
있음에도 불구하고, 인간 정신의 내면적 요구를 올바르게 판단하고
있다. 톨스토이나 성 프란체스코 같은 사람들, 십자가에 희생된 예수
그리스도, 그리고 역대 성인들이 누려온 존경심은 아무리 이기적인
사람들일지라도 마음속 깊은 곳에서는 이기적이어서는 안 된다는 것
을 잘 알고 있기 때문에 희생적인 사람들을 존경하게 된다는 사실을
입증해주는 증거물이다.

순수하게 종교적인 이상주의는 사회문제에 관심을 갖지 않는다.
그렇다고 해서 종교적 이상주의가 물질적·세속적 이익에 대한 우리
의 요구를 거부함으로써 그 같은 이익을 얻을 수 있으리란 환상에 빠
져 있다는 뜻은 아니다. 예수 그리스도가 몸소 보여준 바와 같이, 종교
적 이상주의는 자기실현이란 곧 자기부정의 필연적인 결과라고 믿고
있다. 다만 이런 자기실현이 물질적 생활이나 세속적인 이익의 차원
에서 이루어지는 것이 아니라는 점에 차이가 있다.

종교에서 말하는 자기실현은 순교자의 영생, 제자들의 가슴속에
계속 살아 있는 구세주의 승천 등과 같은 정신적인 의미에서 성취된
다. 예수 그리스도가 제자들에게 원수를 일곱 번씩 일흔 번이라도 용
서하라고 말한 것은 원수를 회개시키거나 아니면 원수의 호감을 사기
위해 그렇게 한 것이 아니다. 예수 그리스도의 참된 의도는 진정한 도
덕적 완전성, 즉 하느님의 완전성에 가까워지기 위한 하나의 노력으

로서 그렇게 권고한 것이다.

또 예수가 제자들에게 십 리를 가주라고 한 것은 그들을 억압한 사람들이 관대해서 자유를 줄 것이기 때문에 그렇게 하라고 말한 것이 아니다. 또한 원수가 되는 것을 피하기 위해 원수를 사랑해야 한다고 말씀하신 것이 아니다. 그리스도는 이 모든 도덕적 행위가 가져올 사회적 결과나 영향은 전혀 염두에 두지 않았다. 문제가 되는 것은 다만 내면적이고 초월적인 차원에서 그것들이 갖는 의미이다.

순수한 종교적 이상주의가 사회적으로 유효하려면 아무런 주장도 하지 않는 무저항주의를 그 방침으로 채택해야 한다는 것은 재론의 여지가 없이 자명하다. 종교적 이상주의는 타인의 주장이 아무리 그릇된 것일지라도 끝까지 들어주고, 타인이 자기 이익을 부당하게 요구할지라도 이에 맞서 자기주장을 내세우기보다는 양보하라고 가르친다. 이와 관련하여 에픽테토스(Epiktētos)는 "여러분은 언제나 '보기에 따라 얼마든지 그럴 수 있겠지요'라고 말하면서, 무엇이든지 온유하게 인내해야 한다"고 말한 바 있다.

이런 형태의 도덕적 이상주의는 성 프란체스코나 그 밖의 가톨릭 성인들처럼 금욕주의(asceticism)에 이르게 되거나 끈질긴 무저항을 계속하는 개신교의 소종파들—예를 들면 재침례교파, 메노나이트파, 덩커스와 두호보르파—과 같이 일체의 정치적 책임을 부인하는 경향에 이르게 된다. 그런데 퀘이커 교도들은 정치적 책임을 인정하며, 영구적인 무저항주의를 표방하지 않는다. 즉 그들은 폭력은 부인하지만 저항은 부인하지 않는 것이다.

이러한 도덕적 전략에서는 사회적 결과들이 전혀 고려되지 않는다. 하지만 개인적인 관계의 영역 내에서 구속적인 사회적 결과를 초래할 수 있다. 용서한다고 해서 범죄자가 언제나 회개하게 되는 것은 아니지만, 긍정적인 영향을 줄 수 있는 것은 분명 사실이다. 원수를 사랑한다고 해서 언제나 원수의 마음이 온유해지는 것은 아니지만, 분명히 좋은 영향을 줄 것이다. 타인의 이익에 맞서 자신의 이익을 주장하지 않는다고 해서 언제나 그가 부끄러움을 느껴 이기적 성격을 버리게 되는 것은 아니지만, 가끔 그럴 수도 있다. 사랑과 자애가 항상 완전한 상호 이해를 가져오지는 않지만, 그렇게 되는 경향은 있다. 특히 친밀한 인간관계의 영역에서는 그런 경향이 더욱 강해진다.

만일 정의가 확립되기 위해서는 모든 측면에서 이기심과 이타심이 충돌하고 주장과 반(反)주장이 맞서야 한다면, 인간 생활은 사실상 도저히 참을 수 없는 것이 되고 말 것이다. 사실 사랑, 자애, 무욕 등과 같은 종교적 가치는 사회적·공리적으로도 중요한 가치를 갖고 있다. 물론 종교는 이것들을 내면적이거나 초월적인 입장에서 보려 하겠지만, 이것들이 덕의 체계에서 차지하는 위치는 진정으로 그것들의 가치에 의해 결정된다. 이 점에 관하여 흄은 이렇게 말한다.

사회적인 덕에 자애로운 성향이 없다면 결코 존중되지 않을 것이며, 쓸데없는 것으로 간주될 것이다. 인류의 행복, 사회의 질서, 가족들 간의 화합, 친구들 간의 우정 등은 언제나 인간의 마음을 부드럽게 지배한 결과로 간주된다.[4]

흄의 이 말 속에는 지나치게 사회적이고 공리주의적인 뉘앙스가 스며 있긴 하지만, 그래도 일정한 범위 안에서 타당성이 있는 말이다. 예수 그리스도의 가르침도 관용적인 태도가 건전한 사회적 결과를 가져온다는 사실을 강조하고 있다. "너희가 베푼 만큼 베풂을 입을 것이니라."

도덕적 삶의 패러독스는, 진정한 상호 이해는 의식적인 사랑의 결실로서 상호 이해를 추구하지 않는 곳에서 이루어진다는 데 있다. 왜냐하면 사랑은 아무런 대가도 바라지 않을 때 가장 순수할 수 있고, 가장 순수할 때 가장 강할 수 있기 때문이다. 따라서 상호 관계를 맺고 있는 양쪽에 모두 이익을 주는 완전한 상호 이해는 의도적이지 않을 때, 즉 보답을 생각하지 않고 사랑을 베풀 때 완전하게 실현된다. 이는 사회를 초월한 이상을 추구하는 종교적 도덕의 광기가 어떻게 해서 건전한 사회적 결과를 가져다주는 지혜가 될 수 있는가를 단적으로 드러내 주는 말이다. 바로 같은 이유로 해서 아주 분별력 있는 도덕은 최선의 결과보다는 차선의 결과에 만족하게 되는 것이다.

인간관계가 친밀한 곳에서는(사랑은 오직 친밀하고 인격적인 관계에서만 충분히 효과적이다) 사랑의 길이 정의에 이를 수 있는 유일한 길이다. 이해관계가 복잡하게 얽혀 있는 곳에서는 상호 이해를 현명하고 지혜롭게 계산하는 것이 사실상 불가능하다. 생활이 밀접하게 연관되어 있는 곳에서는 서로 공유하지 않을 경우 행복은 파괴되고 만다. 따라서 주장과 반주장에 의해 정의를 세우는 일은 불가능해진다. 이 과정에서 필연적으로 발생하는 마찰은 양자의 행복을 모두 파괴해버린다.

　상충하는 이해관계를 면밀히 계산하여 얻어내는 정의도 불가능한 것은 아니지만 마찬가지로 달성하기 어렵다. 이해관계는 매우 상호적이기 때문에 개인적인 차원에서 이를 파악하고 규정하기란 그리 쉽지 않다. 오히려 이렇게 하려는 시도는 인간 정신이 파멸에 이르렀음을 보여주는 증거에 지나지 않는다.

　친밀한 관계는 오직 인간의 정신에 의해서만 확립될 수 있다. 상호 이해의 정신은 상호 이해에서 파생되어 나온 개인적인 이익에 크게 개의치 않는 정신적 태도에 의해서 유지될 수 있다. 사랑이 정의를 실현하는 원동력이 되기 위해서는 정의보다 더 순수한 무엇인가를 얻기 위해 노력하지 않으면 안 된다. 앞에서 말했던 바와 같이, 이기적 충동은 이타적 충동에 비해 훨씬 강력하기 때문에, 이타적 충동에 강력한 지지를 보내지 않게 되면 아무리 선한 사람이 생각해낸 정의도 편파적일 수밖에 없다.

　사회적 차원을 넘어서 있는 가장 순수한 도덕적 이상이 갖는 이상과 같은 사회적 타당성은 사회적 관계가 복잡하고 간접적이 되어 감에 따라 점차 약화된다. 어떤 집단이 다른 집단에 강력한 구원의 힘을 줄 만큼 일관되게 이기적이지 않은 태도를 유지하는 것은 있을 수 없는 일이다. 또한 서로 경쟁하고 있는 집단들이 상대방의 도덕적 역량을 높이 평가하여 자신의 현실적 이익을 포기할 것이라고는 생각조차 할 수 없다.

　게다가 가장 고차적인 유형의 비이기성, 즉 희생은 설사 궁극적으로 보답을 받는다고 하더라도 이를 위해 치러야 하는 직접적인 대가가 너무나 크다. 물론 개인은 대가를 바라건 바라지 않건 간에 자신의 이익을 희생할 수 있다. 하지만 집단의 이해관계를 책임지고 있는 사람이 자기 집단의 이익을 버리고 다른 집단에 이익을 주는 행위를 어떻게 정당화할 수 있겠는가? 이에 대해 세실은 다음과 같이 말한다.

개인에게 자기 이익보다 타인의 이익을 중요시하라고 강요하는 모든 도덕, 그리고 무욕을 요구하는 모든 도덕은 국가의 행위에 적합지 않다는 말이 된다. 그 어느 국가도 다른 국가의 이익에 관해 비이기적이 될 권리를 갖고 있지 않다.[5]

이 판단이 완전한 것은 아니다. 현명한 정치가라면 자기 집단의 이익이 인류 공동체의 전체 이익과 명백히 정의롭지 못한 관계에 있을 때는 자기 집단의 이익을 주장하지 않을 것이다. 또한 그가 더욱 높은 상호 이익을 위해 자신의 직접적인 이익을 희생하는 것도 결코 잘못된 것이 아니다. 만일 이 정치가가 이런 일을 거부하게 되면, 이는 결과적으로 직접적인 이익에 집착하여 상호 이해라는 궁극적 가치들을 잃게 만든다. 하지만 개인의 이익과는 달리 공동체의 이익의 경우에는 훨씬 덜 모험적이다. 모험을 할 수 없다는 것은 이기적 이익이 아주 뚜렷해지고, 그 결과 도덕적·구원적 성질이 사라진 자애가 되고 만다는 의미이다.

순수한 무욕의 도덕을 집단적 관계에서 실현해보려던 모든 시도는 실패로 돌아갔음이 판명되었다. 미국의 흑인들은 남북전쟁 이래 아주 일관되게 이런 노력을 해왔다. 전쟁 기간에 그들은 주인들에게 반항하지 않고 충성을 다했다. 그 이후 지금까지 그들의 사회적 태도는 용서와 인내하는 순수한 종교적 덕성을 견지해왔으며, 이는 부분적으로 종교적 덕성보다는 인종적 약점에서 유래된 사회적 타성과도 연관이 있다. 하지만 흑인들의 이러한 유화적인 사회적 태도는 백인들의 억압을 누그러뜨리는 데 전혀 도움이 되지 못했다.

이탈리아에서 파시즘이 초기에 승리를 구하던 당시, 사회주의 지도자들은 느닷없이 평화주의 원칙이라는 것을 채택했다. 사회주의 계열의 한 신문은 노동자들에게 파시즘의 테러에 대처하기 위하여 다음과 같이 행동하라고 권고했다.

1) 파시즘 주위에 진공 지대를 만들어라.

2) 그들을 자극하지 말고, 어떤 시련이든 내적으로 인내하라.

3) 승리를 얻기 위해서는 적보다 선하게 행동하라.

4) 원수들의 무기를 사용하지 말라. 그들의 뒤를 따르지 말라.

5) 게릴라전의 피는 그 피를 흘린 당사자에게 되돌아온다는 사실을 명심하라.

6) 동포 간의 싸움에서는 자기 자신을 정복한 자가 진정한 승자임을 상기하라.

7) 과오를 저지르는 것보다는 타인의 과오를 참는 것이 더 낫다는 확신을 가져라.

8) 서두르지 말라. 서두르는 것이야말로 지극히 이기적인 행동이다.

9) 사회주의는 고난을 당할수록 더욱 강해진다는 사실을 잊지 말라. 왜냐하면 사회주의는 고난 중에서 탄생하고 희망 속에서 살기 때문이다.

10) 노동자 대중은 복수보다는 희생을 더욱 감수해야 한다는 지성과 감성의 소리에 귀를 기울여라.[6]

이만큼 고상한 덕행들을 권고하기란 쉽지 않을 것이다. 하지만 이탈리아의 사회주의자들은 파시스트들에게 제거되었고, 조직은 괴멸되었으며, 노동자의 모든 권리는 파시스트들이 장악하고 있는 국가에 빼앗기고 말았다. 노동자들은 '희망 속에서' 살 수 있겠지만, 그 사회주의적 신문이 권고한 순수한 도덕 권리들을 실천함으로써 현 정권하에서 그들의 희망을 실현할 가능성은 전혀 없다. 이 희망 중 일부는 파시즘에 대한 강제력의 사용과 양립하기도 한다. 그러나 그 희망이 강제적 수단을 배제하는 한, 그 방법은 파시즘의 야만적인 권력의지 앞에 전혀 효과가 없다.

톨스토이의 가르침을 러시아의 정치 상황에 적용하려던 노력도 비슷한 결과를 초래했다. 톨스토이와 그 추종자들은 러시아 농민들이 차르 정부가 사용한 폭력을 답습하지만 않았더라면, 압제자들을 이길 좋은 기회를 가질 수 있었을 거라고 생각했다. 즉 농민들은 악을 선으로 갚고, 무저항을 통해 싸움을 승리로 이끌어야 했다는 것이다.

간디와는 달리, 톨스토이의 정치 강령은 비현실적인 상태 그대로

였다. 즉 사랑이라는 종교적 이상과 강제력이라는 정치적 필요조건을 결합시키려는 노력이 전혀 없었던 것이다. 따라서 전체적으로 그 결과는 사회적·정치적으로 해로운 것이었다. 톨스토이의 가르침은 정치적·경제적 억압에 대항해서 일어나는 저항을 무마하고, 러시아를 비판하는 피동성의 구렁텅이에 빠뜨리는데 일조했을 뿐이다. 지나친 테러리스트들의 활동이 톨스토이로 하여금 일체의 폭력과 저항을 반대하는 쪽으로 몰고 갔음이 분명하다. 그러나 테러리스트들의 폭력주의나 톨스토이의 평화주의는 모두 실패로 끝나고 말았다. 그 결과 러시아는 정치적·경제적 체제의 전통적인 불의로부터 결코 빠져나올 수 없다는 비관주의가 판을 치게 되었다.

사실, 이 둘은 모두 낭만적인 중간계급과 귀족적인 이상주의에서 나온 것이기 때문에 너무나 개인주의적 성향이 강하므로 정치적 효력을 발휘할 수 없었다. 테러리스트들은 병든 이상주의자이며 그들의 계급 자체에서 비롯되는 폭력에 대한 죄의식에 병적으로 시달리고 있으므로, 그들은 피억압자들을 옹호하기 위한 고의적인 죄를 저질러 이 같은 죄의식에서 벗어날 수 있으리라고 생각했다. 그들 스스로는 자신들의 이상이나 사상이 비종교적이라고 믿고 있지만, 사실은 상당히 윤리적이고 종교적인 색채가 강하다. 그들에게 폭력이 가져올 정치적 효과는 부차적인 것이었다.

이와 달리 톨스토이를 따르는 평화주의자들은 이와 정면으로 배치되는 방법으로 사회문제를 해결하고자 했다. 하지만 이들의 태도도 테러리스트들과 마찬가지로 불안정한 개인의 양심에서 나온 것이었다. 결국 이 두 부류는 모두 정치적 현실을 올바르게 이해하지 못했다. 왜냐하면 둘 다 집단적 행동(collective behavior)의 중요한 특성을 전혀 파악하고 있지 못하기 때문이다. 즉 낭만적인 테러리스트들은 독립적으로 자행되는 테러 행위를 체계적이고 일관된 정치적 계획과 연결 짓지 못했으며, 평화주의자들도 정치적 힘을 순수한 무저항과 동일시하는 우를 범했다.

종교적 이상주의가 가장 순수한 결실을 보고 이기적 욕망에 대해 가장 강력한 억제를 가할 경우, 그것은 정치적 시각에서 볼 때 전혀 불가능한 방책이 되고 만다. 다시 말해서 종교적 이상주의를 채택할 경우, 이기주의적 충동에 대해 강력한 내면적 억제를 가하려는 집단과 사회적 억제를 가하려는 집단을 화해시키는 것은 불가능하다. 따라서 서로 화합되기 힘든 이 두 방법을 억지로 조화시키려 하기보다는 도덕에 있어서의 솔직한 이원론을 받아들이는 편이 더 나을 것 같다. 이러한 이원론은 두 가지 측면을 지니고 있다. 왜냐하면 이원론은 한편으로는 자신에게 적용되는 도덕적 판단과 타인에게 적용되는 판단을 구별하고, 다른 한편으로는 개인에게 기대하는 것과 집단에 기대하는 것을 구별하기 때문이다. 전자의 구별은 아주 명백하며, 도덕적 문제가 심각하게 제기될 때는 언제나 이 구별이 명시적이건 암묵적이건 간에 채택된다.

자신에 대해서는 관대하고 다른 사람에 대해서는 엄격해지는 잘못을 시정하려면, 무엇보다도 다른 사람의 이기주의보다 자기 자신의 이기주의를 더욱 가혹하게 억제하는 훈련이 반드시 필요하다. 게다가 전체적인 도덕적 상황의 논리에서 볼 때도 이런 훈련 과정은 반드시 이루어져야 한다. 우리는 다른 사람들의 행동을 외부적인 측면에서밖에 볼 수 없다. 이런 입장에서는 이기심을 사회적으로 정당화하는 일이 불가피해진다. 내적 관점에서 볼 수 있는 것은 자기 자신의 행동뿐이다. 이런 입장에서는, 모든 이기주의는 도덕적으로 전혀 승인을 받지 못한다.

이러한 부정이 종종 다른 사람들의 적대감을 불러일으킬 만큼 이기심을 파괴하는 일이 있기는 하겠지만, 이기주의를 도덕적으로 부정함으로써 일반 사람들의 지나친 이기적 주장이 감소되는 경우와 비교해볼 때 그렇게 심각한 문제는 아닐 것이다. 설사 종교적 규율에 의해 이기주의가 감소되어 직접적인 상황에서 불의가 생겨나는 경우일 때조차, 이러한 종교적 규율은 도덕적 원칙을 찬양하고 앞으로의 세대를 위한 본보기를 세우는 데 있어서 중요한 사회적 유용성을 가질 수 있을 것이다.

개인의 도덕과 집단의 도덕을 구별 짓는 일은 더욱 복잡한 문제이다. 인간 집단은 도덕적으로 무디기 때문에 순수한 무욕의 도덕을 집단에서 찾기란 거의 불가능하다. 그 어떤 사회집단도 순수한 사랑의 영향을 수용할 만한 능력을 갖고 있지 않다. 러시아 농민이나 최근에 해방된 흑인들처럼 도덕적으로 모호한 사회적 타성과 도덕적 이상이 뒤섞여 있는 경우를 제외하면, 그 어느 집단도 순수한 사랑이란 것을 갖고 있지 않다. 이러한 인간 사회의 집단적 이기심은 불가피한 것으로 보아야 한다. 이런 이기심이 비정상적으로 확장될 경우에는 이에 맞서는 다른 집단들의 이기심에 의해서만 견제될 수 있다. 게다가 도덕적이거나 합리적인 설득 이외에 강제력에 의한 방법도 병행되어야만 이러한 견제가 실효성을 거둘 수 있다.

도덕적 요인들은 결과적으로 발생하는 사회적 경쟁과 갈등을 어느 정도 완화할 수는 있어도 완전히 제거하지는 못한다. 도덕적 선의지를 원리로 삼는 사람들은 집단의 특수 이익을 모든 인간의 총체적이고 궁극적인 조화라는 이상과 연결하려 한다. 그런데 이런 노력은 특권계급의 이기심을 제한하고 비특권계급의 이익을 옹호할 수는 있으나, 어느 한 집단을 설득해서 그 집단의 이익이 전체적인 사회적 이상에 복속되도록 할 만큼 공정할 수는 없다.

사랑의 정신은 사회적 투쟁의 차원을 넘어서서 사람들을 한데 이어주는 공통된 약점과 정서에 대해 상당한 이해를 갖고 있다. 하지만 이것도 투쟁을 막는 데는 역부족이다. 사랑의 정신도 역시 억제와 강제력이라는 수단을 사용할 수밖에 없다. 왜냐하면 이런 수단들을 통해 저항자의 도덕적 능력에 대한 신뢰가 표현되고, 이 능력을 줄이기보다는 확대하는 방향으로 고무되고 격려되기 때문이다. 하지만 이렇게 될 경우 강제력이라는 수단의 사용 자체에 의해 드러난 도덕적 불신감을 은폐할 수 없다. 따라서 순수하게 개인적인 도덕과 적당한 정치적 전략 사이에는 여전히 일정한 갈등과 대립이 남아 있게 된다.

적당한 정치적 전략이 필요하다고 해서 개인의 엄격한 도덕적 훈련이 필요 없는 것은 아니며, 또한 가장 비타협적인 이상주의를 배제해야 하는 것도 아니다. 개인들은 설사 공동체 내에서 생활할지라도 개인적 도덕의 가장 숭고한 규범들에 충실해야 할 경우가 얼마든지 있다. 경우에 따라서는 자신들이 속해 있는 집단이 명백히 악한 방향으로 기울 때에는 그 집단을 벗어남으로써 자신들의 개인적 이상을 지켜야 할 것이다. 이런 식의 행동은 극단적인 무저항주의자들의 경우에서처럼 정치적 무책임을 저지르기 쉽겠지만 나름대로 사회적인 유용성도 갖는다.

개인적 양심이란 이름하에 국가의 폭력성에 저항하는, 종교적 심성을 가진 평화주의자들은 계급의식으로 무장한 노동자계급과 마찬가지로 한 국가의 권력의지를 좌절시키지 못할 것이다. 하지만 이런 사람들의 수가 많아지게 되면, 정부의 정책에 영향을 줄 것이다. 또한 그들이 보여준 모범은 적대국의 개인들 사이에도 저항심을 퍼뜨리고 자신의 공동체의 힘을 약화하지 않고서도 얼마든지 분쟁의 충격을 완화할 수 있음을 보여준다.

집단에 대한 충성심이 유지되고, 또 이러한 충성심이 다른 집단과의 관계에서도 인정된다면, 개인의 높은 도덕적 이상이 필요해진다. 한 집단이 다른 집단과 상충하고 있는 경우에라도 개인은 얼마든지 비이기적인 태도를 취할 수 있다. 개인의 이익은 집단의 이익과 관련되어 있기 때문에, 집단의 이익을 추구하면서 동시에 자기 이익을 추구할 수도 있다. 하지만 이 같은 간접적 이기주의는 집단 내에서 개인이 보여주는 이기적 행동에 비하면 아무것도 아니다.

그런데 이 개인이 그 집단의 지도자일 경우에는 자신의 이익을 얻으려는 야심을 억제할 필요가 있다. 이기적 태도를 버린 지도자는 전체 집단의 사기를 크게 고양할 수 있다. 피억압 계층의 지도자들은, 설사 그들이 공공연한 경제적 결정론자들이고 인격을 중시하는 이상주의에 대해 멸시하는 태도를 보일지라도, 아주 높은 도덕적 이상에 따라 행동하게 되는 것이 일반적이다. 만일 이들이 개인의 사리사욕을 생각했다면, 그들은 자신들이 가진 능력을 이용하여 얼마든지 특권을 누리는 계급으로 탈바꿈할 수 있었을 것이다. 피억압 계층의 유능했던 지도자들 가운데 간혹 이런 유혹에 굴복한 사람들이 있는데, 이런 행위는 두말할 것도 없이 그 계급이나 민족의 진보를 방해하는 결과를 가져다주었다.

예를 들어, 흑인의 진보는 유능하고 교육받은 많은 흑인이 백인들에게 동화되고 싶어 하거나 백인과의 마찰을 최소한으로 줄여보려는 경향으로 인해 지체되고 있다. 미국의 노동운동도 비슷한 이유로 해서 그 충분한 역량을 발휘하고 있지 못하다. 미국식 개인주의의 영향을 깊게 받은 유능한 노동자들은 노동계급의 자유를 쟁취하기 위한 투쟁에서 노동계급 전체의 단결을 이룩하는 일보다는 자본계급이나 그 앞잡이의 지위로 올라가는 일에 더 큰 관심을 쏟고 있기 때문이다.

설상가상으로 한 사회집단에서 유능하다고 인정받은 사람은 물론 처음에는 아무런 사심 없이 자기 집단의 이익을 위해 평생을 헌신하겠다는 각오로 출발하지만, 그 집단 내에서 또는 더욱 특권적인 집단으로 전환함으로써 얻게 될 엄청난 개인적 보상으로 인해 끊임없는 유혹을 받게 될 가능성이 항상 생겨난다. 다시 말해서 개인의 이익이 항상 그가 속한 집단의 이익과 합치되는 것은 아니라는 말이다. 서로 다른 공동체 간의 사회적 충돌이 아무리 중대하다고 할지라도, 개인에 대한 도덕적 훈련의 필요성이 감소하는 것은 아니다. 이런 훈련을 통해 선의지의 감정과 상호 이해하는 태도가 개발되지 않는다면, 그 어떤 공동체도 통일과 조화를 달성할 수 없다. 사회적 투쟁의 불가피성과 필연성을 주장하는 정치적 현실주의를 그대로 받아들인다고 해서 개인의 맹목적인 이기주의를 견제하고 서로 간의 이해와 협력을 넓혀야 하는 의무가 사라져서는 안 되는 것이다.

인간 생활의 협력적이고 도덕적인 면이 중요성을 갖느냐 아니면 사회적 투쟁의 필연성이 중요성을 갖느냐 하는 문제는 시대와 환경에 따라 달라진다. 사회 세력들 간의 전반적인 균형이 자연스러운 것으로 받아들여지고, 일반 사람들은 기존의 사회제도 안에서 자신들의 삶을 아름답게 가꾸는 일에 열중하던 안정의 시대가 과거의 역사에 분명히 존재했다. 중세가 바로 그런 시대였다. 현대인의 양심에는 모욕적으로 보일지 모르지만, 그들은 이 같은 불의를 당연하게 생각하면서도 인생과 예술의 우아함, 세련성, 섬세함 등을 가다듬고 깊게 만들었다는 사실을 부인할 수 없다. 이런 그들의 눈으로 볼 때, 오히려 우리 시대야말로 야만주의의 재현처럼 보이지 않을까 생각된다.

우리 시대는 좋은 일을 위해서건 나쁜 일을 위해서건 관계없이 사회문제에 깊이 연루되어 있다. 기술 문명의 발달로 인해 사회의 안정은 불가능해졌다. 또한 기술의 발달은 생활환경을 급속하게 변화시켜, 사람들은 전해오던 조상의 전통에 더 이상 존경심을 갖지 않게 되어버렸다. 삶의 물질적인 환경이 급변함에 따라 불안 심리가 확대·심화되어가고 있다. 설사 기술만능주의가 전체적인 인간 사회를 위험한 방향으로 이끌고 가고 있다고는 분명하게 단언할 수 없다 하더라도, 산업화 시대가 일정한 방향으로 진행해가고 있는 것은 틀림없는 사실이다. 그런데 이는 사람들이 오랫동안 시달려온 불의를 증대시키는 방향으로 나아가고 있다. 또한 이는 인류 전체를 상호 의존적인 경제 체제 속에 통합시키는 방향으로 나아가고 있다.

이 과정에서 우리는 공동체 내 개인들 간의 관계보다는 공동체 상호 간의 관계에 더 주목하게 된다. 그리고 사람들은 집단적 행동의 냉혹성에 의해 새롭게 고통받고 있다. 게다가 그 경향은 이런 냉혹성에 따른 불행한 결과들을 가중해 우리로 하여금 더 늦기 전에 사회문제를 해결하지 않으면 안 된다는 강한 긴박감을 불러일으킨다. 따라서 우리는 같은 세대의 입장에서 공통된 환멸과 고통을 느끼지 않을 수 없는 것이다.

이런 상황에서 사람들이 전통과 미래의 운명을 인생의 필수 요소로 생각했던 시대에 모두 느끼고 있던 최고의 이상과 유화적인 감정들은 현재의 입장에서 사치스러운 것으로 보일 것이 분명하다. 이런 이상과 감정들은 도덕적으로도 불리한 여건에 놓이게 될 것이다. 왜냐하면 그것들은 현대적 사회 상황의 절망적 성격을 전혀 모르는, 비교적 안락한 생활을 향유하는 사람들만이 빠지게 될 사치로 간주될 것이기 때문이다.

우리는 지금 인격적·도덕적 이상주의가 위선이라는 혐의를 받고, 때로는 비난을 받는 시대에 살고 있다. 이 시대는 정직성이 냉소주의의 발끝에도 못 미치는 그런 시대이다. 이 얼마나 비극적인가! 왜냐하면 개인적 양심이 자연 세계와 인간의 정신을 자연에 묶어두는 집단적 관계를 넘어설 때 갖게 되는 벅찬 감정은 결코 사치가 아니라 인간 영혼의 필연적 현상이기 때문이다. 하지만 우리의 비극에는 아름다움도 있다. 적어도 우리는 우리의 삶에서 환상적인 요인들을 어느 정도 제거했다. 이제 우리는 사회적 불의를 대가로 지불하고서 개인 생활의 만족을 추구하는 것이 어려운 세상에 살고 있다. 우리는 개인의 구원만을 위해 천국에 이르는 사다리를 세울 수 없으며, 인간사의 방탕과 부패를 그대로 방치해둘 수 없다.

이런 일을 하는 데 가장 적당한 사람들은 낡은 환상들을 새로운 환상들로 바꾼 이들일 것이다. 이 환상들 중에서 가장 중요한 것은 인간의 집단생활이 완전히 정의롭게 될 수 있다는 생각이다. 이는 현재 매우 가치 있는 환상이다. 왜냐하면 이런 환상이 사람들의 영혼을 부추겨 숭고한 광기를 불러일으키지 않는 한, 정의란 결코 달성될 수 없을 것이기 때문이다. 이런 광기를 갖지 않고서는 그 누구도 사악한 권력 또는 '높은 지위에 있는 정신적 사악'에 대항해서 싸울 수 없을 것이다. 환상이 위험한 것은 맹렬한 환상주의를 자극하기 때문이다. 따라서 우리는 이를 철저하게 이성의 통제하에 두어야 한다. 우리는 다만 환상이 그 긍정적인 역할을 하기에 앞서 이성이 그것을 파괴해버리지 않기를 바랄 뿐이다.

• 원주

서론

1 John Dewey,《철학과 문명 *Philosophy and Civilization*》(New York : Minton, Balch), p. 329.

2 John Childs,《교육과 실험주의의 철학 *Education and the Philosophy of Experi-mentalism*》, p. 37 참조.

3 Kimball Young,《사회적 태도들 *Social Attitudes*》, p. 72.

4 Hornell Hart,《사회적 관계들에 관한 과학 *The Science of Social Relations*》

5 Floyd Allport,《사회심리학 *Social Psychology*》, pp. 14~27.

6 Clarence Marsh Case,《사회 과정과 인간의 진보 *Social Process and Human Progress*》, p. 233.

7 Sir Arthur Salter,《재발견 *Recovery*》, p. 341.

8 Howard W. Odum,《사회적 인도에 대한 인간의 요청 *Man's Quest for Social Guidance*》, p. 477.

9 Justin Wroe Nixon,《점증하는 기독교 신앙 *An Emerging Christian Faith*》, p. 294.

10 George M. Stratton,《사회심리학과 국제적 활동 *Social Psychology and Inter-*

national Conduct》, pp. 355~61.

11 William Adams Brown,《확실성에 이르는 길 *Pathways to Certainty*》, p. 246.

12 Justin Wroe Nixon, 같은 책 , p. 291.

1. 인간과 사회: 함께 살아가는 법

1 Plutarch,《평행을 긋는 인생들 *The Parallel Lives*》,〈티베리우스 그라쿠스 Tiberius Gracchus〉, Loeb Classical Library, Vol. X 참조.

2 C. J. M. Letourneau,《소유권: 기원과 발전 과정 *Property: Its Origin and Development*》, p. 277 인용.

3 《빌로브 황태자의 비망록 *Memoirs of Prince Von Biilow*》, Vol. 3, p. 204 참조.

2. 사회생활을 위한 개인의 합리적 원천들

1 특히 C. G. Jung,《분석심리학에 관한 두 개의 논문 *Two Essays on Analytic Psychology*》, Chaps. 2와 4 참조.

2 도덕성에 있어서 이성의 이러한 기능을 잘 분석한 책은 L. T. Hobhouse,《합리적 선 *The Rational Good*》이다.

3 George Santayana,《위기에 처한 신사도 전통 *The Genteel Tradition at Bay*》, p. 61.

4 로버트 브리폴트(Robert Briffault)는 자신의 저서《이성적 진화 *Rational Evolution*》(pp. 209~10)에서 정의를 얻는 데 있어 이성이 행하는 역할에 대한

설득력 있는 분석을 하고 있다. 그가 말하고자 하는 것은 다음과 같이 요약할 수 있다. "억압적인 기만이 ─ 이것이 권력을 정당화한다 ─ 타당한 것으로 받아들여지는 한, 권력에 저항하는 것은 불가능하다. 어떠한 불의나 권력의 남용 및 억압이 저지될 수 있기 전에 먼저 그것이 기반을 두고 있는 기만이 폭로되고 그 허구성이 명확히 인식되어야 한다."

5 C. D. Broad, 《다섯 가지 유형의 윤리학설 Five Types of Ethical Theory》, pp. 282~83.

6 Gilbert Murray, 《그리스 서사시의 융성 Rise of the Greek Epic》 (New York: Oxford University Press), p. 80.

7 Leslie Stephens, 《윤리학 The Science of Ethics》, p. 306.

8 Waldo Frank, 《미국의 에스파냐 사람 America Hispana》, pp. 54~7.

9 Helvetius, 《정신론 De L'Esprit》, or 《Essays on the Mind》, Essay II, Chap. 2.

10 Jeremy Bentham, 《저작선 Works》, Vol. 10, p. 80.

3. 사회생활을 위한 개인의 종교적 원천들

1 W. E. Hocking, 《인간 경험에 있어서 신의 의미 The Meaning of God in Human Experience》, p. 235.

2 Schopenhauer, 《의지와 표상으로서의 세계 The World as Will and Idea》, Bk. IV, para. 68.

3 Hastings, 《종교와 윤리학 백과전서 Encyclopedia of Religion and Ethics》, X, p. 534.

4 Bernard De Mandeville, 〈도덕적 덕의 기원에 관한 탐구 An Enquiry into the

Origin of Moral Virtue〉,《꿀벌의 우화 *The Fable of the Bees*》.

5 K. E. Kirk,《신의 관점 *The Vision of God*》, p. 454.

6 같은 책, p. 454.

7 마태복음 10:39.

8 몬터규(W. P. Montague)가 자신의 저서《끝없는 신앙 *Belief Unbound*》제2장 에서 종교적 금욕주의에 대하여 행한 비판은 이 종교 이해의 결핍을 잘 보여주고 있다.

9 James B. Pratt,《인도와 종교적 신앙 *India and Its Faiths*》, p. 149.

10 같은 책, P. 156.

11 William Ellery Channing,《저작선 *Works*》, Vol. 6 서론.

12 F. Heiler, *Das Gebet*, p. 359.

13 Miguel de Unamuno,《비극적 인생관 *The Tragic Sense of Life*》.

14 Waldo Frank,《미국의 에스파냐 사람 *America Hispana*》, p. 49.

15 Jonathan Edwards,《저작선 *Works*》, Vol. 4, p. 226.

16 Rudolf Otto,《거룩함의 개념 *Idea of the Holy*》.

17 Schleiermacher,《종교에 관하여 *On Religion : Speeches to Its Cultural Despisers*》, pp. 36~37.

18 Augustine,《신국 *City of God*》, Vol. 4, 28장.

19 Ernst Troeltsch,《기독교 교회의 사회적 가르침 *Social Teachings of the Christian Churches*》, Vol. 1, p. 124.

20 Kirk, 같은 책, p. 131.

21 루터는 흔히 사회문제를 다룸에 있어 패배주의와 감상주의를 연결시켰다. 종종 그는 모든 사람이 황금률을 준수하기만 한다면 모든 사회문제는 해결될 것이라고 주장했다. 그렇지 않을 때에는 그는 세상을 포기하

곤 했다. "기독교인들이 자신들에 관한 한 율법이나 칼에도 굴복하지 않는 것은 참으로 옳은 일이며, 그들이 율법이나 칼을 필요로 하지 않는다는 것도 올바르다. 하지만 세상을 기독교적이고 복음적인 방법으로 다스리기에 앞서 세상을 참된 기독교인들로 가득 메우도록 노력하라. 당신들은 이 일을 결코 성취할 수 없을 것이다. 왜냐하면 세상과 대중은 앞으로도 계속 비기독교적일 것이기 때문이다." (Martin Luther, *Works*, Vol. 3, p. 237.)

22 1727년 런던의 대주교가 남부 식민지의 주민들에게 보낸 한 편지에서 흑인들의 개종이 그들의 시민적 지위를 변화시킬지도 모른다는 자신의 두려움을 기독교적 전통에 아주 적합한 말로 완화하여 다음과 같이 표현했다. "기독교와 복음을 받아들이더라도 시민적 소유권이나 관계에 속하는 어떤 의무도 변화되지 않는다. 하지만 모든 측면에서 기독교와 복음은 사람들을 같은 나라 안에 있는 인격으로 공평하게 대한다. 기독교의 자유는 죄와 사탄의 노예로부터의 자유이며, 인간의 탐욕과 격정과 부당한 욕망으로부터의 자유이다. 하지만 그들의 외부적 상태에 관한 한, 그전에 무엇이었든지 간에, 즉 노예였든지 자유인이었든지 아니면 세례를 받고 기독교인이 되었든지 그렇지 않든지 간에, 그들 안에서는 어떤 식의 변화도 일어나지 않는다." (H. R. Niebuhr, *Social Sources of Denominationalism*, p. 249)

23 Constance Mayfield, *Trumpets of Jubilee*, p. 172.

4. 여러 민족의 도덕성

1 Johannes Haller,《뷜로브의 시대 *The Aera Buelow*》.

2 Kirby Page,《국가방위 *National Defense*》, p. 67.

3 때때로 가장 현실적인 정치가라도 국가가 직접적인 이익에 앞서 보편적이고 추상적인 이익을 추구할 수 있다고 국가의 능력을 과신한다. 그래서 독일의 외교관인 카를 멜키오르(Carl Melchior)는 1921년에 상환 불가능한 배상을 받아들이는 것이 바람직하다고 주장했다. 왜냐하면 "처음 2~3년간은 외국 차관의 도움을 받아 견뎌낼 수 있기 때문이다. 그리고 이 원조가 끝날 무렵이 되면 외국은 이 막대한 액수의 상환이 오로지 독일의 막대한 수출에 의해서만 가능하다는 것을 깨달을 것이고, 또 이 수출은 영국과 미국의 무역을 파탄시켜 채권자들 자신이 우리에게 와서 수출 정책의 수정을 요구하게 될 것이다."(Lord D'Abemon, *An Ambassador of Peace*, Vol. 1, p. 194) 멜키오르가 예언한 것을 제1차 세계대전의 전승국들이 깨닫는 데는 2~3년이 아니라 무려 11년이나 걸렸다. 하지만 이렇게 되고 나서도 그들은 자발적으로 행동하지 않았다.

4 Wilhelm Dibelius,《영국 *England*》, p. 106.

5 Harold Laski,《현대 국가에서의 권위 *Authority in the Modern State*》, p. 274.

6 Bertrand Russell,《과학적 세계관 *The Scientific Outlook*》, 제11장.

7 Lowes Dickinson,《국제적 무정부 상태 *International Anarchy*》, p. 34.

8 Kirby Page, 같은 책, p. 28.

9 Paul Pfeffer,《소련에서의 7년 *Seven Years in Soviet Russia*》.

10 Geoffrey Tyson,《인도의 위험 *Danger in India*》.

11 Kirby Page, 같은 책, p. 148.

12 같은 책, p. 149.

13 같은 책, p. 152. 그는 이 책 9장에 수없이 많은 비슷한 사례들을 수집해 놓았다.

14 Parker Moon,《제국주의와 세계 정치 *Imperialism and World Politic*》, p. 422.

15 Walter Millis, *The Martial Spirit*, p. 90.

16 같은 책, p. 136.

17 같은 책, p. 143.

18 같은 책, p. 374.

19 같은 책, p. 387.

20 같은 책, p. 254.

21 같은 책, p. 396.

22 같은 책, p. 384.

23 Nathaniel Peffer,《백인의 딜레마 *The White Man's Dilemma*》, p. 228.

24 Parker Moon, 같은 책, p. 228.

25 같은 책, p. 153.

26 같은 책, p. 279.

27 Bertrand Russell, 같은 책, 제11장.

28 같은 책, p. 407.

29 Charles and Mary Beard,《미국 문명의 융성 *Rise of American Civilization*》, Vol. 2, p. 629.

30 Kirby Page, 같은 책, p. 196.

31 Count Carlo Sforza,《유럽의 독재 *European Dictatorship*》, p. 178.

32 Wilhelm Dibelius, 같은 책, p. 109.

5. 특권계급의 윤리적 태도

1 Charles Beard, 《정치의 경제적 기초 *The Economic Basis of Politics*》, p. 31~2.

2 G. M. Trevelyan, 《19세기 영국사 *British History of the Nineteenth Century*》 p. 162.

3 Paul Lewinson, 《인종, 계급 및 당파 *Race, Class and Party*》, p. 85.

4 Paul Lewinson, 같은 책, p. 84.

5 Adam Smith, 《국부론 *Wealth of Nation*》, Vol. 5, c i.

6 H. Richard Niebuhr, Social Sources of Denominationalism, p. 251.

7 매콜리(Macaulay)는 영국 귀족의 교만과 하층계급의 정치 참여의 적합성에 대한 의혹을 전형적인 오만과 자기정당화로 가득 찬 표현으로 다음과 같이 이야기하고 있다. "유럽의 다른 어느 지역보다도 지식 수준이 높은 대중을 갖고 있는 이 섬에서도 다소의 권리는 대체로 자신들의 의사에 반하는 극소수의 애국적 정열에 의해 주장되어왔다. (⋯) 인민들은 자신들의 복지를 위해 통치를 받고 있다. 그리고 그들의 복지를 위해서 통치를 받으려면 그들은 그들의 무지에 의해 통치되어서는 안된다." (Carless Davis, *The Age of Grey and Peel*, p. 281.)

8 H. Richard Niebuhr, 같은 책, p. 153.

9 William Roscoe Thayer, 《존 헤이의 생애와 서신 *Life and Letters of John Hay*》, (Boston: Houghton Mifflin Company), Vol. 1, pp. 6~7.

10 프리드리히 바르바로사의 역사가 프라이징거는 이탈리아 도시 국가에서 상인과 공인들에게 주어진 높은 지위에 대하여 불평을 털어놓으며 이들에 대한 중세적인 지주 귀족의 멸시감을 잘 표현하고 있다. "다른 나라들이라면 마치 사람이 흑사병을 멀리하듯 보다 명예롭고 자유스러운 직

업에서 제외했을 기계 작업에 종사하는 노동자들에게 그들은 기사도의 명예와 그 밖의 위엄을 허락하는 것을 싫어하지 않았다." (Hegel, *Geschichte der Staatsverfassung in Italien*, Vol. 2, p. 167)

11 Thorstein Veblen,《유한 계급 이론 *Theory of the Leisure Class*》.

12 Clive Bell,《문명 *Civilization*》.

13 Carless Davis, *The Age of Grey and Peel*, pp. 224~26.

14 Claude Bowers,《제퍼슨과 해밀턴 *Jefferson and Hamilton*》, p. 385.

15 Vernon Louis Parrington,《미국 사상의 주류 *Main Currents in American Thought*》, Vol. 1;《식민지의 사상 *The Colonial Mind*》(New York : Harcourt, Brace and Company), p. 197.

16 Parrington, 같은 책, pp. 216~17.

17 Parrington, 같은 책, Vol. 3;《미국에서의 비판적 실재론의 등장 *The Beginnings of Critical Realism in America*), p. 164.

18 Parrington, 같은 책, p. 166.

19 Brooks Adams,《사회 혁명이론 *The Theory of Social Revolution*》, p. 45.

20 Millis, *The Martial Spirit*, p. 58.

21 Beard,《미국 문명의 융성 *Rise of American Civilization*》, Vol. 1, p. 591.

22 Parrington, 같은 책, Vol. 2;《미국에서의 낭만주의 혁명 *The Romantic Revolution in America*》, p. 458.

23 M. R. P. Dorman,《19세기 대영제국의 역사 *A History of the British Empire in the Nineteenth Century*》, Vol. 2, p. 259.

24 G. M. Trevelyan, 같은 책, p. 228.

25 Carless Davis, 같은 책, p. 190.

26 이 글이 씌어진 무렵 미국 정부는 군대를 통해서 워싱턴에서부터 오는

이른바 '특별군(bonus army)'을 해산시키고 있었다. 이 군대는 정부가 적절한 실업자 구호 대책을 세우지 못한 데서 야기된 불안의 한 징후일 뿐이므로 후버 대통령이 군대를 동원하여 실업자를 막았다는 사실은 정부의 천박성을 드러내는 좋은 증거이다. 후버 대통령의 다음 주장은 이를 잘 보여준다. "합중국의 권위에 대한 도전에 대해서 본인은 즉각적으로, 그리고 확고하게 대처하였다. (…) 수개월 동안 인내심 있는 관용을 보인 다음 정부는 자치 정부가 소중히 키워놓은 방법이 존속되기 위해서는 언제나 그렇게 되어야 하는 바대로 명백한 불법에 대처하였다."

27 Sir John Strachey, 《인도: 행정 제도와 진보 *India: its Administration and Progress*》, pp. 496, 502.

28 Hans von Eckardt, 《러시아 *Russia*》, p. 317.

29 David Hume, 《인간 본성론 *Essays*》 Part 1, Essay 6.

6. 프롤레타리아 계급의 윤리적 태도

1 로버트 브리폴트(Robert Briffault)의 《붕괴 *Breakdown*》는 특히 사회 불의와 계급적 특권의 고대적 형태과 현대적 형태 사이의 차이점보다 유사점을 강조하고 있다.

2 Karl Marx, 《정치경제학 비판 *A Critique of Political Economy*》, p. 11.

3 E. R. A. Seligman, 《경제적 역사 해석 *Economic Interpretation of History*》, p. 351.

4 Leon Trotsky, 《독재냐 혁명이냐 *Dictatorship or Revolution*》, p. 42.

5 Lenin, 《저작선 *Works*》, Vol. 5, p. 141.

6 Lenin,《국가와 혁명 *The State and Revolution*》, p. 89.

7 헤겔의《법철학 *Philosophy of Law*》서문.

8 특히 J. Ramsay MacDonald,《의회와 혁명 *Parliament and Revolution*》을 보라.

9 L. T. Hobhouse,《사회 정의의 기본 요소들 *The Elements of Social Justice*》, p. 172 또는 R. H. Tawney,《평등 *Equality*》을 보라.

10 Henry DeMan,《사회주의의 심리학 *The Psychology of Socialism*》을 보라.

11 Harold Laski,《공산주의 *Communism*》, p. 250. 프롤레타리아적 삶에 있어서 정신적 요소를 흥미롭게 분석한 내용에 대해서는 Piechowski,《프롤레타리아의 신앙 *Proletarischer Glaube*》과 Gertrude Hermes,《마르크스주의적 노동자의 정신적 형태 *Geistige Gestalt des Marxistischen Arbeiters*》를 보라.

12 *Papers of James Madison*, edited by H. D. Gilpin, Vol. 2, p. 1073.

13 비마르크스주의 경제학자 중 한 사람이 자본주의의 난점에 대한 마르크스주의적 진단을 완전히 입증하는 말투로 미국 사회를 분석한 적이 있다. 그는 다름 아닌 독일의 경제학자 본(M. J. Bonn)인데, 그는 다음과 같이 이야기한다. "우리가 살고 있는 자본주의 세계는 원래 용도가 아주 다양한 예금을 주로 생산과정에 투입하는 습관을 만들어냈다. 자본주의 세계는 지금도 다소 불가피한 낭비를 포함하는 소비를 악으로 규정했던 자본주의 이전의 통념에 사로잡혀 있다. 그러나 결국 전체 소비 중 비교적 적은 부분을 이루는 소비 재정은 그대로 두고 저축을 바탕으로 세워진 신용 대출을 통해 생산이 확대된다. 공장의 건설과 확장이 완전하게 활용되면 얼마든지 물건을 저렴하게 생산할 수 있다. 그런데 소비는 그대로 방치되어 있다. (…) 그래서 생산은 주로 기술적 차원에서 고려되고 시간이나 양적인 측면에서 소비 수준을 훨씬 능가하게 되는데, 이는 그것이 기술적인 완숙도는 확보하면서 재정적인 성공은 보장하지 못하기

때문이다." (M. J. Bonn, *The Crisis of Capitalism in America*, pp. 141~42)

7. 혁명을 통한 정의

1 Eduard Bernstein, 《진화론적 사회주의 *Evolutionary Socialism*》.

2 Trotsky, 《러시아 혁명사 *The History of the Russian Revolution*》, p. 317.

3 L. B. Boudin, 《칼 마르크스의 이론적 체계 *Theoretical System of Karl Marx*》, p. 206.

4 Karl Kautsky, 《사회 혁명 *Social Revolution*》, p. 38.

5 Trotsky, 같은 책, p. 240.

6 Harold Laski, 《공산주의 *Communism*》, p. 205.

7 Harry Laidler, 《사회주의 사상사 *A History of Socialist Thought*》, p. 216.

8 러시아의 정치 테러 증가에 대한 현실적인 분석을 살펴보려면, Waldemar Gurian, 《볼셰비즘: 이론과 실천 *Bolshevism: Theory and Practice*》, 제2장을 보라.

9 W. Z. Foster, *Toward Soviet American*, p. 333.

10 N. Bukharin, 《사적 유물론 *Historical Materialism*》, p. 41.

11 Waldo Frank, 《러시아의 여명 *Dawn in Russia*》, p. 142.

8. 정치적 힘에 의한 정의

1 Charles W. Pipkin, 《사회의 정치와 현대의 민주주의 *Social Politics and*

Modern Democracies》, Vol. 2, p. 228.

2 《페이비언 정책에 관한 보고서 *Report on Fabian Policy*》, p. 7.

3 Harold Rugg, 《미국의 문화와 교육 *Culture and Education in America*》, p. 355.

4 계획경제의 필요성과 사유재산권 간의 양립 불가능성에 대한 논의는 1931년 암스테르담에서 개최된 국제계획경제회의(International Planned Economy Conference)에 보내는 러시아 기술자들의 보고서로 V. Ossinsky 와 그 밖의 사람들이 집필한 *Socialist Planned Economy in the Soviet Union*을 보라. 또한 Louis Fischer, George Soule, Edward A. Filene 등의 연설을 담은, 1932년 4월 2일에 외교정책협회(Foreign Policy Association)에서 출간된《우리는 혁명을 치르지 않고 계획경제를 실시할 수는 없는가 *Can We Have a Planned Economy without a Revolution*》를 보라.

5 그중에서도 농민-노동자 협력에 관한 이 주제의 해석을 보려면 Paul Douglas,《신당의 출현 *The Coming of a New Party*》참조.

6 상원의원 조지 노리스(George Norris)처럼 정직하고 영리한 농민 이익의 옹호자가 공업노동자의 급진적인 정치철학에 대해 냉담한 태도를 취하는 것은 아주 흥미로운 사실이다.

7 Eduard Bernstein,《진화론적 사회주의 *Evolutionary Socialism*》, p. 15.

8 Henry DeMan,《사회주의의 심리학 *The Psychology of Socialism*》, p. 473.

9 J. Ramsay MacDonald,《전후의 사회주의 *Socialism after the War*》(London : New Leader), 1932. 7. 29.

10 Max Nomad, *Rebels and Renegades*, p. 75.

11 Max Nomad, 같은 책, p. 77.

9. 정치에서 도덕적 가치의 보존

1 《간디의 연설문집 *Speeches and Writings of M. K. Gandhi*》(Mardas Edition, 1919),
    p. 132.

2 C. F. Andrews, *Mahatma Gandhi's Ideas*, p 238.

3 같은 책, p. 141.

4 같은 책, 제15장.

5 같은 책, p. 142.

6 Clarence M. Case, 《비폭력 강제력 *Non-Violent Coercion*》, p. 364.

7 Andrews, 같은 책, p. 297.

8 같은 책, p. 242.

9 E. A. Ross, 《사회 통제 *Social Control*》, p. 37.

10 Case, 같은 책, p. 162.

10. 개인의 도덕과 사회의 도덕 사이의 갈등

1 Third Earl of Shaftesbury, 《덕에 관한 탐구 *An Inquiry Concerning Virtue or
    Merit*》, Vol. 2, 제1부 제3절.

2 Joseph Butler, 《인간 본성에 관한 15개의 설교 *Fifteen Sermons on Human Na-
    ture*》.

3 Butler, 같은 책, Sermon I.

4 David Hume, 《도덕 원리에 관한 탐구 *An Enquiry Concerning the Principles of
    Morals*》, 제2부 제2절.

5 Hugh Cecil, 《보수주의 *Conservatism*》, p. 182.

6 Max Nomad, *Rebels and Renegades*, p. 294.

● 옮긴이의 글

　이 책은 라인홀드 니버(Reinhold Niebuhr)의 《도덕적 인간과 비도덕적 사회(Moral Man and Immoral Society)》를 옮긴 것이다. 그는 예일신학교에서 1914년에 학사, 1915년에 석사 학위를 받은 다음, 디트로이트에서 13년간 목사로 활동했다. 1928년에는 유니언 신학교의 기독교 윤리학 교수로 초빙되어 1960년 은퇴할 때까지 계속 재직했다. 옥스퍼드, 글래스고, 컬럼비아, 하버드, 프린스턴, 예일 등 국내외 유수한 대학에서 명예 학위를 받았고, 1939년에는 에든버러대학의 유명한 '기퍼드 강연(Gifford Lectures)'에 미국인으로는 다섯 번째로 초청되는 영광을 누리기도 했다.

　그러나 지은이를 이해함에 있어 이러한 외적인 지적 경력은 사실 크게 중요하지 않다. 지은이에 대한 이해는 책에 담겨 있는 내용을 통해 이루어져야 한다.

　이 책은 상당히 함축적으로 서술되어 있기 때문에 읽는 사람의 입장이나 인생관, 좀 더 거창하게는 세계관에 따라 얼마든지 다른 색채로 읽힐 수 있다.

옮긴이는 독자가 이 책을 우리의 구체적인 현실과 관련하여 읽기를 바라는 마음에서 여기에 짧은 글을 덧붙이고자 한다. 이 책을 이해하는 데 작은 도움이라도 되었으면 한다.

이 책을 처음 대하면 곳곳에 진하게 배어 있는 종교적·윤리적 색채로 인하여 다소 고루하다는 느낌을 받게 된다. 문체(style)상으로만 보면 17세기나 18세기의 대중적인 사상가들의 저서를 읽는 느낌이 든다. 이는 그만큼 니버의 지적 배경이 탄탄하다는 것을 입증해주는 것임과 동시에 그만큼 전통적이고 보수적인 성향에 물들어 있다는 것을 나타낸다. 여하튼 일차적으로 이 같은 종교적·윤리적 색채를 벗겨내면서 이 책을 읽어야만 좀 더 정확한 본질에 다다를 수 있다. 옮긴이는 이 같은 일차적 교정 작업을 끝낸 뒤에 이 책의 제목을 나름대로 새롭게 붙여보았다. '20세기에 도덕과 이성은 과연 존재할 수 있는가, 만일 가능하다면 어떤 방식으로 존재해야 하는가?'

저자는 도덕과 이성의 자리매김 문제를 개인과 사회라는 두 축을 중심으로 풀어나간다. 여기서 말하는 사회란 시민 사회(civil society)를 뜻하는 것이 아니라 개인을 넘어서 있는 일체의 집단을 말한다. 그래서 여기에는 결사체, 인종, 민족, 계급, 국가, 국제 사회 등이 모두 포함된다. 그리고 또 하나의 특징은 그가 이러한 사회를 사회적 사실(social fact)로 다루기보다는 개인의 도덕적·윤리적 시각에서 파악한다는 점이다.

개인과 사회는 어떠한 관계인가? 우선 이 점이 규정되어야만 도덕과 이성의 자리매김이 가능하다.

'개인들의 비이기성은 국가의 이기성으로 전환된다.' 이것이 니버의 전제이자 제1명제이다. 개인은 비이기적이고, 사회는 이기적이다. 제목을 빌려 표현하자면 개인은 도덕적이고, 사회는 비도덕적이다. 옮긴이의 생각으로는 이기성이나 도덕성 같은 개념은 원래 개인에 국한되는 개념이므로 사회나 국가를 판단하는 데 공정한 척도가 될 수 없다고 보지만, 어쨌거나 니버는 이러한 명제를 당연한 전제로 삼고 있다.

어떤 면에서 이 명제는 라이프니츠의 예정조화설, 애덤 스미스의 '보이지 않는 손', 헤겔의 '이성의 간지' 등에 나타난 궁극적인 사회적 낙관론을 전도하고 있는 것처럼 보인다. 이들은 모두 개인의 맹목적 행위가, 이기적 충동이, 욕망이 '예정조화에 의해' '보이지 않는 손에 의해', 그리고 '이성의 간지'에 의해 궁극적으로 선의 자기실현에 이바지한다고 보았기 때문이다.

물론 니버와 이들 사이에는 절묘한 공통점이 있다. 이들은 당시의 상황에서 자본가의 이윤 추구를 중세의 도덕관념으로부터 옹호할 필요가 있었기 때문에 개인의 맹목적인 이기적 욕망을 변호하기 위하여 이런 주장을 했던 것이고, 니버는 자본주의의 병폐가 구조화된 현대 사회에서의 개인을 옹호하기 위해서 자기주장을 펼치고 있는 것이다. 즉 그들은 모두 시대와 상황은 달리하지만, 개인주의 이데올로기를 옹호하고 있다는 점에서 동일한 것이다.

이 책은 자본주의가 가장 극심한 위기 상황에 봉착했던 1930년대 초반에 저술되었다. 따라서 여기저기에 비극적이고 비관적인 감정과 비판적인 논조가 깊이 스며 있다. 이는 곧 새로운 대안 제시를 방해하는 역할을 한다. 아주 평범한 상식이지만, 대안을 염두에 두지 않은 비판은 크게 가치가 없다. 니버의 논조대로 하자면 도덕성과 합리성을 회복함으로써 사회를 구원하자는 말인데, 이는 원래 도덕이나 이성이 철저하게 역사적 개념임을 파악하지 못한 데서 나온 안일한 논리로 여겨진다.

그러나 이 책에는 정말로 놀라운 통찰력과 탁월한 상상력이 가득차 있다. 이런 점에서는 분명 우리에게 많은 것을 암시해주고 가르침을 줄 것이다. 그러나 그의 입장은 우리 현실에 그대로 적용되기 어렵다. 물론 이 글에서 자신들의 세계관을 고스란히 발견하는 사람도 있겠지만, 역사적·사회적 거리감을 고려한다면 그리 많지 않을 거라고 생각된다. 중요한 것은 이 책이 독자들에게 무한히 개방되어 있다는 점이다. 어떤 시각에서 읽든 그것은 독자의 고유 권한이다.

좀 더 많은 시간과 노력을 통해 보다 나은 번역을 했어야 했다는 아쉬움이 남는다. 혹시 있을지도 모를 오역에 대한 독자 여러분의 비판을 달게 받겠다. 항상 따끔한 충고와 따스한 지원을 아끼지 않는 문예출판사의 전병석 사장님과 편집부 여러분께 감사드린다.

옮긴이
이한우

옮긴이 **이한우**

고려대학교 영문과와 동 대학원 철학과를 졸업하고, 한국외국어대학교에서 박사 과정을 마쳤다. 《문화일보》, 《조선일보》 학술 담당 기자를 거쳐 《조선일보》 편집국 선임기자로 활동 중이다. 저서로 〈이한우의 군주열전〉 시리즈, 〈이한우의 사서삼경〉 시리즈, 《조선의 숨은 왕》, 《조선사 진검승부》 등이 있으며 번역서로 W. H. 월쉬 《형이상학》, 리처드 팔머 《해석학이란 무엇인가》, 조셉 블레이처 《해석학적 상상력》, 칼 뢰비트 《역사의 의미》, 길버트 라일 《마음의 개념》 등이 있다.

도덕적 인간과 비도덕적 사회

증보판 1쇄 발행   2017년 7월 1일
증보판 10쇄 발행 2024년 4월 10일

지은이 라인홀드 니버 | 옮긴이 이한우
펴낸곳 (주)문예출판사 | 펴낸이 전준배
출판등록 2004. 02. 11. 제 2013-000357호 (1966. 12. 2. 제 1-134호)
주소 04001 서울시 마포구 월드컵북로 21
전화 393-5681 | 팩스 393-5685
홈페이지 www.moonye.com | 블로그 blog.naver.com/imoonye
페이스북 www.facebook.com/moonyepublishing | 이메일 info@moonye.com

ISBN 978-89-310-2352-7 93340

• 잘못 만든 책은 구입하신 서점에서 바꿔드립니다.

문예출판사® 상표등록 제 40-0833187호, 제 41-0200044호